O VERDE QUE VALE OURO

DANIEL C. ESTY
ANDREW S. WINSTON

O VERDE QUE VALE OURO

Tradução
Ana Beatriz Rodrigues

ELSEVIER

CAMPUS

Do original: *Green to Gold*
Tradução autorizada do idioma inglês da edição publicada por Yale University Press – New Haven and London

Copidesque: Shirley Lima da Silva Braz
Revisão: Jayme Teotônio Borges Luiz e Roberta Borges
Editoração Eletrônica: Estúdio Castellani

Elsevier Editora Ltda.
Rua Sete de Setembro, 111 – 16º andar
20050-006 – Centro – Rio de Janeiro-RJ – Brasil
Telefone: (21) 3970-9300 Fax: (21) 2507-1991
E-mail: info@elsevier.com.br
Escritório São Paulo
Rua Quintana, 753/8º andar
04569-011 – Brooklin – São Paulo – SP
Tel.: (11) 5105-8555

ISBN 978-85-352-2946-2
Edição original: ISBN 978-0-300-11997-8

Nota: Muito zelo e técnica foram empregados na edição desta obra. No entanto, podem ocorrer erros de digitação, impressão ou dúvida conceitual. Em qualquer das hipóteses, solicitamos a comunicação à nossa Central de Atendimento, para que
possamos esclarecer ou encaminhar a questão.

Nem a editora nem o autor assumem qualquer responsabilidade por eventuais danos ou perdas a pessoas ou bens, originados do uso desta publicação.

Central de atendimento
Tel.: 0800-265340
Rua Sete de Setembro, 111, 16º andar – Centro – Rio de Janeiro
e-mail: *info@elsevier.com.br*
site: *www.campus.com.br*

CIP-Brasil. Catalogação-na-fonte
Sindicato Nacional dos Editores de Livros, RJ

E85v Esty, Daniel C.
O verde que vale ouro : como empresas inteligentes usam a estratégia ambiental para inovar, criar valor e construir uma vantagem competitiva / Daniel C. Esty, Andrews S. Winston ; tradução Ana Beatriz Rodrigues. – Rio de Janeiro : Elsevier, 2008.

Tradução de: Green to gold
ISBN 978-85-352-2946-2

1. Administração de empresas - Aspectos ambientais. 2. Sociedades comerciais – Aspectos ambientais. 3. Empresas – Aspectos ambientais. I. Winston, Andrew S. II. Título.

08-3393. CDD: 658.4083
CDU: 658

Para nossos filhos – Sarah, Thomas e Jonathan (os Esty) e Joshua e seu futuro irmãozinho (os Winston).

Esperamos que vocês sejam beneficiários de um futuro no qual as empresas tanto lucrem quanto ajudem a criar um mundo saudável e sustentável.

Agradecimentos

Tivemos acesso a executivos de dezenas de empresas, um feito impressionante. Somos, portanto, profundamente gratos às muitas horas que os profissionais de meio ambiente, os gerentes de fábrica, os chefes de divisão, os membros de Conselhos, os diretores operacionais e os CEOs entrevistados nos dedicaram. Entrevistamos também pessoas que trabalham em importantes grupos de defesa do meio ambiente. Conversamos ao todo com mais de 300 pessoas em mais de 100 empresas.

Seria impossível agradecermos pessoalmente a todos os executivos que compartilharam conosco, com impressionantes franqueza e humor, seus desafios e vitórias ambientais. Mesmo assim, gostaríamos de mencionar algumas pessoas que fizeram, de fato, muito mais do que sua obrigação e abriram caminho para nossas pesquisas. Marcaram visitas às empresas, concederam-nos acesso a todos os níveis da empresa, garantiram nossa presença nas "trincheiras" e, muitas vezes, participaram também de várias reuniões, ouvindo histórias que já sabiam de cor e salteado. Nesse sentido, gostaríamos de agradecer a Keith Miller e Kathy Reed, da 3M, Shaye Hokinson, da AMD, Chris Mottershead, da BP, Pat Nathan, da Dell, Dawn Rittenhouse e Paul Tebo, da DuPont, Steve Ramsey e Mark Stoler, da GE, Kent Gawart e Kris Manos, da Herman Miller, Thomas Bergmark, da IKEA, Tim Mohin, da Intel, Larry Rogero, da FedEx Kinko's, Bob Langert, do McDonald's, Albin Kaelin, da Rohner Textil, Mark Weintraub, da Shell, Terry Kellogg, da Timberland, e Clive Butler, da Unilever.

Dois escritores, ao escreverem isoladamente, jamais poderiam ter conseguido elaborar um livro como este. Devemos muito a muitas pessoas.

Temos uma enorme dívida de gratidão para com a comunidade da Yale University. Um dedicado grupo de assistentes de pesquisa da Yale School of Forestry and Environmental Studies, Yale School of Management e Yale

Law School trabalhou incansavelmente na coleta de dados, análise e pesquisas detalhadas que ajudaram a sustentar ou redirecionar nossas teorias e idéias. Gostaríamos de reconhecer particularmente as contribuições de Pat Burtis, Pamela Carter, Genevieve Essig, Jordanna Fish, Cassie Flynn, Jennifer Frankel-Reed, Rachel Goldwasser, Kaitlin Gregg, Ann Grodnik, Lauren Hallett, Laura Hess, Andrew Korn, Cho Yi Kwan, Emily Levin, Jessica Marsden, Tiffany Potter, Marni Rappaport, Kara Rogers, Elena Savostianova, Manuel Somoza, Grayson Walker, Austin Whitman e Rachel Wilson.

Melissa Goodall e Christine Kim, do Yale Center for Environmental Law and Policy, ajudaram a orientar este projeto em suas diversas fases e a manter a calma sob fogo cruzado. Gostaríamos de agradecer, em especial, a Marge Camera, da Yale Law School, a primeira pessoa a ler o livro de cabo a rabo, e que fez de nossas inúmeras modificações uma realidade em forma digital.

Agradecemos também à nossa agente, Rafe Sagalyn, por não nos deixar sair dos trilhos, e à nossa publicitária, Barbara Henricks, por nos guiar em meio à selva da mídia. Agradecimentos especiais também são dirigidos ao nosso conselheiro editorial, Howard Means, por nos ajudar a encontrar o tom certo para o livro. Somos profundamente gratos ao nosso editor, Mike O'Malley, e ao restante da equipe da Yale University Press e da Westchester Books, inclusive Steve Colca, Jessie Hunnicutt, Debbie Masi, Cher Paul, Liz Pelton e Mary Valencia, por tornarem nossa visão uma realidade.

As observações e perspectivas de um grupo de executivos, *scholars* e conselheiros que nos ofereceu apoio intelectual desde o início melhoraram muito a qualidade do livro. Nosso agradecimento especial a Mike Porter, da Harvard Business School, que, desde os primórdios deste projeto, nos ajudou a refletir sobre os desafios de levar a estratégia ambiental a um patamar superior. Beneficiamo-nos dos comentários e sugestões de muitos outros, como Antony Burgmans, Chantal-Line Carpentier, Betrand Collumb, Daniel Gagnier, Brad Gentry, Diana Glassman, Hank Habicht, Chad Holliday, Robert Jacobson, Harri Kalimo, Nat Keohane, Frank Loy, Pat McCullough, Raymond Necci, Mads Ovlisen, Robert Repetto, Jeff Seabright, Jeff Sonnenfeld, David Vogel, Dennis Welch, Richard Wells e Tensie Whelan. Agradecimentos especiais também a Gordon Binder, Marian Chertow, Bill Ellis, Larry Linden e Jan Winston (pai de Andrew), por terem lido a primeira versão dos originais, observando cada detalhe e nos ajudando a aperfeiçoar a maneira de apresentar conceitos e idéias. Agradecimentos especiais a Matt Blumberg, que nos ofereceu tanto apoio concreto, sob a forma de uma sala em Nova York, quanto intelectual, com perspectivas sobre como expandir o apelo do texto para pequenas empresas e como comercializar o livro.

Gostaríamos também de expressar nossa profunda gratidão pelo generoso apoio, tanto financeiro quanto intelectual, que recebemos de diversas fundações e seus líderes de meio ambiente: a Johnson Foundation e Jesse Johnson; a Surdna Foundation e Ed Skloot e Hooper Brooks, a Overbrook Foundation e Daniel Katz; a Fletcher Asset Management, Inc., e Alphonse Fletcher, Jr.

Por fim, agradecemos a nossas pacientes esposas, Elizabeth e Christine: obrigado por nos apoiar das maneiras mais fundamentais e por ouvirem com solidariedade nossas reflexões e teorias, bem como por nos aturar em nossas madrugadas insones de escritores.

Prefácio

Pouco antes da Rio-Eco 92, os líderes empresariais começaram a se concentrar nos problemas ambientais de maneira absolutamente inédita. Organizadas pelo bilionário suíço Stephan Schmidheiny, 50 empresas líderes formaram o Business Council for Sustainable Development, o Conselho Empresarial para Desenvolvimento Sustentável. Ao mesmo tempo, Schmidheiny e seus colegas escreveram um livro, *Mudando o rumo*, e lançaram o conceito de ecoeficiência, enfatizando o potencial de ganhos econômicos advindos da redução da poluição e do melhor gerenciamento de recursos naturais. Centenas de CEOs compareceram à Rio-Eco 92, inspirando milhares de outros a questionar como as empresas poderiam melhorar suas habilidades de manejo ambiental.

Dan Esty participou da Rio-Eco 92 como representante da Agência de Proteção Ambiental dos Estados Unidos (EPA). A Conferência das Nações Unidas sobre Meio Ambiente e Desenvolvimento, nome formal da Rio-Eco-92, gerou um foco inédito nas ameaças à natureza – das mudanças climáticas à perda da biodiversidade. As discussões giravam em torno das medidas que as sociedades, em conjunto, poderiam adotar para lidar com os problemas. Todos estavam esperançosos. Logo após o encontro, diversas empresas prometeram tomar as medidas necessárias para reduzir o impacto ambiental.

Em 2002, muitas dessas mesmas empresas se reuniram, agora em Johannesburgo, África do Sul, para a Conferência Mundial sobre Desenvolvimento Sustentável (World Summit on Sustainable Development). Mais uma vez, Dan estava presente, dessa vez como representante da Yale University. Mas algo havia mudado. Pouco se havia avançado em relação aos principais problemas identificados na reunião realizada no Rio de Janeiro uma década antes. O chamado ambiental às armas, ou "verde", de dez anos antes parecia ter perdido força. Muitas empresas haviam adotado políticas ambientais e até mesmo abordagens que iam "além do cumprimento de normas" para o controle da poluição na década anterior. No entanto, uma visão mais descrente da agenda ambiental das empresas mundiais e de suas perspectivas de melhora criara raízes. O que aconteceu? O trabalho certamente não fora feito. Ao contrário, o movimento em defesa do meio ambiente também parecia estar perdendo *momentum*. Onde estavam a energia e o entusiasmo anteriores? O que poderia ser feito para revigorar a estratégia ambiental das empresas?

Essas e outras perguntas povoavam a mente de Dan quando Andrew Winston chegou à Yale School of Forestry and Environmental Studies, em 2002. Depois de uma carreira de dez anos em marketing, desenvolvimento de negócios e estratégia, Andrew havia decidido concentrar suas energias no estudo de como as empresas abordavam a questão ambiental. Apaixonado tanto pelo desenvolvimento de estratégias de negócios vencedoras quanto pela proteção do planeta, Andrew queria eliminar o hiato existente entre os dois mundos, que normalmente giravam em órbitas separadas.

Para entender a situação das estratégias ambientais corporativas, começamos a examinar o que as empresas fizeram nesse front na última década. Baseamo-nos nos 15 anos de carreira de Dan e em seu trabalho junto a empresas para o aperfeiçoamento de estratégias e no curso sobre Estratégia Ambiental Corporativa e Vantagem Competitiva que ele ministrava em Yale e no INSEAD (Faculdade de Administração de Empresas de Fontainebleau, França). Nosso primeiro passo foi examinar minuciosamente as bases dos negócios ditos "verdes" – os principais livros, artigos e estudos de caso que discutiam a interface entre negócios e meio ambiente.

O que descobrimos nos chocou. Grande parte da literatura concentrava-se em resultados do tipo "ganha-ganha". De fato, muitos dos livros e artigos tinham um tom de "líder de torcida". Mais de 85% das histórias e dos exemplos falavam apenas sobre os benefícios de se pensar "verde" – reduzir o impacto ambiental e economizar dinheiro. Certamente, pensamos nós, nem todas essas iniciativas podem ser bem-sucedidas. Nenhuma estratégia de negócios funciona *o tempo todo*. Será que essa perspectiva unilateral e a falta de rigor analítico representariam uma das razões que impediram o comprometimento mais amplo das empresas com ações ambientais? Será que os profissionais de negócios estavam céticos quanto às incansáveis alegações dos gurus "verdes"? Onde estava a vantagem para as empresas e os conselhos certeiros?

Para ver o que realmente está ocorrendo na interface entre empresas e meio ambiente, passamos os quatro últimos anos conversando com centenas de pessoas em empresas, associações de industriais e grupos de defesa do meio ambiente – e colhendo dados. Não nos furtamos a analisar as histórias de sucesso – elas nos dizem muito. No entanto, estudamos também o que não funcionou e por que as iniciativas que no papel normalmente pareciam boas na prática não funcionavam. As empresas que adotam iniciativas ambientais próprias não deveriam ter de repetir os erros do passado.

O resultado, esperamos, é uma revisão bastante abrangente do que funciona – e o que não funciona – quando as empresas inserem a perspectiva ambiental na estratégia empresarial. Como mostraremos, há muito em jogo – os problemas ambientais são reais e urgentes. E um número cada vez maior de stakeholders importa-se profundamente com as atitudes das empresas e não tem medo de pressioná-las a fazer mais. Mas as eventuais recompensas também são ótimas. Neste livro, esperamos abrir um caminho que gerentes e executivos possam trilhar para desenvolver empresas mais fortes *e* um planeta mais saudável.

Daniel C. Esty
Andrew S. Winston
Março de 2006
New Haven, Connecticut
Nova York, Nova York

Sumário

Introdução A ótica ambiental

UM NATAL CARÍSSIMO PARA A SONY

Nas semanas que antecederam o Natal de 2001, a Sony Corporation viveu um pesadelo. O governo holandês estava bloqueando a entrada do carregamento inteiro de PlayStations, da Sony, para a Europa.[1] Mais de 1,3 milhão de caixas esperavam em um depósito, em vez de estar nas prateleiras das lojas, onde certamente teriam rápida saída. Seria uma guerra comercial ou um embargo contra videogames violentos? Os executivos da Sony certamente desejavam que a solução do problema fosse algo simples assim.

Então por que a Sony corria o risco de perder as vendas de Natal? Porque uma quantidade pequena, mas legalmente inaceitável, do elemento tóxico cádmio foi encontrada nos cabos dos controles do videogame. A Sony correu para substituir os cabos. Tentou também monitorar a causa do problema – uma busca de 18 meses que incluiu a inspeção de mais de seis mil fábricas e resultou em um novo sistema de gerenciamento de fornecedores. Custo total desse "pequeno" problema ambiental: mais de US$130 milhões.

Os executivos da Sony referem-se ao desastre do PlayStation como "Crise do cádmio". Juraram que nunca mais seriam pegos de calças curtas quanto à questão dos riscos ambientais. Na verdade, hoje, depois de terem investigado a origem do problema, estão muito mais familiarizados com as próprias operações.

O que podemos aprender com tudo isso? Será que o vilão teve o que merecia? Duvidamos. A Sony é uma empresa poderosa há anos e, apesar de alguns percalços, de um modo geral costuma ser vista como líder na questão ambiental. A crise do PlayStation surgiu sem dar aviso, mas nem por isso deixou de ocorrer. Por quê? Aprendemos três lições com a experiência da Sony:

- Problemas ambientais podem surpreender até as melhores empresas.
- O meio ambiente não é um problema marginal – pode custar caro.
- A adoção de uma nova perspectiva pode proporcionar benefícios reais.

A BP E A "DETECÇÃO DAS FONTES DE CARBONO"

Enquanto os PlayStations da Sony aguardavam, encalhados, nos depósitos da empresa, outra empresa de porte igualmente grande, mas atuando em um setor muito diferente, contabilizava o dinheiro economizado por ter afiado seu foco ambiental e desenvolvido um novo olhar sobre seus negócios.

O CEO da British Petroleum, Lord John Browne, comprometeu-se a reduzir as emissões de gases de efeito estufa gerados pela empresa, principalmente o dióxido de carbono, um dos gases responsáveis pelo aquecimento global. Browne instruiu todas as unidades de negócios da BP para que encontrassem maneiras de produzir menor quantidade desses gases. E foi o que fizeram. Depois de três anos "detectando fontes de emissão de carbono", a BP encontrou diversas maneiras de reduzir suas emissões, melhorar a eficiência e economizar dinheiro. Muito dinheiro.

As mudanças iniciais nos processos custaram à BP cerca de US$20 milhões, mas economizaram para a empresa uma quantia impressionante de US$650 milhões nos primeiros anos. Em 2006, as economias haviam superado US$1,5 bilhão. Em um estilo contido, tipicamente britânico, os executivos da BP declararam-se estupefatos com os resultados. Disse Browne: "Tínhamos como objetivo nos sair bem... mas nos saímos melhor do que esperávamos."

A BP era altamente ineficiente antes do programa? Longe disso. A empresa nunca havia examinado suas operações sob a perspectiva de redução da emissão de gases de efeito estufa. Depois de adotar essa nova perspectiva, as inovações floresceram, beneficiando os resultados financeiros da empresa.

Analisar todas as maneiras pelas quais as questões ambientais afetam um negócio pode lançar luz sobre planejamento e estratégia. Examinando seus negócios através da "ótica" ambiental, os gerentes podem evitar problemas de alto custo e criar valor substancial. Assim, acrescentamos uma quarta lição – a mais fundamental de todas – às três que extraímos da experiência da Sony:

As empresas inteligentes conquistam vantagem competitiva por meio da gestão estratégica dos desafios ambientais.

A BP e a Sony aprenderam o que algumas empresas já sabiam: O mundo dos negócios e a natureza estão intrinsecamente associados. Nossa economia e nossa sociedade dependem de recursos naturais. Dito de maneira simplificada: todos os produtos que conhecemos vieram de algo cultivado ou extraído de minas. O livro que você tem em mãos neste momento já foi uma árvore; a tinta nas quais essas palavras estão impressas começou sua vida como soja. O meio ambiente oferece suporte crítico a nosso sistema econômico – não sob a forma de capital financeiro, mas sob a forma de capital natural. E existem indícios cada vez mais numerosos de que estamos sistematicamente minando nossa base de ativos e enfraquecendo alguns de nossos sistemas vitais de suporte.

Em outras palavras, a ótica ambiental não é apenas uma ferramenta estratégica adequada ou uma digressão interessante relacionada ao trabalho real de uma empresa. É um elemento essencial da estratégia de negócios no mundo moderno. É a forma de as empresas lidarem com os problemas reais da poluição e do gerenciamento de recursos naturais. O controle inadequado dessas questões pode drenar rapidamente o valor de uma empresa – e manchar a reputação de uma marca cuidadosamente construída ao longo de décadas. Por isso as principais empresas aprenderam a gerenciar riscos e custos ambientais com o mesmo zelo com que gerenciam outros riscos e custos. Ao fazê-lo, reduzem o risco para a empresa como um todo.

No entanto, o lado positivo é igualmente importante. Nos capítulos que se seguem, exploraremos como grandes empresas estão incorporando fatores ambientais (não raro chamados de fatores "verdes") às suas estratégias empresariais – gerando inovação, criando valor e conquistando vantagem competitiva. Esses líderes vêem seus negócios de novas maneiras. Criam novos produtos com o objetivo de suprir as necessidades ambientais. Ao examinarem a cadeia de valor de alto a baixo, eles mantêm o impacto ambiental em mente o tempo todo. Sabem que trabalhar para proteger o planeta também é uma forma de proteger suas empresas – salvaguardando seus ativos, inspirando os empregados atuais e atraindo novos e valiosos "trabalhadores do conhecimento" que estão atrás de algo além do contracheque no fim do mês.

Neste livro, levamos você, leitor, para dentro de empresas dos mais diversos setores, ao redor do mundo. Mostramos os custos reais, as difíceis escolhas e os *trade-offs* que as empresas enfrentam ao incorporar a perspectiva ambiental à sua estratégia de negócios. Os sábios que descartam o mundo como problema – ou comentadores do outro "lado", que subestimam as dificuldades enfrentadas pelas empresas na execução de estratégias ambientais – não estão fazendo favor algum ao mundo dos negócios ou ao planeta.

Analisando sistematicamente as experiências de dezenas de empresas, pudemos extrair as principais estratégias, táticas e ferramentas necessárias à criação de vantagem competitiva baseada no ambiente. Em um mercado em que outros pontos de diferenciação competitiva, como custos de capital ou de mão-de-obra, estão se uniformizando, a vantagem ambiental assume um papel maior como fator decisivo na estratégia empresarial. Na verdade, nenhuma empresa pode se dar ao luxo de ignorar essas questões. As que conseguirem gerenciá-las com habilidade construirão negócios mais fortes, mais lucrativos e mais duradouros – e um planeta mais saudável.

Parte I Preparando-se para um mundo novo

Nos primeiros capítulos, fornecemos o contexto para este livro, destacando como os desafios ambientais tornaram-se uma parte importante da paisagem de negócios. No Capítulo 1, apresentamos a "Onda Verde" que varre o mundo dos negócios, e mostramos a lógica para tornar as considerações ambientais uma parte essencial da estratégia. Trazemos também algumas das "megaforças", como a globalização, que dão maior proeminência ao imperativo ambiental. Finalmente, revelamos uma visão geral de como realizamos nossas pesquisas e escolhemos as empresas que são o foco deste livro.

Os Capítulos 2 e 3 introduzem as novas pressões – tanto naturais quanto humanas – impostas sobre as empresas. Essas forças tornam a atenção à estratégia ambiental essencial para o sucesso nos negócios. Começamos o Capítulo 2 destacando os problemas ambientais que a humanidade e todas as empresas enfrentam – do aquecimento global à escassez de água. Para cada questão de nossa cartilha ambiental, oferecemos um resumo claro do problema, uma revisão dos possíveis efeitos e uma análise de como o problema poderia afetar os negócios.

No Capítulo 3, revisamos a gama crescente de "atores" ambientais no campo dos negócios. Mapeamos 20 categorias diferentes de grupos de interesse – de tradicionais reguladores do governo a poderosas organizações não-governamentais (ONGs), passando por bancos cada vez mais focados nas questões ambientais. Destacamos as perguntas que esses grupos estão fazendo a respeito das operações da empresa.

Esta seção explica brevemente como e por que o meio ambiente surgiu como questão estratégica crítica para empresas de todos os portes. Prepara o palco para o nosso tour dos elementos críticos da estratégia ambiental corporativa, e mostra como a cuidadosa reflexão sobre as questões ambientais pode proporcionar uma nova base para a vantagem competitiva.

Capítulo 1 Ecovantagem

Washington, D.C.: Jeff Immelt, CEO da General Electric, anuncia uma nova iniciativa, "*ecomagination*", comprometendo-se a dobrar os investimentos da empresa em produtos que respeitem o meio ambiente – de lâmpadas que poupam energia a sistemas de purificação de água de porte industrial, passando por motores a jato mais eficientes. Com a ajuda de uma campanha publicitária multimilionária, Immelt posiciona a GE como a cura para vários dos males ambientais que assolam o mundo.[1]

Bentonville, Arkansas: Em um discurso aos acionistas, Lee Scott, CEO da Wal-Mart, expõe sua definição de "Liderança no século XXI". No âmago de seu novo manifesto, está o compromisso de melhorar o desempenho ambiental da empresa. A Wal-Mart reduzirá em 30% o uso de energia, terá por objetivo usar 100% de energias renováveis (por exemplo, energia eólica e solar) e dobrar a eficiência de combustível de sua enorme frota de entrega. Ao todo, a empresa investirá US$500 milhões anuais nesses programas de energia. Além disso, em uma iniciativa que provavelmente se propagará amplamente, a Wal-Mart "solicitará" a seus fornecedores que criem produtos que não agridam o meio ambiente: alguns dos peixes vendidos pela Wal-Mart terão de vir de fontes sustentáveis e os fornecedores de peças de vestuário terão de usar materiais como algodão orgânico. "Acreditamos que essas iniciativas nos tornaram *uma empresa mais competitiva e mais inovadora*", enfatiza Scott.[2]

Em termos de capitalização de mercado ou de vendas, a GE e a Wal-Mart são duas das maiores empresas da história humana. Nenhuma das duas nos vem à mente de imediato quando mencionamos a palavra "verde". Mas essas não são histórias isoladas. Empresas tão diversas quanto a Goldman Sachs e a Tiffany também anunciaram iniciativas ambientais. Observou o *Washington*

Post: "A iniciativa da GE foi "*o exemplo mais dramático de uma revolução verde que está transformando o mundo dos negócios*".[3]

O que está acontecendo? Por que empresas de grande porte, sólidas, que visam o lucro, estão falando sobre meio ambiente hoje? É simples: porque precisam. As forças que lhes são impostas são reais, e crescem a cada dia. Quase sem exceção, os grupos industriais estão enfrentando uma onda nova e inevitável de questões relacionadas ao meio ambiente. Como qualquer revolução, essa nova "Onda Verde" impõe um desafio sem precedentes aos negócios em sua forma atual.

NOVAS PRESSÕES

Existem duas fontes de pressão por trás dessa Onda Verde. Primeiro, os limites do mundo natural poderiam restringir as operações de negócios, realinhar mercados e quem sabe até ameaçar o bem-estar do planeta. Segundo, as empresas enfrentam um número cada vez maior de stakeholders preocupados com as questões ambientais.

Aquecimento global, escassez de água, extinção de espécies (ou perda de "biodiversidade"), sinais da presença de substâncias químicas tóxicas nos seres humanos e animais – essas questões, e muitas outras, afetam o funcionamento das empresas e da sociedade. Aqueles que conseguirem encontrar soluções para esses desafios sairão na frente.

A ciência, enfatizamos, *não tem* respostas prontas para essas perguntas. Alguns problemas, como a depleção da camada de ozônio e a escassez de água, estão relativamente claros. As tendências são visíveis. Quanto a outras questões – mais notavelmente a mudança climática –, as incertezas persistem, ainda que existam indícios suficientemente claros e um consenso científico suficientemente forte para justificar a ação.

O DESAFIO DO ENVOLVIMENTO

Antes, as preocupações ambientais giravam em torno de "limites ao crescimento" e da perspectiva de esgotamento de recursos naturais, como petróleo e metais industriais. Tais preocupações em geral foram superadas. Uma segunda linha de preocupações concentrava-se na poluição, que se mostrou mais duradoura. Hoje, sabemos que os seres humanos podem, de fato, sobrecarregar a capacidade da natureza – dos canais locais à atmosfera global – de absorver poluentes ou oferecer os "serviços de ecossistema" essenciais de que precisamos, como água potável, ar respirável, clima estável e terras produtivas.

Hoje, uma ampla variedade de atores insiste para que se preste atenção a essas questões. O governo, a tradicional superpotência de influência sobre o comportamento corporativo, não saiu de cena. Ao contrário. Reguladores ao redor do mundo já não fazem mais vista grossa à poluição. Os cidadãos não permitem. Assistimos a esforços sérios no sentido de controlar as emissões e fazer os poluidores pagarem pelos danos que causam.

Hoje, porém, outros atores desempenham funções fundamentais no palco dos negócios. ONGs, clientes e empregados fazem cada vez mais perguntas e apresentam chamados à ação nas mais diversas áreas. Para citar apenas um exemplo, a HP[4] afirma que, em 2004, US$6 bilhões de novos negócios dependiam, em parte, de respostas às perguntas dos clientes sobre o desempenho ambiental e social da empresa – 660% a mais do que em 2002. Tais demandas dão um novo contorno aos mercados, criam novos riscos para os negócios e geram oportunidades para aqueles que estiverem preparados para agir.

A grande novidade é a chegada de um novo grupo de interesse na cena ambiental que inclui bancos e seguradoras. Quando o setor de serviços financeiros – com um foco muito nítido no retorno sobre os investimentos – começa a se preocupar com o meio ambiente, você sabe que alguma coisa importante está acontecendo. A Goldman Sachs, gigante do mercado financeiro, anunciou que "promoveria atividades que protegem as florestas e as guardam contra as mudanças climáticas".[5] A empresa afirmou que "estimularia" os clientes a terem atitudes "mais verdes" e alegou ter feito investimentos da ordem de US$1 bilhão em energias alternativas, já tendo, inclusive, comprado uma empresa que constrói fazendas eólicas. O montante de US$1 bilhão não é um gesto simbólico, nem mesmo para a Goldman. JPMorgan, Citigroup e outros nomes de peso assumiram compromissos semelhantes – e aderiram aos "Princípios do Equador", que exigem avaliações ambientais dos principais empréstimos.[6]

Para vermos um exemplo doloroso de como essa combinação de forças naturais e novos stakeholders pode afetar as empresas, basta perguntar a dois dos mais recentes ex-CEOs da Coca-Cola, Doug Ivestor e Doug Daft. Somente nos últimos cinco anos, o maior fabricante mundial de refrigerantes enfrentou protestos na Índia contra o consumo de água, sofrendo pressões para parar de usar refrigerantes, que afetavam a camada de ozônio, e teve de retirar do mercado britânico a água mineral Dasani, porque a bebida, supostamente purificada, não passou nos testes de qualidade da União Européia. Hoje, a empresa tem um vice-presidente dedicado a questões ambientais e relacionadas à água, Jeff Seabright, e um novo CEO, Neville Isdell, que trabalha de forma estreita com o Conselho Consultivo Ambiental, no qual um de nós (Dan) atua.

Ações ambientais equivocadas podem gerar pesadelos de relações públicas, destruir mercados e eliminar bilhões de valor de uma empresa. As empresas que não incluírem preocupações ambientais em seu arsenal de estratégias se arriscam a perder oportunidades em mercados que são cada vez mais moldados por fatores ambientais.

EM DEFESA DE UMA ESTRATÉGIA AMBIENTAL

Vemos três razões básicas para acrescentar as lentes ambientais à estratégia principal da empresa: os possíveis benefícios, a administração dos riscos e uma preocupação baseada em valores com o controle ambiental.

Os benefícios

Ninguém, nem mesmo a Toyota, com sua visão de mercado, poderia ter previsto o sucesso do automóvel híbrido Prius. Dado o baixo desempenho dos veículos elétricos, esse salto de fé certamente não anunciava um caminho claro rumo aos lucros. No entanto, os executivos da Toyota enxergaram um valor potencial mais adiante, e não poderiam estar mais certos. Depois de uma década inteira de pesquisa, em 2004 o Prius foi considerado o Carro do Ano pela *Motor Trend*. Àquela altura, os clientes estavam enfrentando uma fila de espera de seis meses pelo automóvel híbrido. Enquanto Detroit estava à beira da falência, demitindo dezenas de milhares de operários e oferecendo "descontos especiais" a todos, a Toyota estava aumentando os preços, expandindo a produção, registrando um recorde de lucros de US$11,8 bilhões em 2006 e se aproximando do título de maior fabricante de automóveis do mundo.

O foco da Toyota em tecnologias "verdes" não é acidental. No início da década de 1990, quando a Toyota quis projetar o automóvel do século XXI, fez do meio ambiente um tema importante, acima de todos os outros pontos de venda que os fabricantes de automóveis usavam tradicionalmente: tamanho, velocidade, desempenho ou até mesmo capacidade de atrair mulheres bonitas e caras musculosos. Inteligente.

De maneira análoga, a BP se reposicionou como empresa de energia, preparando-se para ir "além do petróleo" e investindo em energias renováveis. Essas empresas descobriram que é melhor reformatar o mercado e comer o próprio almoço antes que outros o façam.

Nossas pesquisas sugerem que, em geral, as empresas que usam as lentes ambientais são mais inovadoras e empreendedoras do que os concorrentes. Enxergam o que vem por aí. Estão mais bem preparadas para lidar com as forças imprevisíveis que assolam os mercados. E são melhores em descobrir novas oportunidades de ajudar os clientes a reduzir os custos e a carga ambiental. Refazendo seus produtos e serviços com o objetivo de reagir às necessidades dos clientes, impulsionam o crescimento da receita e aumentam a lealdade do cliente.

O "ouro" que as empresas inteligentes garimpam com iniciativas "verdes" inclui faturamento maior, custos operacionais menores e até mesmo juros mais baixos nos empréstimos bancários, pois os bancos vêem um menor risco nas empresas que possuem sistemas de gerenciamento ambiental mais bem desenvolvidos. Além disso, sua cultura mais inovadora as leva a colher outros benefícios adicionais: valor intangível, credibilidade e confiança na marca.

Sábios e eruditos[7] observaram que as empresas encontram-se diante de um mundo no qual os elementos tradicionais da vantagem competitiva, como acesso a mão-de-obra mais barata e baixo custo de capital, transformaram-se em commodities, e foram gradualmente reduzidos. Nesse novo campo de jogo, iniciativas verdes oferecem um novo caminho vital para a inovação e a criação de valor, além de vantagem competitiva duradoura. Phil Berry, executivo da Nike, colocou isso de maneira simples: "'Temos duas máximas: Número 1: Somos inovadores por natureza. Número 2: Faça a coisa certa. Mas, na realidade, tudo que fazemos em torno da sustentabilidade diz respeito à primeira máxima – está relacionado à inovação."[8]

Os riscos

Dentro da gigante do petróleo, a Shell, os executivos usam o acrônimo TINA – do inglês *There Is No Alternative*, não há alternativa – para explica por que fazem determinadas coisas. Para eles, avaliar como a mudança climática afeta seu negócio ou importar-se com o modo como os stakeholders se sentem a respeito da empresa já não é mais opcional. É um fato da vida. Mesmo nos problemas já conhecidos com comunidades e governos locais em lugares como a Nigéria, a Shell continuou a aperfeiçoar suas habilidades de relacionamento com os stakeholders. A empresa investe milhões de dólares trabalhando com pessoas que vivem em torno de projetos de petróleo e gás importantes, como o imenso depósito de areias betuminosas (Athabasca Oil Sands), no Canadá.

Como chefe do famoso grupo de cenários da Shell, Albert Bressand ajudou a equipe executiva a pensar no que poderia prejudicar a empresa no longo prazo. Disse-nos: "Somos prisioneiros do mercado... há pessoas que podem suspender nossa licença de operação."[9]

A idéia por trás da licença de operação é simples: a sociedade como um todo *permite* que as pessoas existam e lhes confere certa liberdade de movimento. Se sua empresa ultrapassar as fronteiras, as reações da sociedade podem ser duras e, nos casos mais graves, destruir a empresa. Os ex-sócios da Arthur Andersen aprenderam essa lição a um custo bastante alto, quando a gigante da contabilidade desapareceu nas águas do escândalo da Enron. Você se lembra do caso da on Carbide, líder da indústria química? Depois do desastre de 1984 mpresa em Bhopal, Índia, que matou mais de três mil pessoas, o futuro da Union Carbide se desfez até a total absorção pela Dow Chemicals.[10]

Mais especificamente, as expectativas da sociedade quanto ao comportamento da empresa estão mudando. Uma empresa que abusa do meio ambiente local pode ficar impossibilitada de obter licenças para a expansão de suas operações. Reguladores, políticos e comunidades locais levantam menos barreiras aos bons vizinhos.

As indústrias pesadas estão particularmente cientes dessa questão da licença social, mas outras também sentem seus efeitos. Depois de anos de expansão sem limite, a Wal-Mart se viu sob o fogo cruzado daqueles que alegavam que os depósitos da empresa eram exagerados, destruíam os pântanos e ameaçavam o suprimento de água. Em algumas comunidades, os reguladores juntaram-se ao coro e começaram a impor limites aos planos de expansão da gigante do varejo. Nas reuniões internas, Lee Scott disse aos executivos da Wal-Mart que seus esforços pela sustentabilidade ajudariam a proteger a "licença de crescimento" da empresa.[11]

Os desafios ambientais podem parecer uma série de pequenos furos em um cano, drenando lentamente o valor da empresa. Ou podem surgir de uma hora para a outra, como um buraco enorme em uma represa, e ameaçar o negócio como um todo. Talvez o problema esteja nos custos inesperados do controle da poluição ou em uma operação de limpeza que ninguém havia orçado. Ou talvez seja um desastre público, como o *Valdez*, da Exxon. Às vezes, também, o lado negativo do gerenciamento equivocado dessas questões pode se tornar bastante pessoal. Executivos que presidem o tratamento equivocado do lixo tóxico, por exemplo, podem cumprir um tempo de prisão.

Os esforços para eliminar e reduzir o uso de recursos, muitas vezes denominados "ecoeficiência", podem proporcionar economias que se refletem diretamente nos resultados financeiros da empresa. Redesenhe um processo para utilizar menos energia e você reduzirá sua exposição aos voláteis preços do petróleo e do gás. Redesenhe seu produto, eliminando a presença de substâncias tóxicas, e você reduzirá as cargas regulatórias – e talvez até evite um incidente que destrua valor mais adiante. Esses esforços reduzem o risco para os negócios e, ao mesmo tempo, protegem o ouro – fluxo de caixa confiável, valor da marca e lealdade do cliente, por exemplo – que as empresas tanto esperaram para conseguir ao longo do tempo.

As empresas inteligentes saem na frente da Onda Verde e reduzem o risco financeiro e operacional. Suas estratégias ambientais proporcionam um grau adicional de liberdade de operação, lucros e crescimento.

A coisa certa

Durante nossas pesquisas, perguntamos repetidas vezes aos executivos por que suas empresas realizaram iniciativas ambientais, algumas a um custo inicial significativo, diante da incerteza de retorno. Com mais freqüência do que poderíamos imaginar – e mais ainda do que esperávamos inicialmente –, elas afirmaram ser essa a coisa certa a fazer.

Será que as atitudes e as reflexões sobre a questão do meio ambiente se baseiam em valores? Pelo menos não foi o que ouvimos dos executivos entrevistados. Para a maioria, o argumento moral não foi um imperativo separado. Estava profundamente entrelaçado com as necessidades do negócio. Construir uma empresa com valores reconhecidos tornou-se uma questão de vantagem competitiva, tenha você 2 ou 200 mil funcionários. Fazer a coisa certa atrai as melhores pessoas, aumenta o valor da marca e desenvolve confiança junto aos clientes e outros stakeholders. Na verdade, é difícil conceber um ativo mais importante para o sucesso no longo prazo do que a confiança entre os stakeholders – confiança que se perde com facilidade. Como disse certas vezes o legendário investidor Warren Buffett: "São necessários 20 anos para construir uma reputação, mas apenas cinco minutos para destruí-la. Se você pensar nisso, fará as coisas de maneira diferente."[12]

Mesmo aqueles que concordam com o economista Milton Friedman,[13] ganhador do prêmio Nobel, que afirmou que a principal "responsabilidade social do negócio é aumentar os lucros", não podem ignorar o número crescente de pessoas que acreditam que as empresas têm obrigação de fazer mais. A lógica das iniciativas ambientais das empresas não precisa partir da crença pessoal de que cuidar da natureza é a coisa certa a fazer. Se os stakeholders mais importantes acreditarem que o ambiente é importante, então essa é a coisa certa a fazer *para o seu negócio.*

Os líderes ambientais vêem seus negócios sob a ótica ambiental, encontrando oportunidades de cortar custos, reduzir riscos e aumentar a receita e o valor intangível. Desenvolvem uma ligação mais profunda com clientes, empregados e outros stakeholders. Suas estratégias revelam um novo tipo de vantagem competitiva sustentável, a qual atribuímos o nome de Ecovantagem.

FORÇAS AMPLIFICADORAS

A Onda Verde, com suas ameaças e oportunidades, ganha força dentro de uma paisagem que já luta com a mudança radical. As empresas enfrentam diversas megatendências que interagem com os efeitos da Onda Verde, acelerando a mudança e ampliando seu impacto e escopo.

Globalização e localização

O escritor Thomas Friedman[14] descreve que a terceirização é apenas a ponta do iceberg. O "nivelamento" dos mercados globais de mercadorias e serviços despedaçará praticamente todos os setores. A contínua ascensão da China e da Índia provavelmente terá um efeito profundo sobre os negócios ao redor do mundo, sobretudo na América do Norte e na Europa.

A integração econômica e a liberalização do comércio intensificam a competição. A globalização cria oportunidades para muitos, mas recompensa fundamentalmente a escola. O porte, entretanto, gera suspeita de excesso de poder. As práticas de negócios das grandes empresas – inclusive seus impactos ambientais – são submetidas a um exame mais minucioso.

Ao mesmo tempo, o mundo está se fragmentando, e os nichos de mercado demandam produtos e serviços cada vez mais especializados. Por exemplo, em muitas de suas lanchonetes na Índia, o McDonald's serve curry, em vez de hambúrguer, sua marca registrada. Operar de maneiras adequadas a necessidades e preferências localizadas está se tornando essencial. A escala das questões ambientais, que varia do inteiramente local ao inevitavelmente global, só aumenta a complexidade assustadora desse desafio gerencial.

Insegurança

As tensões relacionadas à segurança que varreram os Estados Unidos e grande parte do resto do mundo depois dos atentados de 11 de setembro estão mudando as atitudes do público e o cenário político. Além do medo do terrorismo, há uma preocupação pública crescente com a dependência do petróleo do Oriente Médio. As pessoas expressam cada vez mais a disposição de pagar ainda mais por suprimentos de combustível que não venham de tão longe, inclusive fontes de energias alternativas, como eólica ou solar.[15] Assim, o futuro da energia parece muito diferente do passado, com profundas conseqüências para o meio ambiente.

Desce o governo, sobem os negócios

Embora a era dos grandes governos tenha chegado ao fim, as expectativas do público quanto ao papel das empresas no suprimento das necessidades da sociedade estão aumentando. Muitos diriam que o sistema regulador nos Estados Unidos vem-se tornando menos opressivo, mas na Europa as regulamentações parecem estar tendo um peso ainda maior para as empresas.[16] O que os Estados Unidos têm em comum com o resto do mundo é que as empresas estão sendo solicitadas a fazer mais voluntariamente, não apenas no que diz respeito ao meio ambiente, mas também no que diz respeito a diversos problemas de cunho social, entre eles pobreza, educação e assistência médica. O debate sobre o fato de essas expectativas serem ou não apropriadas continua, mas a tendência é bastante clara. Um foco maior na responsabilidade social corporativa chegou para ficar.

As grandes empresas encontram-se diante de expectativas ainda mais elevadas. As multinacionais, com seu alcance global e seus efeitos ubíquos, precisam ter padrões ainda mais altos. Quanto mais se dá, mais se espera. Quando operam em solo estrangeiro, as empresas devem esperar um escrutínio ainda mais intenso. Um exemplo revelador: enquanto a Coca-Cola enfrenta protestos constantes na Índia quanto ao uso da água em uma fábrica, em Kerala, a cervejaria Kingsfisher, de propriedade indiana, que utiliza muito mais água ainda, não atrai ira política alguma.

A ascensão da classe média nas economias emergentes

Vamos examinar apenas uma estatística: prevê-se que o número de automóveis na China e na Índia aumentará de aproximadamente 17 milhões hoje para 1,1 *bilhão* (isso mesmo, bilhão) até 2050.[17] O acréscimo de centenas de milhões de trabalhadores de classe média nos países em desenvolvimento, todos em busca da qualidade de vida do Ocidente, abalará praticamente todos os setores. Para aqueles que estiverem preparados, esse novo mercado oferece oportunidades consideráveis. No entanto, o mesmo aumento do consumo ameaça destruir os recursos naturais e aumentar a poluição do planeta em uma escala sem precedentes.

Pressão contínua da pobreza

Apesar do crescimento substancial da classe média, particularmente na Ásia, muitas partes do mundo em desenvolvimento ainda enfrentam a pobreza crônica. Populações em expansão esforçam-se por obter bases limitadas de recursos. A pobreza força o pensamento de curto prazo, que se traduz em degradação ambiental. As pessoas derrubam árvores pela lenha, por exemplo, sem pensar na erosão do solo e em outras conseqüências negativas que se seguem.

Assim, embora a ascensão de uma classe média consumidora crie um conjunto de ameaças ambientais, a pobreza persistente representa um desafio social e ecológico igualmente sério que o mundo dos negócios evita por conta própria. Como observou um alto executivo do ABN AMRO Real – subsidiária brasileira do banco holandês e uma das empresas na linha de frente nos países em desenvolvimento –, "as empresas não podem ter sucesso em sociedades que fracassam".[18]

Aperfeiçoamentos científicos e tecnológicos

A ciência por trás de muitos problemas ambientais está se tornando mais clara. O lado negativo da clareza, porém, é a obrigação maior de agir. Hoje, "Biomonitoramento" e ferramentas de medição mais sensíveis podem identificar – em níveis mínimos – praticamente todas as substâncias químicas e emissões encontradas no meio, seja em um urso polar no Círculo Ártico, seja no leite de uma mulher em Ohio. Até mesmo exposições no nível de partes por bilhão podem estimular chamadas à ação por parte de um exército cada vez maior de grupos de defesa. No lado positivo, novos avanços, como nanotecnologias, poderiam oferecer soluções para os males ambientais – e criar oportunidades de mercado para negócios empreendedores.

Transparência e responsabilidade

"A internet mudou o mundo" parece notícia antiga, mas os efeitos em cascata das ondas da Era Digital continuam surgindo em nossa economia e sociedade. A famosa "Lei de Moore" prevê que a densidade dos transistores em um microchip dobrará a cada 18 meses. Essa tendência se manteve durante 40 anos, aumentando a capacidade de processamento e reduzindo os custos da tecnologia digital. Para bilhões de pessoas, uma variedade infinita de informações – e talvez até certo grau de desinformação – pode chegar à internet quase que instantaneamente. Como disse o *The New York Times*, a internet "proporcionou uma saída mais pública às vozes zangadas. A blogoesfera está lotada de postings que castigam a Coca-Cola, a Wal-Mart e outras grandes empresas, citando desde o consumo de água a práticas trabalhistas injustas e emissões de gases perigosos".[19] E não é apenas papo de nerds. As conversas iniciadas pelos blogueiros podem sair do ciberespaço para a avenida principal em um piscar de olhos.

Em um mundo de crescente transparência e informações de baixo custo, torna-se cada vez mais claro *quem* é o responsável pelo *quê*. À medida que ficar mais fácil detectar as fontes de poluição e substâncias tóxicas, saberemos quais empresas criaram, expediram, usaram e as descartaram. Não há dúvida: a responsabilidade *total* é a norma emergente.

QUEM DEVE SE IMPORTAR?

Para algumas empresas, uma nova perspectiva verde será transformadora, levará a uma nova forma de pensar, novos mercados, maiores lucros e maior valor. Para outras, a ótica ambiental pode surgir de maneira mais gradual e modesta, como outro *elemento* crítico da estratégia corporativa. Com o tempo, essas empresas podem encontrar vantagem sustentada no longo prazo, mas não ganhos imediatos, ao adotarem uma abordagem verde. Nas indústrias pesadas, a possibilidade de ganhos está mais próxima. No entanto, as empresas menores e "mais limpas" também terão benefícios surpreendentes.

No mundo de hoje, nenhuma empresa, de pequeno ou grande porte, operando local ou globalmente, no setor industrial ou de serviços, pode se dar ao luxo de ignorar os problemas ambientais. Obviamente, as oportunidades e os riscos trazidos pela Onda Verde variam de acordo com a empresa e o setor. O contexto é importante na arrancada pela Ecovantagem. Nenhuma estratégia ou ferramenta, isoladamente, funcionará em todas as empresas ou em todas as circunstâncias. Mas a dinâmica da Onda Verde tornou-se um fato da vida dos negócios em praticamente todas as empresas. Aquelas que se ocultarem, submergindo na esperança de que a Onda Verde passe, ficarão decepcionadas com sua presença e tenacidade esmagadoras.

Por que as pequenas empresas devem se importar

E quanto às empresas de menor porte? Será que podem ignorar o problema? A resposta é simples: Não. Aqui estão cinco motivos:

- Leis que antes se aplicavam apenas às grandes empresas estão se aproximando das empresas menores. Até mesmo padarias e postos de gasolina devem cumprir as normas para controle da poluição.
- Controlar as opções de consumo das pessoas continua sendo difícil politicamente, mas os grupos de defesa não têm dificuldade alguma de exigir que as pequenas empresas coloquem um freio em seus impactos. Assim, embora os automóveis pessoais não estejam sob o ataque de ONGs, as emissões das frotas de táxis ou dos serviços de entrega constituem um alvo relativamente atraente.
- A Era da Informação está reduzindo os custos da busca de jogadores de menor porte. Novos sensores, sistemas de informação e tecnologias

de comunicação barateiam a cada dia o controle da poluição e o monitoramento do cumprimento das normas. Até mesmo pequenas empresas têm dificuldade de fugir do alcance do radar.

- Os grandes clientes estão pressionando seus fornecedores de menor porte para que cumpram os padrões ambientais. Uma pequena empresa de desenvolvimento de software de Nova York que conhecemos viu-se obrigada a responder a perguntas difíceis feitas por uma empresa de telefonia baseada em Tóquio que implantou um agressivo sistema de auditoria para sua cadeia de suprimento. Para se manter na lista dos fornecedores preferidos, a empresa teve de implementar um Sistema de Gerenciamento Ambiental – muito mais do que uma empresa de seu porte normalmente faria.
- Empresas pequenas podem ser mais ágeis do que suas concorrentes maiores. As mais empreendedoras podem correr para aproveitar as mudanças nas circunstâncias ou suprir as demandas de novos nichos. A Q Collection, uma empresa de móveis "sustentável" fabrica sofás, mesas e cadeiras sem tintas tóxicas e com madeira vinda inteiramente de florestas com manejo sustentável. Os móveis têm um preço bem salgado, mas a empresa encontrou uma base de clientes: arquitetos e decoradores em busca de uma opção natural. E a Kona Blue, do Havaí, criou uma fazenda de peixes que não agride o meio ambiente para suprir a crescente demanda de peixes cultivados sem hormônios e sem antibióticos.

COMO SERIA UMA EMPRESA EM BUSCA DE ECOVANTAGEM?

Durante os nossos quatro anos de pesquisas, estudamos dezenas de empresas. Algumas não mudam sua maneira de pensar desde a década de 1970. Continuam se queixando da legislação e a cumprem a duras penas. Outras começaram a enxergar as oportunidades de negócios para quem fosse além do mero cumprimento das leis. Algumas embarcaram em iniciativas audaciosas para oferecer soluções aos males ambientais do mundo – como o plano da GE de vender energia renovável, geração de energia eficiente, purificação de água e muito mais.

As empresas que "entendem" a interface entre ambientalismo e negócios – as que estão a caminho de reduzir os impactos ambientais, ou rastro de carbono, e ao mesmo tempo gerar lucros significativos e Ecovantagem sustentada – não têm um perfil único. Variam de conglomerados globais a produtores de tecidos especializados. Ainda assim, encontramos determinados padrões. As empresas de ponta vão além do cumprimento básico das leis e normas, redu-

QUEM SÃO OS MAIORES INTERESSADOS?

Ainda que acreditemos que este livro é útil para qualquer pessoa interessada em um meio ambiente saudável e em uma comunidade de negócios saudável, algumas empresas com certeza devem se preocupar mais com esses problemas do que outras. E alguns setores têm um potencial de vantagens maior. Vemos riscos e recompensas crescentes para empresas com:

- **Alta exposição da marca.** As empresas com clientela substancial e valor intangível (entre elas, a Coca-Cola, a Procter & Gamble e o McDonald's) enfrentam desafios especiais.
- **Grande impacto ambiental.** As empresas que atuam em setores de extração ou indústrias pesadas (BP, Exxon, Alcoa e LaFarge, por exemplo) devem se preparar para exames minuciosos.
- **Dependência de recursos naturais.** Empresas que vendem peixes, alimentos e produtos florestais (como Cargill, Nestlé e International Paper) provavelmente estarão na linha de frente, à medida que a sociedade enfrenta limites naturais muito reais.
- **Exposição a normas e regulamentações.** As perguntas estratégicas ambientais desempenham um papel particularmente importante para as empresas que lidam com materiais perigosos (como a DuPont) ou que operam em setores altamente regulamentados, como o de transmissão e distribuição de energia elétrica (AEP).
- **Crescente potencial de regulação.** Fabricantes de automóveis e de produtos eletrônicos (Ford e Intel, por exemplo) estão enfrentando novos desafios mediante as leis européias, que exigem que os fabricantes se responsabilizem pelo descarte de seus produtos *depois* de utilizados pelos clientes.
- **Mercados em que a competição pelo talento é grande.** Empresas no setor de serviços e a "nova economia" (como Citigroup, Intel ou Microsoft) – nas quais os ativos principais podem sair pela porta se estiverem insatisfeitos com a política da empresa – precisam estar sempre atentas às questões ambientais.
- **Pouco poder de mercado.** As empresas que dependem de grandes clientes que podem começar a questionar seu desempenho ambiental (em geral, empresas B2B de porte pequeno a médio) podem ser forçadas a rever sua estratégia de jogo. Ao mesmo tempo, as que atuam em setores altamente competitivos serão pressionadas a ficar à frente dos concorrentes, com iniciativas que acrescentam custos e podem não gerar benefícios imediatos.
- **Reputação ambiental estabelecida.** Empresas com histórias problemáticas devem esperar exames mais minuciosos. As empresas com um bom histórico terão mais liberdade de movimento – e podem se beneficiar da boa vontade do mercado.

ção de dejetos e eficiência operacional. Incorporam considerações ambientais a todos os aspectos de suas operações. Especificamente, essas empresas:

- desenvolvem produtos inovadores para ajudar os clientes com problemas ambientais ou até mesmo criam espaços de mercado ecodefinidos;
- pressionam seus fornecedores a ser melhores defensores do ambiente ou até os selecionam com base nesse critério;
- coletam dados para monitorar seu desempenho e estabelecem métricas para avaliar seu progresso;
- Associam-se a ONGs e outros stakeholders para conhecer e encontrar soluções inovadoras para os problemas ambientais;
- constroem uma cultura de Ecovantagem por meio da definição de objetivos ambiciosos, iniciativas, treinamento e ferramentas para envolver todos os funcionários na visão.

Nas empresas de ponta, o gerenciamento ambiental começou como algo que deveria ser feito. Hoje, a situação mudou. As empresas evoluíram até um ponto em que o *gerenciamento* ambiental passou a fazer parte da natureza e seu foco hoje está em encontrar o ouro na *estratégia* ambiental.

ESTRATÉGIA AMBIENTAL, SUSTENTABILIDADE E RESPONSABILIDADE SOCIAL DAS EMPRESAS

As empresas variam nos termos e no vocabulário para abordar questões sociais e ambientais. Algumas focam na sustentabilidade. Outras falam em responsabilidade social da empresa, liderança, cidadania, ou ambiente, saúde e segurança. Qualquer uma dessas abordagens pode servir para galvanizar a ação e criar Ecovantagem. O segredo está na execução – na inclusão de questões ambientais e sociais nas operações de negócios. No entanto, cada empresa precisa encontrar o jargão e as estruturas organizacionais que funcionarão em sua própria cultura.

No nível operacional, o gerenciamento dos problemas de sustentabilidade, qualquer que seja o nome utilizado pela empresa, funciona melhor quando existe um foco definido. Refletir sobre os desafios ambientais, juntamente com problemas sociais como assistência médica, alívio da pobreza ou como servir à "base da pirâmide"[20] – o mercado dos mais pobres do mundo, ainda não aproveitado –, torna-se rapidamente assustador. Nossas pesquisas sugerem que as habilidades necessárias para gerenciar as questões ambientais e preocupações sociais são muito distintas. Por exemplo, o que é necessário para garantir que uma empresa cumpra as licenças para poluição atmosférica, digamos, terá pouca semelhança com o que é necessário para desenvolver um forte programa de bem-estar do funcionário.

Além disso, a agenda ambiental tem um aspecto concreto que, não raro, é deficiente no lado social. Obrigações no âmbito da lei geralmente são muito mais claras no domínio ambiental, bem como as oportunidades de obter vantagem competitiva e, ao mesmo tempo, fazer a coisa certa. Com isso, não queremos dizer que as questões sociais não sejam importantes. Como o professor David Vogel[21], da Haas Business School, demonstrou, entretanto, é muito mais difícil apresentar *uma argumentação empresarial* em defesa da agenda social. Por todos esses motivos, vamos nos concentrar na definição das estratégias e ferramentas que as empresas podem usar para aproveitar as oportunidades *ambientais*.

POR QUE AS QUESTÕES SOCIAIS NÃO PODEM SER IGNORADAS

Embora as questões ambientais e sociais imponham tipos de desafio diferentes, ambas estão associadas à reputação da empresa. Qualquer empresa que acredite poder abordar as limitações no desempenho social com sólidos resultados ambientais está se enganando. A Wal-Mart, por exemplo, começou recentemente a trabalhar em uma série de questões, que vão das energias renováveis à pesca sustentável e a seu impacto sobre o uso da terra. Mas não deve esperar conquistar prêmios pela responsabilidade empresarial sem que isso envolva questões sociais básicas, como salários, assistência médica e relações trabalhistas.

NÃO É FÁCIL OBTER ECOVANTAGEM

Gostaríamos de poder dizer que será fácil encontrar a Ecovantagem. Mas, como a excelência de qualquer forma, é preciso lutar para chegar lá. Sabemos que isso bate de frente com a mensagem de muitos livros e artigos sobre "empresas verdes". Desde que alguns líderes da 3M demonstraram as recompensas da ecoeficiência, a adoção da mentalidade "verde" foi retratada como uma coisa certa. Infelizmente, nem todos os esforços ambientais produzem resultados em que todos os lados saem ganhando.

Desenvolver produtos inovadores, levá-los ao mercado, manter os clientes felizes e outros elementos do sucesso nos negócios já é difícil o suficiente. Acrescentar uma dimensão ambiental gera novas oportunidades, mas acrescenta mais um nível de complexidade ao desafio gerencial. Obter vantagem significa aprender novas habilidades, operar de maneira diferente e fazer determinadas compensações difíceis. Na verdade, a história é ainda mais sutil. Algumas iniciativas "falham" pelas medidas tradicionais, mas criam valor intangível para a empresa. Em geral, é difícil dizer quando vale a pena correr atrás de retornos difíceis de medir.

Este livro tenta apresentar aspectos peculiares a uma discussão que, normalmente, é excessivamente simplificada. Investigamos experiências do mundo real, em toda a sua complexidade, destacando caminhos para o sucesso, mas também analisando iniciativas que não saíram como o planejado ou que fracassaram. Extraímos lições, tanto positivas quanto negativas, desses estudos de caso, para que as empresas que hoje buscam a Ecovantagem não precisem começar do zero.

POR QUE AS INICIATIVAS AMBIENTAIS FALHAM?

As estratégias empresariais falham por diversos motivos, inclusive planejamento inadequado, falta de compromisso e alocação de pessoas erradas em funções essenciais. No entanto, algumas falhas específicas assolam as empresas na tentativa de atuar no domínio ambiental: foco nas questões erradas, compreensão inadequada do mercado, cálculo errado das reações do cliente aos produtos verdes e integração incompleta da abordagem ambiental ao trabalho da empresa. O Capítulo 10 analisa 13 tropeços comuns revelados por nossas pesquisas, mas abordaremos alguns deles antes, a fim de destacar os desafios da tarefa que os executivos têm diante de si.

Conclusão: as iniciativas ambientais não dão menos trabalho do que outros projetos. E fracassam com a mesma freqüência. O sapo Kermit tinha razão: ser verde não é fácil. Porém, uma estratégia ambiental sólida pode ser muito recompensadora.

QUEM ESTÁ PEGANDO CARONA NA ONDA VERDE?

Definir um líder em desempenho financeiro é relativamente simples. Escolha a métrica desejada – desempenho das ações, fluxo de caixa ou faturamento líquido – e encontre as empresas que apresentem o melhor desempenho nesses quesitos. Determinar quem são os líderes *ambientais*, porém, é tarefa bem mais complexa. Na maior parte do tempo, não existem dados confiáveis disponíveis. As empresas tendem a medir o desempenho de maneiras próprias, quando o fazem. Ainda não surgiu um conjunto de padrões comumente aceitos. A arena ambiental carece fundamentalmente da estrutura e do rigor determinados na área financeira pelo Financial Accounting Standards Board.[22]

Iniciamos nossa pesquisa tentando identificar as empresas líderes por meio das informações disponíveis. (Os detalhes da nossa metodologia podem ser encontrados no Apêndice II.) Utilizamos os scorecards ambientais e de sustentabilidade gerados pelos analistas da Innovest Strategic Value Advisors,

Sustainable Asset Management (que a Dow Jones usa para produzir seu índice de sustentabilidade) e outros no campo de investimentos socialmente responsáveis.[23] Associamos essas classificações a nossos dados pessoais, inclusive uma pesquisa realizada junto a executivos. Depois de restringir as 5 mil empresas iniciais a 200, examinamos medidas concretas de impacto ambiental, como emissões e uso de energia. Esse processo gerou uma lista de líderes que denominamos "Adeptos da Onda Verde" (ver tabela). Ainda que estejam inevitavelmente incompletas, essas classificações serviram como ponto de partida para análises e entrevistas mais profundas.

Exploramos detidamente várias dezenas dessas empresas, buscando uma diversidade de questões setoriais e geográficas, bem como a perspectiva a respeito de problemas ambientais importantes. Cientes de que a percepção desempenha um papel importante nas classificações, acrescentamos a esse mix algumas empresas pequenas demais para serem notadas de um modo geral, mas bastante conhecidas nos círculos industriais – por exemplo, a fabricante de tecidos suíça Rohner Textil. Buscamos também empresas que tendem a não alardear suas medidas em defesa do meio ambiente, como a fabricante de móveis Herman Miller ou a gigante da telefonia celular Nokia. Finalmente, fizemos questão de incluir algumas empresas, como GE e Coca-Cola, que não foram consideradas líderes, mas que hoje buscam expressamente a Ecovantagem ou dispõem de elementos de ponta em suas operações e que merecem ser estudados.

Não tentamos estudar *todas* as empresas que seguiram a Onda Verde. Alguns setores são tão bem representados que teria sido repetitivo gastar tempo para analisar todas as empresas. Outras histórias são singulares demais para servir de exemplo às empresas típicas. A Patagônia, por exemplo, é, sem sombra de dúvida, a empresa mais focada no meio ambiente do mundo, mas é de propriedade praticamente total de seu fundador, Yves Chouinard, que se orgulha de colocar os valores na frente dos lucros. Ele costuma brincar que, na verdade, nunca quis ser um homem de negócios.

Não ficamos longe de empresas que enfrentam desafios ambientais significativos devido às demandas inerentes de seus setores. Muitas dessas empresas continuam sendo altamente poluidoras – algumas das maiores poluidoras do mundo. Mas deixaram um rastro de carbono menor do que outras que atuam no mesmo setor. Acreditamos que a posição relativa funciona. Enquanto houver demanda para energia, substâncias químicas e metais, acreditamos que vale a pena destacar as que fazem melhor esse trabalho sujo. Mas o fato de as considerarmos líderes não significa que seu trabalho tenha terminado. Em muitos aspectos, está apenas começando.

As 50 maiores da Onda Verde

Estados Unidos	Internacionais
1. Johnson & Johnson	BP
2. Baxter	Shell
3. DuPont	Toyota
4. 3M	Lafarge
5. Hewlett-Packard	Sony
6. Interface	Unilever
7. Nike	BASF
8. Dow	ABB
9. Procter & Gamble	Novo Nordisk
10 . SC Johnson	Stora Enso
11. Kodak	Philips
12. Ford	Bayer
13. IBM	Holcim
14. Starbucks	STMicroelectronics
15. Intel	Alcan
16. Xerox	Electrolux
17. McDonald's	Suncor
18. GM	Norsk Hydro
19. Ben & Jerry	Henkel
20. Patagônia	Siemens
21. International Paper	Swiss Re
22. Alcoa	AstraZeneca
23. Bristol-Myers Squibb	Novozymes
24. Dell	IKEA
25. United Technologies	Ricoh

A conclusão

Será que essas empresas foram prejudicadas por causa de seu foco em problemas ambientais? Muito já foi escrito na tentativa de provar ou negar a conexão entre desempenho ambiental e financeiro. Não queremos nos juntar a um lado ou a outro da discussão, mas quando examinamos o desempenho das ações das empresas do grupo com ações comercializadas em bolsa e o comparamos ao mercado de um modo geral, a tendência fica bastante clara (ver figura).[24] Essas empresas tiveram um desempenho muito melhor nos últimos dez anos. (E, sim, a Dell está em nossa lista. Porém, mesmo sem ela, o valor das ações das empresas que estão seguindo a Onda Verde ficou acima do desempenho do mercado como um todo.)

Cabe aqui uma palavra de advertência: correlação e causação não são sinônimos.[25] O sucesso relativo das ações de nossas empresas pode muito bem ser função da administração de alta qualidade, de um modo geral, e não de um foco específico na estratégia verde. Na verdade, diversos estudos demonstraram que o desempenho ambiental é um poderoso indicador da qualidade gerencial como um todo.

Um caminho sustentável?

Não conhecemos uma só empresa que se encontre em um caminho verdadeiramente sustentável no longo prazo. Portanto, cabem aqui mais três advertências:

- Todas as empresas desse grupo são poluidoras e causam, em maior ou menor grau, a depleção da base de recursos naturais do mundo.
- Muitas das empresas que destacamos como líderes vieram de setores com sérios impactos ambientais, mas as empresas aqui selecionadas são as melhores do grupo, ou adotaram práticas que as outras podem aprender.
- Nem todos os investimentos ambientais que essas empresas realizaram geraram frutos. Na verdade, todas essas empresas falharam em um ou outro momento. No entanto, de um modo geral, seu foco ambiental as ajudou competitivamente.

Desempenho das ações das empresas que à Onda Verde aderiram

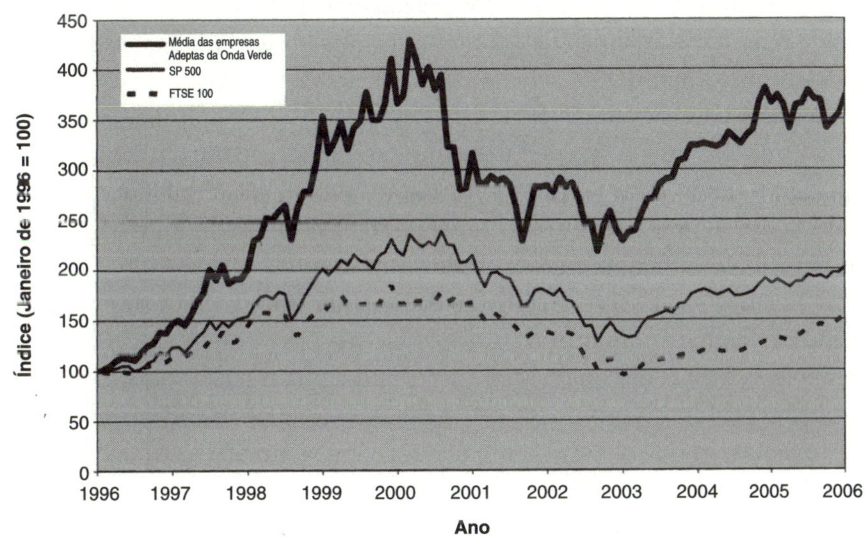

Essas empresas não são perfeitas. Algumas são fortes em um aspecto do desempenho ambiental e fracas em outro. Mas todas estão avançando. Estão demonstrando uma nova forma de fazer negócios. Nelas, vemos sinais de como obter Ecovantagem – e o começo de uma mudança a favor de um mundo no qual proteção ambiental e sucesso nos negócios andam de mãos dadas.

O CAMINHO ADIANTE

Os capítulos da Parte I descrevem o campo de jogo que torna, cada vez mais, as considerações ambientais tanto lucrativas quanto necessárias. O Capítulo 2 apresenta os principais desafios ambientais que toda empresa enfrenta. Analisa a discussão sobre os 10 principais problemas ambientais que o mundo dos negócios e a humanidade enfrentam. No Capítulo 3, voltamos nossa análise para os stakeholders que se importam com esses problemas e que podem afetar o destino da empresa. Apresentamos uma estrutura conceitual de pensamento sobre cinco grupos de jogadores, inclusive os cães de guarda (como ONGs), os responsáveis pela definição da agenda (os laboratórios de idéias), os parceiros de negócios (clientes), comunidades e investidores (bancos).

Depois de prepararmos o palco, apresentamos nas Partes II e III (Capítulos 4 a 9) os elementos básicos da estratégia ambiental.

A Parte II serve como roteiro. Os Capítulos 4 e 5 descrevem as oito "peças" principais para a criação de vantagem a partir da incorporação de estratégias ambientais. Apresentamos uma estrutura conceitual para analisar como essas estratégias reduzem os custos e riscos (negativos) ou criam oportunidades (positivo) – e se o resultado é relativamente simples ou tem menor possibilidade de atrair investimentos.

Na Parte III exploramos os detalhes específicos. O Capítulo 6 explicita o que as empresas líderes fazem para estimular a mentalidade da Ecovantagem. Explicamos como essas empresas tornam a abordagem ambiental uma parte fundamental de seu trabalho – abordagem que se encontra no âmago de um conjunto de ferramentas e ações muito importantes. O Capítulo 7 examina como as empresas líderes garimpam dados, monitoram o desempenho ambiental e trabalham com outras para aperfeiçoar suas estratégias. O Capítulo 8 explora as maneiras nas quais esses líderes redesenham seus produtos e cadeias de suprimento. E o Capítulo 9 descreve maneiras de desenvolver uma cultura de Ecovantagem que envolva tanto a alta gerência quanto os funcionários da linha de produção.

Na Parte IV apresentamos uma agenda de ação para o desenvolvimento da Ecovantagem. O Capítulo 10 destaca o que pode sair errado no caminho da vantagem competitiva impulsionada pelas estratégias ambientais. Examinamos as armadilhas mais comuns e demonstramos por que tantas iniciativas ambientais fracassam. No Capítulo 11, sugerimos um plano de ataque – com itens de ação para o curto, médio e longo prazos, com base nas idéias e ferramentas apresentadas ao longo do livro. Finalmente, no Capítulo 12, examinamos todos os elementos necessários para a execução de uma estratégia de Ecovantagem.

DE EXCELENTE A BOM

Às vezes, as pessoas precisam passar por uma crise para focar a mente. Lee Scott, CEO da Wal-Mart, ficou profundamente tocado com a devastação provocada pelo furacão Katrina em 2005. Ficou também profundamente orgulhoso de sua empresa e da ajuda prestada às vítimas do furacão. Mas ele se questionou:

> O que seria necessário para que a Wal-Mart fosse essa empresa, em sua melhor forma, o tempo todo? E se usássemos nosso porte e nossos recursos para fazer deste país e do planeta um lugar ainda melhor para todos nós: clientes, associados, nossos filhos e as gerações que ainda estão por vir? O que isso significaria? Será que conseguiríamos?[26]

Scott continuou seu discurso, tentando defender as questões ambientais, e concluiu em um tom que muitos CEOs de outras empresas podem considerar piegas: "Para nós, praticamente não há distinção entre ser um cidadão responsável e uma empresa de sucesso... hoje, para a Wal-Mart, os dois são uma coisa só."

Qual o caminho escolhido por Lee Scott? Acreditamos que se trata de uma nova definição de grandeza. Como o guru dos negócios Jim Collins demonstrou tão claramente no livro *Empresas feitas para vencer*, as empresas precisam de visão, cultura e compromisso profundos, bem como uma série de abordagens críticas, para fazer a transição para a grandeza duradoura. O que Scott e outros CEOs estão dizendo é que excelente, no sentido tradicional, já não basta mais. Jeff Immelt, da GE, disse isso de modo mais resumido durante o discurso inaugural do *ecomagination*: "Para ser uma grande empresa, é preciso ser uma boa empresa."[27]

As empresas que são tanto excelentes *quanto* boas servem de inspiração. Os clientes têm alta consideração por essas marcas e os funcionários esforçam-se mais (e também se divertem mais). A busca por Ecovantagem é uma estrada cheia de desafios e de armadilhas. Não há uma rota fácil do verde ao ouro. Mas os Adeptos da Onda Verde estão desbravando esse caminho.

Sugestões

Apesar de não ser exigido o LA; ver os requisitos e cumprir para evitar problemas no futuro.

→ captação de água - poço artesiano

Capítulo 2 Propulsores naturais da Onda Verde

Em meados da década de 1990, executivos da Unilever – gigante em produtos de consumo – identificaram o surgimento de uma grande ameaça a uma das linhas de produto. O abastecimento de matéria-prima para o negócio de alimentos congelados à base de peixes estava em risco, em função do esgotamento dos estoques de pescados nos oceanos do mundo.

Diante de um exemplo muito claro dos limites da natureza, a Unilever decidiu agir. Com a ajuda de Dan Esty e a parceria do World Wildlife Fund, a empresa criou o Marine Stewardship Council (Conselho de Intendência do Mar), órgão independente destinado a fomentar incentivos econômicos para a prática de pesca sustentável ao redor do mundo. O Conselho certifica a pesca de peixe, limitando a quantidade pescada de modo que as populações de peixe não diminuam com o passar do tempo. Para criar incentivos específicos para os pescadores que buscam a certificação, a Unilever comprometeu-se a comprar, até 2005, 100% dos peixes de fontes sustentáveis.[1]

Os executivos da Unilever vêem esse compromisso – e os custos substanciais nele envolvidos – pura e simplesmente como um problema de negócios. Disse o Co-CEO Antony Burgmans: "Como um dos maiores compradores de peixe do mundo, a Unilever tem interesse comercial em proteger o meio aquático dos métodos de pesca que acabaram por destruir o abastecimento de peixes."[2] Um gerente da cadeia de suprimento declarou sucintamente: "Não somos ambientalistas. Não somos cientistas. Mas, se não fizermos nada, vamos acabar fechando as portas."[3]

Esse esclarecido interesse pessoal parece óbvio. No entanto, chegar a uma solução clara sobre os impactos da poluição e as limitações dos recursos naturais é mais difícil do que parece. As vozes que alardeiam os problemas ambientais se fazem ouvir em alto e bom som – às vezes, chegam a ser estridentes. Determinados segmentos da comunidade ambiental prevêem a ruína e a escuridão há tanto tempo que o público já não mais lhe dá ouvidos. Em certo sentido, o público tem menos razão para ouvir. Nas quatro décadas desde que os Estados Unidos despertaram para o desafio ambiental, as indústrias poluidoras reduziram drasticamente a poluição do ar e da água.[4] Globalmente, porém, as linhas de tendência em geral são negativas.

Em 2005, as Nações Unidas lançaram o Millennium Ecosystem Assessment, um extenso relatório sobre 24 sistemas de suporte natural. A maioria está em declínio. Da menor disponibilidade de água doce à degradação do solo, passando pelo risco de mudanças climáticas, os problemas estão em toda parte e muitos exigem atenção imediata.

Adivinhe qual revista de circulação nacional escreveu em 2006: "No mundo inteiro, a humanidade reduziu a capacidade da natureza de reduzir os extremos em um grau impressionante... metade da água doce do mundo é inadequada ao uso humano, metade das reservas naturais sofreu drenagem ou destruição... a lista é interminável."[5] Teria sido a *Mother Jones*, talvez? Não, foi a *Fortune*, em um artigo sobre os riscos crescentes das mudanças climáticas e nossa capacidade de lidar com eles.

O fato de os problemas restantes não estarem tão "visíveis" quanto a poluição da água e do ar complica ainda mais o desafio. Em geral, é difícil identificar as ameaças atuais, pois elas surgem de fontes diversas, como pequenas empresas, lares ou até mesmo comportamento individual. Por exemplo, embora nenhum automóvel gere poluição suficiente para causar danos, a frota de 300 milhões de veículos dos Estados Unidos, como um todo, gera níveis sérios de smog e níveis substanciais de dióxido de carbono.

Questões como o aquecimento global e a perda de espécies podem ser vistas como fisicamente remotas, de longo prazo e urgentes. Comparadas ao imediatismo do ar que respiramos e da água que bebemos, é difícil compreender conseqüências tão distantes de nós. Mas os problemas de longo prazo têm um modo asqueroso de nos afetar aos poucos. Se não forem detectados, podem se tornar intratáveis quando finalmente se manifestarem.

UM POUCO DE CONTEXTO: PROTEGENDO NOSSA BASE DE ATIVOS

Em nosso mundo de conveniências modernas, é fácil esquecermos uma verdade imutável: vivemos dentro dos limites da natureza. O mundo natural não é composto apenas das coisas belas que apreciamos nas viagens de férias. Os recursos naturais são os ativos no balancete planetário.[6] Parte desse capital é renovável, como as florestas, por exemplo. Outros ativos, como petróleo, estão se esgotando dia após dia. Imagine uma empresa que esgote sistematicamente os próprios ativos sem ter um plano para repô-los. Não ficaria sob o fogo cruzado de acionistas irritados, talvez até mesmo enfrentando dificuldades em sua luta pela sobrevivência?

Como nos disse Mats Lederhausen, executivo veterano do McDonald's: "Em uma sociedade próspera, precisamos apenas de dois ativos: pessoas – sua criatividade e suas habilidades – e o ecossistema ao redor delas. Temos de cuidar sempre de ambos."[7]

PROBLEMAS AMBIENTAIS AOS QUAIS DEVEMOS ESTAR ATENTOS

À medida que o mundo dos negócios acorda para o fato de que muitos recursos naturais são finitos, surge paralelamente uma segunda realidade: limites podem criar oportunidades. As empresas que gerenciarem melhor as dádivas da natureza minimizarão as vulnerabilidades e sairão à frente dos concorrentes. Isso parece óbvio, mas transformar as iniciativas ambientais em ecovantagem requer o domínio de uma enorme variedade de problemas. Quais são os reais e mais prementes? Quais deles a empresa pode ignorar com segurança sem se colocar em séria desvantagem competitiva?

As preocupações ambientais que são mais urgentes em qualquer empresa específica variarão muito. E mais: os problemas ambientais evoluem com o passar do tempo. Os conhecimentos científicos tornam-se cada vez mais refinados. Certos produtos, que utilizam um conjunto de recursos naturais, são substituídos por outros. As preferências e os gostos do consumidor mudam. Um gerente bem-sucedido precisa reconhecer a natureza dinâmica do desafio gerencial associado ao meio ambiente.

Neste capítulo, oferecemos um rascunho dos "10 maiores" problemas ambientais enfrentados pela humanidade (ver box). O problema mais importante para qualquer empresa especificamente dependerá de suas circunstâncias específicas – setor, local e modelo de negócios. A ordem precisa em uma escala planetária certamente está aberta a discussões, e os cientistas debatem a respeito da magnitude e urgência desses desafios. No entanto, como ponto de partida para a análise dos negócios, classificamos os problemas em ordem de importância.

Para cada problema, apresentamos uma avaliação que expõe nossos melhores conhecimentos científicos, bem como uma análise das conseqüências para o negócio que destaca como o problema poderia afetar determinadas empresas ou grupos setoriais. Este capítulo, portanto, é mais um sumário executivo do que um estudo exaustivo.

AS 10 MAIORES QUESTÕES AMBIENTAIS

1. Mudanças climáticas
2. Energia
3. Água
4. Biodiversidade e utilização da terra
5. Substâncias químicas, tóxicas e metais pesados
6. Poluição atmosférica
7. Gestão de resíduos
8. Depleção da camada de ozônio
9. Oceanos e pesca
10. Desmatamento

MUDANÇAS CLIMÁTICAS

Visão geral

Nenhum problema se avulta mais em relação ao possível impacto estratégico nos negócios do que o acúmulo de gases de efeito estufa na atmosfera. Na mídia, utiliza-se um rótulo geral para a questão, "aquecimento global", mas os problemas vão além da elevação da temperatura. O que estamos enfrentando pode ser mais adequadamente descrito como "mudanças climáticas". O conceito inclui elevação do nível do mar, alterações do padrão dos níveis pluviométricos, secas e inundações mais graves, furacões e outras tempestades de vento mais severas e novos caminhos para o surgimento de doenças. (A malária, por exemplo, dissemina-se para locais de clima mais quente.) Sem descambar para a apelação, poderíamos afirmar que as mudanças climáticas poderiam ameaçar a habitabilidade do planeta.

Alguns céticos sugerem que a ciência por trás desse problema não é muito sólida. Sendo assim, vamos analisar o que realmente se conhece e o que não se conhece, concentrando-nos em algumas perguntas:

1. O aquecimento global é real?
2. O que e quem o estão causando?
3. O que vai acontecer com o planeta e conosco?
4. Quem sofrerá as maiores conseqüências?

As respostas curtas e simples são: (1) Sim, (2) Os seres humanos, (3) desestabilizar nossos ecossistemas básicos e (4) principalmente os países mais pobres e mais quentes, mas todos são vulneráveis.

O AQUECIMENTO GLOBAL É REAL?

Vamos começar com o que sabemos. Primeiro, os gases de efeito estufa na atmosfera – inclusive dióxido de carbono, metano e vários outros oligogases – captam o calor que, de outra forma, seria enviado de volta ao espaço. Na verdade, sem o efeito estufa, a Terra seria fria demais para suportar a vida.

No entanto, nós, seres humanos, agravamos substancialmente essa capacidade de captação de calor ao longo dos últimos séculos. Desde a era pré-industrial, o nível de dióxido de carbono na atmosfera aumentou de cerca de 280 partes por milhão (ppm) para 380 ppm atualmente (ver figura). Pode não parecer uma diferença muito grande, mas é. O que testemunhamos hoje é algo inédito. Amostras de núcleos de gelo do Ártico mostram que os níveis de gases de efeito estufa nos últimos 650 mil anos nunca subiram além de 300 ppm – até a era moderna. Hoje, enfrentamos a perspectiva real de um aumento ainda maior, que poderá chegar a 600 ppm nos próximos 50 a 100 anos.[8]

O consenso científico de que essa mudança é causada pela atividade humana é forte. Existem incertezas na ciência das mudanças climáticas? Claro que sim. A velocidade, a magnitude e a distribuição regional dos efeitos são assuntos polêmicos. No entanto, de mais de 900 artigos analisados por pares

Dióxido de carbono na atmosfera

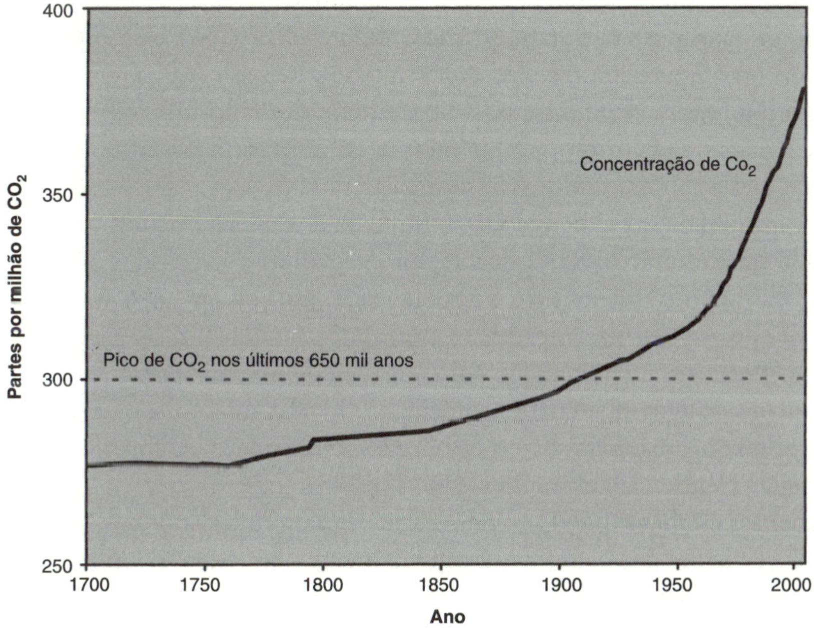

Fonte: Carbon Dioxide Research Group, Scripps Institution of Oceanography, University of California.

em periódicos científicos que tratam da questão das mudanças climáticas, nenhum discordou da "posição de consenso" de que a mudança é real e merecedora de atenção. Como disse a revista *Science*: "Políticos, economistas, jornalistas e outros podem ter a impressão de confusão, divergência ou discordância entre os cientistas do clima, mas essa impressão não está correta."[9]

O QUE E QUEM O ESTÃO CAUSANDO?

Sabemos de onde vêm os gases de efeito estufa.[10] O dióxido de carbono é responsável por mais de 70% do problema. As emissões de CO_2 provêm principalmente da queima de combustíveis fósseis. Essas emissões são oriundas de três setores em proporções praticamente iguais: transporte, uso residencial e comercial e processos industriais. A próxima fonte mais importante de emissões de gases de efeito estufa é o metano, particularmente de vazamentos de gás natural, de campos de arroz ou de vacas flatulentas (acredite se quiser). O restante é uma mistura de oligogases, entre eles os gases de nitrogênio.

Vale a pena mencionar dois outros pontos a respeito dos gases de efeito estufa. Primeiro, esses gases cobrem a Terra, por isso, na realidade, não importa onde ocorrem as emissões. Isso significa que nenhum país (ou pequeno grupo de países) agindo isoladamente será capaz de resolver o problema. Cooperação global e ações conjuntas são essenciais. Segundo, os gases de efeito estufa permanecem na atmosfera durante décadas ou até séculos, por isso o problema atual decorre de emissões geradas ao longo de várias décadas. Do outro lado da equação, mesmo que fôssemos capazes de reduzir drasticamente as emissões de gases de efeito estufa hoje mesmo, as concentrações atmosféricas só começariam a cair em meados do século.

Há quem diga que a contribuição humana é pequena quando comparada ao ciclo de carbono natural, que inclui de plantas apodrecidas a erupções vulcânicas. Tecnicamente, isso é verdade. De fato, porém, isso não vem ao caso. O que os seres humanos fazem contribui para desequilibrar o equilíbrio natural. Pense em uma banheira com a torneira e o ralo abertos. Enquanto a quantidade de água que enche banheira for igual à quantidade de água que escoa pelo ralo, a banheira não transbordará. No entanto, se abrirmos demais a torneira, a água acabará transbordando pelas laterais.

Sabemos também que o problema atual se acumulou ao longo de muitos anos. As emissões dos países em desenvolvimento, em especial China e Índia, aumentam rapidamente e não podem ser ignoradas. Mas é indiscutível que os países industrializados, particularmente os Estados Unidos, causaram a parte do leão do problema existente.

O QUE VAI ACONTECER COM O PLANETA E CONOSCO?

Para ser sincero, ninguém sabe ao certo o que a mudança climática fará. Mas temos algumas teorias e previsões:

Elevação da temperatura. Nove dos dez anos com as temperaturas mais altas já registradas ocorreram depois de 1995, tendo sido 2005 o ano mais quente. Ainda que a elevação média da temperatura pareça pequena, grande parte da tendência vem dos picos de temperatura maiores e mais freqüentes. A onda de calor de 2003[11] na Europa matou 26 mil pessoas e metade dos verões europeus pode chegar às mesmas temperaturas até 2040.[12]

Elevação do nível dos oceanos. O gelo está derretendo no mundo inteiro.[13] A quantidade de neve nas Montanhas Rochosas, nos Estados Unidos, sofreu uma redução de 16% e o Kilimanjaro, na África, perdeu 80% de seu gelo nos últimos anos. O resultado potencial de parte desse derretimento, especificamente na Groenlândia e na Antártica, é uma elevação significativa nos níveis dos oceanos. Grande parte de muitos países localizados em terras baixas pode ser inundada permanentemente e o contorno da costa pode recuar em comunidades costeiras ao redor do mundo.

Maior intensidade das tempestades de vento. Um ano antes de o Furacão Katrina ter assolado a Costa do Golfo, o *The New York Times* relatou uma crença disseminada entre os cientistas de que as mudanças climáticas estão aumentando visivelmente a intensidade dos furacões. Não se sabe ao certo se qualquer megatempestade, como o Katrina, é um sinal de mudança climática. No entanto, com a elevação da temperatura dos oceanos, não podemos mais duvidar da perspectiva de furacões e tufões mais severos.

Destruição dos ecossistemas. Alterações fundamentais no que cresce onde e que espécies morrem ou prosperam avultam-se no horizonte à medida que as temperaturas se elevam, os padrões das chuvas mudam e os fluxos hidrológicos sofrem alterações. As árvores de bordo já não mais sobrevivem em Vermont. Temperaturas mais elevadas na British Columbia e no Alasca já permitiram que o besouro da casca do pinheiro prospere em locais onde antes não conseguiria sobreviver, destruindo milhões de acres de florestas.[14] Algumas previsões sugerem que partes do Meio-Oeste dos Estados Unidos podem se tornar vítimas da seca, como ocorre na Grande Depressão, reduzindo drasticamente a produtividade das plantações de grãos no país.[15]

Deslocamento de povos e refugiados ambientais. As trágicas cenas de Nova Orleans pós-Katrina nos mostraram o caos e o sofrimento que costumam ocorrem quando milhares de pessoas se vêem, de uma hora para outra, obrigadas a deixar seus lares.[16] Nas próximas décadas, podemos ver um êxodo forçado tanto de pequenas vilas no Ártico quanto de um grupo grande de países como Bangladesh, onde dezenas de milhões de pessoas vivem pouco acima do nível do mar. Para onde irão todas essas pessoas?

QUEM SOFRERÁ AS MAIORES CONSEQÜÊNCIAS?

Os países que não tiverem a capacidade de lidar com mudanças drásticas provavelmente não se sairão bem. Para os países localizados próximos ao nível do mar, em especial os que ficam perto do Equador, enfrentam obstáculos especialmente importantes. Os países mais expostos em geral são também os mais pobres do mundo, o que torna as possíveis conseqüências ainda mais terríveis. Partes dos Estados Unidos também correm riscos. As partes mais baixas, na faixa mais afetada pelos furacões, inclusive grande parte do sudeste dos Estados Unidos, ficarão expostas a maiores danos pelos ventos e tempestades mais intensas.

Conseqüências para os negócios

A mudança climática é uma questão altamente polêmica porque os custos tanto de se abordar o problema quanto de *não* abordá-lo podem ser altos. Os gases de efeito estufa estão associados à queima de combustíveis fósseis, por isso o sucesso no controle das emissões exigirá ação por parte não apenas de todas as empresas do planeta, mas também de todos os indivíduos.

A elevação das temperaturas e a maior imprevisibilidade das condições climáticas poderiam afetar uma ampla gama de meios de vida e de setores. As alterações nos padrões pluviométricos podem ser devastadoras para os agricultores. As estações de esqui podem derreter. E tempestades mais severas podem causar grande destruição aos sistemas de transporte e às empresas aéreas.

Algumas empresas, como as do setor de seguros, já estão sentindo profundamente os efeitos.[17] O custo econômico de desastres naturais extremos aumentou dez vezes desde a década de 1950. Diante de riscos e incertezas ainda maiores, resseguradoras como a Swiss Re e a Munich Re levantaram ativamente a bandeira pela adoção de ações relacionadas às mudanças climáticas.

Além dos efeitos diretos sobre o clima e a temperatura, todas as empresas sofrerão efeitos indiretos das mudanças climáticas, particularmente à medida que as políticas reguladoras para o controle das emissões de gases de efeito estufa forem ganhando força. Sobretaxa sobre as emissões de carbono e preços mais altos de combustíveis exigirão o redesenho dos sistemas de distribuição, os relacionamentos com fornecedores e muitos outros aspectos das operações de negócios. No caso das empresas aéreas, empresas de logística e qualquer empresa com pesadas necessidades de transporte, a eficiência de combustível dos veículos será imprescindível. Os setores que utilizarem o petróleo como insumo, como as indústrias químicas e de plásticos, terão de repensar suas estratégias de uso de material.

Na Europa e no Japão, normas que limitam as emissões de gases de efeito estufa já são realidade. A maior parte dos observadores do processo de políticas espera que as limitações às emissões de carbono sejam impostas aos Estados Unidos nos próximos anos. De fato, numa conferência recente das empresas líderes do setor de energia, um executivo da GE perguntou quantos de seus pares pensaram que um limite obrigatório para as emissões de gases de efeito estufa estava prestes a ser implantado, independentemente do partido que saísse vencedor na era pós-Bush. Praticamente todos levantaram a mão.[18]

Mudanças dessa magnitude geram grandes oportunidades. Consumidores, comunidades e negócios precisarão de novas tecnologias, novos produtos e serviços ao se adaptarem à mudança climática e a um mundo que impõe limites à emissão de carbono. Muitas empresas inteligentes dispõem das linhas de produtos e da criatividade para ganhar dinheiro suprindo essa necessidade. À medida que lares e empresas se movem para reduzir o consumo de energia, por exemplo, uma empresa como a Honeywell pode oferecer termostatos sofisticados, bem como aquecedores e aparelhos de ar-condicionado mais eficientes. E aqueles que oferecerem tecnologias que mitigam o problema na fonte – como fontes de energia que não utilizem gases de efeito estufa – certamente sairão lucrando. De forma análoga, qualquer empresa que demonstre maneiras eficazes em função do custo de capturar e segurar dióxido de carbono, em vez de deixá-lo chegar à atmosfera (o chamado "seqüestro de carbono"), conquistará rapidamente grandes mercados.

O IMPERATIVO DA MUDANÇA CLIMÁTICA

A mudança climática está se tornando o maior problema relacionado à estratégia ambiental que o mundo dos negócios terá de enfrentar. A necessidade de repensar a estratégia da perspectiva dos impactos das mudanças climáticas e dos limites impostos pela regulamentação está rapidamente se tornando um imperativo corporativo.

ENERGIA

Visão geral

Em 2005, a Chevron Texaco começou a publicar anúncios de página inteira nas grandes revistas declarando: "A era do petróleo fácil chegou ao fim." Um alto executivo de outra grande empresa do setor nos disse que a produção mundial de petróleo alcançaria seu pico nos próximos anos. Do ponto de vista geológico, a extração do petróleo torna-se mais difícil e mais cara a cada dia que passa. Independentemente de as políticas relacionadas às mudanças climáticas nos afastarem ou não dos combustíveis fósseis no curto prazo, a mensagem é clara: o futuro da energia não será idêntico ao seu passado.

A energia não é exatamente um problema ambiental como outros de nossa lista. Mas toda sociedade precisa de energia, e sua produção, independentemente do método utilizado, pode causar danos ao ambiente. A queima de combustível fóssil, obviamente, causa poluição e contribui para o acúmulo de gases de efeito estufa na atmosfera. Até mesmo as fontes de energia "limpas", como a energia hidroelétrica, têm suas conseqüências ambientais, como a alteração do fluxo dos leitos e a obstrução da migração de peixes.

Há quem preveja o fim do que o guru da energia, Dan Yergin, chamou de "idade do homem do hidrocarbono".[19] Outros discordam. Embora reconheçam que um mundo com restrição de emissões de carbono está se tornando realidade, eles prevêem novas tecnologias que permitirão a captura do dióxido de carbono e de poluentes perigosos como o mercúrio, permitindo, assim, a queima de combustíveis fósseis nos próximos anos.

Certamente, o caminho exato para o nosso futuro energético ainda está para ser traçado, mas todos os caminhos afetarão a economia. Para citar apenas um exemplo: atualmente, mais de dois terços da eletricidade consumida nos Estados Unidos é gerada a partir da queima de combustíveis fósseis – 51% de carvão, 17% de gás natural e 3% de petróleo.[20] Com o aumento contínuo da demanda de energia, particularmente nas regiões de rápido crescimento do mundo em desenvolvimento, como a Índia e a China, o preço desses combustíveis provavelmente permanecerá alto no futuro previsível.

Essa é a má notícia. A boa notícia é que preços de petróleo acima de US$50 por barril transformam o mercado de energia. Fontes renováveis de energia, como eólica, solar, geotérmica, biocombustíveis e energia das marés, já começaram a captar uma fatia notável do mercado. Embora os atuais níveis de produção sejam baixos, as taxas de crescimento dos setores de energia renovável são impressionantes. A capacidade global de produção de energia eólica vem crescendo mais de 30% ao ano e a de energia solar, mais de 60%. Ao mesmo tempo, o suporte à energia nuclear vem aumentando, mesmo em algumas áreas ambientais, pois a geração de energia nuclear não polui a atmosfera e não produz gases de efeito estufa. As usinas nucleares continuam sendo altamente controvertidas em função da segurança e da eliminação dos resíduos. Mas a economia da energia pode criar tanto novas oportunidades quanto estranhas possibilidades de cooperação.

Alguns especialistas em energia, bem como figuras públicas como o governador Arnold Schwarzenegger, anunciaram a chegada da economia do hidrogênio como a solução para nossos problemas energéticos e de mudanças climáticas. No entanto, na verdade, o hidrogênio é uma forma de armazenar e distribuir energia, não uma fonte de energia. Como combustível para veículos, o hidrogênio garantiria zero emissão *local*, uma dádiva para as cidades. No entanto, ainda seria necessário utilizar eletricidade para gerar hidrogênio a partir da água. Assim, o hidrogênio só geraria zero emissão se a eletricidade utilizada para produzi-lo viesse de uma fonte renovável que não gerasse emissões, como energia eólica ou solar. O hidrogênio pode ser uma parte importante do mix energético mais adiante, mas ainda temos muitos anos pela frente antes de podermos dispor de um sistema de mercado de massa a um custo razoável de conversão, transporte e entrega de hidrogênio.[21]

Conseqüências para os negócios

Com as mudanças no quadro energético, as novas pressões competitivas são inevitáveis. Para os grandes usuários de energia – empresas em setores de indústria pesada ou transporte, por exemplo –, a produtividade da energia e dos recursos pode se tornar um importante ponto de vantagem estratégica. Com a quase certeza de preços mais altos, os incentivos para conservação de energia aumentarão e os investimentos em eficiência energética pagarão dividendos substanciais. As empresas que venderem mercadorias e serviços que prometam melhorar a eficiência energética conquistarão uma fatia maior do mercado. Por exemplo, a Tide lançou um novo sabão para água fria, anunciando economias substanciais de energia por não ter de usar água quente.

A demanda de energia renovável também está crescendo. Muitos grandes estados norte-americanos, entre eles a Califórnia e o nordeste do país, hoje exigem que as empresas geradoras e distribuidoras de energia disponibilizem determinado percentual da oferta sob a forma de energia renovável. Algumas empresas estão seguindo o mesmo caminho sem pressão legal. A AMD, fabricante de microprocessadores, comprometeu-se a comprar energia renovável para abastecer todas as suas instalações em Austin, Texas, durante 10 anos. Empresas tão variadas quanto Starbucks, FedEx Kinko's e Johnson & Johnson compram de 5% a 20% de sua energia de fontes renováveis. E o mais impressionante: a Wal-Mart comprometeu-se a utilizar 100% de energia de fontes renováveis.

Empresas de energia alternativa são excelentes investimentos, pois os capitalistas de risco, de grande ou pequeno porte, prevêem um futuro para a energia que nada tem a ver com o passado. Atores de peso do Vale do Silício, como o celebrado investidor Kleiner Perkins, iniciaram fundos de "tecnologia limpa" para investir basicamente em energias renováveis.[22] A proporção de capital de risco destinada a esses fundos vem aumentando rapidamente (ver figura). Os mercados para investimentos ambientais serão enormes em todos os sentidos: um relatório das Nações Unidas indica que as quantias que fluem para o desenvolvimento de tecnologia limpa estarão na casa dos trilhões ao longo da próxima década. De aquecimento solar a turbinas movidas a energia eólica, passando por veículos a hidrogênio, os empreendedores estão lutando para fazer de sua solução a fonte de energia do futuro. Como todos os novos empreendimentos, nem todos esses negócios irão adiante. Mas alguns poderão gerar lucros bastante polpudos.

Percentual de capital de risco investido em tecnologias limpas (Estados Unidos e Canadá)

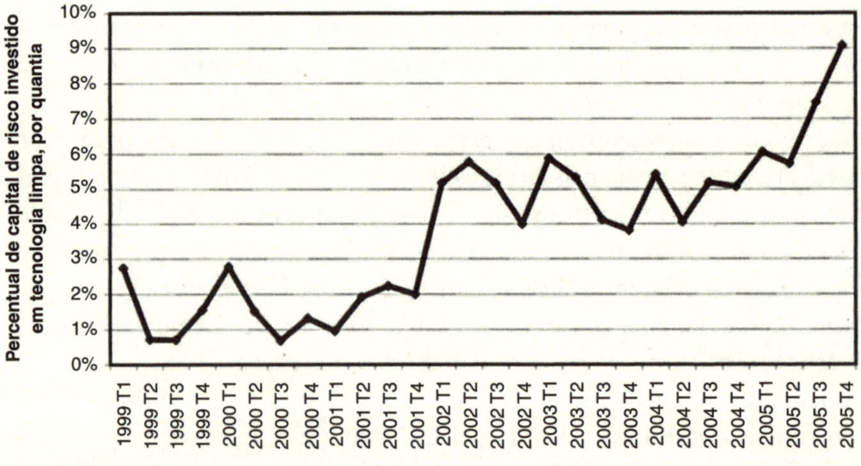

Fonte: Cleantech Venture Network, 2006

ÁGUA

Visão geral

A água é a essência da vida. É também um insumo importantíssimo da agricultura e de muitos processos industriais. Hoje, empresas ao redor do mundo enfrentam limites reais ao acesso à água. O aumento da população e crescentes economias pressionam os recursos nas regiões mais secas. Mesmo nos lugares com relativa abundância de água, a poluição da água é uma preocupação crescente. Por exemplo, esses múltiplos fatores complementares criam desafios tanto a respeito da *qualidade* quanto da *quantidade* de água.

QUALIDADE

Para onde quer que voltemos nosso olhar, governos e comunidades tornam-se cada vez mais preocupados em proteger a qualidade das fontes de água potável. Nos Estados Unidos e em outros países desenvolvidos, a qualidade, de um modo geral, aumentou nas últimas décadas. Já se foram os dias em que os canais de água estavam tão contaminados que poderiam pegar fogo, como aconteceu com o Rio Cuyahoga em Cleveland, em 1969.

Porém, nossas águas ainda estão ameaçadas pelos efluentes industriais, escoamento agrícola e contaminação de origens tão diversas quanto mineração, locais de construção e nossas relvas. Governos do mundo inteiro continuam a exigir fluxos cada vez menores de poluentes em rios e riachos. As empresas precisam se programar para padrões de poluição da água cada vez mais rígidos.

No mundo em desenvolvimento, 90% a 95% de todo o esgoto e 70% dos dejetos industriais são lançados diretamente nos rios, lagos e oceanos.[23] Hoje, proteger o abastecimento de água é uma prioridade em todos os países.

QUANTIDADE

O Relatório Millenium Ecossystem Assessment calcula que até dois bilhões de pessoas convivem com a escassez de água. Trata-se de um problema seriíssimo nas regiões mais secas do mundo. O problema se resume a uma simples questão de oferta e demanda. A Terra é um sistema fechado, por isso a oferta de água doce é basicamente fixa. Mas o aumento da população e das lavouras irrigadas continua aumentando a demanda de água. De fato, a agricultura consome cerca de 70% da água que usamos. Em muitas regiões, usamos mais água do que o ciclo natural de água da chuva nos oferece. Resultado: os aqüíferos, formações geológicas capazes de armazenar água subterrânea, estão se esgotando. O gigantesco Aqüífero de Ogallala, por exemplo, localizado sob oito estados norte-americanos e que contém mais água do que o Lago Huron, sofreu enorme depleção. Mais uma vez, estamos esgotando nosso capital natural.

Os problemas relacionados à quantidade de água já são agudos na China. Centenas de cidades enfrentam a ameaça de escassez de água nos próximos anos. O lençol freático de algumas das principais regiões produtoras de trigo da China está sofrendo uma queda drástica. Em apenas seis anos, a produção de grãos foi reduzida em 70 milhões de toneladas (o equivalente à safra canadense como um todo), elevando o preço dos alimentos para aqueles que não podem arcar com seu custo.[24]

Na verdade, essas preocupações com a quantidade de água podem dizer menos do que a realidade. Há um crescente reconhecimento de que as necessidades humanas imediatas não são as únicas que importam. A natureza também precisa de água para sustentar plantas e animais, que, por sua vez, servem ao nosso sustento. O conflito entre demandas humanas e necessidades ecológicas pode se acirrar em alguns momentos. Em 2002, mais de 34 mil salmões Chinook e Coho morreram no Rio Klamath, no Oregon, porque o fluxo do rio, escoado pela ampliação da irrigação, ficou abaixo do nível necessário para sustentar a vida dos peixes.

UMA BREVE EXPLICAÇÃO SOBRE ZONAS PANTANOSAS

Uma questão relativamente nova no radar corporativo é a necessidade de proteger as zonas pantanosas. Antes de 1989, o Army Corps of Engineers esgotava os pântanos para prevenir doenças ou controlar inundações. Hoje, vemos as zonas pantanosas como um ecossistema vital, que oferece suporte à vida e serve de habitat para plantas e animais. Para os seres humanos, eles filtram a poluição e controlam as tempestades. (A perda de zonas pantanosas na região de Nova Orleans é um dos motivos pelos quais a inundação de 2005 foi tão catastrófica.) As empresas precisam administrar seus recursos em terra e quaisquer planos de desenvolvimento que possam contar com toda a atenção para a preservação das zonas pantanosas.

Conseqüências para os negócios

As empresas devem esperar uma análise mais rigorosa da utilização de água. As que estiverem usando muita água ou degradando sua qualidade enfrentarão ataques políticos, reações violentas do público, regulação intensificada e até mesmo ações legais.

Para a Coca-Cola, é impossível dissociar a licença de operação da empresa do tratamento dispensado à água. Em Kerala, Índia, preocupado com o consumo excessivo de água pela empresa, o governo local fechou as instalações de engarrafamento de refrigerantes da Coca-Cola por dois anos. E a Coca-Cola não é a única. Muitas empresas dependem de água e estão se tornando mais ativas no controle do problema. Como reconhece um relatório ambiental da Unilever: "Trabalhar com consumidores para desenvolver o uso responsável da água certamente nos interessa no longo prazo... pois, sem água limpa, muitos de nossos produtos não poderiam ser usados." Ou seja, se não houver água, as pessoas não vão poder lavar roupa usando o sabão da Unilever.

As preocupações com a água têm escala global; não se trata de um luxo de países ricos. Pergunte aos gerentes da indústria de papel e celulose Valvidia, da Celulose Arauco, no Chile, uma empresa de US$1,4 bilhões.[25] No passado, o descarte de dejetos não-tratados em zonas pantanosas locais poderia não parecer grande coisa. Porém, quando os efluentes da empresa foram associados às mortes de milhares de cisnes, o governo fechou as instalações por um mês, a um custo de mais de US$10 milhões para a empresa. Com o desenrolar da tragédia, vários executivos foram rebaixados ou demitidos, inclusive o CEO e o gerente de meio ambiente.[26] Por fim, a empresa teve de fechar a fábrica por mais dois meses, até resolver os problemas.

Coca-Cola, Unilever e diversas outras empresas que operam nos países em desenvolvimento estão tentando administrar os riscos negativos. Do lado positivo, as empresas que oferecem soluções aos problemas de água podem conquistar, a seu favor, comunidades locais. Algumas podem até lucrar ao identificar novas oportunidades de mercado. Nos últimos anos, principalmente por meio de aquisições, a GE desenvolveu um negócio multibilionário de infra-estrutura de água. Com esses investimentos, a GE posicionou-se para "resolver as necessidades mais prementes de reutilização de água nas esferas industrial, de irrigação, municipal e de água potável do mundo".[27] A GE, com certeza, identificou a Onda Verde e está pronta para pegar carona nela.

BIODIVERSIDADE E UTILIZAÇÃO DA TERRA

Visão geral

"Nossa saúde pessoal e a saúde das economias e sociedades dependem da variedade de bens e serviços ecológicos que a natureza oferece."[28] A frase é do Greenpeace? Não, é da gigante de mineração Rio Tinto.

Biodiversidade – um termo geral para o espectro de vida vegetal e animal a nosso redor – preserva nossa cadeia alimentar e os ecossistemas dos quais a vida depende. O conceito também abarca as perspectivas de novas drogas, alimentos e outros produtos derivados de espécies recém-descobertas. Por natureza, é difícil medir a biodiversidade, que, cada vez mais, vem sendo considerada um recurso natural crítico que a sociedade deve administrar como qualquer outro. Um respeitado grupo de pesquisadores avaliou a biodiversidade e os serviços ecológicos em trilhões de dólares ao ano.

SINAIS DE DECLÍNIO

Qual o grau de seriedade do problema da perda de diversidade? O Millenium Ecossystem Assessment, das Nações Unidas, apresentou uma hipótese científica:[29] hoje, a taxa de extinção é até mil vezes maior que a taxa média ao longo da história. Nos últimos 5 bilhões de anos, dizem-nos os biólogos, a Terra passou por cinco importantes períodos tumultuados, com rápida evolução e eliminação maciça de espécies. Agora, entramos no sexto maior período de extinção, mas, dessa vez, nós, seres humanos, somos os responsáveis por ela.[30]

O maior problema é o padrão de desenvolvimento humano, que tende a destruir o habitat natural. Substâncias químicas tóxicas e poluição também desempenham um papel crucial, e a mudança climática vem ganhando importância na lista das causas. Indícios recentes mostram que a iminente extinção de muitas espécies de sapos – os canários da mina de carvão da biodiversidade – é causada pelo aumento das temperaturas.[31]

Os melhores cientistas ecológicos calculam que um quarto das espécies do planeta corre risco de extinção, em maior ou menor grau, dentro de uma única geração humana. Talvez cheguemos a ver o fim do urso polar, de muitos dos grandes felinos, inclusive o majestoso tigre, e milhões de espécies menos carismáticas. Alguns observadores eventuais poderiam zombar da preocupação com os insetos e microorganismos extintos, mas essas espécies desempenham um papel crucial na complexa teia da vida. Corre por aí uma piada, não muito engraçada, de que insetos e bactérias podem se sair bem sem nossa presença, mas nós não sobreviveríamos muito tempo sem eles.

Um problema relacionado é a introdução de plantas e animais não-nativos em ecossistemas. Essas espécies "invasivas", que, em geral, chegam como resultado do comércio, podem ameaçar os ecossistemas, danificar a fauna e a flora nativas e causar milhões (ou até bilhões) de dólares de prejuízo. Por exemplo, um tipo de mexilhão nos Grandes Lagos entope os canos de água e danifica os barcos. Pesquisadores do Congresso norte-americano calculam que esses desagradáveis moluscos custaram, apenas à indústria de energia, mais de US$3 bilhões na década de 1990.[32]

UTILIZAÇÃO DA TERRA

Um fator importantíssimo no declínio da biodiversidade é a perda do habitat. Com o crescimento populacional estimulando o maior uso da terra e a elevação do padrão de vida, as pressões sobre os ecossistemas aparentemente são inevitáveis. No entanto, nossas opções em relação ao desenvolvimento muitas vezes agravaram ainda mais o problema. O aumento das áreas residenciais nos arredores das cidades, com pouca atenção à preservação do espaço aberto, fragmentou os ecossistemas, engarrafou as estradas e diminuiu a qualidade de vida tanto dos seres humanos quanto dos animais. No mundo em desenvolvimento, o problema é muito diferente, ainda que menos preciso. A pressão pelo desenvolvimento vem da conversão da terra para lavoura e da agricultura de queimadas. Para os mais pobres do planeta, trata-se de uma questão de sobrevivência, mas o preço a ser pago em termos de perda de biodiversidade é alto.

Com o espaço aberto em declínio, os ambientalistas estão pressionando os governos a preservarem os espaços selvagens com a criação de novos parques. Diversas empresas apoiaram esses esforços, contribuindo com terra e recursos. A Wal-Mart, na tentativa de superar a imagem da empresa que mais se expande fisicamente, iniciou um programa chamado Acres for America, comprometendo-se a preservar uma área de terra equivalente às suas instalações físicas como um todo, ou seja, mais de 500km^2, em uma espécie de compensação pela terra consumida.[33] Tal iniciativa não constitui uma estratégia ambiental propriamente dita, mas é uma tentativa de responder à preocupação que algumas comunidades têm com a utilização de terra pela Wal-Mart.

Conseqüências para os negócios

Muitas empresas enfrentam pressões a respeito de sua contribuição para a utilização da terra. As comunidades estão reconhecendo que precisam planejar com cuidado o uso da terra, a fim de evitar colapsos nos sistemas de transporte e redução da qualidade de vida. Empresas norte-americanas localizadas nas áreas de desenvolvimento mais denso – norte da Virgínia, Flórida, região metropolitana de Atlanta, Califórnia e sudoeste do país como um todo – estão justificadamente preocupadas em como levar suas mercadorias e até mesmo seus empregados até onde eles precisam estar.

Onde quer que as empresas localizem fábricas ou lojas, comunidades e governos estão exigindo uma consideração mais cuidadosa de seus danos ao ecossistema. Aquelas que fizerem uso mais intensivo dos recursos naturais, inclusive construtoras, mineradoras e madeireiras, estarão sujeitas a um exame mais minucioso de suas atividades. (No Capítulo 6, veremos como a Rio Tinto está gerenciando proativamente questões de biodiversidade com o objetivo de reduzir os riscos para a empresa e melhorar o acesso a novas terras.)

Fora a indústria farmacêutica, que obtém novos compostos de plantas e animais, o lado positivo do gerenciamento da biodiversidade é mais especulativo e as histórias, menos numerosas. Mas o potencial é grande. Bilhões de anos de evolução geraram produtos formidáveis para a tecnologia humana copiar.[34] A seda das aranhas, por exemplo, é cinco vezes mais forte que o aço; além disso, estica. Uma teia de aranha, se fosse grande o suficiente, poderia deter um avião a jato em pleno vôo sem se romper.

Não é surpresa, portanto, que algumas empresas estejam estudando, à surdina, animais e plantas, pois podemos aprender com eles como funcionam. Quando a Interface Flooring enviou seus designers para a floresta a fim de estudar o design do mundo natural, eles observaram extraordinárias similaridades nos padrões da natureza, ainda que sem repetições exatas. A empresa, então, captou essa sensação criando uma nova linha de carpetes modulares com desenhos variados que podem ser aplicados em qualquer ordem no piso, mas que, mesmo assim, gera um todo coerente. Essa aparência natural permite menores custos de produção e instalação muito mais rápida. A nova marca, chamada Entropy, tornou-se o produto de saída mais rápida na história da empresa.

Do ponto de vista econômico, a biodiversidade dos habitats naturais tem valor real, embora seja difícil quantificar os benefícios econômicos. As florestas, por exemplo, não fornecem somente madeira: purificam a água poluída e reduzem as inundações. Vemos um interesse crescente dos setores público e privado em encontrar maneiras de medir os "serviços do ecossistema" que o mundo natural oferece e definir um preço para eles. Mesmo sem medidas exatas, alguns governos já entraram em ação. A China proibiu a extração de madeira em regiões nas quais as inundações tornaram-se um problema. Um sinal claro de que valorizam mais a proteção contra as inundações do que a receita gerada pela silvicultura. E, em vez de construir uma usina para filtragem de água de US$4 bilhões, a cidade de Nova York gastou apenas US$600 milhões com a aquisição de terras nas Montanhas Catskill para preservar os serviços de purificação de água natural.[35]

O setor privado também está entrando em ação. Na tentativa de manter sua água pura, a Perrier subsidia o reflorestamento de bacias hidrográficas e paga aos agricultores que exercem suas atividades próximos às suas fontes de água para abraçar a agricultura orgânica.[36]

Finalmente, a tentativa de controlar os efeitos das espécies invasivas está ganhando força. Do besouro asiático ao mexilhão-zebra, essas espécies clandestinas prometem elevar os custos de expedição de qualquer empresa que trabalhe com comércio internacional, à medida que os governos passam adiante a tarefa de desenvolver e implantar programas para controlar o problema.

SUBSTÂNCIAS QUÍMICAS E TÓXICAS E METAIS PESADOS

Visão geral

Parte do que torna a poluição atmosférica – e todas as formas de poluição – mais perigosa é a presença de elementos tóxicos. A exposição a substâncias químicas como dioxina, um subproduto de processos de produção como a fabricação de papel, e metais pesados, como chumbo e mercúrio, pode constituir ameaça à saúde pública. O medo do câncer e de possíveis defeitos congênitos levou a rígidas leis de controle de substâncias químicas tanto nos Estados Unidos quanto na Europa, onde existe um rigoroso princípio da precaução em vigor (ver box).

NOÇÕES ELEMENTARES SOBRE O PRINCÍPIO DA PRECAUÇÃO

O "princípio da precaução", um viés a favor da segurança diante da incerteza, encontra-se no âmago da abordagem da União Européia aos regulamentos ambientais. "É melhor prevenir do que remediar" parece bom senso para muitos. Outros observam que, na prática, o princípio da precaução funciona como um viés em favor do *status quo*. Pode também impedir a inovação ou ser usado pelos "protecionistas" para proteger os produtores existentes contra novos concorrentes.

A nova diretiva REACH da União Européia estipula que os fabricantes, *não* os reguladores, devem provar a segurança de todas as substâncias químicas, novas ou antigas – uma inversão total do ônus da prova. A diretiva não é isenta de controvérsias, mas, devido ao apoio do público às medidas de proteção, provavelmente resistirá.

A responsabilidade legal relacionada às substâncias tóxicas pode se revelar praticamente ilimitada. Durante anos, os cientistas souberam que a exposição ao amianto era perigosa, mas só agora o sistema jurídico está acompanhando a ciência, à medida que juízes e júris estão impondo o pagamento de indenizações consideráveis às empresas que produzem amianto. Mais de 70 empresas foram à falência, inclusive empresas tradicionais, como a Johns Manville e a W. R. Grave, nos Estados Unidos.[37]

Novas fontes de preocupação poderiam facilmente seguir o caminho do amianto, tornando-se fontes significativas de exposição legal nos próximos anos. Substâncias que ocasionam perturbações no sistema endócrino, como as substâncias químicas usadas em diversos produtos – dos inseticidas aos detergentes, passando pelos plásticos –, podem alterar os níveis de hormônios nos animais e nas pessoas e, assim, prejudicar o funcionamento do sistema imunológico.[38] A quantidade de pesquisas científicas e de atenção crítica aos efeitos dessas substâncias sobre o funcionamento do nosso organismo aumenta rapidamente. Um sinal revelador: o número anual de artigos nos periódicos médicos estudando os efeitos de agentes hormonais sobre a saúde aumentou de 200 em 1990 para mais de mil em 2002.[39]

Outra preocupação relativamente nova, pelo menos nos Estados Unidos, diz respeito a substâncias retardadoras de chamas (PBDE – difenil éter polibromado). Essas substâncias foram adotadas por razões de segurança pública e aplicadas a uma ampla gama de produtos, de eletrônicos a roupas. Hoje, sabemos que os PBDE são neurotoxinas que potencialmente afetam o aprendizado e a atenção, podendo ser transmitidos pelo leite materno. Estudos realizados com o leite materno revelam concentrações 20 a 100 vezes maiores nas mulheres norte-americanas do que nas mulheres dos países em que o uso de PBDE foi proibido. A Califórnia resolveu proibir seu uso em 2008.[40]

METAIS PESADOS

Os fatos científicos a respeito do chumbo não poderiam ser mais claros. O metal pode causar danos cerebrais e graves problemas de desenvolvimento em crianças. Sua eliminação na gasolina, tinta, sistemas de abastecimento de água e outros caminhos de exposição humana é uma das maiores histórias de sucesso de saúde pública. Hoje, os governos estão aplicando o mesmo rigor regulador ao mercúrio, cádmio e outros metais pesados.

Uma área de preocupação, especificamente, é o mercúrio aerotransportado liberado pela queima de carvão. O mercúrio vaporizado deposita-se nos canais e, lá, penetra nos peixes, nos alimentos e em nós. Nos Estados Unidos, existem mais de 600 usinas de energia operando a carvão e milhares de caldeiras em menor escala. Os ativistas estão pressionando a Agência de Proteção Ambiental dos Estados Unidos (EPA – do inglês Environmental Protection Agency) a agir, e padrões mais fortes sobre a liberação de mercúrio são uma certeza no futuro próximo.

O mercúrio é um dos motivos das recentes advertências da EPA dirigidas às populações mais sensíveis, como gestantes e crianças, relacionadas até mesmo ao consumo moderado de determinados tipos de peixe. E a preocupação com o mercúrio se justifica. Um estudo realizado pelo Mt. Sinai Hospital e pela Albert Einstein Medical School, em Nova York, sugere que a exposição pré-natal ao mercúrio aumenta o risco de função cerebral reduzida e problemas de desenvolvimento em 630 mil crianças por ano,[41] a um custo de US$8,7 bilhões para a sociedade.[42] Praticamente 10% a 20% das mulheres em idade reprodutiva têm níveis sangüíneos de mercúrio superiores aos padrões considerados saudáveis pela EPA.

Conseqüências para os negócios

Hoje, as empresas devem prestar toda atenção ao que produzem e como produzem. Produtos contendo substâncias tóxicas ou metais pesados enfrentam obstáculos regulatórios especiais. O descumprimento dessas regras pode gerar problemas, como descobriu a Sony no caso do PlayStation no Natal. O custo do controle de substâncias químicas nos processos de produção, inclusive o descarte de lixo tóxico, pode ser altíssimo. As substâncias tóxicas podem sair caro para uma empresa de diversas maneiras; experimente desfazer-se de uma propriedade contaminada, por exemplo.

Monitorar cuidadosamente o uso de substâncias químicas, vislumbrando o redesenho de produtos e processos a fim de eliminar as toxinas desnecessárias, costuma ser um bom investimento. Por exemplo, a HP, gigante dos computadores e impressoras, está eliminando os retardadores de chama de seus produtos antes mesmo que surjam regulamentos proibindo seu uso.

Além disso, há uma preocupação crescente com o fato de a exposição às substâncias químicas estar ou não contribuindo para o aumento da incidência de determinadas doenças, particularmente em crianças. Será que o aumento da incidência de autismo, câncer infantil e determinadas alergias está relacionado às substâncias tóxicas? Talvez os médicos estejam diagnosticando melhor essas condições do que faziam no passado. Mas há entre os pais quem se pergunte se as substâncias químicas presentes nos alimentos estão desempenhando algum papel. E, quando os pais ficam emotivos, a pressão sobre as empresas e os governos para administrar mais cuidadosamente o uso dessas substâncias certamente também aumenta.

ATÉ OS ADEPTOS DA ONDA VERDE PODEM TROPEÇAR

É difícil gerenciar corretamente substâncias químicas e tóxicas; um escorregão pode ter um custo alto às empresas. Recentemente, a DuPont foi acusada de ter ignorado os riscos de uma substância química chamada PFOA, usada na composição do Teflon. Em 2004, a empresa assentiu com um acordo de US$100 milhões em um processo jurídico envolvendo água potável contaminada por PFOA em Ohio. A empresa enfrentou também a acusação da EPA de se ter negado a fornecer informações sobre a segurança da substância química. A DuPont pagou US$16 milhões em multas para chegar a um acordo em relação às acusações. Independente do fato de o PFOA não ser regulado, a DuPont chegou à conclusão de que não valia a pena continuar a batalha legal devido aos possíveis danos à sua reputação.[43]

A possível responsabilidade jurídica para as empresas que produzem e utilizam substâncias tóxicas ou metais pesados é muito alta. E o potencial de decisões de "tribunais de opinião pública" que condenam as empresas que hoje poderiam se safar poderia ser ainda maior. Por isso, gigantes da indústria de cosméticos, como Revlon e L'Oréal, concordaram em remover substâncias químicas chamadas ftalatos de seus cosméticos.

No lado positivo, vemos uma oportunidade para alimentar a crescente demanda de alternativas saudáveis em diversas áreas, dos alimentos aos cosméticos.

A Whole Foods, líder na oferta de alimentos orgânicos frescos ao público preocupado com a saúde, é um dos supermercados de mais rápido crescimento dos Estados Unidos. O que antes era um nicho hoje está se tornando um enorme mercado.

POLUIÇÃO ATMOSFÉRICA

Visão geral

Não faz muito tempo, não era possível enxergar a certa distância nas grandes cidades. Hoje, a qualidade do ar não é perfeita, mas melhorou muito. Controles importantes da qualidade do ar em fábricas, automóveis e outras fontes de emissão reduziram drasticamente os níveis de poluição atmosférica nos últimos 30 anos, nos Estados Unidos, Japão e Europa. Atualmente, os habitantes desses países podem respirar um pouco melhor.

Os ganhos também ajudaram os ecossistemas, como florestas e lagos no nordeste dos Estados Unidos que sofreram com a chuva ácida na década de 1980. Uma das grandes histórias de sucesso nas recentes políticas ambientais é a vasta redução das emissões de dióxido de enxofre nos Estados Unidos. As emendas do Clean Air Act de 1990, assinadas pelo presidente Bush (pai), criaram um livre-mercado para as empresas que desejavam comercializar as permissões de emissões de dióxido de enxofre. O programa teve um sucesso muito maior do que se previa. A concentração de dióxido de carbono na atmosfera é hoje menos da metade do que era – tudo isso por uma fração do custo previsto originalmente.[44]

Embora o nosso ar esteja *mais* limpo, ainda não está limpo em muitos lugares. Continua havendo graves ameaças à saúde de pessoas que sofrem de doenças respiratórias, como asma. A Comissão Européia calculou que a poluição atmosférica causa mais de 300 mil mortes prematuras na Europa, a um custo de US$100 bilhões em tempo de trabalho perdido.[45]

Nos países em desenvolvimento, a poluição atmosférica em ambientes abertos – e especialmente em ambientes fechados – continua sendo um problema seriíssimo. A poluição do ar em ambientes fechados, causada basicamente pelo fogo para aquecimento e cozimento dos alimentos, impõe riscos particularmente sérios à saúde. Nos países desenvolvidos, a poluição atmosférica em ambientes fechados gerada pela liberação de substâncias químicas de peças de mobiliário, tapetes e tintas é um fator na chamada síndrome do edifício doente.[46]

Conseqüências para os negócios

Os controles sobre as emissões atmosféricas continuarão bastante rígidos, acentuando-se modestamente nos países desenvolvidos e de forma intensa nos países em desenvolvimento. As empresas com impactos potencialmente significativos na poluição atmosférica terão de se programar para enfrentar esse desafio. Não é surpresa que as empresas de setores poluidores, como o de produção de cimento, estejam liderando a parada. A Lafarge, por exemplo, liderou o setor em uma importante iniciativa de sustentabilidade, com o World Business Council for Sustainable Development (Conselho Empresarial Mundial para o Desenvolvimento Sustentável), realizado em Genebra.

À medida que compreendemos melhor os fatores que influenciam a qualidade do ar, vemos que a questão da qualidade do ar afeta um grupo mais diversificado de empresas. Regulamentos que antes se aplicavam apenas às grandes empresas hoje se aplicam também às empresas de menor porte. Além disso, as empresas que fabricam em ambientes fechados seus produtos tratados com substâncias químicas começam a ouvir os protestos de seus clientes. O questionamento vindo do mercado é um dos grandes motivos pelos quais a Herman Miller, um dos Adeptos da Onda Verde, investe US$250 mil dólares anualmente testando o grau de eliminação de substâncias químicas tóxicas (*off-gassing*) nos móveis para escritório produzidos pela empresa.[47]

GESTÃO DE RESÍDUOS

Visão geral

Na década de 1970, as mensagens que pregavam a não-poluição – e o choro dos índios americanos na televisão – alertaram o público para o problema do lixo e dos resíduos. De uma hora para a outra, todos começaram a se preocupar com o lixo. Uma geração cresceu sabendo que geramos lixo demais e que é necessário reciclar, e os resultados foram impressionantes. Hoje, os Estados Unidos recicla cerca de 20% de vidro, 40% de papel, 50% de alumínio e 60% de aço.[48] Outros países estão se saindo tão bem quanto os Estados Unidos, ou ainda melhor. A Suécia recicla 90% de seu vidro e alumínio, e o Japão recicla 86% de seu aço.

No entanto, a eliminação de resíduos de fábricas, escritórios e mesmo do lixo doméstico continua sendo um desafio. Em função de volume, a pior parte do problema está nos resíduos sólidos – o lixo que se gera diariamente nos lares e escritórios – que incineramos ou despejamos nos aterros sanitários. Embora em menor volume, o lixo tóxico representa um desafio ainda maior em termos de gestão. Na maior parte dos países desenvolvidos, exige-se o monitoramento detalhado do lixo tóxico, não raro “do berço ao túmulo”. Na verdade, o não-monitoramento do lixo tóxico pode ser um crime grave. Nos Estados Unidos, mais pessoas vão para a prisão pelo tratamento inadequado do lixo tóxico do que por qualquer outro problema ambiental.

Hoje, começa a surgir outro problema – os equipamentos eletrônicos obsoletos. Esse "lixo eletrônico" vem se tornando um fardo tanto para os países quanto para as empresas.[49] Todos os computadores mais antigos têm cerca de 2kg de material tóxico, inclusive os piores infratores – retardadores de chama, chumbo, cádmio e mercúrio. Uma vez que mais de 300 milhões de computadores aguardam descarte somente nos Estados Unidos, o cálculo matemático resultante não gera um resultado nada atraente.[50]

Conseqüências para os negócios

O que está por trás do mantra "Reduza, reutilize, recicle"? Identificamos três questões principais. Primeiro, normalmente é a lei. Empresa alguma pode se dar ao luxo de ser descuidada com a gestão de resíduos perigosos. As punições – do cumprimento de penas para gerentes a acordos multibilionários – são severas demais.

Segundo, a redução de resíduos pode cortar custos. As empresas podem economizar nos custos do descarte em aterros sanitários se produzirem menos lixo. O custo do descarte de resíduos perigosos pode ser 10 vezes maior. Muitos dos Adeptos da Onda Verde reduziram drasticamente a produção de resíduos redesenhando produtos e processo e aumentando os esforços de reciclagem. A Herman Miller, fabricante de móveis, definiu uma meta de zero resíduo para os aterros sanitários e espera cumpri-la integralmente. É um feito monumental e nem todas as empresas poderão levá-lo a cabo. Mas muitas podem economizar altas somas se produzirem menos resíduos, e não apenas porque terão de descartá-los com menos freqüência. Muitas empresas estão jogando fora também coisas valiosas. Se não as jogarem fora, estarão economizando tanto dinheiro quanto materiais.

Terceiro, novas leis de "Responsabilidade Estendida do Produtor", particularmente na Europa, estão forçando setores como o de eletrônicos a eliminar alguns elementos de seus produtos ou aceitar seus produtos de volta após o fim de sua vida útil e se responsabilizar por seu descarte.[51] Resultado: prevendo a disseminação global dessas leis, as empresas inteligentes estão desenvolvendo programas nos quais o cliente pode devolver o produto ao fim de seu uso. A Nokia, por exemplo, identificou a legislação emergente e desenvolveu um extenso programa na Europa, antes mesmo do surgimento da legislação nesse sentido.[52]

Além da redução dos custos e dos riscos, algumas empresas estão identificando potenciais positivos – uma chance de lucrar com a reciclagem e a reutilização. A lista das 100 empresas de mais rápido crescimento da *Fortune* inclui companhias como Schnitzer Steel Industries e Steel Dynamics, que reciclam aparas de metal e as transformam em aço.[53] Diversas grandes empresas estão tentando interceptar os recicladores de nicho e manter para si os lucros do fim da cadeia de valor – algo típico da "velha economia", mas com alto potencial de crescimento. A Xerox reaproveita os cartuchos de toner em parte para impedir que outros os reciclem e revendam.

Em alguns setores, a reciclagem ajuda as empresas a reduzir sua contribuição para praticamente todos os nossos 10 maiores problemas ambientais. Vejamos a produção de alumínio, um dos mais sujos processos da sociedade moderna, e também um dos de mais alta intensidade de energia. Quanto mais se recicla o alumínio, menor a necessidade de minério virgem, de fundição e de novas minas. Essas reduções significam menores emissões de gases de efeito estufa, menor escoamento tóxico (do processo de mineração) e redução no uso da terra e nos problemas de biodiversidade. Em suma, a reciclagem no setor de alumínio reduz enormemente a sobrecarga sobre o ar, a terra e a água – situação em que todos saem ganhando.

UMA BREVE EXPLICAÇÃO SOBRE A SUPERFUND LAW

Em áreas industriais mais antigas, a limpeza de locais de resíduos perigosos abandonados continua sendo um grande problema. A EPA calcula que a limpeza dos 1.200 locais de Superfundos no país exigirá cerca de US$200 bilhões nos próximos 30 anos. Como todos que já assistiram ao filme *A qualquer preço* sabem, no âmbito das provisões de responsabilidade da Superfund Law, qualquer pessoa considerada culpada pelos resíduos em um dado local pode ser responsabilizada pelo custo total de sua limpeza, mesmo que o lixo tóxico tenha sido descartado ali legalmente. É difícil escapar da responsabilidade pelos custos da limpeza, e a penalidade pela administração indevida de problemas relacionados à lei pode ser alta.

CAMADA DE OZÔNIO

Visão geral

Foi manchete de jornal na década de 1980: surgiu na Antártica um buraco na camada de ozônio, camada que protege o planeta. Os culpados eram uma série de substâncias químicas chamadas clorofluorcarbonos (CFCs), que decompõem o ozônio na estratosfera. Como as mudanças climáticas, a depleção da camada de ozônio é um problema global inevitável. As emissões de CFCs de qualquer local se espalham por toda parte. Nenhum país pode abordar o problema isoladamente.

Com uma camada de ozônio mais fina, o mundo torna-se um lugar mais perigoso, com menor produtividade agrícola, maior risco de câncer de pele e outros problemas de saúde. Um estudo da EPA calculou os possíveis danos com 150 milhões de casos de câncer de pele e três milhões de óbitos ao longo do século XXI, a um custo econômico de US$6 trilhões.[54] Esses fatos, associados à ciência por trás da descoberta de um buraco crescente na camada de ozônio, desencadearam uma reação da comunidade global. Em 1985, 22 países – representando a maior parte da produção mundial de CFC – negociaram um tratado, a Convenção de Viena, para abordar o problema. Dois anos depois, esses mesmos países, mais outros 20, adicionaram o Protocolo de Montreal ao tratado, concordando em reduzir gradualmente a produção de CFC. Normas tão rígidas parecem um fardo às empresas. Mas no Capítulo 4 veremos como a DuPont desenvolveu substitutos de CFC e, posteriormente, defendeu normas rígidas para ganhar vantagem competitiva em um mercado transformado.

O Protocolo de Montreal e emendas que se seguiram talvez sejam o maior sucesso na lei ambiental internacional. Até os críticos mais pessimistas concordam que fizemos um progresso substancial em relação a esse problema. O buraco de ozônio parou de crescer. Se os atuais controles de emissão forem mantidos, terá praticamente fechado até 2065.

Conseqüências para os negócios

O mundo proibiu os CFCs e substâncias químicas relacionadas. Muitas empresas tiveram de encontrar substitutos que pudessem ser usados na produção de aerossóis, solventes, fluídos refrigerantes e agentes de limpeza. Mas alguns desses substitutos também foram considerados perigosos para a camada de ozônio, e também foram proibidos. Algumas substâncias químicas cuja utilização terá de ser descontinuada, de acordo com os termos dos tratados internacionais, têm utilização particularmente importante e poucos substitutos, por isso a controvérsia continua. Mais notavelmente, o governo norte-americano argumentou que o brometo de metilo, usado para a fumigação do solo, não deve ser banido, apesar de seu reconhecido efeito danoso na camada de ozônio.

OCEANOS E PESCA

Visão geral

A capacidade dos oceanos do mundo parece infinita tanto como fonte de peixes quanto como local para descartarmos resíduos, mas a humanidade conseguiu superar até mesmo essa vasta escala. Como descobriu a Unilever, os estoques de pescados sofreram drástica redução. Mais de três quartos dos peixes do mundo foram explorados de tal modo que hoje sua sustentabilidade tornou-se impossível.[55] Dito de forma bastante simples: estamos capturando os peixes mais rápido do que eles podem se reproduzir. Gigantescas redes de peixes atravessam os oceanos, dragando com eficiência impressionante tudo que nade; ao mesmo tempo, as traineiras utilizam hoje sofisticados sensores para a detecção de cardumes que antes eram imperceptíveis aos pescadores tradicionais. Os peixes não têm mais onde se esconder.[56]

Os habitats dos oceanos também estão em apuros. Cerca de 20% dos recifes de coral estão mortos, e mais estão perigosamente degradados. Em última análise, nossas águas, na verdade, são indicadores de outros problemas ambientais. As mudanças climáticas matam os corais, a poluição atmosférica se assenta nos canais e o escoamento das plantações avança dos rios para os oceanos. No Golfo do México, criamos uma zona morta, praticamente sem vida marinha. Na foz do Rio Mississipi, substâncias químicas e fertilizantes mataram tudo em uma região maior do que Nova Jersey.[57]

Conseqüências para os negócios

Mas será que a morte de nossos oceanos é um problema para as empresas de um modo geral? Não diretamente. Mas, para aquelas cuja sobrevivência depende da pesca, da recreação e do turismo, o efeito da queda abrupta nos estoques de pescados pode ser bastante grave. E, para todos que se alimentam de pescados – excelente fonte de proteína para muitos povos ao redor do mundo –, o problema terá conseqüências imediatas. Como notamos antes, a reação da Unilever foi agir para aumentar o suprimento de pecados certificados que protegem populações. Surgem também outras soluções, como o aumento das fazendas de peixes.

COLAPSO DA PESCA NO ATLÂNTICO NORTE

Durante a década de 1990 as populaçoes de peixes comerciais do Atlântico Norte, como bacalhau, hadoque e linguado, caíram 95%. O valor da safra de peixes britânica, isoladamente, caiu US$300 milhões de 1994 a 2002. A Food and Agricultural Organization (FAO), da ONU, estima que a pesca sustentável geraria US$16 bilhões em receitas.[58]

DESMATAMENTO

Visão geral

O desmatamento não deveria ser um grande problema nos Estados Unidos; a cobertura florestal vem aumentando em boa parte do país. Mas a maneira como as árvores são cortadas continua sendo um problema. A derrubada de árvores para formar clareiras marca a paisagem e provoca erosão do solo e poluição da água. A derrubada de florestas "antigas" destrói preciosos habitats e, não raro, inspira protestos. E, enquanto algumas madeireiras dos Estados Unidos e da Europa levam a ferro e fogo a necessidade de gerenciar suas florestas com cuidado, outras ao redor do mundo não o fizeram.

Na América do Sul e em alguns países asiáticos (Indonésia, por exemplo), o ritmo de desmatamento praticamente não está diminuindo. A derrubada de árvores para utilização como lenha constitui apenas parte do problema. Um problema maior é transformar terras (uma forma atenuada de dizer derrubar e queimar árvores) para uso agrícola a fim de alimentar uma população crescente, associado à crescente demanda de carne, que requer grandes áreas de pasto. Mesmo com o reflorestamento, perdemos anualmente milhões de acres de floresta. Desde 1990, o resultado é a destruição de uma área de floresta equivalente aos estados do Texas, Califórnia e Nova York juntos ou, em dimensões européias, uma área maior do que Espanha e França juntas.[59]

Conseqüências para os negócios

Toda empresa que utiliza madeira, papel ou até mesmo embalagens de papelão tem responsabilidade pelo estado de nossas florestas. Quando o McDonald's constatou, há 15 anos, o problema do lixo, começou a trabalhar com uma ONG de Nova York, chamada Environmental Defense, para reduzir o uso de embalagens. Hoje, os ativistas almejam usuários menos óbvios. Os editores de catálogos estão sendo responsabilizados por algo que jamais imaginaram. A Limited Brands, proprietária da Victoria's Secrets, enfrentou uma torrente de protestos quanto à origem de seu catálogo em papel – uma campanha incitada por anúncios inteligentes, alegando que a empresa tem um "secreto sujo".

Durante anos, as fábricas com chaminés ou outros efeitos visíveis sobre o meio ambiente pouco se preocuparam com problemas ambientais. Hoje não é mais assim. Veremos mais adiante como um grupo de grandes empresas – algumas óbvias (Staples), outras mais surpreendentes (Bank of America e Toyota) – se reuniu para lidar com questões como o uso de papel.

OUTROS PROBLEMAS AOS QUAIS DEVEMOS ESTAR ATENTOS

Os problemas ambientais resistem à categorização. Preocupações específicas são vitais para algumas empresas ou setores, mas certamente são invisíveis para outros. Toda empresa precisa estar atenta às realidades em constante mudança e seu efeito sobre as próprias circunstâncias. Elaboramos uma espécie de lista de verificação contendo alguns problemas aos quais é preciso estar atento:

Segurança dos alimentos

O medo do bioterrorismo e os temores sobre a segurança dos alimentos e do suprimento de água assombram a mente de alguns. A pressão dos consumidores para reduzir a utilização de substâncias químicas na agricultura também está aumentando rapidamente. A demanda por alimentos orgânicos subiu repentinamente. Mas talvez a questão potencialmente mais explosiva seja o uso de organismos geneticamente modificados. Muitos consumidores, particularmente na Europa, temem que a modificação genética torne os alimentos mais perigosos ou que venhamos a enfrentar problemas imprevistos ao "brincar de Deus". Até hoje, há poucos indícios de que os alimentos geneticamente modificados causem problemas de saúde. Como veremos em capítulos mais adiante, porém, viemos em um mundo no qual a opinião dos stakeholders pode ter o mesmo peso que os fatos.

Radiação

A energia nuclear livre de emissões poderia ser a resposta para as mudanças climáticas, embora continuem existindo medos intensos a respeito da exposição à radiação decorrente de acidentes ou do manuseio inadequado de combustíveis. Muitos também questionam o uso da radiação como esterilizante. O uso da radiação nos alimentos, por exemplo, pode ser um modo eficiente de impedir que eles estraguem, mas a palavra "radiação", quando usada ao lado de "alimento", deixa as pessoas muito pouco à vontade.

Desertificação

Em diversas regiões do mundo, os desertos estão aumentando e afetando o meio de vida das pessoas.[60] Opções inadequadas do uso da terra, desenvolvimento excessivo e aquecimento geral do planeta são as causas mais prováveis. Os efeitos são imprevisíveis, mas podem ser bastante abrangentes. Em 2002, escolas em Seul, Coréia do Sul, foram fechadas quando uma nuvem de poeira, proveniente dos crescentes desertos chineses, a mais de 1.200km de distância, afetaram a cidade. A poeira da China chegou até mesmo aos Estados Unidos.[61]

UMA FERRAMENTA PARA GERENCIAR TODA ESSA COMPLEXIDADE: DETECTANDO PROBLEMAS POR MEIO DA *ANÁLISE AUDIO*

O simples alcance dos problemas ambientais que as empresas precisam abordar pode parecer esmagador. Antes de mergulhar de cabeça no processo de criar uma estratégia ambiental corporativa, todas as empresas precisam desenvolver um "mapa dos problemas". Para início de conversa, sugerimos realizar o que chamamos de análise AUDIO (do inglês Aspects, Upstream, Downstream, Issues and Opportunities).

O objetivo da análise é ajudá-lo a "ouvir" sua empresa, em toda a extensão da cadeia de valor, e identificar problemas e oportunidades. Começa com uma grade dos 10 principais desafios que identificamos em um eixo e cinco categorias no outro: AUDIO – Aspectos, Upstream, Downstream, Issues, Opportunities – aspectos, a montante, a jusante, problemas e oportunidades (a tabela das páginas 60 e 61contém um exemplo de análise AUDIO para um varejista de grande porte).

Para este exercício, reúna pessoas que desempenhem várias funções em sua empresa, inclusive profissionais de meio ambiente, agentes de compra, executivos de marketing e assim por diante. Juntos, realizem um brainstorm sobre os **aspectos** dos problemas ambientais que afetam o negócio. Por exemplo, você usa muita energia e produz grande quantidade de gases de efeito estufa? Utiliza água doce? Em, seguida, analise a cadeia de valor de cima (**a montante**) e a baixo (**a jusante**) e faça perguntas semelhantes. Como esses problemas afetam seus fornecedores ou seus clientes. Até mesmo um problema que não é fundamental para seu negócio pode ser crucial para seus fornecedores, o que acaba fazendo com que seja um problema também. Talvez você não utilize substâncias tóxicas nem metais pesados em seus processos de produção, mas, como a Sony descobriu, se seus fornecedores o fizerem, isso pode causar uma séria devastação em seu negócio. Os efeitos a jusante também são problema seu. O que os clientes fazem com seu produto, principalmente ao fim de sua vida útil? O fato de seu negócio não causar danos diretos não o isenta de responsabilidade. O problema de seu cliente é seu problema também.

Depois de ter essa noção geral e abrangente, vá mais fundo e pergunte que tipos de desafios e questões decorrem desses **problemas** ambientais – tanto para você quanto para o restante da cadeia de valor. Existem áreas em sua operação que se baseiam em determinado recurso (como água), e o que aconteceria em caso de escassez desse recurso? Por fim, busque **oportunidades** de geração de lucros. Será que a redução da utilização de energia por parte de seu produto ajudaria seus clientes? Ajudaria a vender mais produtos?

Voltaremos a esta ferramenta no Capítulo 11; por enquanto, pense na análise AUDIO como um ponto de partida, um alicerce para o desenvolvimento da estratégia ambiental corporativa. O mapa de problemas gerado examina como os dilemas ambientais afetam simultaneamente seus negócios, fornecedores e clientes. Os problemas são reais e vieram para ficar. A análise AUDIO pode ajudá-lo a refletir cuidadosamente sobre como desenvolver estratégias para lidar com os riscos e explorar as oportunidades apresentadas por esses problemas. Só então será possível criar Ecovantagem.

Exemplo simplificado de análise AUDIO realizada em varejista de grande porte

Desafio	Aspectos	A montante	A jusante	Problemas	Oportunidades
1. **Mudanças climáticas**	Emissões do uso de energia	Emissões do sistema de distribuição; emissões operacionais do fornecedor	Emissões dos compradores que se deslocam até a loja utilizando automóveis; uso de energia dos produtos vendidos nas lojas	Possíveis limitações ou penalidades pela emissão de carbono	Lançar esforço de ecoeficiência almejado ao uso de energia e emissões de gases de efeito estufa relacionados
2. **Energia**	Consumo de energia e custos crescentes	Escolha de energia e sensibilidade do fornecedor às mudanças no custo da energia	Uso de energia dos produtos vendidos nas lojas	Compra de energia e sobrecarga dos custos	Reduzir o uso de energia por meio do *retrofit* da loja; negociar preços razoáveis; vender produtos eficientes do ponto de vista energético
3. **Água**	Escoamento contaminado de resíduos de edifícios e estacionamentos	Utilização de água na agricultura para os alimentos vendidos nas lojas	Produtos tóxicos (como suprimentos para grama de jardim) que acabam jogados nos canais.	Crescente pressão pela melhora da qualidade da água	Redesenhar estacionamentos e fluxo do escoamento
4. **Biodiversidade e utilização da terra**	Fragmentação do habitat devido ao uso da terra e ao "rastro de carbono" das lojas	Produtos que se baseiam na biodiversidade ou que a reduzem	Uso (adequado ou não) do produto pelo cliente, causando danos ecológicos	Restrições de desenvolvimento local e preocupação com a expansão	Investir em conservação da terra e desenvolver a reputação da empresa
5. **Substâncias químicas, tóxicas e metais pesados**	Uso de substâncias químicas nas operações das lojas	Escoamento de fertilizantes de fazendas para alimentos vendidos	Substâncias químicas presentes nos produtos vendidos	Possível responsabilidade por substâncias químicas no meio ambiente ou em seres humanos	Vender alimentos orgânicos e outros produtos "verdes"

6. **Poluição atmosférica**	Emissões atmosféricas geradas pelas lojas	Emissões nas fábricas dos fornecedores e fontes de energia	Emissões geradas por produtos	Controles mais rígidos sobre as emissões de gases	Aumentar a eficiência para reduzir emissões e custos
7. **Gestão de resíduos**	Quantidade de lixo gerada	Resíduos sólidos e tóxicos da produção do fornecedor	Descarte das embalagens pelos clientes	Elevação dos custos do descarte e eliminação de resíduos e aperto na legislação que responsabiliza o fabricante pelo destino do produto ao fim de sua vida útil	Reduzir embalagens e oferecer opções de reciclagem ou do recebimento do produto ao fim de sua vida útil
8. **Depleção da camada de ozônio**	Uso de CFC residual na refrigeração	Liberação de CFC pelos fornecedores	Vazamentos de CFC dos produtos	Restrições legais ao uso de CFCs	Formar parcerias para o desenvolvimento de produtos que não utilizem CFCs
9. **Oceanos e pesca**		Declínio dos estoques globais de pescados e elevação dos preços		Aumento dos custos e pressões crescentes para monitorar fontes de peixes e frutos do mar	Vender peixes e frutos do mar capturados de maneira sustentável
10. **Desmatamento**	Derrubada de árvores para a construção de lojas	Utilização de fontes não-sustentáveis de madeira pelos fornecedores de madeira		Risco de protestos ou até mesmo de boicotes dos consumidores	Definir critérios de obtenção de recursos para fornecedores

ECOVANTAGEM: CONCLUSÃO

Os problemas ambientais não podem ser ignorados. Sim, as condições estão melhorando em alguns casos. Mas as novas ameaças certamente modificarão nossa forma tradicional de fazer negócios e até mesmo nosso estilo de vida. A gama de problemas é assustadora. Alguns, como as mudanças climáticas e as preocupações com a água, podem ser problemas importantes para a sociedade como um todo. Praticamente todas as empresas, grandes ou pequenas, serão forçadas a enfrentá-los. Outros problemas, como exposição a substâncias tóxicas, afetam alguns setores mais do que outros. Diante dessas pressões tão diversas, as empresas precisam se manter a par dos problemas, entender a ciência por trás deles e identificar onde estão seus impactos na cadeia de valor. Os efeitos precisos dessas forças consideráveis nos mercados, setores e empresas são imprevisíveis, gerando tanto riscos quanto oportunidades. Mas as empresas inteligentes desenvolvem ferramentas para compreender as condições de mercado que enfrentam e sua constante evolução.

Capítulo 3 Quem está por trás da Onda Verde?

Em 1995, ativistas do grupo de defesa ambiental Greenpeace subiram a bordo da plataforma de petróleo da Shell no Mar do Norte, hoje já extinta, chamada Brent Spar. Protestando contra o plano da Shell de afundar o equipamento no Atlântico Norte, os ativistas do Greenpeace desfraldaram enormes bandeiras, alegando que a plataforma poluiria o oceano com milhares de quilos de substâncias químicas tóxicas. A situação se agravou ainda mais quando a Shell direcionou canhões de água aos ativistas, em uma das piores atitudes de relações públicas da história coorporativa.

A ironia desse incidente internacional reside no fato de o plano da Shell, de afundar o Brent Spar, ter mérito científico real. Especialistas externos e cientistas da Shell haviam estudado cuidadosamente o plano, que contava até mesmo com o apoio do governo britânico. Mais tarde, o Greenpeace admitiu que os fatos que haviam fundamentado sua atitude estavam errados, exagerando o nível de poluição em mil vezes. No entanto, a questão aqui não é quem está certo ou errado no tribunal da opinião pública; o Greenpeace apresentou seu argumento e ganhou a causa. Seu argumento foi convincente e superficialmente plausível – afinal, como o afundamento de uma plataforma de petróleo de quase 100 metros poderia *não* causar danos ao meio ambiente?

Felizmente, a Shell aprendeu muito com esse fiasco e hoje é líder global na evolução da arte de relacionamentos com os *stakeholders*, inclusive a arte de lidar com ONGs obstinadas como o Greenpeace. Mas uma empresa que se preocupa apenas com ativistas e os pesadelos de relações públicas associados deixarão de ver o quadro maior.

Gostando ou não, um coro crescente está exigindo que as empresas expliquem e justifiquem como elas tratam o ambiente. Entre os novos jogadores importantes, estão:

- Consumidores que se questionam o que entra na composição dos produtos que eles adquirem e se seu consumo é seguro para eles, para seus filhos e para o meio ambiente
- Clientes de B2B que demandam que os fornecedores revelem como fabricam seus produtos e qual é sua *exata* composição
- Funcionários que desejam alinhar seus valores pessoais e profissionais e que precisam saber o que a empresa em que trabalham defende
- Bancos que reforçam todas essas preocupações levando variáveis ambientais em consideração em suas decisões de concessão de crédito
- Seguradoras que passaram a encarar os riscos ambientais como ameaças aos negócios
- Analistas dos mercados de ações que estudam o desempenho ambiental como sinal de qualidade gerencial.

Todas essas pressões podem afetar drasticamente o destino de uma empresa e determinar a alocação de recursos a projetos, definir se os melhores funcionários ficarão na empresa e com que facilidade os produtos serão levados ao mercado. As empresas inteligentes estão lidando com essas pressões de peito aberto. Após o incidente do Brent Spar, a Shell lançou uma campanha com o lema "Conte à Shell" e hoje se preocupa em gerenciar seu relacionamento com os stakeholders, a fim de evitar problemas mais adiante. Em suas operações na Athabasca Sands, no Canadá, a empresa investiu milhões em inúmeras reuniões com comunidades locais, governos regionais e populações indígenas. O objetivo é certificar-se de que todos que possam afetar seriamente as operações da Shell sejam ouvidos atentamente, o quanto antes.

Empresas como a Shell esforçam-se para pegar carona na Onda Verde antes que ela as atinja. No entanto, antes de investigarmos como fazer isso, é vital entender quem está fazendo.[1] A seguir, apresentamos o "campo de jogo" da Ecovantagem – cinco categorias principais de stakeholders que se preocupam com o meio ambiente:

- **Os definidores das regras do jogo** e os cães de guarda, como os reguladores do governo e grupos de defesa do meio ambiente
- **Os geradores de idéias e líderes de opinião**, inclusive os participantes dos grupos de opinião e os acadêmicos

- **Parceiros de negócios e concorrentes**, bem como fornecedores e clientes de B2B
- **Consumidores e comunidade**, inclusive autoridades locais e o público em geral
- **Investidores e avaliadores de risco**, como analistas do mercado de ações e bancos

Recentemente, um executivo responsável pela responsabilidade social corporativa de uma grande empresa de produtos de consumo perguntou a Andrew: "Você consegue pensar em alguma empresa que tenha adotado a responsabilidade social sem ter sofrido pressões externas?" Ficamos perplexos – não podemos citar muitos exemplos. Certo, um número pequeno de Adeptos da Onda Verde tem crenças e culturas profundamente arraigadas que lhes servem de apoio. A Herman Miller, fabricante de móveis de Michigan, é uma delas. Mas, em geral, as empresas grandes, centradas na

Os definidores das regras do jogo e os cães de guarda

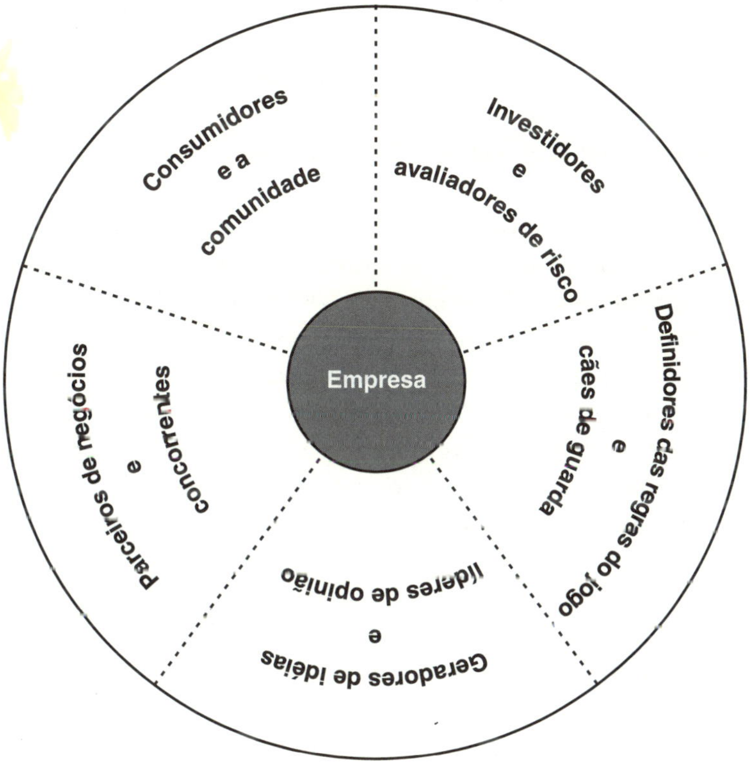

marca, não vivenciam uma epifania sem um empurrãozinho daqueles que verdadeiramente acreditam.

No breve tour dos cinco grupos de stakeholders que apresentaremos a seguir, analisaremos exemplos de como eles influenciam as empresas hoje e que tendências moldarão o campo de jogo no futuro.

DEFINIDORES DE REGAS E CÃES DE GUARDA

Tradicionalmente, esses jogadores estavam por trás da motivação da consciência ambiental na empresa. Normas rígidas, em sua maior parte no nível federal, vêm orientando o progresso há décadas.

Hoje, o papel governamental está mudando, à medida que os definidores de regras e os cães de guarda se expandem vertical e horizontalmente. Com "vertical", referimo-nos aos diferentes níveis de governo que hoje definem regras, de comissões de planejamento local a acordos globais. Mais na base da escala vertical, encontramos autoridades estaduais e municipais que cumpriram mais agressivamente as leis ambientais do que o governo federal dos Estados Unidos nos últimos anos. Nos níveis superiores da mesma escala, vemos acordos globais como o Protocolo de Quioto criando novas demandas mundiais sobre as empresas para reduzir as emissões de gases de efeito estufa. A dimensão "horizontal" refere-se ao surgimento de novos atores que monitoram o desempenho ambiental, como ONGs, a mídia e os que se autointitulam cães de guarda, inclusive blogueiros, com sites lidos por milhões de pessoas na internet.

Alguns desses influenciadores estão até mesmo criando iniciativas paralelas, administradas de forma privada, que acabam se assemelhando a regulamentos, à medida que mais empresas as adotam.[2] O Forest Stewardship Council (FSC) é um órgão independente que definiu critérios sobre a maneira de gerenciar sustentavelmente recursos florestais. Um número cada vez maior de varejistas e grandes compradores de madeira e papel estão solicitando o selo do FSC no que compram. Seja o selo do FSC ou dos concorrentes na definição das diretrizes, nos próximos anos provavelmente haverá um conjunto de quase-regulamentos em vigor para as empresas do setor florestal.

ONGS

É praticamente impossível saber o número exato de ONGs, mas um estudo revelou a existência de mais de 20 mil ONGs internacionais. Outras centenas de milhares se encontram em países específicos. Entre elas, muitos milhares em ambos os níveis concentram-se pelo menos parcialmente no meio ambiente.

As maiores ONGs ambientais estabeleceram-se como entidades multinacionais de enorme alcance e influência. Entre elas, estão Environmental Defense, World Wildlife Fund, Natural Resources Defense Council, Sierra Club, Greenpeace, Conservation International, Nature Conservancy, National Wildlife Federation e Friends of the Earth. Essas são as da velha-guarda, muitas delas com mais de 30 anos de existência. Apesar das recentes rachaduras no alicerce da comunidade ambiental, esses grupos continuam tendo considerável influência junto ao público. Um estudo revelou que 55% dos líderes de opinião confiavam em ONGs, enquanto apenas 6% confiavam nas empresas.[3]

PARCERIAS NOVAS E SURPREENDENTES

A maneira de interação entre as ONGs e as empresas passou por transformações radicais nas últimas décadas. Hoje, todas as ONGs de defesa do ambiente tradicionais incluem o engajamento com o mundo de negócios como sua função principal. Aprenderam a usar a cenoura. Como observou o *Financial Times*:

> "Os ambientalistas estão espertos. Já se foram os tempos em que andavam por aí de macacão e chinelo. Hoje andam de terno e gravata... poucos dias depois de os ativistas do Greenpeace terem escalado uma plataforma *offshore* da British Petroleum em protesto contra a exploração de petróleo... [o diretor do Greenpeace] Melchett jantou com John Crowne, CEO da British Petroleum."[4]

As ONGs podem ter se sofisticado à medida que as interações se expandiram do jantar ocasional às parcerias como um todo. Na Cúpula de Johannesburgo, em 2002, o Greenpeace esteve lado a lado com o World Business Council for Sustainable Development, na tentativa de iniciar ações globais sobre as mudanças climáticas.

Muitas dessas organizações basearam-se em modelos de confronto, seja protestando nos tribunais (como o Natural Resources Defense Council) ou abraçando árvores e embarcando em plataformas de petróleo (como o Greenpeace). A pressão pode ser global, como no caso da Shell, ou pode se fazer sentir sobre a cabeça de alguns executivos-chave na sede das empresas. Há alguns anos, alguns agitadores espertos distribuíram cartões nos arredores do Fenway Park, em Boston, que representavam o presidente do Conselho e o CEO da Staples, Inc., como causadores do desmatamento global.[5] No verso do cartão, viam-se fortes críticas à gigante dos suprimentos para escritório. Nas palavras de um executivo da Staples: "Eles praticamente nos acusaram de colocar abaixo, sozinhos, as florestas do mundo."

Às vezes, essas táticas podem ir longe demais, como ocorreu quando a esposa de Michael Dell, que enfrentou ativistas irados na porta de seu local de trabalho protestando contra a não-reciclagem dos produtos eletrônicos da Dell.[6] Ou podem também beirar a ilegalidade e o perigo. Em 1988, Vail, famoso resort de esqui do Colorado, foi vítima de um incêndio quando extremistas lançaram fogo em diversas edificações, supostamente para protestar contra a expansão do resort de esqui sobre o habitat original.[7] Nenhuma empresa pode programar-se completamente para ações irracionais, mas todas as empresas podem reduzir enormemente as chances de sofrer ataques. Outras estações de esqui – mais notavelmente Aspen – evitaram críticas agressivas fazendo das preocupações ambientais um elemento central de suas estratégias de negócios. Na verdade, a Aspen Skiing Company comprometeu-se recentemente a usar energia eólica em 100% de suas operações.[8] Respeitados grupos "cães de guarda" avaliam a empresa como o resort de esqui número 1 no Ocidente em dimensões ambientais, enquanto Vail continua a receber notas baixas nesses quesitos.[9]

Na verdade, abordagens envolvendo confronto estão em declínio. As ONGs hoje estão optando por formar parcerias com empresas pelo menos com tanta freqüência quanto as atacam. Mais adiante neste livro, exploraremos melhor as parcerias e como nos certificar de que sejam efetivas e criem valor real. Aqui, porém, queremos destacar duas das melhores e mais duradouras parcerias entre ONGs e empresas existentes:

- **Chiquita e Rainforest Alliance.** Empresa com um passado desagradável, a Chiquita sentiu enorme pressão para mudar sua maneira de agir no início da década de 1990. Ao longo da década seguinte, trabalhando intimamente com a Rainforest Alliance, a empresa transformou suas operações de banana na América Latina.
- **McDonald's e Environmental Defense.** O McDonald's pode ser o rei das parcerias produtivas entre empresas e ONGs. No início da década de 1990, a empresa começou a trabalhar com a Environmental Defense nas embalagens e, juntos, eliminaram as caixinhas de isopor que haviam sido utilizadas pelo McDonald's para comercializar mais de um bilhão de sanduíches.

Embora atualmente exista muita colaboração entre ONGs e empresas, a função de cão de guarda continua bastante ativa dentro de muitos grupos. Não raro, uma ONG pode trabalhar com uma empresa em um aspecto e atacá-la publicamente em outro. As empresas consideram isso bastante frustrante, mas é uma realidade que precisam enfrentar. Independente de o foco ser global ou a escala ser local, de defenderam sua agenda nos bastidores ou diante das câmeras, de terem uma imagem boa ou de encrenqueiros, as ONGs são uma força com a qual as empresas deverão acertar as contas. Uma empresa sem plano ou estratégia para lidar com elas corre um risco crescente de se atolar.

Governos e reguladores

Jim Rogers, CEO da Cinergy, empresa produtora de energia, disse que sempre se preocupa com novos regulamentos que podem mudar o valor de um negócio de uma hora para a outra – o que chama de risco da "canetada". O mundo das normas e regras ambientais *é* dinâmico. Os legisladores estão constantemente revisando as leis federais e os órgãos emitem rotineiramente novas normas. Mais drasticamente, exigências regulatórias surgem de novos lugares na hierarquia legal. De ordens emitidas por comissões de zoneamento local até diretivas da União Européia, a legislação ambiental vem se tornando cada vez mais complicada e multifacetada.

As empresas que não conseguirem monitorar os avanços regulatórios arriscam-se a ficar em séria desvantagem competitiva.

MUDANÇAS "VERTICAIS" – PRESSÃO LOCAL

Em todos os Estados Unidos, os governos local e estadual estão entrando em ação para preencher as lacunas que identificam na gestão do meio ambiente. Cerca de 30 estados do país têm planos para reduzir a emissão de gases de efeito estufa dentro de suas fronteiras, não raro incluindo padrões de portfolio de energia renovável que forçam as empresas geradoras e distribuidoras de energia a produzir até 25% de sua energia utilizando outras fontes que não os combustíveis fósseis. A Califórnia adaptou novos padrões de qualidade do ar exigindo, até 2016, uma redução de 30% nas emissões de gases de efeito estufa geradas pelos veículos. Essa exigência promete conferir uma nova forma ao mercado de automóveis e caminhões. Os fabricantes de automóveis que estiverem prontos, com tecnologias para a produção de "carros limpos", como motores híbridos (a eletricidade e a gasolina), prosperarão. Outros perderão fatia de mercado e verão uma redução na lucratividade.

Até mesmo as cidades estão entrando em forma. Prefeitos de cidades do mundo inteiro estão agindo para reduzir a emissão de gases de efeito estufa e os resíduos e controlar a utilização da terra (ver box).

PREFEITOS EM AÇÃO

No início de 2005, o Protocolo de Quioto, acordo internacional que determina a redução das emissões de gases de efeito estufa, entrou em vigor. Foi ratificado por 160 países – com a notável exceção dos Estados Unidos.[10] Detectando essa lacuna, o prefeito de Seattle, Greg Nickels, levou a U.S. Conference of Mayors a adotar por unanimidade um acordo próprio para proteção do clima, o Climate Protection Agreement. Mais de 250 prefeitos de cidades de grande e pequeno porte, das mais diversas tendências políticas, comprometeram-se a cumprir as mesmas metas de Quioto e reduzir as emissões de gases de efeito estufa.[11]

MUDANÇAS "VERTICAIS" – PRESSÃO INTERNACIONAL

No outro extremo do espectro vertical, novos regulamentos internacionais prometem dar nova forma ao campo de jogo competitivo. Diante das preocupações com a mudança climática em escala global, a China implementou rígidas exigências de eficiência de combustíveis em automóveis que *ultrapassam bastante* os padrões vigentes nos Estados Unidos. Adivinhe quais fabricantes de automóveis estarão pelo menos mais bem preparados para cumprir esses padrões emergentes no mercado?

Nos últimos anos, a União Européia desenvolveu uma série de diretivas rigorosas. Alguns observadores acreditam que essas novas leis melhorarão muito a qualidade ambiental, enquanto outros afirmam que destruirão setores inteiros. É provável que as duas coisas aconteçam. Três diretivas, em particular, estão causando enorme impacto:

1. A diretiva relativa à restrição ao uso de determinadas substâncias perigosas em equipamentos elétricos e eletrônicos (RoHS – Restriction of Hazardous Substances)
2. A diretiva relativa aos resíduos de equipamentos elétricos e eletrônicos (WEEE – Waste Electrical and Electronic Equipment)
3. A diretiva relativa ao registro, avaliação e autorização de uso de produtos químicos (REACH – Registration, Evaluation, and Authorization of Chemicals).

As duas primeiras diretivas concentram-se principalmente em substâncias tóxicas e na reciclagem no setor de eletrônicos, mas são fortes indicadores das leis que vêm por aí. Hoje, o foco está nos fabricantes de computadores e telefones celulares. Amanhã, outros setores estarão na berlinda. E não pense que essas regras afetam apenas empresas européias – qualquer empresa que fabrique um produto para o mercado da União Européia está sujeito a elas.

A diretiva RoHS proíbe a utilização de uma lista de substâncias perigosas, entre elas chumbo, mercúrio e cádmio, em novos equipamentos elétricos. Os fabricantes estão se esforçando bastante para encontrar substitutos para a solda de chumbo que une os circuitos integrados. Obviamente, há queixas a respeito do foco seletivo das exigências e questões levantadas sobre a verdadeira eficácia da diretiva RoHS. Entretanto, independentemente de suas limitações, essa diretiva veio para ficar. A regra representa também uma mudança interessante na estratégia de regulamentação. Como diz Wayne Balta, diretor-executivo de meio ambiente da IBM: "Leis como a RoHS mostram um movimento: de regular o produto final, passa-se a regular o insumo – o foco se desloca do que sai das chaminés para o que entra na composição dos produtos."[12]

A diretiva WEEE diz respeito à outra extremidade do ciclo de vida do produto. Exige que todos os fabricantes de uma ampla variedade de setores, de eletrônicos a eletrodomésticos, paguem pelo descarte apropriado ou reciclagem de seus produtos. A WEEE representa os mais recentes desenvolvimentos na crescente categoria de leis que atribuem a responsabilidade pelos produtos – de seu nascimento à sua morte – aos fabricantes. Essas leis estimulam o pensamento da cadeia de valor impondo um custo real às empresas que não desenvolverem produtos com o fim de sua vida útil em mente. Algumas estimativas afirmam que o cumprimento das diretivas RoHS e WEEE poderia se traduzir em uma sobrecarga de até 3% do custo das mercadorias vendidas – um aumento que certamente não é trivial.

Os produtores de eletrônicos que têm um olho no futuro estão começando a explorar designs que eliminem todas as substâncias tóxicas, a fim de se preparar para a possível legislação. Mesmo que essa legislação não venha, essas diretivas já tiveram um efeito profundo sobre o setor de eletrônicos. A American Electronics Association declarou que as novas regras "alteram fundamentalmente a estratégia de negócios das empresas de alta tecnologia não apenas para a União Européia, mas também para a gestão de sua cadeia de suprimento global".

Quando conversamos com executivos na Intel, Dell e AMD, ouvimos, reiteradas vezes, que as leis estão forçando mudanças em seus designs e processos globalmente. Não faz sentido fiscal, afirmam, produzir chips ou montar produtos eletrônicos de uma forma para distribuição em um mercado tão grande quanto a União Européia e de outra forma em outros mercados. Conclusão: as políticas agressivas da UE estão impulsionando mudanças ao redor do mundo.

PRINCÍPIO: O POLUIDOR PAGA

A tendência da regulamentação no longo prazo em todos os países que estudamos é de fazer os que poluem (1) limitarem os danos infringidos e/ou (2) pagarem pelos danos causados. Esse princípio garante a eficiência econômica e protege os direitos de propriedade, proporcionando também uma forte lógica legal. A pressão para que as empresas "internalizem custos", como diriam os economistas, significa que, com o tempo, será difícil manter uma vantagem competitiva baseada em mandar a poluição pela chaminé ou pelo cano.

EXAGEROS NA DIRETIVA REACH?

A legislação mais ambiciosa que transita pela sede da União Européia em Bruxelas é a diretiva REACH, relacionada a registro, avaliação e autorização de uso de produtos químicos. Essa reestruturação da abordagem européia à regulamentação de produtos químicos ameaça realinhar diversos setores de porte.

A diretiva REACH requer que os produtores registrem todos os seus produtos químicos – aproximadamente 30 mil ao todo – e meçam os possíveis riscos à saúde pública. A diretiva se baseia na idéia de que a sociedade não deveria lançar novos materiais, produtos ou tecnologias sem que os riscos sejam conhecidos. Trata-se do exemplo maior do princípio da precaução. A diretiva transfere a responsabilidade de oferecer segurança dos governos para as empresas. As empresas terão de demonstrar que determinado produto é seguro ou que seus benefícios para a sociedade superam os riscos.

Muitas empresas, inclusive vários gigantes da indústria farmacêutica, alegam que a diretiva REACH eliminará a inovação, tornando-se um dreno competitivo para as empresas que atuam na Europa (ver box). Os defensores da REACH afirmam que a exigência de que as empresas provem a segurança de seus produtos já deveria ter sido implantada há muito tempo e que isso reduzirá os riscos de liberação de substâncias químicas com efeitos desconhecidos para a humanidade. Os dois lados apresentam argumentos plausíveis – a diretiva REACH poderia ser necessária para a saúde pública *e* seu cumprimento poderia custar bilhões de euros e, ao mesmo tempo, restringir o desenvolvimento de novos produtos. De uma forma ou de outra, sem dúvida, a diretiva terá grande impacto sobre alguns setores.

VENCENDO A CONCORRÊNCIA AO CUMPRIR A REGULAMENTAÇÃO

Os líderes empresariais costumam superestimar o custo das regulamentações e subestimar a própria capacidade de inovar. Por exemplo: estimativas setoriais dos custos do cumprimento das leis para eliminação da chuva ácida no âmbito do U.S. Clean Air Act, de 1990, variaram até US$1.500 por tonelada.[13] Nos 10 primeiros anos do programa, o preço por tonelada nunca passou dos US$200, ficando normalmente bem abaixo disso.[14] Como disse Lord John Browne, da BP, sobre seu setor: "Sempre que surge uma nova legislação, dizemos que é o fim do nosso setor... Temos um histórico consternador nesse sentido."[15] As empresas que encontram maneiras eficazes em termos de custo de cumprir a legislação podem cortar custos em comparação com os concorrentes e, assim, obter Ecovantagem.

ALÉM DA REGULAMENTAÇÃO: UMA NOVA CAIXA DE FERRAMENTAS GOVERNAMENTAL

Com o tempo, governos ao redor do mundo ampliaram sua abordagem à proteção do meio ambiente. Os franceses, por exemplo, recentemente, cultuaram em sua Constituição o direito a um ambiente seguro e saudável e inseriram o princípio da precaução em seu regime regulatório. Embora ainda existam mandatos do tipo "comando e controle", a forma da regulamentação está mudando.

Em vez de ditar determinada tecnologia para controle da poluição, os governos estão reconhecendo o valor da definição de padrões de desempenho, o que proporciona às empresas certa liberdade de ação. Muitos países, liderados pelos Estados Unidos, adotaram regulamentações que utilizam incentivos econômicos. Tais mecanismos de mercado incluem impostos sobre poluição ou produtos poluentes, permissões de emissões comercializáveis e esquemas de reembolso de depósitos para produtos prejudiciais como baterias. Os Estados Unidos usaram mecanismos de mercado para descontinuar o acréscimo de chumbo à gasolina, eliminar os CFCs, que causam danos à camada de ozônio, e reduzir a chuva ácida.

A Europa está usando um mercado de comércio de emissões para reduzir as emissões de gases de efeito estufa e cumprir suas exigências no âmbito do Protocolo de Quioto. Nesse esquema, milhares de instalações (empresas de produção e distribuição de energia, refinarias, fábricas) do continente recebem permissões para a emissão de gases de efeito estufa. As empresas, então, devem reduzir suas emissões para cumprir as cotas e comprar outras permissões de poluição no mercado.

Até os regimes regulamentadores mais bem-intencionados, que utilizam incentivos econômicos e promovem eficiência máxima, podem ter efeitos negativos sobre as empresas se não forem cuidadosamente estruturados e coordenados. As normas do Protocolo de Quioto adotadas na União Européia, que acrescentam despesas de aproximadamente US$30 por tonelada de liberações de dióxido de carbono, prometem impor uma carga significativa às empresas e até mesmo a setores inteiros. Se os resultados fossem apenas recompensar os mais eficientes no corte das emissões de gases de efeito estufa, o remodelamento dos mercados poderia ter poucas conseqüências. No entanto, essa cobrança adicional pela poluição poderia diminuir a competitividade industrial européia, a não ser que as empresas encontrem alternativas de baixo custo de reduzir as emissões ou até que os grandes competidores, entre eles os Estados Unidos e a China, assumam as mesmas cargas.

Outra tendência importante diz respeito à "regulamentação da informação". O Toxics Release Inventory, nos Estados Unidos, exige que as empresas notifiquem as liberações de substâncias químicas no ar, água e terra. De forma análoga, a lei PROPER, na Indonésia, atribuiu a instalações industriais notas codificadas por cores baseadas em sua capacidade de gerenciar a poluição. As classificações vão de preto (controle de poluição zero) a dourado (instalações industriais que mantêm o nível de emissões próximo de zero), passando por verde (esforços significativos de prevenção da poluição).

O foco da pressão pela transparência vai além da notificação de emissões e poluição. As empresas são cada vez mais solicitadas pela Securities and Exchange Commission, pelo Financial Accounting Standards Board e pela União Européia a compartilhar informações sobre seu desempenho ambiental e seus efeitos sobre as condições financeiras. Embora as regras de implementação ainda estejam em desenvolvimento, a Lei Sarbanes-Oxley (ver box) provavelmente exigirá que as empresas divulguem muito mais sobre os riscos ambientais do que faziam antes.[16] E a lei torna os CEOs das empresas responsáveis por conhecer esses perigos ou arriscam-se a ir para a cadeia por sua ignorância.

LEI SARBANES-OXLEY DE 2002

Como é comum acontecer no Congresso norte-americano, reações apressadas geram estranhas legislações. Em 2002, os legisladores sentiram-se pressionados a tomar alguma atitude a respeito dos escândalos que assolaram o mundo corporativo. Um resultado significativo foi a Lei Sarbanes-Oxley, destinada basicamente a melhorar a divulgação de riscos financeiros, mas que causou uma enxurrada de atividades a respeito de tópicos relacionados, mais abrangentes. Uma cláusula crítica da lei, Seção 401(a)(j), exige que as empresas "divulguem todas as transações, arranjos e obrigações materiais extrapatrimoniais que possam ter efeito material atual ou futuro sobre as condições financeiras". As questões "materiais" dessa ampla provisão, e a Seção 409, a ela relacionada, incluem responsabilidades ambientais.[17]

Os detalhes exatos das exigências da Lei Sarbanes-Oxley ainda precisam ser esclarecidos. Algumas possíveis responsabilidades são relativamente óbvias, como os custos da limpeza de uma área industrial contaminada. Mas e quanto aos riscos mais remotos? Será que as empresas deveriam calcular seu potencial de responsabilidade pela mudança climática? A única certeza é que a tendência é haver maior divulgação de informações, não menos.

A divulgação como categoria inclui outros fatores além dos riscos financeiros. Hoje, um volume crescente de leis envolvendo o direito de saber exige que as empresas divulguem os possíveis riscos ao bem-estar público. O U.S. Toxics Release Inventory é a lei mais conhecida desse grupo, sendo considerada o "padrão de ouro". No entanto, outras leis, menores, também estão causando certo impacto. A Proposition 65, da Califórnia, força as empresas a incluírem informações específicas no rótulo de produtos que contenham qualquer substância química que gere risco de câncer na proporção de 1 para cada 100 mil pessoas. Diante da possibilidade de verem seus produtos rotulados como carcinogênicos, os embaladores de atum removeram o chumbo da solda usada no fechamento das latas. E os fabricantes de vinho deixaram de usar tampas que continham chumbo em sua composição para usar tampas de plástico.

Enquanto algumas leis sobre divulgação exigem a liberação de informações sobre atributos ambientais negativos, outras se concentram em divulgar as características positivas. A EPA criou vários programas e prêmios, como Energy Star e Climate Leaders, que reconhecem as empresas com o melhor desempenho. Os governos também estão utilizando substancial poder de compra – comprando tudo, de papel reciclado a ônibus movidos a gás natural – para criar mercados para produtos que não agridam o ambiente.

Não acredite piamente na noção de que os governos são, por excelência, pesadas burocracias. Certo, algumas autoridades parecem, de fato, acreditar que sua principal função é produzir burocracia, mas muitos outros governos municipais, estaduais e até mesmo nacionais (ver Washington e Bruxelas) estão buscando ativamente maneiras novas e mais inteligentes de reduzir emissões, salvar os espaços abertos e conservar as dádivas da natureza. As empresas inteligentes não vêem os reguladores como inimigos. Ao contrário, trabalham com as autoridades governamentais para gerar incentivos e criar programas ambientais bem-sucedidos. Do ponto de vista estratégico, faz muito mais sentido associar-se a reguladores e prever suas demandas (e expectativas públicas) do que desenvolver relacionamentos contenciosos e, sem querer, levar uma rasteira de terceiros.

Políticos

Reguladores dedicados raramente querem aparecer, mas os políticos estão sempre se candidatando à reeleição. Para mostrar que condenam os vilões, repreendem-nos publicamente.

O exibicionismo político é endêmico no mundo inteiro. Vejamos um exemplo das Filipinas. Depois que as inundações e os deslizamentos de terra mataram centenas de pessoas, a presidente Gloria Arroyo culpou os lenhadores que agiam ilegalmente. A lógica de sua crítica residia no fato de que as florestas retêm água, amenizam os efeitos das inundações e ajudam a reduzir os deslizamentos de terra. Como a linha que separa a derrubada de árvores legal e ilegal é pouco definida, o setor florestal em geral desempenhou um péssimo papel. A crítica de Arroyo não era infundada. De fato, as práticas inadequadas de manejo das florestas e a prática do corte raso agravam as inundações. Mas culpar um único setor pelos efeitos de desastres naturais é mero show político.

Para não se tornar um bode expiatório dos políticos, sugerimos que você se concentre em alguns pontos importantes. Primeiro, desenvolva um bom relacionamento com as autoridades eleitas e seus subordinados. Segundo, "vacine" sua empresa criando uma reputação bem merecida de defesa do meio ambiente. Finalmente, e o mais importante, não se comporte mal, para não se tornar um alvo fácil. Na arena política, sobressaem as grandes empresas e aquelas cujo comportamento pode ser retratado como ultrajante em qualquer dimensão.

Risco de processos

Um dos maiores perigos ambientais que as empresas enfrentam, em especial nos Estados Unidos, é o risco de ser processado por poluição ou danos ecológicos. Nenhuma empresa pode se dar ao luxo de ignorar os advogados que se especializam em representar tais agravos.

Das ações judiciais coletivas envolvendo os riscos do amianto a vizinhos queixando-se do incômodo provocado por uma fábrica próxima, as ações legais não desaparecerão tão cedo. Se você imaginava que a questão do amianto representou um problema isolado, ledo engano. Em 2006, um caso marcante em Rhode Island considerou os produtores de tintas que levavam chumbo legalmente responsáveis pelos efeitos negativos de seus produtos sobre a saúde. As ameaças legais estão aumentando e se sofisticando. Uma alta executiva da área ambiental de uma empresa nos disse recentemente que considera essa questão jurídica uma das mais importantes a serem observadas.

Alguns breves exemplos adicionais de casos interessantes que as empresas multinacionais precisam levar a sério:

- A W.R. Grace, que antes tinha uma capitalização de mercado multibilionária, foi à falência em 2001, em razão de uma avalanche de processos judiciais relacionados ao amianto.
- Planos de uma nova fábrica a carvão[18] na Austrália foram minados por uma ação judicial que se concentrava nas emissões de gases de efeito estufa e na contribuição da fábrica para o aquecimento global.
- Uma ação judicial coletiva para as vítimas do Furacão Katrina foi impetrada contra 10 empresas de petróleo e gás, por destruírem as zonas pantanosas que poderiam ter reduzido a gravidade das inundações.

"Não é nada. Absurdo. Nunca vai acontecer comigo." Mesmo que cumpra rigorosamente a lei e acabe vencendo a ação nos tribunais, a empresa poderá sair bastante ferida nessa luta. Defender-se contra processos judiciais pode ter um custo proibitivamente alto. Mesmo quando a empresa vence, fatos pouco lisonjeiros podem vir à tona, prejudicando a imagem da empresa nos tribunais de opinião pública. Por isso é tão vital ir além da observância às leis e administrar o relacionamento com os stakeholders.

GERADORES DE IDÉIAS E LÍDERES DE OPINIÃO

Mídia

Da crise dos resíduos tóxicos de Love Canal, que levou ao programa Superfund nos Estados Unidos, ao derramamento de óleo do petroleiro *Exxon Valdez*, que gerou o U.S. Oil Pollution Act de 1990, passando por centenas de histórias menores de poluição local, a reação da mídia guia a compreensão pública e molda as respostas políticas. Para transformar verde em ouro, é preciso administrar com cuidado os relacionamentos com a mídia, mas isso não é tão fácil quanto costumava ser. Além da televisão, rádio e jornais, a ascensão da internet significa que a "mídia" tornou-se absolutamente difusa. Qualquer pessoa com uma câmera de vídeo, um site na Web e uma opinião pode transmitir uma matéria.

Mais dramaticamente, blogueiros, os autodenominados comentaristas online, estão moldando o desenrolar das matérias nos noticiários. Blogs, tanto anônimos quanto abertos, estão surgindo *de dentro* de empresas com franca discussão sobre produtos, executivos, políticas e ações das empresas.

Como as empresas lidam com isso? "Não faça nada que possa deixá-lo constrangido" é a resposta mais fácil, mas não é especialmente útil. É melhor evitar ser um alvo proeminente. Isso significa não apenas administrar sistematicamente as questões ambientais, como também buscar eliminar vulnerabilidades em todas as partes do ciclo de vida do produto. Seus fornecedores estão despejando lixo tóxico em um rio nos países em desenvolvimento? Seus clientes descartam seu produto de uma maneira que gera um problema ambiental?

Toda empresa precisa de um plano de resposta emergencial. Quando surge um problema ou ocorre um acidente, a equipe executiva não pode improvisar junto ao público e à mídia. A dolorosa resposta ao vazamento de óleo do Exxon Valdez no Alasca selou a reputação da empresa como insensível ao meio ambiente. Até hoje, a Exxon e o Valdez servem de lembretes comoventes da conduta errada de uma empresa, independente de ser essa, de fato, a realidade. O segredo de uma cobertura positiva na mídia – a menos negativa possível, nessas circunstâncias – está na ação real para mitigar o problema. Entregar o gerenciamento da crise nas mãos de uma empresa de relações públicas, como fez a Exxon, é caminho certo para lançar mais lenha na fogueira da mídia.

Laboratórios de idéias e centros de pesquisa

A mídia pode disseminar ou matar idéias, dependendo da cobertura. Mas os repórteres extraem suas dicas de algum lugar. Nas últimas décadas, laboratórios de idéias forneceram muitas das sugestões que emolduraram a agenda de políticas públicas e os debates públicos. De diversas maneiras fundamentais, alguns laboratórios de idéias importantes, como a Heritage Foundation, o American Enterprise Institute e o Cato Institute, realinharam as atitudes públicas a respeito do papel do governo na sociedade.

No âmbito do meio ambiente, diversos grupos desenvolveram um papel transformacional semelhante. A Resources for the Future liderou a mudança da estratégia de proteção ambiental da regulamentação baseada no modelo de comando e controle para a utilização de mecanismos de mercado como multas pela poluição e permissões de emissões comercializáveis. Outro grupo de Washington, o World Resources Institute, foi essencial para aguçar o foco na ligação entre desenvolvimento econômico e progresso ambiental, conferindo *momentum* ao conceito de desenvolvimento sustentável.

Para se manter a par das principais idéias que definem a estrutura conceitual da estratégia ambiental e social, as empresas precisam monitorar esses importantes geradores de idéias. Elos estratégicos com laboratórios de idéias são uma maneira de fazer isso. No mínimo, as empresas devem acompanhar as propostas de políticas provenientes desses e de outros importantes centros de pesquisa.

Mundo acadêmico

Novas idéias em diversas áreas, de políticas ambientais à ciência, também são geradas por instituições de ensino superior. A criação de links com universidades pode ajudar a empresa a se manter a par do que há de mais recente no mundo acadêmico. Em uma economia baseada no conhecimento, faz sentido conectar-se com as instituições que se encontram no negócio de produção de conhecimento. Além do fluxo de idéias, as empresas podem descobrir que esses relacionamentos constituem um mecanismo para entrar em contato com futuros funcionários talentosos.

Um número cada vez maior de empresas vem criando esses vínculos. A Microsoft se associa ao Institute of Technology, na Índia, para estabelecer novos elos com a parte do mundo que produz os mais novos engenheiros de software. A BP desenvolveu relacionamentos estruturados com diversas universidades e utiliza esses links para ajudar a refinar seu planejamento estratégico. Antes de lançar uma nova iniciativa na China, os executivos da empresa visitaram a Yale University para examinar, com especialistas, acadêmicos, uma gama de questões da história chinesa em relação a governança corporativa e desafios ambientais.

Nenhum desses links concentra-se em poluição ou gerenciamento de recursos naturais. No entanto, quando os problemas se manifestarem – e, com certeza, vão aparecer –, uma relação de trabalho com uma ou mais universidades ou centros de pesquisa proporcionarão à empresa uma ou mais fontes às quais recorrer em busca de novas idéias e perspectivas. Em um mercado que valoriza a inovação e os novos pensamentos, as conexões com centros de conhecimento constituem uma fonte de geração de Eco-vantagem.

PARCEIROS DE NEGÓCIOS E CONCORRENTES

O gerenciamento do campo de jogo tradicional nos negócios – cadeia de suprimento, clientes e concorrentes – encontra-se no âmago de qualquer estratégia bem-sucedida. No que diz respeito aos problemas ambientais, essa realidade básica não muda. Embora as ONGs sejam alvos das manchetes e as regulamentações do governo moldem o mercado, os jogadores tradicionais continuam a exercer pressão real, forçando as empresas a realizarem seus planos de negócios com o objetivo de corresponder às expectativas em constante mudança. Mas as empresas inteligentes não reagem, apenas. Elas gerenciam esses relacionamentos proativamente, em busca de vantagem estratégica.

Associações setoriais

Em geral, a reputação ambiental é definida para um setor inteiro. A indústria química sabe disso muito bem. Quando a fábrica da Union Carbide em

Bhopal, Índia, explodiu em 1986, o setor químico como um todo enfrentou um impasse.

A indústria química respondeu com uma ampla iniciativa para fortalecer os padrões de fabricação, armazenamento e transporte de substâncias químicas. Sob a bandeira de "Cuidado Responsável", A DuPont, a Dow Chemical e outras indústrias químicas de peso se comprometeram com exigências ambientais bem acima daquelas definidas em lei.

A associação das empresas do setor continuou buscando agressivamente a auto-regulamentação. Ao fazê-lo, as principais indústrias químicas defenderam-se de injunções governamentais, reconstruíram a reputação do setor e pressionaram empresas com desempenho abaixo da média a melhorarem seus mecanismos de controle ambiental. Hoje, todos os membros da associação são solicitados a ter sistemas de gestão ambiental e exigem a certificação nas práticas de Cuidado Responsável. Embora o setor ainda tenha muitos críticos, o programa de Cuidado Responsável preencheu um vácuo, tornando o maior nível de segurança e foco ambiental obrigatório para o ingresso na comunidade dos fabricantes de produtos químicos.

Diversos setores, da silvicultura à produção de papel, passando por eletrodomésticos e eletrônicos, utilizam hoje iniciativas abrangendo todo o setor no sentido de definir as diretrizes para as práticas sociais e ambientais. Na medida em que as reputações tornam-se mais conectadas entre si, a pressão do setor para cumprir os padrões mínimos aceitáveis constitui uma tendência crescente cujo ritmo não diminuirá.

Além dos padrões, os setores costumam colaborar de outras maneiras positivas. O trabalho com colegas oferece diversos benefícios. Proporciona o conforto e a segurança da ação em grupo; nenhuma empresa se arrisca sozinha. O esforço conjunto pode gerar ciência, política e análise melhores, pois todos reúnem recursos a fim de encontrar soluções para os problemas do grupo. Finalmente, os membros do grupo podem trocar informações sobre as melhores práticas, aperfeiçoando os padrões para todos.

As associações setoriais também têm seu lado negativo. Podem proteger as empresas que fazem parte da associação e mascarar a fonte de posição às novas regulamentações. Em alguns casos, tais associações excederam em muito os limites da defesa adequada e tentaram confundir o processo de elaboração de políticas. A Global Climate Coalition, que já não mais existe, pode ter um nome aparentemente neutro para uma organização das indústrias de combustíveis fósseis, mas tentou obscurecer a ciência emergente do aquecimento global.[19]

Lembre-se de que a reputação de sua empresa inevitavelmente está associada à do seu setor de atuação. E a associação setorial da qual você faz parte se refletirá sobre você, para o bem ou para o mal.

Concorrentes

Mesmo que nenhuma organização setorial esteja impulsionando a mudança, a liderança e a iniciativa de uma empresa podem mudar o campo de jogo competitivo, às vezes de maneira drástica. Em 1990, o atum Star-Kist, da Heinz, obteve uma vantagem de mercado em relação aos concorrentes comprometendo-se publicamente a adotar técnicas de pesca que evitassem a morte de golfinhos. Com um rótulo de "seguro para os golfinhos", a fatia de mercado do Star-Kist aumentou rapidamente. Outras empresas tiveram rapidamente de seguir seu exemplo, pois crianças ao redor do país não deixavam seus pais comprarem atum de empresas que causassem algum mal aos golfinhos.[20]

Mais recentemente, diante de questionamentos sobre sua cadeia de suprimento, a Gap divulgou, em 2004, um relatório sobre Responsabilidade Social Corporativa, fornecendo dados detalhados sobre o cumprimento dos padrões ambientais e sociais de seus fornecedores em todo o mundo. A empresa aceitou rapidamente o princípio da responsabilidade estendida dos produtos e deu continuidade à transformação de seu setor.

Como nos disse um dos vice-presidentes de uma indústria multibilionária: "Sei que preciso fazer algo diferente em relação ao meio ambiente porque os concorrentes estão agindo, mas não sei exatamente por quê." Essa posição defensiva é receita certa para problema. As empresas inteligentes acompanham de perto os concorrentes. Procuram até mesmo associar-se aos inimigos para enfrentar problemas espinhosos, se as soluções que abrangem o setor como um todo fizerem sentido.

Compradores B2B e pressão pela adoção da abordagem verde na cadeia de suprimentos

Os grandes clientes podem ser uma fonte de grande estresse. Querem preços cada vez menores, sem prejuízo da qualidade nem do serviço. No entanto, cada vez mais, também exigem informações sobre a composição de tudo que você lhes vende, de onde vem e como é produzido. A Wal-Mart, por exemplo, tem fornecedores no mundo inteiro se virando para cumprir as demandas de sustentabilidade impostas pela empresa.[21] A gigante do varejo está pressionando fornecedores do porte da Kellogg e da General Mills a produzirem versões orgânicas de marcas conhecidas.

"Pressão pela adoção de práticas verdes pela cadeia de suprimento" é o termo técnico empregado a essa atividade.[22] A pressão do cliente representa uma das forças emergentes mais rápidas e mais poderosas em nossa longa lista de jogadores. Em muitos setores, a prova de responsabilidade ambiental tornou-se uma exigência para se fechar grandes contratos e se manter os clientes. Mas as conversas também podem ser mais positivas – como quando a Nike chama a DuPont para conversar sobre como as duas empresas podem ajudar a criar um calçado sustentável. Os ecos dessa tendência se fazem sentir em diversas partes. Alguns exemplos:

- Em 2003, a Boise Cascade, que havia resistido aos chamados para proteger as florestas ameaçadas, anunciou que não extrairia mais produtos de florestas no Chile, Indonésia e Canadá, e que iria parar de extrair madeira de florestas virgens nos Estados Unidos.[23] A pressão pela mudança veio tanto de ONGs quanto de grandes clientes corporativos, como a Kinko's, que havia deixado de usar a Boise Cascade como fornecedora.
- Recentemente, a Limited Brands enfrentou uma campanha pública contra a linha Victoria's Secret. A Forest Ethics, ONG ativista, protestou contra o fato de o papel dos milhões de catálogos distribuídos pela Victoria's Secrets vir de frágeis florestas no Canadá. A empresa então reagiu solicitando que a International Paper, sua grande fornecedora de papel e empresa que, na verdade, utilizava as florestas da região, desenvolvesse soluções alternativas.[24]

DÊ-ME UMA ALAVANCA...

A onda que varre as cadeiras de suprimento não é acidental. As ONGs são espertas o suficiente para correr atrás de marcas de grande exposição (como Victoria's Secret e McDonald's) que possam fazer pressão sobre a cadeia de suprimento. Como disse Arquimedes: "Dê-me uma alavanca e um ponto de apoio e eu moverei o mundo." Os grandes compradores estão na extremidade das grandes alavancas, e as ONGs estão aplicando neles toda a sua força.

Fornecedores

Esperávamos encontrar compradores insistindo para que seus fornecedores cumprissem padrões ambientais cada vez mais rígidos. De modo surpreendente, vimos também fornecedores pressionando seus clientes. Quando a Dell, Inc., sentiu certa pressão das ONGs em função do uso de papel em seus catálogos, Pat Nathan, que acabara de assumir a função de diretor de Negócios Sustentáveis da empresa, assumiu para si o problema. Com total apoio de Michael Dell, Pat formou um grupo de trabalho com o pessoal do departamento de compras. Juntos, eles levaram a empresa a usar 10% de papel reciclado. Até aí, nada de surpresas. O mais interessante foi o que aconteceu a seguir: a empresa percebeu que, embora não fosse uma das maiores empresas a usar catálogos (como a ONG havia sugerido), muitos de seus clientes eram. As grandes empresas de vendas pelo correio têm *call center* e outras instalações com inúmeros computadores, em geral fornecidos pela Dell.

A Dell enviou uma breve carta a seus clientes, sugerindo que eles explorassem o papel reciclado. A solicitação foi posicionada como parte do esforço contínuo da Dell para servir a seus clientes. "Além de oferecer um produto e serviço confiável e eficaz em termos de custo...", dizia a carta, "é importante compartilhar as melhores práticas em áreas como a cadeia de suprimentos e a cidadania global".

Talvez "pressão" não seja a palavra certa para isso, mas os questionamentos e as sugestões dos fornecedores serão cada vez mais eficazes. Há anos categorias de produtos como álcool, tabaco e armas de fogo sofreram processos judiciais que tiveram como alvo os fabricantes, considerando-os culpados pelo que seus clientes faziam com os produtos por eles fabricados. Essa sensibilidade pode estar se espalhando para outras partes. À medida que as leis que exigem responsabilidade da empresa pelos produtos ao fim de sua vida útil ganham importância, um número maior de empresas examina a cadeia de valor para ter certeza de que seus produtos – e os problemas ambientais e responsabilidades a ele associados – não voltem para assombrá-las. É bom ficar de olho nisso.

CONSUMIDORES E COMUNIDADE

Os colegas do CEO[25]

Lá se vão os dias em que os titãs corporativos decidiam o destino do mercado. No entanto, as redes de liderança continuam sendo fortes e importantes. Os manda-chuvas corporativos se encontram em diversos contextos diferentes: no clube, na sala do Conselho, no jantar beneficente. E comparam suas histórias. Nenhum deles quer ser o executivo responsável pela criação de uma bagunça ambiental. Todos querem ser vistos como cidadãos responsáveis. Discursos em favor do meio ambiente de CEOs como Lord Browne, da BP, e Lee Scott, da Wal-Mart – independentemente de suas empresas estarem na vanguarda atualmente –, antecipam o que está por vir para todos os executivos. A pressão dos pares não termina na escola.

Atualmente, os CEOs enfrentam um mundo de transparência cada vez maior e uma ênfase crescente nas métricas de desempenho e ranking de empresas. Hoje, os indicadores abrangem não apenas vendas e fatia de mercado, mas também resultados sociais e ambientais. Jogar tênis no clube torna-se mais capcioso para o CEO de uma empresa com um índice de desempenho ambiental inadequado.

Consumidores

As empresas adoram seus clientes, mas também os temem. De tempos em tempos, surge uma nova onda de livros elogiando as virtudes do foco no cliente acima de tudo. Os consumidores, porém, podem ser volúveis, e em nenhuma outra parte isso é mais verdadeiro do que na arena ambiental.

Dê aos consumidores produtos que apóiem a vitalidade e um estilo de vida saudável e os mais jovens, em especial, baterão correndo à sua porta. (No jargão técnico, são os chamados consumidores LOHAS, do inglês Lifestyles of Health and Sustainability, que adotaram formas de consumo compatíveis com desenvolvimento sustentável, justiça social e saúde.) Mas ofereça-lhes produtos comprovadamente bons para o meio ambiente, de um modo mais geral, e será difícil prever os resultados. A Unilever se atrapalhou, por exemplo, quando tentou lançar um sabão concentrado que reduzia o tamanho da embalagem. Os consumidores acreditaram estar obtendo uma caixa de sabão menor por um preço maior.

Apesar dessa advertência sobre confiar na saída rápida de produtos ecológicos, determinadas áreas de produtos conseguiram transformar verde em ouro. No setor de alimentos, as vendas de produtos orgânicos estão crescendo muito mais rapidamente do que o restante do setor. Em todos os Estados Unidos, não há leite orgânico suficiente para suprir a demanda. Na arena dos produtos de consumo, empresas como a Tom's, do Maine, encontraram um lucrativo nicho desenvolvendo alternativas naturais para itens de cuidados pessoais cotidianos, como pasta de dente e xampu (tão lucrativo que a empresa, relativamente pequena, foi adquirida recentemente pela Colgate por US$100 milhões). E com os preços da gasolina lá no alto, nos próximos anos não será apenas o Toyota Prius que venderá mais em função da eficiência de combustível.

Crianças: o "futuro"

Pode parecer uma antiga categoria, mas muitos executivos nos disseram que querem fazer a coisa certa para as futuras gerações. Às vezes, a pressão vem de dentro de nossa própria casa. Quando refletia se aceitaria a função de CEO da Gap, Paul Pressler ouviu da filha a seguinte pergunta: "Pai, não é a Gap que usa aquele monte de fábricas com péssimas condições de trabalho?" [26] Ele aceitou o cargo, mas não deve ser coincidência o fato de, no relatório de responsabilidade social de 2004, a empresa ter dado um salto gigantesco em termos de transparência sobre as condições dos trabalhadores.

A RELIGIÃO COMO UMA VELHA (E ANTIQÜÍSSIMA) INFLUÊNCIA

Em meados de 2003, um grupo chamado Evangelical Environmental Network lançou uma campanha intitulada "What Would Jesus Drive?" ("Que carro Jesus teria?"). O grupo publicou anúncios estimulando os cristãos a adquirirem automóveis que oferecessem eficiência de combustível.[27] Cada vez mais, os consumidores religiosos sentem que cuidar da criação de Deus é um imperativo moral. Uma pesquisa realizada junto a evangélicos mostrou que 48% avaliaram o meio ambiente como uma prioridade "importante" – atrás apenas do aborto, com 52%. Richard Cizik, executivo da National Association of Evangelicals, afirmou: "É uma estatística impressionante, considerando-se que falamos em aborto há 30 anos e ainda nem começamos a defender as questões ambientais."

Em 2006, um grupo de ministros evangélicos se comprometeu com a causa de deter o aquecimento global. A atitude chocou alguns que acreditavam que o movimento evangélico era uma subsidiária do Partido Republicano. Ao romper com a Administração Bush, os ministros deixaram claro que os cristãos têm um dever para com a defesa da Terra – e publicaram anúncios de página inteira no *The New York Times* e em *Christianity Today* afirmando isso.[28]

Às vezes, a pressão é mais organizada. A versão "oficial" da histórica virada da Chiquita nas questões sociais e ambientais foi mais ou menos assim: consumidores sofisticados e poderosas cooperativas de compra de alimentos na Europa demandaram da Chiquita melhor desempenho – a empresa não teve escolha. Obviamente, a pressão dos clientes foi importante, mas como nos disse Dave McLaughlin, diretor de meio ambiente da Chiquita na América Latina, outros fatores também foram importantes. "Demos aos europeus muito crédito, mas a maior influência veio de crianças em escolas do ensino fundamental nos Estados Unidos." A revista infantil *Ranger Rick* havia iniciado uma campanha de envio de postais para o CEO da Chiquita.[29] Milhares de crianças fizeram seus apelos e os executivos sentiram-se impelidos e obrigados a mudar a abordagem da empresa.

As crianças também podem pressionar os governos. Quando o Exxon Valdez encalhou, as crianças tiveram dificuldade de lidar com as imagens dos pássaros e outros animais nadando em óleo. Escolas ao redor do país pediram às crianças para desenhar imagens do que haviam visto e sentido. Como Assistente Especial do Administrador da EPA, Dan Esty foi incumbido da tarefa nem um pouco invejável de elaborar respostas para as milhares de crianças em idade escolar que enviavam fotografias das praias lotadas de óleo e dos pássaros moribundos do Estreito de Príncipe William.

Comunidades

Em 1995, a Alcan, empresa canadense de alumínio, aprendeu uma difícil lição sobre a necessidade de apoio da comunidade. A empresa não estava acostumada a cometer equívocos na administração de problemas comunitários. Quando teve de fechar uma de suas mais antigas fundições, na Escócia, a Alcan lidou extremamente bem com o rompimento com os trabalhadores locais. Porém, na British Columbia, seu relacionamento com as comunidades locais praticamente inexistia – na melhor das hipóteses, era um jogo de soma zero entre as necessidades empresariais e da comunidade.

A Alcan pouco fizera para integrar seus planos de negócios aos interesses locais e preocupações das ONGs. Durante anos, isso funcionou perfeitamente bem. No entanto, quando a empresa tentou desviar o curso de um rio para gerar energia elétrica para uma enorme fundição, constatou que os tempos eram outros. A população indígena local foi contra. Tradicionalmente, a Alcan sempre recorreu ao governo canadense para lidar com questões comunitárias, mas dessa vez isso não estava funcionando. Para dar continuidade a seu projeto de desviar o rio, a empresa precisava da adesão direta da comunidade, mas não tinha experiência em direcionar a população local nesse sentido.

Dan Gagnier, vice-presidente sênior da Questões Corporativas e Externas, nos disse: "Tivemos resultados positivos nas audiências ambientais e efetuamos as mudanças necessárias para obter as licenças... mas o ambiente político havia mudado, por isso, na verdade, saímos perdendo. A diretora de Meio Ambiente, Paola Kistler, acrescentou: "No passado, acreditávamos que o governo representava as comunidades... hoje, porém, vemos que é necessário envolver diretamente os stakeholders – o mundo está mudando." No final, a Alcan desistiu do projeto, perdendo *mais de US$500 milhões*. A empresa continua proprietária de um túnel.[30]

Como mostra o caso da Alcan, é vital o envolvimento das empresas com a comunidade local antes, durante e depois da inauguração ou expansão de operações em uma dada região. As manifestações locais são uma preocupação crescente para muitas empresas, pois a construção de novos edifícios ou fábricas torna-se cada vez mais difícil. Dados os complicadíssimos problemas associados às comunidades nativas, campanhas antiexpansão e contra a construção de empresas e fábricas próximas às áreas residenciais, suporte ou oposição local podem auxiliar ou até mesmo impedir os planos mais bem elaborados.

Os Adeptos da Onda Verde aprendem a desenvolver enorme alcance junto à comunidade. Reconhecem que conversas com líderes e grupos locais não constituem apenas uma boa prática; hoje, elas são um imperativo empresarial.

INVESTIDORES E AVALIADORES DE RISCO

Funcionários

Os funcionários talvez sejam os jogadores mais poderosos, pois representam a derrota ou a vitória de uma iniciativa ou da empresa como um todo. Encaixam-se em todas as categorias – de cães de guarda a membros da comunidade –, mas resolvemos colocá-los aqui por seu papel como investidores de seu tempo e de suas habilidades nas empresas para as quais trabalham. A competição pelo talento torna-se cada vez mais acirrada, o que significa que vale a pena correr atrás de qualquer vantagem que possa tornar um empregador mais atraente. Sem entrar muito em questões psicológicas, a demanda dos funcionários em relação ao local de trabalho vem mudando radicalmente, sobretudo nos países desenvolvidos. As empresas querem funcionários comprometidos e os funcionários querem empresas com as quais possam se comprometer.[31]

Em 2004, a Stanford Business School realizou um levantamento dos alunos de MBA para avaliar a importância real de diferentes aspectos de um possível empregador. De que percentual salarial os estudantes estariam dispostos a abrir mão em troca de um emprego em uma empresa com o lugar certo e os direitos certos? Resultado surpreendente: 94% abririam mão de parte do salário para trabalhar para uma empresa que se importasse com os funcionários, que se importasse com os stakeholders e que se comprometesse com a sustentabilidade. Em média, esses estudantes de MBA, ávidos por dinheiro, estariam dispostos a abrir mão de US$13.700 por ano.[32]

Ao longo da última década, os CEOs vêm acordando para a nova dinâmica. Os executivos do futuro querem uma empresa da qual se orgulhem, e não apenas no mercado financeiro. Até o mais obstinado dos CEOs, Jack Welch "Nêutron", da GE – que foi bastante cético com relação ao papel das questões ambientais na estratégia de negócios –, identificou essa tendência. Debatendo-se com os reguladores sobre a função da GE no despejo de resíduos tóxicos no Rio Hudson, em Nova York, ele disse a seus executivos:

"Se não ficarmos do lado certo disso, os bons profissionais não vão querer trabalhar conosco."[33]

Os funcionários que têm valores criam empresas com valores. Como os nossos Adeptos da Onda Verde estão descobrindo, infundir princípios maiores em uma empresa pode elevar significativamente o moral e o compromisso dos funcionários, o que pode até mesmo salvar uma empresa. A CEO Anne Mulcahy[34] viu a Xerox passar por apuros, à beira da falência, e acredita que o compromisso da empresa com a responsabilidade social corporativa a salvou. "Quando a situação ficou feia, pedimos aos funcionários para colocar a mão na massa, e "a maior parte se manteve na empresa porque acreditou no que a empresa representava... que estávamos comprometidos a ser bons cidadãos corporativos."

Assim, gerenciar bem todos esses jogadores envolve mais do que reduzir os riscos e controlar custos. Oferece o potencial de benefícios em maior produtividade, menor rotatividade de pessoal e funcionários inspirados.

Acionistas

Tradicionalmente, pensamos em acionistas como pessoas que se concentram apenas nos lucros da empresa, não em cidadania. Na verdade, a lógica simples está se desmontando aceleradamente. Os "acionistas" certamente não constituem um grupo monolítico. É verdade, os acionistas do varejo em geral sabem muito pouco sobre sustentabilidade, mas um número cada vez maior de pessoas está investindo em fundos mútuos e outros veículos que investigam a responsabilidade social ou ambiental das empresas.

Esses investimentos se enquadram em uma categoria: investimentos socialmente responsáveis. Segundo o Social Investment Forum, uma entidade sem fins lucrativos, mais de US$2 trilhões em ativos são examinados de alguma forma. Esse número pode gerar equívocos, pois inclui qualquer fundo que evite ações associadas ao tabaco ou ao jogo, por exemplo. É provável que os ativos de fundos que realmente buscam as melhores empresas social e ambientalmente para investir estejam na casa dos US$200 bilhões – o que não é pouco, mas os dólares contam apenas uma parte dessa história.[35]

Até mesmo Wall Street, que nunca foi um berço de idéias ambientalistas, está sentindo os efeitos da Onda Verde. Hoje, diversos analistas financeiros vêem a gestão ambiental como um sinal de boa administração de um modo geral.[36] À medida que limitações de recursos – sobretudo relacionados a combustíveis fósseis – afetam gradualmente o desempenho corporativo, mais investidores incluirão a estratégia ambiental da empresa como variável em suas análises. Na realidade, um relatório recente da Merril Lynch escolheu as ações de indústrias automobilísticas com base nas empresas que estavam preparadas para lidar com um "modo de recursos finitos" e com a "revolução dos automóveis limpos". Como era de se esperar, a Toyota saiu vencedora, juntamente com a Hyundai e a BorgWarner, fabricante de autopeças.[37]

Existe uma infra-estrutura crescente para identificar as empresas mais responsáveis para com o meio ambiente. O Dow Jones Sustainability Index e o FTSE4Good, na Europa, orientam os investidores – e as empresas que buscam um padrão de comparação – na direção das empresas com desempenho superior. Essas listas contam com o suporte de pesquisas de empresas como Ethical Investment Research Service, Innovest e Sustainable Asset Management. Reúnem dados sobre estratégias ambientais e resultados das empresas e depois as classificam. Espelhando o sistema de classificação da dívida, a Innovest classifica as empresas de AAA a CCC.

Niall Fitzgerald, presidente do Conselho da Reuters (e ex-presidente do Conselho e co-CEO da Unilever), acredita que essas classificações terão peso cada vez maior: "Com o tempo, as pessoas acabarão levando a FTSE4Good a sério. No entanto, não será por razões sociais. Será porque as pessoas entenderão que, se você não atuar de maneira responsável onde quer que esteja, sua capacidade de operar nesses locais diminuirá."[38]

Mesmo quando as empresas de Wall Street não estão clamando por melhores resultados ambientais, outros elementos dos mercados de capital estão pressionando as empresas. Uma série de investidores institucionais, em particular os fundos de pensão, está aderindo ao coro. Em maio de 2005, tesoureiros e controllers representando trilhões de dólares de investimentos se reuniram nas Nações Unidas para discutir os riscos ambientais. As seguradoras e os fundos de pensão dos sindicatos também estavam a postos, segundo a Associated Press, para "discutir modos de pressionar mais empresas norte-americanas a reconhecer abertamente os riscos financeiros da mudança climática e explorar maneiras de reduzi-los".[39]

Alguns fundos vão ainda mais longe. Dois dos três maiores fundos de pensão dos Estados Unidos, ambos na Califórnia, reservaram mais de US$1 bilhão para investimentos diretos nas empresas e tecnologias ambientais.[40] O tesoureiro da Califórnia, Phil Angelides, assumiu o desafio para superar os fundos de pensão no crescimento dos mercados ambientais. Mas essa não é a última notícia que teremos do envolvimento direto desses detentores de ativos.

Diversas ONGs começaram a forçar as resoluções dos acionistas a respeito dos problemas ambientais. O Interfaith Center on Corporate Responsibility, uma coalizão de 275 investidores institucionais baseados na fé, lançou luz às empresas de petróleo e gás. Outros grupos, como a coalizão de grupos ambientais e de investimento chamada Ceres, insistiram em mais transparência dos riscos financeiros associados à mudança climática. Embora essas resoluções geralmente percam, em geral conseguem de 20% a 40% de apoio dos acionistas.

Para evitar os votos contínuos, diversas empresas cederam. Seis grandes empresas de petróleo e gás, inclusive ChevronTexaco e Apache, concordaram em reconhecer publicamente os possíveis impactos financeiros das mudanças climáticas, adotar planos para reduzir as emissões de gases de efeito estufa e mudar as práticas de governança a fim de oferecer apoio do Conselho para essas ações. Com base no sucesso desses esforços, o Interfaith Center e outros estão expandindo suas metas, a fim de incluir empresas de petróleo e gás de menor porte e nomes de peso nos ramos de serviços financeiros e imobiliário. Essas empresas de serviços não estarão sozinhas para enfrentar problemas antes reservados à indústria pesada. Recentemente, a assediada gigante dos seguros AIG respondeu à crescente pressão dos acionistas criando uma nova estratégia climática.

CRESCE A PRESSÃO PELA DIVULGAÇÃO DE INFORMAÇÕES SOBRE O CARBONO

Em 2002, um grupo de investidores institucionais, inclusive ABN AMRO e Merrill Lynch, lançou o Carbon Disclosure Project (um relatório com informações sobre a emissão de gases de efeito estufa), um questionário enviado às 500 maiores empresas do mundo. No questionário, solicitava-se que as empresas documentassem suas emissões, para que os investidores pudessem avaliar os riscos relacionados às mudanças climáticas. Todo ano, mais de 60% das empresas divulgam todas as suas respostas no site do projeto (www.cdproject.net). As instituições que reúnem forças para a realização desse projeto representam mais de US$20 trilhões em ativos.[41]

Ainda que a atenção maior se concentre na arena da mudança climática, os ativistas também estão usando as resoluções dos acionistas para forçar ações em uma ampla gama de negócios. Recentemente, empresas tão diversas quanto Avon, Dow, Wal-Mart e Whole Foods enfrentaram resoluções sobre questões ambientais ligadas a determinadas substâncias químicas e tóxicas. A Onda Verde continua, não apenas entre os ativistas, mas também entre investidores, que levam totalmente a sério as finanças. Mindy Lubber, diretor-executivo da Ceres, observa: "Não estamos falando em políticas progressivas ou políticas conservadoras. Não se trata de uma campanha ativista, e sim do dever fiduciário de avaliar riscos financeiros."[42]

Seguradoras

Em um discurso recente, Peter Levene, presidente de Conselho da gigante Lloyd's, de Londres, falou sobre os maiores riscos que o setor de seguros enfrenta. Em um mundo pós-11 de setembro, o terrorismo pareceria ser o maior risco, mas não foi o que disse Levene:

> O terrorismo é um risco que vem sendo administrado pelos governos atualmente... Para as seguradoras, o problema maior é o dos desastres naturais, uma grande preocupação. E o impacto desses desastres vem crescendo, pois o clima está mudando, o que implica desafios muito sérios para as seguradoras.[43]

As seguradoras não se importam com o risco, mas odeiam a incerteza. Sua tarefa é prever a probabilidade de ocorrência de alguma coisa ruim e dividir o custo entre todos que enfrentam o risco. Ganham dinheiro, mas precisam prever com precisão a escala e a freqüência dos eventuais danos. Por trás dessas empresas, estão mestres na gestão de riscos, as resseguradoras. Um setor que normalmente se contenta em permanecer nos bastidores e oferecer seguros às seguradoras, e assim assumir uma parte do risco *delas*, as resseguradoras estão colocando a boca no trombone em relação aos problemas ambientais em geral e à mudança climática em particular.

Grandes resseguradoras como a Munich Re e a Swiss Re têm motivos para se preocupar. O custo total dos desastres naturais aumentou rapidamente nos últimos anos. Na década de 1990, testemunhamos mais prejuízos econômicos do que nas quatro décadas anteriores juntas, e a década de 2000 não parece estar sendo muito melhor. Na Europa, as grandes inundações de 2002 custaram US$15 bilhões. A onda de calor que assolou a Europa em 2003 matou 26 mil pessoas e causou prejuízos da ordem de US$16 bilhões.[44] Em 2004, os desastres naturais custaram ao setor de resseguros US$40 bilhões, sem incluir o tsunami que varreu o sudeste asiático. E, em 2005, os prejuízos econômicos mundiais causados por desastres naturais superaram os US$200 bilhões.[45]

Bancos e mercados de capital

Nos últimos anos, os bancos estão acordando para o fato de que os riscos ambientais e sociais dos projetos para os quais liberam empréstimos, embora sejam de difícil quantificação, podem ser altamente prejudiciais a seu negócio. O risco padrão é um problema óbvio, mas os riscos à reputação do banco podem ser ainda mais ameaçadores. Mais uma vez, podemos agradecer a obstinadas ONGs por esclarecerem essa conexão para as agências de financiamento internacionais. Organizações como a Rainforest Action Network perceberam uma verdade óbvia: influencie aqueles que controlam o dinheiro e você não terá de forçar uma mudança diretamente às empresas que estão criando o problema. Não gosta do tratamento dispensado por uma empresa de produtos florestais às florestas e canais localizados perto de suas fábricas? Vá atrás das pessoas que financiam a construção da fábrica.

PRINCÍPIOS DO EQUADOR

Em 2003, 10 bancos globais, entre eles Citigroup, Credit Suisse e ABN AMRO, anunciaram um novo acordo chamado por eles de "Princípios do Equador", criando novos padrões para os processos decisórios dos bancos a respeito de empréstimos para o financiamento de projetos. Os grandes desenvolvedores de processos maciços como oleodutos ou subestações de energia agora precisavam provar que os impactos ambientais e sociais das construções foram exaustivamente analisados e serão mitigados. A pressão para aderir aos novos padrões foi tamanha que os signatários, originalmente 10, hoje são mais de 40. Esses bancos representam a grande maioria dos financiadores de projetos do mundo. Mais e mais projetos estão sendo rejeitados ou modificados. Um oleoduto no Peru, uma mina na Romênia e outros projetos estão sendo abandonados porque as considerações ambientais não foram levadas a sério como deveriam.[46]

Uma das primeiras empresas a responder à pressão inicial e a sair na frente foi o ABN AMRO, banco holandês com mais de meio trilhão de euros em ativos. É praticamente o vigésimo maior banco do mundo, e um verdadeiro líder na tentativa de incorporar as considerações ambientais aos negócios. Os executivos do banco iniciaram a análise ambiental das obrigações incorporadas ao Princípio do Equador e estão levando a coisa toda bem mais adiante. Como André Abadie, chefe do Sustainable Business Advisory Group, nos disse: "Os Princípios do Equador são apenas a ponta do iceberg."[47]

O grupo de Abadie foi criado há apenas alguns anos, mas sua importância na empresa aumentou rapidamente. Sua equipe é chamada para avaliar os possíveis acordos em relação aos riscos ambientais e sociais, dos quais apenas uma fração está relacionada ao financiamento de projetos. O volume de acordos dobrou anualmente nos últimos três anos. Das centenas de acordos analisados durante um ano recente, o grupo restringiu mais de 20% e recusou 15%. O ABN AMRO também está incluindo verificações e advertências em algumas de suas ferramentas automatizadas de avaliação de risco, para que a avaliação dos riscos sociais e ambientais fique profundamente enraizada no processo. Além disso, o banco reconheceu publicamente esse compromisso profundo e significativo, conquistando, em 2006, uma medalha de ouro, a Gold Medal for International Corporate Achievement in Sustainable Development, conferida pelo World Environment Center.

Os bancos estão percebendo que seus portfolios de empréstimos são uma enorme fonte de risco. Hoje, empréstimos a uma refinaria de petróleo, por exemplo, podem parecer uma ótima idéia. Mas, ao longo do prazo de 40 anos do investimento, grande parte dos valores e expectativas do mundo poderia mudar, tornando um projeto relacionado a combustíveis fósseis um péssimo investimento. Até mesmo a JPMorgan, que chegou um pouco atrasada para a festa em 2005, disse ao mundo que "calcularia nas análises de empréstimos o custo financeiro das emissões de gases de efeito estufa, como o risco de uma empresa perder negócios para um concorrente com um nível mais baixo de emissões por ter uma melhor posição junto ao público".[48]

Altos executivos do Citigroup[49] também comprometeram o banco a analisar os efeitos adversos dos projetos sobre os habitats naturais, recusar empréstimos a empresas que violassem as normas para a derrubada de árvores, investir em projetos de energia renovável e relatar as emissões de gases de efeito estufa de todos os projetos de energia no portfolio da empresa. Os fundos de *hedge*, também, estão entrando em forma, influenciando decisões estratégicas de grandes corporações. Vemos essa tendência migrando rapidamente pela economia mundial, colocando a gestão dos fluxos de capital em posição de liderança na Onda Verde.

SERVIÇOS FINANCEIROS "VERDES"

À medida que a Onda Verde avança sobre o mundo financeiro, empresas de todos os portes são bombardeadas de perguntas. Até mesmo as pequenas empresas podem esperar o questionamento de seus impactos ambientais antes da liberação de crédito.

UMA FERRAMENTA PARA GERENCIAR ESSA COMPLEXIDADE: MAPEAMENTO DOS STAKEHOLDERS

Por mais simples que pareça, a melhor maneira de lidar com todos os jogadores existentes é adotar uma abordagem estruturada. No Capítulo 11, discutiremos mais detidamente a estratégia dos stakeholders, mas começaremos aqui com uma ferramenta simples para mapear 20 grupos essenciais de stakeholders (ver figura).

Jogadores da Ecovantagem

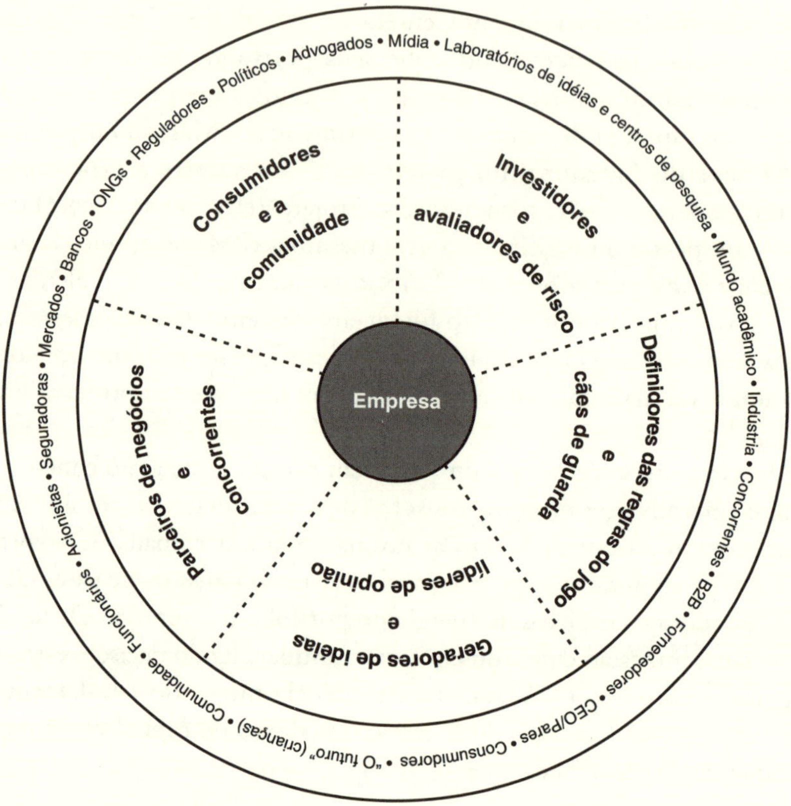

Utilizamos essa ferramenta a fim de ajudar as empresas a desenvolver estratégias inovadoras para lidar com pressões diversas e crescentes dos stakeholders. Mas a ferramenta também mostra como o mundo mudou. Na análise tradicional de negócios, o mundo da estratégia envolve um punhado de jogadores importantes que compõem a cadeia de valor, dos fornecedores aos clientes, mais proprietários (acionistas), definidores de regras (reguladores) e empregados.

O mundo de hoje é praticamente irreconhecível a partir dessa perspectiva tradicional. As "Cinco Forças" identificadas por Michael Porter, professor da Harvard Business School, continuam sendo muito poderosas. Mas a natureza e a ferocidade da competição mudaram e a estratégia de negócios precisa ser atualizada para acompanhar tais mudanças. Os stakeholders orientados para o ambiente, que fazem duras perguntas sobre uma enorme gama de problemas, podem afetar radicalmente o futuro da empresa. Hoje, é essencial monitorar esse conjunto mais amplo de jogadores.

Inicialmente, mapear esse mundo pode parecer uma tarefa esmagadora. Não, porém, se começarmos de modo simples. Sente-se com a roda de jogadores da Ecovantagem, apresentada na página anterior, e pergunte, a cada categoria: Quais são as organizações e até mesmo quem são os stakeholders realmente importantes? Continue: Quais ONGs seguem o setor e sua empresa especificamente? O que os concorrentes estão fazendo a respeito dos problemas ambientais? Você sabe o que seus empregados pensam do desempenho ambiental de sua empresa? E assim por diante...

Depois de ter identificado a posição dos jogadores, chegou a hora de descobrir o que eles podem desejar. A agenda das ONGs não deve ser difícil de identificar – basta visitar seus sites na Web ou a cobertura na mídia. Ou ligar para a ONG em questão. Em geral, elas revelam quais são suas prioridades. Pode ser mais difícil identificar as agendas de outros grupos, embora não impossível. Não é uma má idéia começar internamente – a Alcan realiza uma pesquisa anual com os funcionários a respeito dos problemas de sustentabilidade. Por mais doloroso que isso possa ser, faça questão de ouvir as críticas e os elogios.

Finalmente – e aqui está a parte mais importante –, pergunte se a empresa está preparada para lidar com as questões que qualquer um desses jogadores poderia trazer à mesa. O que a empresa faria se fosse abordada por uma ONG a respeito de uma questão específica, como o que acontece com seus produtos ao fim de sua vida útil? O que a empresa *deveria* fazer? A Dell não ficou surpresa com a intensidade do protesto de uma ONG – e com o nível de cobertura na média – na feira anual de produtos eletrônicos de consumo – contra as práticas ambientais e sociais da empresa. Um ano mais tarde, quando a ONG despejou um caminhão de produtos eletrônicos bem diante da reunião anual dos acionistas, a empresa estava mais bem preparada. Agora, a Dell mapeia regularmente os stakeholders e acompanha de perto os relacionamentos externos.

ECOVANTAGEM: CONCLUSÃO

- O número, a diversidade e o poder do grupo de jogadores que afetam a estratégia ambiental estão aumentando.
- Toda empresa precisa acompanhar de perto o campo de jogo dos stakeholders. Comece elaborando um mapa dos stakeholders.
- Avalie a influência e o impacto dos diversos jogadores. Mas tenha cuidado: talvez aqueles que você considera mais influentes não o sejam. Cuidado para não subestimar os outros.
- Examine sistematicamente os jogadores de cada categoria e sua relação com a empresa. Pergunte o que poderiam querer e qual poderia ou deveria ser a reação da empresa.
- Busque oportunidades de se conectar com os jogadores mais importantes, mesmo aqueles que parecem ser hostis.
- Não deixe para resolver os problemas à medida que eles forem aparecendo. Desenvolva relacionamentos antes de precisar deles.

Parte II Estratégias para a criação da Ecovantagem

Como as empresas podem criar Ecovantagem? Para responder a essa pergunta, primeiro tivemos de fazer outra, mais básica: Como as empresas criam vantagem competitiva em geral? Em sua obra seminal sobre estratégia, Michael Porter, da Harvard Business School, descreve duas categorias básicas de vantagem competitiva. A empresa pode:

- Reduzir os custos, em comparação com os concorrentes.
- Diferenciar seus produtos em termos de qualidade, recursos ou serviços.

A obra de Porter sobre competitividade foi um ponto de partida bastante útil para analisarmos as estratégias de Ecovantagem que, segundo nossas observações, os Adeptos da Onda Verde estão usando.

Alguns custos são óbvios e ocorrem relativamente no curto prazo: insumos utilizados, energia consumida, tempo e dinheiro investidos para cumprir as exigências regulatórias. Mais fundamentalmente, grande parte da poluição é gerada por resíduos, por processos de produção obsoletos ou pelo design inadequado de produtos. Assim, o aumento da produtividade dos recursos de um negócio – a quantidade de material ou energia necessária por unidades de produção – vai direto ao ponto. De forma análoga, eliminar o peso das exigências regulatórias evitando produtos, substâncias químicas ou processos que exigem cuidados e documentação especiais reduz os custos indiretos de fabricação.

As empresas que conseguirem gerenciar os riscos ambientais diminuirão os custos operacionais, reduzirão o custo de capital, melhorarão sua avaliação no mercado de ações e manterão os prêmios do seguro em nível razoável. Evitarão também os custos indiretos da interrupção do negócio e a perda de clientes.

Estrutura conceitual da estratégia

No lado da receita, os benefícios da diferenciação por meio da supervisão ambiental às vezes são concretos – como cobrar um preço maior ou vender mais –, mas são em grande parte intangíveis: fortalecimento do relacionamento com clientes, funcionários e outros stakeholders. Há quem afirme que esses fatores intangíveis são vagos demais para serem medidos, mas estão equivocados. Quanto custa adquirir um novo cliente ou repor um cliente perdido? É o valor aproximado de se aumentar a lealdade. E quanto à rotatividade de pessoal? Se elevar o moral e o envolvimento do funcionário na missão da empresa reduz a rotatividade de pessoal, quanto essas medidas economizariam? E quanto ao apoio da comunidade? Qual o custo para a Intel, em relação a transporte, por exemplo, do impedimento, durante 12 meses, da construção de uma fábrica de chips devido à oposição da comunidade em função da quantidade de água utilizada? São ganhos mensuráveis que tornam investimentos em valores intangíveis mais concretos.

Para nos ajudar a refletir sobre as estratégias ambientais utilizadas (ou não) pelas empresas, acrescentamos uma dimensão à análise. Perguntamo-nos se uma estratégia oferecia maior ou menor certeza de geração de valor. Simplificando: dizemos que "mais certo" equivale basicamente ao curto prazo, enquanto "menos certo" equivale ao longo prazo.

Vejamos, por exemplo, o controle de custos *versus* a gestão de riscos. Se você reduzir o desperdício em seu sistema, saberá com precisão relativa quanto economizará. E terá mais facilidade para vender o projeto internamente. Mas quanto a empresa economizará com a utilização de uma substância menos tóxica cujo custo inicial é maior? O risco é menor, mas será que vale a pena? Quando o benefício surgirá? É mais difícil responder a essas perguntas, por isso o controle de riscos é menos certo, embora, em geral, compense mais no longo prazo. O mesmo se aplica ao lado positivo: é mais fácil (ainda que não seja fácil) gerar receita do que aumentar o valor de marca.

Manual para geração de Ecovantagem

Em nossas entrevistas e pesquisas, constatamos que os Adeptos da Onda Verde recorreram a oito estratégias fundamentais que realizam uma das quatro tarefas estratégicas gerais:

1. Os Adeptos da Onda verde diminuem custos operacionais e reduzem as despesas ambientais – como o tratamento de resíduos e a responsabilidade regulatória – ao longo de toda a cadeia de valor.
2. Identificam e reduzem os **riscos** regulatórios e ambientais em suas operações, sobretudo nas cadeias de valor, a fim de evitar custos e aumentar a velocidade de lançamento de produtos no mercado.
3. Encontram modos de gerar **receita** desenvolvendo e comercializando produtos superiores do ponto de vista ambiental e que correspondam aos desejos dos clientes.
4. Algumas empresas, em especial a BP e a GE, criam valor **intangível da marca** divulgando a adoção da mentalidade verde em sua empresa.

O conjunto completo de estratégias que levam do verde ao ouro define o Manual da Ecovantagem. As empresas inteligentes as utilizam para transformar em lucros a abordagem ambiental e a sustentabilidade.

No Capítulo 5, veremos como funciona o lado positivo. Antes, porém, no Capítulo 4, veremos como reduzir custos e riscos e, assim, tornar mais agradável a viagem dos Adeptos da Onda Verde.

DO VERDE AO OURO: AS JOGADAS

Gerenciando o lado negativo (Capítulo 4)

Custos

1. Ecoeficiência: Melhorar a produtividade dos recursos.
2. Redução de ecodespesas: Cortar custos ambientais e a sobrecarga imposta pela regulamentação.
3. Ecoeficiência da cadeia de valor: Reduzir custos a montante e a jusante.

Riscos

4. Controle de ecorriscos: Gerenciar os riscos ambientais do negócio.

Desenvolvendo o lado positivo (Capítulo 5)

Receitas

5. Ecodesign: Suprir as necessidades do cliente relacionadas ao meio ambiente.
6. Ecovendas e marketing: Posicionar o produto e desenvolver a lealdade do cliente com base em atributos verdes.
7. Novo espaço de mercado ecodefinido: Promover a inovação do valor e desenvolver produtos revolucionários.

Fatores intangíveis

8. Valor intangível: Desenvolver a reputação da empresa e marcas confiáveis.

Capítulo 4 Gerenciando o lado negativo

DO VERDE AO OURO – JOGADA 1 – ECOEFICIÊNCIA: MELHORANDO A PRODUTIVIDADE DOS RECURSOS

Nos últimos 15 anos, a DuPont, gigante do setor químico, reduziu em impressionantes 72% sua contribuição para o aquecimento global. Metade dessa redução veio da modificação de um único processo: a produção de ácido adípico. Essa modificação eliminou as emissões de óxido nitroso, potente gás de efeito estufa que causa aquecimento muito maior do que o dióxido de carbono. A empresa também se comprometeu a manter estável o uso de energia – por maior que fosse a velocidade de crescimento de sua linha de produtos. Por meio de vigilância e inovação constantes, a empresa encontrou inúmeras maneiras de ficar mais enxuta e cumprir suas metas de utilização de energia. Na última década, essa estratégia economizou à DuPont US$2 bilhões.[1]

Esse tipo de determinação é típico de algumas empresas inteligentes estudadas por nós. Os Adeptos da Onda Verde conseguem gerar a mesma saída com menos insumos. Ao melhorar a produtividade dos recursos, suas ações destacam-se como a estratégia ambiental clássica em que todos saem ganhando. Os exemplos são vários:

- **Água**: A AMD, fabricante de chips, modificou uma ferramenta de "processamento molhado", a fim de usar menos substâncias químicas e, ironicamente, menos água para limpar os *wafers* de silicone.[2]
- **Material**: A Timberland redesenhou suas caixas de sapato, eliminando 15% do material (que se avoluma quando você produz mais de 25 milhões de pares de calçados por ano).[3]

- **Energia**: Recentemente, a IBM superou sua meta de redução de gases de efeito estufa em cinco anos, economizando US$115 milhões por meio de iniciativas de eficiência energética, como o redesenho dos sistemas de aquecimento e resfriamento.[4]

Em nossas pesquisas, encontramos milhares de maneiras pelas quais as empresas reduziram o lixo, economizando dinheiro e recursos. Em alguns casos, foram iniciativas grandiosas, como a da Dow Chemical, com duração de 20 anos – WRAP, do inglês *Waste Reduction Always Pays*. Mas também podem ser pequenas mudanças, como o sistema de rega computadorizado da sede da Adobe System, que verifica a previsão de tempo antes de decidir molhar a grama.[5] Grande ou pequena, a ecoeficiência tornou-se um elemento básico para as empresas inteligentes. Mas todos os movimentos têm um ponto de partida. Nesse caso, a idéia de "prevenção da poluição" em larga escala teve seu começo em Minneapolis, Minnesota, com a 3M, a gigante da indústria.

O Programa 3P – *Pollution Prevention Pays*

Em 1975, Joe Ling, executivo encarregado de tudo que diz respeito ao meio ambiente da 3M, estava ocupado tentando cumprir as leis relativamente novas relacionadas ao uso da terra. Sua empresa estava implantando sistemas de limpeza nas chaminés para eliminar contaminantes, tratando efluentes antes de liberar a água residual dos processos industriais e separando os resíduos sólidos para incinerar parte do lixo. Mas não seria muito mais fácil, pensou Joe, eliminar a poluição antes de ela acontecer? Sendo assim, Joe iniciou um programa que sobrevive até os dias de hoje, denominado Pollution Prevention Pays (3P).[6]

Desde o início, o programa batia numa tecla: qualquer idéia que pudesse reduzir a poluição também poderia economizar dinheiro. Hoje, os executivos nos dizem que todos os projetos 3P tentam alcançar esse ideal. "Qualquer coisa que não faça parte de um produto é considerada um custo... é sinal de baixa qualidade", afirma Kathy Reed, diretora-executiva de Meio ambiente da 3M.[7] Na opinião dos executivos da empresa, tudo que vem de uma fábrica é um produto, subproduto (que pode ser reutilizado ou vendido) ou resíduos. Pergunta-se: Por que deve haver resíduos? E, durante 30 anos, a gerência da 3M foi convencida de que qualquer coisa que aumente seu rastro de carbono – emissões, resíduos sólidos, uso de água ou energia – é sinal de ineficiência.

O 3P é a resposta. O programa está profundamente arraigado na cultura da empresa, estimulando funcionários de todos os níveis a repensarem produtos e processos, por menores que sejam. Inicialmente, Ling e sua equipe orgulharam-se das 20 idéias para reduzir resíduos e economizar sugeridas por seus funcionários. Economizaram muitas toneladas de poluentes e US$11 milhões. Desde então, o Programa 3P cresceu, ultrapassando até mesmo as previsões mais otimistas. Hoje, o programa é responsável por quase cinco mil projetos, livrando o meio de quase 1 *bilhão* de quilos de poluentes. As emissões de compostos orgânicos voláteis, isoladamente, caíram de 70 mil toneladas em 1988 para menos de 6 mil coletadas atualmente.[8]

O impacto financeiro do programa também foi impressionante. A 3M calcula que a empresa tenha chegado a US$1 bilhão de economias no primeiro ano do projeto. Vale a pena repetir isso – a 3M calcula que essa economia tenha sido obtida *somente no primeiro ano* do projeto de ecoeficiência. Esse pressuposto, abertamente conservador, mantém a 3M honesta e força todos na empresa a buscarem idéias que gerem benefícios imediatos. E, ainda que não expresse o impacto do programa em sua totalidade, mostra como podem ser dramáticos os ganhos da ecoeficiência.

Passados 30 anos, a iniciativa 3P da 3M continua gerando novos ganhos anualmente. Os executivos da empresa definiram metas agressivas para o número de novos projetos de 3P que gostariam de ver, mas não definiram metas monetárias nem ambientais. Eles acreditam que basta estimular as pessoas a buscarem novas idéias e a inovarem para que surjam tanto benefícios ambientais quanto monetários. Sua experiência comprova isso.

Jim Omland dirige cinco instalações da 3M que produzem esparadrapos para uso médico e minerais industriais. Quando pediu que seus funcionários encontrassem três novos projetos de 3P, a resposta imediata não foi muito animadora. "Eles me disseram: 'Mas nós já fizemos aqui toda a economia que poderíamos fazer!'. No entanto, quando o preço do gás natural aumentou e meu negócio sofreu um golpe de US$10 milhões, de uma hora para outra meus funcionários encontraram novas maneiras de reduzir o uso do gás natural."[9]

Repetidamente, os Adeptos da Onda Verde descobrem que pedir que as pessoas analisem o próprio trabalho pela perspectiva ambiental leva à inovação em torno da redução de resíduos e da produtividade de recursos, o que se traduz diretamente em Ecovantagem.

Algumas empresas estão indo além da redução de resíduos e dos ganhos de eficiência – na verdade, estão encontrando mercados para subprodutos industriais que, ordinariamente, teriam sido descartados como resíduos. A Rhone-Poulenc foi revolucionária na década de 1990 ao encontrar um mercado para os diácidos gerados como subprodutos da produção de nylon.[10] Hoje, muitas empresas adotaram esse espírito de "ecologia industrial",[11] no qual os subprodutos de uma empresa servem de insumo para outra, encontrando maneiras de recapturar e vender parte de seu fluxo de resíduos.

O QUE HÁ DE ERRADO COM A REDUÇÃO

Limpeza nas chaminés são uma solução para o "leite derramado". Mas, segundo a 3M, os mecanismos de limpeza de chaminés e tecnologias similares deslocam os problemas de um lugar para o outro. Os poluentes capturados pelo mecanismo continuam tendo de ser descartados cuidadosamente, ou poluirão as águas. Ou os sedimentos precisam ser incinerados, gerando poluição atmosférica. Como disse o ex-gerente da 3M, Thomas Zosel: "Na verdade, o que estamos fazendo é levar os poluentes de um lado para o outro."

O programa 3P da 3M funciona bem porque solicita que as pessoas impeçam o surgimento de problemas. Muitos Adeptos da Onda Verde nos disseram que alguns dos maiores problemas ambientais provêm das novas tecnologias para a redução da poluição de custo alto demais, que não funcionam como o planejado ou que geram mais problemas. Redesenhar os processos e os produtos com o objetivo de eliminar resíduos, em vez de aperfeiçoar as estratégias de limpeza, é um elemento central da Ecovantagem.

Soluções fáceis: Equipamentos e automação

Nos Capítulos 7, 8 e 9, apresentamos diversas ferramentas utilizadas pelas empresas para obter a ecoeficiência. As ferramentas LCA (Life Cycle Assessment – Avaliação do Ciclo de Vida) e DfE (Design for the Environment – Projeto para o Ambiente), por exemplo, colocam as estratégias ambientais em prática. Mas as ferramentas sofisticadas não são a única maneira de estimular a ecoeficiência. Os Adeptos da Onda Verde com presença no varejo ou grandes instalações muitas vezes descobrem que a recompensa pela instalação de equipamentos de iluminação "verdes" ou de outros dispositivos para economizar energia pode ter um alto retorno sobre o investimento, pagando-se em questão de meses.

No nível micro, a Dow Chemical configurou os computadores dos funcionários para desligarem automaticamente quando não estiverem sendo usados.[12] No nível macro, Staples economizou US$6 milhões em dois anos com a instalação de controles centralizados de iluminação, aquecimento e refrigeração em suas 1.500 lojas. E a FedEx Kinko's reequipou mais de 95% de suas mil filiais com novos sensores ecoeficientes de iluminação e movimento, programando-os para desligar a luz quando não há ninguém por perto. A empresa gastou de US$3.000 a US$10.000 por "centro" e recuperou o investimento em economia de energia em 12 a 18 meses.[13]

O diretor de Meio Ambiente da FedEx Kinko's, Larry Rogero, reduziu os esforços de eficiência da empresa. "Todo mundo está fazendo isso, não é nada demais", afirma. Discordamos. Nem todas as empresas implementam essas técnicas de economia de energia e poucas reequipam 1.000 filiais. A FedEx Kinko's colocou a mão na massa e executou mudanças reais, obtendo uma melhora significativa no impacto ambiental e nos resultados financeiros da empresa.[14]

ECOEFICIÊNCIA NA ERA DA INFORMAÇÃO

Hoje, no mundo digital, é muito mais fácil encontrar oportunidades de melhorar a eficiência. Computadores e sistemas de gerenciamento de informações facilitam o monitoramento do uso de recursos e da produtividade, estabelecendo padrões de comparação entre instalações físicas, produtos e linhas de produção. A análise comparativa da matéria-prima consumida, da energia necessária e dos resíduos gerados simplifica o processo de identificação das melhores práticas e a captação de possíveis ganhos de eficiência. O e-mail e a internet facilitam a disseminação dessas melhores práticas na empresa, acelerando os loops de feedback e melhorando o desempenho.

As tecnologias digitais também criam novas oportunidades de ecoeficiência além dos "portões das fábricas". Ao reunir compradores e vendedores on-line, a Internet reduz os custos de busca e permite o surgimento de mercados que poderiam nunca existir. Um número crescente de sites para "troca de resíduos" ajuda as empresas a fechar loops e encontrar clientes para seus subprodutos industriais.

UM *TRADE-OFF* DIFÍCIL

Às vezes, a ecoeficiência tem seu preço. Reduzir os resíduos em uma dimensão ambiental pode gerar problemas em outra. Uma pequena indústria têxtil suíça, a Rohner Textil, desenhou um sistema de água de loop fechado para reciclar água, um recurso cada vez mais precioso. Como a água é muito cara na Suíça, o plano foi desenvolvido para gerar grande economia de água. Mas a empresa logo percebeu que seu novo sistema aumentava significativamente o uso de energia, eliminando qualquer possível economia, e o CEO, Albin Kaelin, decidiu sucatear o programa.[15]

Às vezes, os problemas ambientais entram em conflito com as considerações sociais. A Coca-Cola enfrentou protestos públicos significativos na Índia após a descoberta de resíduos de pesticidas nos produtos da empresa. Depois de cuidadosa análise, a Coca-Cola descobriu que os resíduos vinham do açúcar que a empresa comprava localmente. Uma solução foi adquirir açúcar apenas de fora da Índia, mas isso significaria tirar dinheiro e emprego das mãos dos plantadores de cana indianos. No fim, a Coca-Cola continuou comprando cana na Índia e assumindo o custo adicional da purificação.

Moral da história: antes de lançar uma iniciativa de ecoeficiência ou de agir rapidamente para reduzir o impacto ambiental, tente identificar as conseqüências negativas inesperadas.

Qual é a importância dessas economias de custo?

Quando nos reunimos com executivos da 3M, uma coisa nos incomodava. As margens líquidas e operacionais da 3M continuam sendo as mesmas de 30 anos atrás. Desse modo, por que não vemos os milhões em economias proporcionadas pela ecoeficiência refletidos nas margens da empresa ao longo do tempo? A resposta demonstra a importância do Programa 3P para a empresa. A 3M opera em muitos ramos altamente competitivos com erosão de margens. Nas palavras de Kathy Reed, encontrar consistentemente alternativas de reduzir os custos "nos manteve competitivos e permitiu que permanecêssemos no setor".[16]

Outros seguidores da eficiência ambiental e de custos são ainda mais diretos. Ray Anderson, fundador e presidente do Conselho da Interface, nos disse que a redução de custos de US$300 milhões gerada pelo gerenciamento de resíduos e pela ecoeficiência salvou a empresa. Durante a recessão dos primeiros anos do século XXI, as vendas no mercado primário da Interface, o de revestimentos para piso, caíram mais de um terço. "Não teríamos sobrevivido" sem as reduções de custos, observou Anderson.[17] Sejamos francos: a eficiência não tem grandes apelos, mas as margens maiores logo chamam a atenção do CFO e do CEO. A sobrevivência do negócio também é bastante estimulante.

DO VERDE AO OURO – JOGADA 2: REDUÇÃO DE ECODESPESAS – CORTANDO OS CUSTOS AMBIENTAIS E DIMINUINDO A RESPONSABILIDADE REGULATÓRIA

No final da década de 1980, a DuPont acordou. A divulgação pública de informações sobre o meio ambiente aumentava, principalmente por meio do Toxics Release Inventory. A empresa descobriu que era uma das maiores poluidoras do mundo, embora investisse mais de US$1 bilhão anualmente em tratamento de resíduos e controle da poluição.[18] A gerência ficou chocada ao descobrir o quanto as substâncias químicas geradas por seus processos industriais lhe custavam.

Ed Woolard, CEO da empresa, exigiu que a organização cortasse tanto as emissões quanto os custos. Definiu metas audaciosas. "O objetivo é zero" tornou-se o mantra da DuPont. Quando Woolard sentiu que a empresa não estava se movendo com a rapidez necessária, disse aos executivos: "Se eu tiver de fechar uma fábrica para mostrar que estou falando sério, eu fecho."

Eles entenderam a mensagem. Hoje, as despesas com tratamento de resíduos e controle de poluição da DuPont caíram para US$400 milhões. Paul Tebo, ex-vice-presidente de Segurança, Saúde e Meio Ambiente, calcula que, de outra forma, essas despesas teriam chegado a mais de US$2 bilhões. É uma diferença de US$1,6 bilhão em custos anuais para uma empresa com faturamento líquido anual de US$1,8 bilhão. Acrescentem-se a isso algumas centenas de milhões por ano em economia de energia e a DuPont mal conseguiria chegar a um ponto de equilíbrio com seus esforços ambientais.

O que ocorre com a DuPont também se passa com outras empresas, particularmente as que já investem milhões em equipamentos para controle da poluição. A escala pode ser assustadora. Dan Gagnier, da Alcan, calcula que até 20% dos US$3 bilhões gastos na nova refinaria de alumínio destinam-se a equipamentos ambientais.[19]

A Jogada 1 que leva do verde ao ouro dizia respeito à diminuição de custos por meio do aproveitamento de resíduos. Essa segunda jogada concentra-se no tempo e no dinheiro consumidos em controle da poluição e gestão ambiental. Além dos milhões de dólares ou euros gastos com equipamentos para a eliminação de resíduos e controle da poluição, incluímos o tempo da gerência e o dinheiro gasto preenchendo-se formulários, os custos assustadores das multas pela violação de leis ambientais e os atrasos gerais nos negócios causados pela necessidade de contornar os obstáculos da regulamentação.

As empresas que abordam essas despesas diretamente podem economizar bastante. Há 15 anos, a Herman Miller, fabricante de móveis, enviou 18 milhões de quilos de resíduos para os aterros sanitários. Hoje, envia pouco mais de 2 milhões. Esforços agressivos de reciclagem e redução de resíduos economizaram à empresa mais de US$1 milhão de dólares.[20]

Qualquer coisa que uma empresa possa fazer para evitar os regulamentos ambientais reduz os custos operacionais e aumenta a rapidez de lançamento dos produtos no mercado. A construção de novas instalações, por exemplo, exige inúmeras licenças. Usar determinadas substâncias químicas ou ultrapassar um teto de emissões pode ocasionar exigências adicionais. Os Adeptos da Onda Verde observam atentamente essas exigências e fazem tudo que estiver a seu alcance para cumpri-las. Se necessário, redesenham processos e produtos. Ver o negócio da perspectiva das despesas ambientais pode ajudar as empresas a encontrar novas alternativas, de menor custo e mais rápidas de fazer negócios.

DO VERDE AO OURO – JOGADA 3: ECOEFICIÊNCIA DA CADEIA DE VALOR – REDUÇÃO DE CUSTOS A MONTANTE E A JUSANTE

A fabricação de calçados é um negócio surpreendentemente tóxico. Fora os materiais, em si, os adesivos que conectam as partes são feitos de substâncias químicas comprovadamente prejudiciais aos sistemas cardíaco, respiratório e nervoso.[21] Um par de tênis de corrida não o levará correndo ao hospital, mas os trabalhadores do setor enfrentam riscos reais.

Convencida de que precisava repensar a utilização de substâncias químicas utilizadas tradicionalmente no setor, a Timberland tornou-se o primeiro fabricante de calçados a testar novos adesivos à base de água em calçados esportivos (a Nike e outros já fizeram alguns avanços também). Para efetuar a mudança, a empresa teria de trabalhar junto com os fornecedores na Ásia.

O bom senso sugeriria que a iniciativa de desintoxicação teria um alto custo para os fornecedores. E, durante a fase de testes, teve realmente um custo muito elevado – os novos adesivos custam mais, pois as economias de escala ainda não surgiram. Porém, com o passar do tempo, a Timberland espera que o processo seja pelo menos neutro em função do custo para seu negócio e proporcione economias ao longo de toda a cadeia de valor. Eis por quê: os adesivos à base de água eliminam quase que inteiramente as despesas dos fornecedores com o tratamento de materiais perigosos, inclusive eliminação de resíduos, seguros e treinamento.[22] As despesas de fabricação já caíram durante a fase de testes, pois os adesivos à base de água exigem apenas uma única camada, em vez de duas, e o equipamento de aplicação requer muito menos limpeza. Os fornecedores podem trabalhar por mais tempo sem interrupção. A mudança propiciou economias de tempo e custo de mão-de-obra. Mas será que a Timberland conseguirá captar as economias do fornecedor mais adiante? Este é o desafio da Jogada 3.

Certamente não é tarefa fácil. Se a Timberland tem dificuldade para pedir aos fornecedores que compartilhem as economias, imagine pedir aos clientes que façam o mesmo. Vejamos um exemplo do trabalho inovador da DuPont com tintas automotivas. A tecnologia SuperSolids da empresa, que a DaimlerChrysler está testando atualmente, reduz em até 8% algumas perigosas emissões do processo de revestimento. A DuPont calcula que a tecnologia possa economizar aos fabricantes de automóveis até US$20 milhões por planta em equipamentos para controle de emissões e despesas operacionais.[23] Desse modo, será que a empresa vai se beneficiar dessas economias? Talvez não, mas, com o tempo, essa estratégia ajudará a DuPont a conquistar participação de mercado, gerando novas receitas.

Muitas empresas encontraram alternativas para reduzir os custos da cadeia de valor cortando despesas ambientais e financeiras da distribuição de produtos. Qualquer pessoa que tenha comprado um produto da IKEA para montar em casa sabe a quantidade de peças que a empresa coloca em uma caixa. A empresa se orgulha disso, e com razão.[24] O esforço para fazer caber sempre mais alguns milímetros em cada caixa permitiu que a IKEA embale seus caminhões e trens muito melhor. Em alguns casos, a empresa conseguiu colocar 50% mais peças por caixa. Esse tipo de embalagem poupa até 15% de combustível por item – uma impressionante Ecovantagem – e inspira os funcionários a se esforçar ainda mais. Erik Andersson, funcionário da IKEA, observou que o sofá Kippan da empresa, de 88cm, estava sendo expedido em uma caixa de 91cm. Ao redesenhar a embalagem de modo a reduzi-la em apenas 1cm, a IKEA consegue fazer caber mais sofás em um caminhão.

CARREGANDO OS CAMINHÕES

É uma questão simples de eficiência da cadeia de valor: carregue seus caminhões o melhor possível. Por exemplo, a Dell aumentou a carga média dos caminhões de 8 mil para 10 mil quilos, trabalhando com a UPS para otimizar as estratégias de entrega.[25] E um dos vencedores recentes do prêmio 3P da 3M foi um sistema inovador desenvolvido por um funcionário francês para instalar plataformas ajustáveis nos caminhões. A arrumação dos paletes em dois andares ajustáveis permitiu que uma única fábrica da 3M reduzisse em 40% o número de caminhões que eram carregados por dia, economizando US$111 mil por ano.[26]

DO VERDE AO OURO – JOGADA 4: CONTROLE DO ECORRISCO – GERENCIANDO O RISCO AMBIENTAL DOS NEGÓCIOS

Durante anos, as crianças adoravam encontrar prêmios e brinquedos nas caixas de cereais matinais. Em meados de 2004, uma promoção conjunta aparentemente rotineira, realizada para o lançamento do filme "Homem-Aranha 2", deixou em maus lençóis a Kellogg Company, fabricante dos cereais Rice Crispies e Pot-Tarts. Como disse a Associated Press, a Kellogg foi pega em "uma teia de críticas" desencadeada por um brinquedo encontrado nas caixas de cereais do país inteiro.[27] Aparentemente, cada brinquedinho eletrônico trazia uma surpresa: a pequena bateria que o ativava continha mercúrio tóxico.

Essas baterias são muito comuns, mas alguns estados do país haviam proibido o uso de brinquedos ativados por baterias. A Kellogg logo se viu sob ataque público por colocar o mercúrio, uma substância tóxica, dentro de uma caixa de alimento infantil. Depois de advertida por procuradores gerais de Nova York, Connecticut e New Hampshire, a empresa ofereceu-se a enviar um envelope para a devolução com selo pago a cada um dos *17 milhões* de clientes que haviam recebido o brinquedo. E comprometeu-se a nunca mais voltar a usar as baterias de mercúrio.

Enquanto isso, em Illinois, na sede de outro gigante do setor de alimentos que também é chegado a esses brinquedinhos, os executivos suspiravam aliviados. O McDonald's havia adotado a mesma tática, mas não acidentalmente. Alguns anos antes dos problemas de relações públicas da Kellogg, o McDonald's havia identificado as baterias de mercúrio como um risco crescente, eliminando totalmente o mercúrio dos brinquedos distribuídos com o Lanche Feliz.[28]

Entrevistamos os executivos do McDonald's dias após o incidente da Kellog. Os executivos da empresa, descobrimos, haviam desenvolvido uma abordagem estratégica à identificação e à redução de riscos à marca, de longe o mais valioso ativo da empresa. Como guardiões de uma megamarca com valor intangível de dezenas de bilhões de dólares, eles se esforçam para reduzir as surpresas e os riscos do negócio, inclusive os riscos ambientais. Depois de anos de pressões de todas as direções – do lixo às embalagens, passando pela doença da vaca louca, o McDonald's decidiu sair na frente.

Por meio de um processo de "gestão antecipatória de problemas", a empresa estuda as tendências ambientais e sociais, a fim de identificar as possíveis ameaças a seu negócio. Desde cedo, uma das possíveis ameaças em que se concentraram foi a então obscura questão do mercúrio nas baterias. O McDonald's calculou que o lado negativo era alto e o custo de correção baixo, por isso, alguns anos antes de a Kellog ter sua surpresa com os brinquedinhos do filme "Homem-Aranha 2", o McDonald's usou seu conhecimento de mercado para pressionar os fornecedores a encontrar outras opções. Quando os estados começaram a regular a presença de mercúrio nos brinquedos que entravam em contato com alimentos, o McDonald's já saíra na frente há muito tempo. As baterias nunca foram problema, tampouco ameaçaram danificar a marca porque a empresa identificou sistematicamente o risco e adotou as medidas adequadas para evitá-lo.

Problemas que *não* surgem constituem um estranho tipo de sucesso. Bob Langert, diretor de Responsabilidade Social do McDonald, nos disse: "Estou orgulhoso do que fizemos, mas ninguém sabe disso." Nesse caso, temos certeza de que essa era exatamente a vontade dos acionistas.

CONQUISTANDO A CONFIANÇA

Para Bob Langert e a equipe do McDonald, gerenciar riscos é mais do que controlar os aspectos negativos: "É claro que os riscos surgirão se você não estiver fazendo a coisa certa", disse Langert, "mas o lado positivo está em conquistar a confiança dos clientes. É muito difícil conquistar a confiança, e muito fácil perdê-la... Quanto mais a conquistamos, maior a lealdade à marca. Estou convencido de que existe uma verdadeira oportunidade aqui."

Encontre o risco antes que ele o encontre

Oprah Winfrey tem forte influência no mercado. Pode tirar um livro da obscuridade e transformá-lo em best-seller. Com base em suas recomendações, milhões de pessoas podem modificar seus padrões de compra. Em 1996, Oprah entrevistou um ativista vegetariano em seu programa e declarou que, depois do que acabara de ouvir, "nunca mais comeria um hambúrguer".[29] No dia seguinte, o preço da carne caiu mais de 10%.

O risco para os negócios vem nas formas mais estranhas. Para os produtores de carne e vendedores de hambúrguer dos Estados Unidos, como o McDonald's, o incidente protagonizado por Oprah deve ter se assemelhado a um estranho acidente – uma chuva de meteoros, vinda do nada. Seria imprevisível? Na verdade, não. Os vetores estavam todos ali. Oprah apenas os reuniu diante de seus telespectadores.

As empresas inteligentes adotam muitos métodos para identificar riscos, até os mais difíceis de enxergar. A Shell usa o planejamento de cenários para imaginar futuros possíveis. A IKEA realiza exaustivas auditorias da cadeia de suprimentos. O McDonald's convoca a alta gerência para análises regulares dos riscos.[30]

A identificação de riscos ambientais exige que se vá muito além das fronteiras empresariais tradicionais. Os riscos podem estar a montante (com os fornecedores) ou a jusante (com os clientes).

Imagine que um varejista de grande porte tenha um fornecedor asiático de casacos de couro que despeja resíduos perigosos de sua operação de tingimento de couro em um rio local. Uma ONG tirou fotografias dessa prática ilegal, postando-as na Web. A história começa a chamar a atenção da imprensa norte-americana e européia. Os clientes não vão se lembrar do nome da empresa asiática, mas não se esquecerão do nome da empresa americana, que levará toda a culpa. Tentar abordar o problema depois que a matéria é publicada na imprensa deixa a empresa em apuros: a reputação, depois de despedaçada, não pode ser recuperada com facilidade.

QUAL É O RISCO PARA SUA EMPRESA?

É fácil dizer que toda empresa deveria reduzir os riscos ambientais. Mas o que, exatamente, os gerentes deveriam analisar? Pensamos em riscos para os negócios ou para a empresa como a chance de que algo modifique a forma usual de fazer negócios, transformando-a em algo totalmente diferente. Os especialistas do Institute of Risk Management, no Reino Unido, apresentam quatro categorias amplas:[31]

- **Financeira:** taxas de juros e taxas de câmbio, liquidez e fluxo de caixa
- **Estratégica:** concorrentes, dinâmica do setor, mudanças do cliente
- **Operacional:** cadeia de suprimentos, regulamentação
- **Perigos:** fatos imprevisíveis relacionados a eventos naturais, meio ambiente, funcionários e assim por diante

Os riscos ambientais aplicam-se a todas essas categorias: responsabilidade por derramamentos ou outros incidentes afetam as perspectivas financeiras, as necessidades dos clientes modificam rapidamente o contexto estratégico (melhor desempenho do automóvel em função da quilometragem por litro de combustível, por exemplo); além disso, o espectro de regulamentos mais rígidos ou problemas na cadeia de suprimentos é um risco operacional.

Assim, os Adeptos da Onda verde detectam os problemas antes de sua ocorrência. E examinam não apenas a cadeia de suprimento, mas a cadeia de valor como um todo. Sugerimos algumas perguntas que podem ajudar as empresas a terem uma noção de seu impacto ambiental (ver tabela a seguir).

Identificação dos riscos ambientais

Fase da cadeia de valor	Exemplos de perguntas que ajudam a identificar riscos ambientais
Operações da empresa	– Qual é o rastro de carbono de nossa empresa? – De que recursos mais dependemos (energia, água, materiais) e que quantidade desses recursos utilizamos? – Quais emissões lançamos no ar ou na água? – Como eliminamos os resíduos gerados por nossos processos? – Nosso sistema de gerenciamento ambiental está atualizado? – Quais são as chances de derramamentos, vazamentos ou liberação de material tóxico da empresa? – Outras empresas que atuam no mesmo setor já tiveram esses problemas? – Que normas municipais, estaduais ou internacionais se aplicam a nosso negócio? Nossa empresa as cumpre integralmente? Os regulamentos estão se tornando mais rígidos?
A montante	– De que recursos nossos fornecedores mais dependem? São recursos abundantes ou limitados, agora e no futuro próximo? – Nossos fornecedores poluem? Cumprem todas as leis aplicáveis? As exigências legais vão se tornar mais rígidas para eles? – Que substâncias compõem os produtos que os fornecedores nos vendem? Elas são tóxicas?
A jusante	– Quanto de energia (ou água ou outro recurso) nosso produto exige que os clientes usem? – Nossos produtos contêm alguma substância tóxica? – O que os clientes fazem com nossos produtos quando eles chegam ao fim de sua vida útil? O que aconteceria se tivessem de aceitar os produtos de volta ao fim de sua vida útil?

Em um nível de detalhamento maior, identificar os riscos para a empresa significa entender como a empresa afeta o meio ambiente e como as limitações da natureza afetam a empresa. Nossa análise AUDIO (Capítulo 2) pode ajudar a empresa a identificar onde os problemas ambientais afetam o negócio ao longo da cadeia de valor. No Capítulo 7, discutiremos outras ferramentas que ajudam as empresas a identificar riscos, mesmo os que ainda não se concretizaram.

Antecipe-se: Vá além do cumprimento das normas para obter vantagem competitiva

No final da década de 1990, a equipe do McDonald's na Hungria identificou o futuro dos regulamentos sobre reciclagem. Os países do leste europeu já dispunham de sistemas de tratamento de resíduos altamente desenvolvidos. Com a Hungria se preparando para fazer parte da União Européia, regras mais rígidas estavam a caminho. Em vez de esperar um mandato do governo, o McDonald's da Hungria decidiu desenvolver um sistema de tratamento de resíduos a ser adotado no país inteiro.[32]

Quando a legislação nacional sobre reciclagem foi aprovada, as empresas foram "solicitadas" a cumpri-la e a pagar a conta do novo sistema. As altas tarifas e o baixo nível de serviços inicial não eram um grande atrativo, mas as empresas não tinham escolha. O McDonald's, entretanto, tinha opções. "O McDonald's da Hungria usava um sistema próprio", disse-nos Else Krueck, gerente de Meio Ambiente da União Européia. "Era mais barato do que o nacional e adaptado ao fluxo de resíduos das lanchonetes." Assim, o sistema, desenvolvido internamente, era melhor e mais barato.

Os Adeptos da Onda Verde percebem que o fato de se antecipar aos regulamentos pode lhes poupar tempo e dinheiro, além de reduzir os aborrecimentos. A SC Johnson, empresa de capital fechado, reformulou silenciosamente produtos líderes de mercado, como Windex, Drano, Pledge e Ziploc, a fim de reduzir a utilização de algumas substâncias químicas, especialmente eliminar substâncias "persistentes, bioacumulativas e tóxicas", conhecidas como PBTs.

Todos os produtos da SC Johnson estão sujeitos a um processo interno denominado Greenlist, que associa a cada ingrediente uma nota baseada em atributos ambientais, como toxicidade e biodegradabilidade.[33] A SC Johnson avaliou mais de 3 mil matérias-primas – muito mais do que o governo federal classificou no âmbito de suas leis referentes a substâncias tóxicas. De maneira análoga, a Nokia revisou 30 mil componentes e removeu de seus produtos alguns materiais.

Dave Long, o executivo da SC Johnson que gerencia o programa Greenlist, afirma que o resultado final foi que a empresa hoje sofre muito menos os efeitos dos novos regulamentos do que seus concorrentes. "Há muita disputa no setor quando saem novos regulamentos", afirma. "Quando um novo regulamento sobre sabão foi aprovado na União Européia, por causa do programa Greenlist, já tínhamos reformulado nossos produtos e estávamos usando surfactantes que cumpriam a lei. Assim, o impacto da lei foi mínimo."[34]

Lembra-se da REACH, o oneroso regulamento da União Européia que, na opinião do setor químico, custará bilhões e destruirá várias empresas? Long não está nem um pouco preocupado. "Estamos em boa forma com relação ao REACH porque vários dos critérios dizem respeito a substâncias tóxicas que nós já eliminamos de nossa matéria-prima." Os regulamentos não assustam muito quando já não se aplicam à sua empresa.

De fato, regulamentos mais rígidos são bem-vindos em empresas que já os cumpriam. Leis mais rigorosas impõem custos aos concorrentes menos bem preparados e poderiam expulsá-los de certos mercados durante anos a fio.

PREPARANDO-SE PARA OS REGULAMENTOS SOBRE MUDANÇAS CLIMÁTICAS

À medida que surgem regulamentos sobre mudanças climáticas no mundo inteiro, as empresas inteligentes estão se preparando para o futuro desde já, até mesmo em lugares como os Estados Unidos, onde tais leis ainda não entraram em vigor.

Um bom início é ter uma boa noção das emissões geradas por sua empresa. A AMD, fabricante de chips, lançou seu primeiro Plano de Proteção ao Clima Global em 2002. Esse relatório anual descreve as emissões da empresa em cada fábrica e apresenta exemplos de projetos que objetivam reduzir o total de emissões. Tal estratégia ambiental pode ter parecido estranha há alguns anos, mas hoje vem se tornando normal e esperada.

Como mencionamos no Capítulo 3, o Carbon Disclosure Project, financiado por alguns dos maiores investidores institucionais do mudo, está fazendo às empresas uma pergunta bastante simples: "Quais são seus planos diante da mudança climática?" O que eles querem dizer, na verdade, é "O que você vai fazer se e quando forem impostos regulamentos mais severos?". A resposta "Não sei" já não é mais uma opção.

"Estamos vivendo, *hoje*, em um mundo com limites às emissões de carbono", observou Jeff Imelt, CEO da GE. "O amanhã já chegou."[35]

Em 1999, a Eletrolux, fabricante de eletrodomésticos sueca, anunciou uma parceria com a Toshiba para o "desenvolvimento de tecnologia que economize energia, como preparação para o lançamento esperado de leis ambientais globais mais severas".[36] Isso significa antecipar-se ao futuro, mas até mesmo leis locais ou nacionais podem mudar os mercados. Um programa japonês chamado "Top Runner" exibe nos rótulos dos eletrodomésticos seu "custo total" – o preço de lista mais 10 anos de eletricidade necessária para que o produto funcione.[37] Como fabrica alguns dos eletrodomésticos mais eficientes do mundo, a Electrolux está bem posicionada para um mundo em que a exigência de informações relacionadas ao meio ambiente no rótulo é a norma.

A BP também está começando a se preparar desde cedo. A empresa descobriu US$1,5 milhão em economias por eficiência negociando internamente emissões de gases de efeito estufa entre unidades de negócios (voltaremos ao assunto mais adiante). A experiência da empresa ajudou-a a moldar o sistema de comércio de emissões do Reino Unido e, posteriormente, da União Européia. Como disse o CEO da BP, Lord John Browne, ao sair na frente, a empresa "conquista um lugar à mesa e uma chance de influenciar as futuras regras".[38]

A Nokia, por sua vez, também descobriu que é muito útil preparar-se para as futuras leis, como o regulamento de substâncias perigosas e, em particular, as leis que obrigam os fabricantes a aceitar seus produtos de volta ao fim de sua vida útil. A agilidade da Nokia, bem antes do surgimento dos regulamentos, permitiu à empresa experimentar idéias e contornar as falhas em seu sistema. Como no caso da PB, isso deu à Nokia um lugar à mesa de negociações junto às autoridades, ajudando a moldar as futuras leis.[39]

NÃO HÁ NADA DE ERRADO EM BUSCAR VANTAGEM COMPETITIVA BASEADA NO MEIO AMBIENTE

Muitas vezes, ouvimos executivos preocupados, temerosos de que a concorrência quanto aos fatores ambientais seja considerada inconveniente. Entendemos, mas os executivos não precisam ter medo de gerar lucros por fazer a coisa certa. Se um fabricante de produtos eletrônicos descobre uma maneira de eliminar os metais pesados da composição de seus produtos, por que deveria compartilhar essa informação com os concorrentes? Por que não usar a Ecovantagem para impor o novo padrão aos concorrentes? Se algum stakeholder se opõe a isso, não sabemos qual é. As ONGs ficam felizes em ver as empresas "mais limpas" se impondo sobre as "mais sujas", pois isso leva o setor inteiro rumo a soluções mais verdes, e funcionários e acionistas certamente não se importarão se a estratégia ambiental se traduzir em maiores lucros.

Estratégia avançada: Defendendo regulamentos mais rígidos para obter vantagem competitiva

Todos já entenderam que empresas podem influenciar o rumo das políticas governamentais. Muitas empresas investem altas somas em lobistas, associações setoriais e contribuições de campanhas, destinadas a influenciar o processo político. O curioso é que quase todos os esforços de lobby destinam-se a *deter* os novos regulamentos. No entanto, os novos regulamentos geram tanto vencedores quanto perdedores. Quem estiver mais bem posicionado para responder às novas regras será relativamente beneficiado pelas mudanças no campo de jogo.

As empresas deveriam buscar, isso sim, regulamentos *mais rígidos*. Certo, pode ser arriscado, mas, nas circunstâncias certas, é uma jogada poderosa, que pode gerar vantagens significativas. A Champion Paper, por exemplo, prosperou quando seus concorrentes enfrentaram novas restrições à derrubada de árvores devido à preocupação com as corujas em risco de extinção nas florestas do norte.[40] A DuPont conquistou fatia de mercado (e lucros) quando o Protocolo de Montreal[41] determinou a suspensão gradual da produção dos clorofluorcarbonos (CFCs), substâncias responsáveis pela depleção da camada de ozônio. Com US$500 milhões de faturamento baseados nos CFCs, a DuPont inicialmente se opôs a essa suspensão gradual, até perceber que poderia acabar lucrando ainda mais no mercado de substitutos de CFC.

ECOVANTAGEM: CONCLUSÃO

Tente reduzir os custos:

- Eliminando os resíduos e promovendo ecoeficiência
- Cortando os custos de eliminação de resíduos e as despesas relacionadas ao cumprimento dos regulamentos
- Captando o valor da carga ambiental reduzida em toda a cadeia de valor

Controle os riscos ambientais:

- Prevendo problemas ambientais e abordando-os
- Antecipando-se às novas exigências regulatórias
- Gerenciando mandatos governamentais, a fim de obter uma vantagem relativa no mercado

Capítulo 5 Construindo o lado positivo

"Quando fui nomeado CEO, jamais imaginei que falaríamos sobre meio ambiente",[1] declarou Jeff Immelt, da GE, durante o lançamento da iniciativa *ecomagination* da empresa. E estava sendo modesto! Jack Welch, o CEO anterior, tinha uma relação pouco amigável com reguladores e ONGs. Durante anos, Welch combateu o governo quanto à responsabilidade da GE pelos PBCs tóxicos encontrados nos Rios Hudson e Housatonic. No entanto, alguns anos depois, seu sucessor, escolhido a dedo, declarou que os bens e serviços ambientais seriam essenciais à estratégia de negócios da GE.

Ainda não se chegou a um consenso sobre a eficácia da campanha *ecomagination* no longo prazo, mas o raciocínio e a estratégia por trás da iniciativa demonstram perfeitamente o lado positivo das jogadas que levarão do verde ao ouro. *Ecomagination* é uma iniciativa multifacetada, parte divulgação da imagem, parte marketing de produto e parte inovação de produtos. Em seu âmago – e Immelt deixou isso muito claro –, encontra-se o crescimento.[2] Os resultados iniciais são muito promissores: no primeiro ano do programa, a GE registrou um crescimento de US$4 bilhões nas vendas de produtos ambientais.

A estratégia ambiental vem se desenvolvendo lentamente ao longo dos últimos 40 anos, do foco tático no cumprimento das leis e regulamentos a uma ênfase adicional – mas ainda altamente tática – em custos e em eficiência, passando por uma visão mais estratégica das oportunidades de crescimento. Hoje, mais e mais empresas encaram o potencial do gerenciamento adequado das pressões desencadeadas pela Onda Verde.

As quatro Jogadas que podem levar do verde ao ouro apresentadas neste capítulo giram em torno do crescimento – das vendas, do valor da marca e da confiança dos stakeholders. As estratégias deste capítulo concentram-se no desenvolvimento de novos produtos que se baseiam em suprir as necessidades do cliente, divulgar os aspectos ambientais desses produtos, criar um novo espaço de mercado (ou "inovação do valor") e construir a imagem da marca em torno do compromisso da empresa em ser verde.

DO VERDE AO OURO – JOGADA 5: ECODESIGN – SUPRA AS NECESSIDADES AMBIENTAIS DO CLIENTE

Você se lembra dos carros elétricos? Ou da primeira onda de lâmpadas que poupam energia? Esses produtos verdes foram lançados no mercado por empresas inteligentes e bem-sucedidas como GM, Ford, Philips e GE, com o objetivo de atender às necessidades de clientes preocupados com o meio ambiente. E como poderíamos culpá-las? Durante 30 nos, as pesquisas mostraram que os clientes se preocupam com os problemas ambientais. No entanto, apesar do que os clientes dizem na teoria, quando estão diante de um produto real, pelo qual é cobrado um preço mais alto, em geral não o compram (como descobriram rapidamente todas as empresas).

Alguns desses produtos fracassaram porque, na realidade, não supriam uma necessidade do cliente pelo preço certo, outros devido ao posicionamento ou ao marketing ineficiente. Nunca é fácil identificar as necessidades e os desejos dos clientes e desenvolver um produto que os satisfaça. Com a crescente consciência ambiental, as oportunidades de aproveitar a Ecovantagem por meio do mercado verde estão se expandindo.

Reduzindo a responsabilidade: Torne seus os problemas ambientais do cliente

O que exatamente significa dizer que um produto ou serviço tem design ecológico? A resposta curta é que o item foi desenvolvimento de modo a reduzir os impactos ambientais para alguém em algum momento de seu ciclo de vida – dos insumos usados pelo fornecedor ao descarte do produto, ao fim de sua vida útil. Muitas vezes, o projeto para o ambiente (DfE – Design for the Environment) ajuda os clientes a reduzirem o rastro de carbono *deles* e os custos afins – benefícios que podem justificar o maior preço, impulsionar o aumento da participação de mercado e fortalecer a lealdade do cliente. No âmago dessa jogada, encontram-se os esforços pela redução do uso de energia, eliminação de resíduos ou diminuição da toxicidade dos produtos.

Existem inúmeras maneiras de ajudar os clientes a melhorarem a ecoeficiência. Como a criatividade é essencial para encontrar maneiras de reduzir os resíduos e melhorar a produtividade dos recursos, empresas pequenas e ágeis, com espírito empreendedor, em geral conseguem lucrar. A IdleAire Technologies, por exemplo, desenvolveu um serviço nas paradas de caminhão que oferece energia elétrica, aquecimento, ar-condicionado, TV a cabo e internet em alta velocidade aos veículos estacionados. Esse fornecimento externo permite que os motoristas de caminhão desliguem o motor, em vez de deixá-los ligados e ociosos a noite inteira. O serviço economiza combustível, reduz o desgaste do motor e custa aos motoristas de caminhão menos do que o combustível necessário para manter o motor ligado, porém ocioso. E, se for amplamente implementada, a inovação de eficiência da IdleAire poderia eliminar 34 milhões de toneladas de gases de efeito estufa ao ano.[3]

As pequenas empresas também estão ajudando o maior comprador de todos – o governo – a reduzir o impacto ambiental. A pequenina Seahorse Power Company, em Massachusetts, fabrica um novo tipo de lata de lixo chamada BigBelly.[4] Essa lata de lixo de alta tecnologia movida a energia solar comprime automaticamente o lixo, reduzindo o número de viagens que os caminhões de lixo precisariam dar. A tecnologia proporciona a clientes como a cidade de Nova York e o U.S. Forest Service menor uso de combustível e menor necessidade de caminhões.

As grandes empresas de tecnologia também estão colocando a mão na massa. Com grande estardalhaço, a Sun Microsystems lançou um "servidor verde" em um chip que reduz o consumo de energia e as exigências de refrigeração. Como disse o CEO da empresa, Scott McNealy, em seu discurso para o mundo da computação: "As estratégias de crescimento sustentado podem ajudar as empresas a reduzir radicalmente seus custos... A Sun está abordando a eficiência de energia e de recursos, o consumo de energia e a gestão de resíduos, à medida que ajudamos as empresas e nossos funcionários a enfrentar os desafios criados pelo dinâmico papel da tecnologia em nossa vida cotidiana."[5]

Oportunidade igualmente grande aguarda no outro extremo do ciclo de vida da tecnologia: ajudar os clientes a se desfazerem dos produtos ao fim de sua vida útil. O Asset Recovery System, da Dell, oferece um exemplo valioso dessa jogada em ação. Como os computadores tornam-se obsoletos rapidamente, as empresas enfrentam um desafio e tanto em termos de responsabilidade ambiental e para com dados ao tentarem dar um destino aos equipamentos obsoletos. A Dell entrou em ação para ajudar os clientes a lidarem tanto com o software quanto com a limpeza ambiental de que necessitam. E está ganhando dinheiro com isso.[6]

Por apenas US$25 por equipamento, a Dell vai até a empresa e leva os computadores. Primeiro, destrói os dados existentes, eliminando todas as informações digitais contidas no computador, e, em seguida, desmonta a máquina.[7] A Dell então reforma e reutiliza algumas das peças e recicla o que for de plástico. No fim, apenas 1% do volume do antigo computador vai para o aterro sanitário.

Esse serviço multifacetado melhora o relacionamento com o cliente e pode impulsionar as vendas. Como a Dell descobriu, essa função de levar de volta seus computadores ao fim da vida útil ocorre convenientemente, quando a empresa está entregando a próxima geração de equipamentos. Os executivos da empresa já ficariam satisfeitos se o serviço estivesse apenas chegando ao ponto de equilíbrio, mas a Dell está indo mais além e lucrando com ele. Eles parecem envergonhados do serviço. De nossa parte, não vemos necessidade de desculpas.

Três lições aprendidas sobre a geração de receita com o ecodesign

O ecodesign pode ser capcioso. As empresas tiveram mais fracassos do que sucessos com essa jogada. Nossas pesquisas mostram que as empresas podem evitar os piores tropeços segundo algumas lições simples.

SATISFAÇA UMA NECESSIDADE QUE REALMENTE EXISTE

Na década de 1990, os engenheiros da DuPont tentavam "fechar o loop" no negócio de poliéster. Inventaram uma nova técnica para reciclar o poliéster denominada Petra Tech, que "descompactava" a molécula e criava um novo poliéster de antigos materiais.[8] Teoricamente, tirar o produto antigo das mãos dos clientes agregava valor e reduzia seus custos. Mas, ao contrário dos desafios que os fabricantes de carpete e impressoras enfrentavam com tintas e solventes tóxicos, a eliminação do poliéster não era um grande problema para os clientes. Na realidade, o poliéster reciclado custa mais do que o poliéster virgem, que era relativamente barato. Em suma, não havia uma proposição de valor para o cliente atraente.

Um processo ou produto inovador e ambientalmente sólido pode ser interessante para uma organização. Mas e se o problema que ele resolve não for exatamente o problema que o cliente enfrenta? Lições: Não se deixe aprisionar pela tecnologia, esquecendo-se de entender o que realmente está acontecendo. E não parta do pressuposto de que o que é bom para sua empresa será necessariamente valioso para o cliente.

NÃO IGNORE OUTRAS NECESSIDADES DO CLIENTE

É muito fácil animar-se demais com uma solução animadora para um problema ambiental e se esquecer de que o produto continua tendo de fazer o que foi projetado para fazer. Nos primórdios da tentativa de eliminar o uso de solventes (e os terríveis compostos orgânicos voláteis que eles produzem), os cientistas da 3M encontraram uma maneira de fabricar fitas magnéticas de áudio usando revestimentos à base de água. Infelizmente, o produto recém-formulado, que a empresa anunciou como livre de compostos orgânicos voláteis, tinha um problema sério. A faixa de temperatura suportada pela nova fita não era tão ampla quanto a do produto tradicional. Na verdade, as novas fitas em geral derretiam com o uso normal.[9]

Às vezes, a funcionalidade do produto está no serviço oferecido. O McDonald's experimentou servir café em canecas reutilizáveis, em vez dos copinhos de papel ou plástico.[10] Ocorre que os clientes queriam sair da lanchonete levando o café, e não tomar o café lá dentro, para devolver a caneca. Estavam pagando tanto pela mobilidade quanto pelo café.

PRESTE ATENÇÃO A SEUS PRÓPRIOS CUSTOS

Mesmo quando uma empresa identifica uma necessidade, supri-la pode ser muito caro. Quando uma enfermeira perguntou à 3M por que a embalagem de um de seus produtos médicos não era reciclável, os gerentes de produto a levaram a sério. No entanto, mudar a embalagem de um produto médico é um feito e tanto, que exige a realização de inúmeros testes e a superação de empecilhos regulatórios. O custo era alto demais para um benefício ambiental potencialmente modesto.[11]

Os gigantes do petróleo estão enfrentando esse dilema com os novos combustíveis. O refinamento adicional necessário à produção de combustíveis mais limpos tem um custo mais elevado e aumenta as emissões das refinarias. Ainda que satisfazer as necessidades ambientais de um cliente possa ser muito valioso, as empresas precisam antes analisar os custos inesperados e as conseqüências imprevistas.

DO VERDE AO OURO – JOGADA 6: ECOVENDAS E MARKETING – ALICERCE O POSICIONAMENTO DO PRODUTO E A LEALDADE DO CLIENTE NOS ATRIBUTOS VERDES

Nem todos os clientes desejam produtos ecológicos. Alguns, porém, querem. E todos os dias um número maior de clientes inclui fatores ambientais em sua equação de compras. Paralelamente, as empresas estão descobrindo que há dinheiro a ser ganho suprindo-se a crescente demanda de produtos verdes. Vimos muitos exemplos na vanguarda dessa tendência:

- A Mellita vende filtros de papel marrons (que não levam agentes branqueadores) com os tradicionais brancos. Um determinado percentual do público que bebe café quer evitar quantidades ínfimas de substâncias químicas que, de outra forma, poderiam contaminar sua xícara de café matinal.

- A Whole Foods e outras cadeias que têm como foco basicamente alimentos orgânicos estão em franca expansão, e a linha de produtos orgânicos Nature's Promise, da Stop & Shop, cresce vertiginosamente. Hoje, muitos produtos orgânicos são vendidos a preços bastante salgados. Por exemplo, o leite orgânico normalmente é vendido a um preço duas vezes maior do que o leite comum. Mesmo assim, a demanda só faz aumentar.
- Depois de alguns anos de vacas magras, a The Body Shop começou a lucrar com o fato de que ser verde é legal. Outras empresas de produtos para cuidados pessoais aprenderam com os altos e baixos da The Body Shop e estão aproveitando o crescimento desse nicho de mercado. A linha de produtos ecológicos Pure Simplicity, da Bath and Body Works, por exemplo, passou por um aumento impressionante na demanda.

Quando e onde o marketing verde funciona

Praticamente nenhum outro exemplo de marketing verde é melhor do que a experiência da Shell Oil com a comercialização de uma nova gasolina, de queima mais limpa, em dois países muito diferentes.[12] Mark Weintraub, diretor de Estratégias de Desenvolvimento Sustentável da Shell, nos disse que a empresa adotou uma "perspectiva de desenvolvimento sustentável" para identificar as necessidades de combustíveis mais limpos na Tailândia. Como ocorre em grande parte do restante da Ásia, a combinação de cidades densamente povoadas de alto volume de tráfego estava destruindo a qualidade do ar em Bancoc e em outras cidades do país. Um combustível mais limpo, cuja queima produzisse menos enxofre e outras emissões prejudiciais, poderia satisfazer a uma verdadeira necessidade.

Em um exemplo de ótimo ecodesign, a Shell desenvolveu esse combustível ao converter o gás natural em um líquido com emissão zero de enxofre e depois misturando-o ao diesel comum. Hoje, a empresa vende a mistura na Tailândia com o nome de Pura. A gasolina é comercializada como uma maneira de reduzir a poluição e ajudar os motores a serem menos poluentes e durarem mais. Embora seu preço seja mais alto, a Pura conquistou participação de mercado e as vendas têm sido fortes. Em suma, o lançamento foi um verdadeiro sucesso.

Logicamente, a Shell acreditava poder lançar a Pura em outras regiões utilizando o mesmo argumento, mas, na Holanda, o lançamento não decolou.

Por quê? Mais tarde, a Shell percebeu que o argumento de que a queima de combustível mais limpa protege o motor do carro não encontrava eco na Holanda. Era muito mais importante na Tailândia, onde as pessoas se preocupam mais com a qualidade da gasolina e com os efeitos das impurezas sobre o desempenho e a vida do motor.

Na verdade, o argumento "verde" nunca ecoou bem na Holanda, embora o país esteja repleto de consumidores que afirmem preferir produtos verdes. A necessidade de limpar o ar local é menos premente do que na Ásia. No fim, a Shell relançou a Pura na Holanda com o nome de V-Power, e seu marketing enfatizava a capacidade do motor.

A experiência da Shell não é incomum. O argumento verde é complicado. Em alguns mercados, o público entende instantaneamente os benefícios ambientais e não se incomodam em pagar mais pelo produto. Quando isso ocorre, verde realmente é ouro. Vejamos o incrível crescimento do mercado de alimentos orgânicos. Um dos Adeptos da Onda Verde, Clif Bar, aproveitou essa tendência e passou a utilizar ingredientes orgânicos em seus principais produtos, como as barrinhas energéticas.

OUTRA PORTA PARA AS VENDAS

Em um mundo de competição cada vez mais acirrada, qualquer conexão adicional com os clientes pode ajudar a cimentar relacionamentos. Certa vez, a GE pediu à 3M para compartilhar parte de seus conhecimentos sobre "química verde" e os desafios ambientais singulares que alguns produtos apresentavam. Ao compartilhar esses conhecimentos de ponta, a 3M fortaleceu a ligação com um cliente importantíssimo. Kathy Reed, da 3M, nos disse: "Nossos conhecimentos sobre meio ambiente, saúde e segurança são outra porta aberta para as vendas."[13] De maneira análoga, os clientes do conglomerado latino-americano GrupoNueva costumam pedir à empresa para ajudá-los em práticas ambientais. Ao compartilhar essa informação, o GrupoNueva solidifica sua função como parceiro de negócios.[14]

Três lições aprendidas com a venda de virtudes ambientais

ATRIBUTOS VERDES NÃO SE SUSTENTAM SOZINHOS

A venda de um produto com base apenas em sua qualidade ambiental é receita certa para problemas. Se você tiver um produto novo, mais limpo e mais verde, pode fazer sentido vender essas vantagens. Mas tenha cuidado. Os clientes precisam de outros motivos para comprar. Preço, qualidade e serviço continuam sendo preocupações essenciais para a maior parte deles.

Um pequeno nicho em qualquer mercado vai querer ouvir o argumento verde. Mas, como diz Mark Weintraub, da Shell: "Um número muito maior de clientes... se interessa pelo atributo verde se este for o segundo ou terceiro 'botão' que você apertar – diga-lhes que o produto é de melhor qualidade, que protegerá o motor e, ah, por falar nisso, é ecológico e polui menos. Esse 'por falar nisso' ajuda."[15]

O TERCEIRO BOTÃO

Vender aspectos verdes de um produto pode ser uma proposição difícil. O marketing verde bem-sucedido geralmente começa com os pontos de vendas tradicionais – preço, qualidade ou desempenho – e só depois menciona os atributos ambientais. Em geral, o atributo verde não deve ser o primeiro argumento.

Uma das formas de sinalizar que um produto é vantajoso para o meio ambiente sem recorrer ao marketing verde é o uso de certificações ambientais e rótulos ecológicos (ver figura). Em diversos países, rótulos que certificam as credenciais verdes fazem o marketing do produto. A Escandinávia permite a comercialização de produtos ambientalmente superiores com o selo verde (Cisne Nórdico) e a Alemanha com o selo do anjo azul. Nos Estados Unidos, os alimentos orgânicos se beneficiam do selo orgânico do Departamento de Agricultura dos Estados Unidos. A Antron, fabricante de fibras de carpetes, beneficiou-se de um aumento de US$4 milhões nas vendas ao se tornar o primeiro produto para o setor de decoração de interiores a receber a certificação da Scientific Certification Systems como "Environmentally Preferable Product".[16]

Em alguns setores, caríssimas certificações podem se tornar uma exigência para entrar no jogo. Uma empresa como a Chiquita não teve escolha. Formar uma parceria com a Rainforest Alliance e alterar radicalmente o método de cultivo de bananas tornou-se essencial para que a empresa atendesse às necessidades dos clientes, particularmente na Europa. E, cada vez mais, os compradores de eletrodomésticos e produtos eletrônicos nos Estados Unidos procuram o selo Energy Star, conferido pelo governo dos Estados Unidos, como uma alternativa rápida de garantir a aquisição de um produto eficiente em termos de energia.

À medida que os clientes exigem mais informações sobre os produtos que compram, muitas empresas desenvolveram sites contendo fatos, números e análises relacionadas aos atributos ambientais de suas mercadorias. Outras estão começando a utilizar detalhados rótulos ecológicos. A Timberland, por exemplo, está lançando um novo elemento de design nas caixas de seus calçados: uma tabela semelhante à de informações nutricionais que encontramos nos rótulos dos alimentos. O rótulo informa aos clientes, entre outras coisas, a quantidade de energia utilizada na produção do calçado.[17]

Rótulos ecológicos ao redor do mundo

Selo Anjo azul (Alemanha)

Selo Cisne Nórdico (Escandinávia)

Marine Stewardship Council (Global)

Rótulo ecológico europeu (União Européia)

Energy Star (EUA)

Forest Stewardship Council (Global)

Quem oferece a certificação ambiental e os rótulos ecológicos, e com base em que exigências, pode ser objetivo de controvérsias.[18] Em alguns casos, os governos definem os padrões. Em outros, os próprios fabricantes rotulam seus produtos de "ecológicos". Em outras, ainda, os padrões são definidos por entidades privadas, como no caso do selo de pesca sustentável emitido pelo Marine Stewardship Council ou a certificação de madeira sustentável oferecida pelo Forest Stewardship Council.[19] Para obter os avanços ambientais exigidos para certificação, as empresas recorrem a terceiros. O trabalho da Chiquita com a Rainforest Alliance nas plantações de banana mostra como tais parcerias podem funcionar.

PROTECIONISMO VERDE

Os rótulos ecológicos fornecem informações ambientais legítimas a um público cada vez mais exigente. Mas também podem ser usados como barreiras comerciais, deixando alguns concorrentes em posição de desvantagem no mercado. Por exemplo, no mercado de carne europeu, os produtores locais tentaram conquistar participação no mercado ao tentar obter rótulos de "tratado com hormônio" para a carne importada dos Estados Unidos.

O protecionismo verde pode assumir também outras formas. Certa vez, Ontario exigiu que toda a cerveja fosse vendida em garrafas de vidro retornáveis. Parece uma medida ecológica, mas a providência ofereceu uma vantagem de mercado à Molsen e a outras cervejarias canadenses, que tradicionalmente utilizam garrafas de vidro. As cervejas americanas, que utilizam latas de alumínio, mais fáceis de reciclar, ficaram em desvantagem.

Conclusão: Cuidado com as barreiras comerciais e com os obstáculos ao ingresso no mercado disfarçados de padrões ambientais.

DIRIJA-SE A NICHOS DIFERENTES DE FORMAS DIFERENTES

A segmentação do mercado não é novidade. Mas, no caso dos problemas ambientais, as diferenças em atitudes podem ser profundas. A Monsanto enfrentou um grande obstáculo ao tentar levar a biotecnologia para a Europa. Nos Estados Unidos, os clientes não pareciam temer a idéia de alimentos baseados em organismos geneticamente modificados, mas os clientes da União Européia reagiram tão mal que a empresa quase afundou.

Para levar os clientes verdes a comprar, é preciso falar a língua deles. Os Adeptos da Onda Verde reconhecem a necessidade de argumentos de vendas individualizados. A Office Depot desenvolveu um catálogo dedicado aos produtos verdes que incluía de papel reciclado a cartuchos de toner remanufaturados, tudo que os ambientalistas poderiam querer.

No mercado B2B, o segredo não é apenas dirigir-se aos clientes certos, mas também usar a linguagem certa. Uma força de vendas que não é treinada nas vantagens de um determinado produto verde pode frustrar o lançamento de um novo produto. Em geral, os produtos verdes têm custo inicial mais elevado, mas acabam sendo vantajosos mais adiante. Os vendedores precisam entender esse posicionamento. Quando perguntamos ao chefe de vendas de um dos Adeptos da Onda Verde se os clientes haviam "entendido a mensagem", ele riu e comentou: "Experimente perguntar se meus vendedores entendem!"

Às vezes, menos é mais. Enquanto a Interface Flooring passava por uma transformação, que levou uma década e a levou a ser uma empresa preocupada com o meio ambiente, o presidente do Conselho, Ray Anderson, preocupou-se em, antes de qualquer coisa, deixar a mensagem clara dentro da empresa. "Proibimos a força de vendas de falar sobre nossos esforços verdes durante nove anos", disse-nos Anderson. "Quando muito se fala e nada se faz, os clientes notam e se voltam contra nós."[20]

NÃO ESPERE PREÇOS ALTOS DEMAIS

Noções básicas de estratégia corporativa nos dizem que a empresa pode gerar receita aumentando o preço ou o volume. No caso de produtos ecológicos, o volume é um caminho muito mais seguro. Preços mais altos são raros. Provavelmente só são viáveis no caso de produtos verdadeiramente inovadores que redefinem, de alguma maneira fundamental, o espaço de mercado – como fez o Toyota Prius, sobre o qual falaremos mais adiante.

Em qualquer mercado, alguns clientes pagam mais pela opção verde. Weintraub, da Shell, sugere que esse segmento seja composto por aproximadamente 5% dos clientes, enquanto outro executivo de uma empresa adepta da Onda verde afirmou, em uma análise mais pessimista, que esse percentual estaria mais próximo de 1%. Pesquisas sugerem que o número pode chegar a 10% a 20% em alguns mercados, mas não conte com preços mais altos, a não ser que seu produto seja muito especial.

O que todas essas lições sobre a defesa de produtos verdes têm em comum? Basicamente, todas elas dizem a mesma coisa: *Você não pode ignorar as questões do negócio essencial que acompanham o desenvolvimento e o lançamento de qualquer produto.* No que tange ao ecodesign, ao mercado verde e a outras iniciativas de negócios, o sucesso consiste em saber contornar os obstáculos normais – identificar uma necessidade do cliente, controlar os custos e suprir as expectativas de preço e desempenho.

Todas as empresas que oferecem um produto verde também lutam contra o problema da herança: alguns clientes pensam que "verde" é sinônimo de baixa qualidade e menor funcionalidade. A preocupação não é infundada. Os carros elétricos não são muito rápidos, nem têm autonomia para percorrer grandes distâncias, e as lâmpadas fluorescentes compactas criaram uma luz de um branco muito brilhante. Em ambos os casos, versões mais recentes do produto resolveram os problemas. Mas o dano já fora feito.

Até mesmo os produtos que, em termos ambientais, estão a léguas de distância do que existe precisam ter as coisas certas. E é preciso também haver outros argumentos de venda.

DO VERDE AO OURO – JOGADA 7: NOVO ESPAÇO DE MERCADO ECODEFINIDO – PROMOVA A INOVAÇÃO DO VALOR E DESENVOLVA PRODUTOS REVOLUCIONÁRIOS

Em 1993, a Toyota decidiu projetar o "automóvel do século XXI".[21] Durante sessões internas de brainstorming sobre o que o novo século traria, os engenheiros chegaram a duas expressões: "recursos naturais" e "meio ambiente". Fizeram do desempenho ambiental o foco do novo automóvel, em vez dos argumentos tradicionais de vendas, como tamanho ou velocidade. Ao longo da década seguinte, com o rápido aumento dos preços de petróleo, a lógica de um automóvel que promovesse eficiência energética parecia óbvia. Porém, na época, a estratégia da Toyota era muito arriscada e as metas aparentemente impossíveis.

Primeiro, a alta gerência definiu uma meta: o novo automóvel dobraria a eficiência de combustível dos automóveis menores da Toyota. A única maneira de chegar lá seria usar uma bateria, mas os veículos elétricos puros haviam se demonstrado inviáveis. Nasceu, então, o motor híbrido a gás-eletricidade. A bateria desses veículos não precisa ser recarregada – o recarregamento ocorre normalmente quando se utilizam os frios. O resultado dessa busca tecnológica de 10 anos, o Toyota Prius, tem sido um sucesso estrondoso.

Não só os clientes pagam mais pelo Prius, como também enfrentam uma fila de espera de meses para adquiri-lo. O Prius representa o que os professores de Administração Chan Kim e Renée Mauborgne chamam de inovação do valor:[22] onde um produto é tão novo, tão diferente e tão singular que os clientes acreditam não haver substituto. Para muitos compradores do Prius, um Chevy Malibu ou um Honda Accord não são a mesma coisa. O Prius, como Kim e Mauborgne poderiam dizer, tornou os concorrentes irrelevantes.[23] Na verdade, "híbrido" é uma nova categoria de transporte pessoal, distinta de "automóvel".

Mas o Prius fez mais pela Toyota além de criar um fenômeno de nicho. A empresa usou o que aprendeu nessa jornada de 10 anos para aumentar sua velocidade de lançamento de novos modelos no mercado e melhorar os processos de produção – um feito impressionante para uma empresa considerada o fabricante mais enxuto do mundo. Mais do que isso, o Prius criou um halo em torno da Toyota, valorizando todos os seus veículos. Enquanto a indústria automobilística de Detroit despenca, a Toyota lucra.

A Toyota tornou-se rapidamente o segundo maior fabricante de automóveis do mundo, e por um bom motivo. A empresa transpira excelência. Mas uma parte central da história tem a ver com a inovação ambiental que norteia a visão de mercado da empresa. A Toyota identificou a aproximação da Onda Verde e acabou criando um produto revolucionário, que aumentou os lucros e o valor sustentado para os acionistas. É Ecovantagem pura.

De produto a serviço

Amory Lovins, guru da energia, gosta de dizer que as pessoas querem cerveja gelada e água quente no chuveiro, mas não querem nem saber como a geladeira funciona nem como a água esquenta. Entenda essa realidade do cliente e você estará abrindo um interessante caminho para a Ecovantagem.

Mas, ao oferecer um serviço, e não um produto, as empresas lucram reduzindo o uso de material e energia, e oferecendo esse serviço ao menor custo possível. Lovins argumenta, por exemplo, que os fabricantes de ar-condicionado deveriam oferecer um serviço de resfriamento – não aparelhos de ar-condicionado como produto – para ter um incentivo de tornar os sistemas altamente eficientes em termos de energia. Em alguns círculos de negócios verdes, a idéia de apresentar o produto como serviço é o Santo Graal da inovação ambiental.

Algumas empresas inovadoras estão enfrentando o desafio e suprindo as necessidades do cliente sem considerar as definições de produto tradicionais.[24]

A Hubbard Hall, distribuidora de produtos químicos de Connecticut, enfrentou um sério desafio de "desintermediação" quando a internet fez os clientes terem mais facilidade de comprar diretamente dos fabricantes. Assim, a empresa transformou seu produto em serviço, oferecendo-se para monitorar os estoques de substâncias químicas para seus clientes, lidar com toda a burocracia regulatória, reabastecer os estoques quando necessário e cuidar do descarte dos recipientes vazios. Esse novo modelo de negócios poupou aos clientes dinheiro, reduzindo o tempo de gerenciamento e os custos de *compliance*. Além disso, preservou o lugar de Hubbard no mercado e permitiu que a empresa aumentasse suas margens.

O problema é que a transformação de produto em serviço nem sempre funciona. A tentativa da Flooring de alugar carpete com a marca Evergreen não decolou. O modelo de negócios parecia atraente. A Interface forneceria e manteria o revestimento de carpete das empresas, substituindo (e reciclando) revestimentos antigos, quando necessário. Os possíveis ganhos ambientais estavam bem nítidos. A Interface teria um incentivo para tornar seu carpete o mais durável possível e uma oportunidade de reciclar os próprios produtos, economizando energia e recursos naturais.

No entanto, como nos contou o presidente do Conselho Ray Anderson, as coisas não saíram como planejado.[25] Ocorre que a regulamentação fiscal e contábil favorece as vendas, e não o aluguel. Além disso, na maior parte das empresas, a compra do carpete sai do orçamento de capital, enquanto a despesa com o aluguel vem do orçamento operacional. E, em geral, são pessoas diferentes que gerenciam esses dois orçamentos. Em suma, é algo que as empresas em geral não querem fazer.

Assim, nem sempre compensa transformar um produto em serviço. Mas contemplar como fazê-lo na tentativa de reduzir os impactos ambientais pode ser um exercício iluminador. O que o cliente realmente deseja do item que você vende? Aqui, novamente, aplicam-se todas as advertências normais adequadas aos negócios: Há um mercado para o serviço? Os clientes têm um bom motivo para querer o serviço? Podemos persuadi-los do contrário? O item realmente reduzirá os custos e o rastro de carbono da empresa?

DO VERDE AO OURO – JOGADA 8: VALOR INTANGÍVEL – DESENVOLVA A REPUTAÇÃO DA EMPRESA E MARCAS CONFIÁVEIS

Em um mundo voltado para a celebridade como o nosso, as marcas são importantes. À medida que a Era da Informação sobrecarrega os clientes com opções e configurações de produtos, as marcas representam um atalho para que os clientes identifiquem seus produtos preferidos – e para os funcionários talentosos escolherem seus empregadores. Quanto melhor a empresa conseguir proteger sua reputação e desenvolver confiança na marca, mais bem-sucedida ela será na conquista e manutenção da diferenciação competitiva.

Indo "além do petróleo"

Em 2000, a gigante britânica British Petroleum embarcou em uma enorme campanha de rebranding a um custo reportado de US$200 milhões. Sai o antigo logo e entra outro, mais leve, chamado "helios". Uma parte crucial da mensagem foi a declaração audaciosa apresentada pela BP diante de seus concorrentes. Em anúncios impressos e veiculados na televisão, a empresa declarou que iria "além do petróleo".

Nem todos viram o argumento com bons olhos. A empresa enfrentou duras críticas de alguns ambientalistas e até algumas respostas relativamente engraçadas. O relatório de uma ONG, *Don't Be Fooled 2005*, listava 10 campanhas publicitárias de "greenwashing"; na lista, a BP ocupou o segundo lugar, atrás apenas da Ford. Outro grupo declarou a campanha "além do ridículo", bem como além do pomposo, além da pretensão, além da prepotência, além da propaganda.[26] O Greenpeace concedeu ao CEO da empresa, Lord John Browne, um "prêmio" por "Melhor impressão de um Ambientalista".

As críticas se justificavam? Sim e não. A BP obteve admiráveis reduções nas emissões de gases de efeito estufa. É um dos maiores fornecedores mundiais de produtos de energia renovável, como painéis solares. Mas, mesmo que o negócio solar da BP alcance a meta de US$1 bilhão em vendas até 2008, pelo menos aproximadamente 98% dos US$300 bilhões de fluxo anual de receita da empresa virão de petróleo e gás. Conclusão: a BP ainda não foi além do petróleo.

Mas, afinal, o que essa convencional gigante do petróleo está tentando realizar com tais anúncios? Será que a campanha era para valer? "A marca foi posicionada com muito, muito cuidado", disse Chris Mottershead, conselheiro sênior e um dos principais jogadores no desenvolvimento dos discursos feitos por Browne para divulgar mudanças nas políticas. "Precisamos de muito tempo e muitos recursos para chegar ao design do helios e seu posicionamento geral...[27] foram pensamentos conscientes, fruto de um processo profundo, longo e doloroso", acrescentou. O objetivo da campanha era dizer algo revelador sobre o que era a BP e comunicar a todos os stakeholders a nova direção-geral da empresa.

Mottershead apresenta o contexto da situação:

> Você está dizendo às pessoas como acredita que o futuro será e qual será seu papel nesse futuro. Por que as pessoas param em um posto da BP e não da Exxon? Porque a empresa significa alguma coisa quanto a suas aspirações e expectativas para o futuro. Não que o combustível que estão comprando de nós seja melhor... não é como a Coca-Cola e a Pepsi, em que é realmente possível sentir diferença no sabor. Tem a ver com uma declaração que diz a todos – funcionários, governo, sociedade civil e alguns consumidores – o que você representa.[28]

No curto prazo, a BP levou alguns golpes. Sabiamente, a empresa suspendeu alguns anúncios e freou sua retórica.[29] O novo lema da empresa agora focava em uma expressão muito mais defensível: "É um começo." Mas, no longo prazo, a BP conquistou tudo o que poderia ter desejado e muito mais. Apesar de ter grandes impactos ambientais, hoje é vista com uma empresa verdade. De fato, a BP ocupa uma das posições de liderança em nosso ranking de Adeptos da Onda Verde, e por cinco anos Lord Browne fez parte da lista dos CEO mais admirados publicada por *Management Today*.[30]

A prova real, porém, está aqui. O valor da marca da BP, avaliado por especialistas em medir bens intangíveis, aumentou significativamente. Um estudo recente sobre a força da marca destacou 10 produtos com os maiores aumentos no valor da marca nos últimos anos. Classificados pelo valor total da marca agregado, são eles: Google, BP, Subway, iPod, DeWalt, Sony Cybershot, LeapFrog, Gerber, Sierra Mist e Eggo. A BP ocupa o segundo lugar, atrás apenas do Google, um sucesso único, e acima do iPod, um dos produtos de consumo mais populares da história. A BP, dizia o estudo, ganhou mais de US$3 bilhões em valor da marca.[31]

Em outra medida do sucesso da campanha, a BP descobriu ter se tornado um empregador mais atraente para os engenheiros recém-formados. É impossível medir exatamente o benefício – não existe comprovação concreta –, mas, como diz Mottershed: "Não temos os problemas de recrutamento que tínhamos há dez anos. E, quando conversei com 100 novos funcionários, nenhum deles trabalhava com energias de fontes renováveis, mas todas as perguntas diziam respeito à sustentabilidade."[32]

Se a imitação é a forma mais sincera de bajulação, a BP também está se saindo bem. Há tempos a Shell tem uma campanha publicitária que elogia seu compromisso com o meio ambiente. Agora, algumas empresas retardatárias estão se juntando a elas. A Chevron veiculou anúncios em letras grosseiras advertindo que "a era do petróleo fácil acabou" e elogiando seu compromisso com as práticas verdes. Até a ExxonMobil vem falando em políticas verdes e em investir em pesquisas de energias renováveis.

A VERDADE IMPORTA

Posicionar uma marca como ecológica só funciona se for verdade. Algumas empresas se esquecem disso. Antes de tentar posicionar seus produtos como verdes, é preciso conferir se realmente são. As décadas de 1980 e 1990 desmascararam uma série de produtos considerados verdes e que não eram. Alguns eram risíveis.[33] O aclamado saco de lixo biodegradável da Hefty desmanchava à luz do sol, mas não nos aterros sanitários, onde realmente acabavam. Nada bom. [fim box]

Ecoimagination

Mais recentemente, a GE lançou uma campanha, "ecomagination", com uma lista impressionante de compromissos públicos: dobrar os investimentos em P&D para tecnologias ambientais, chegando a US$1,45 bilhão, aumentar as vendas de produtos ecológicos de US$10 bilhões para US$20 bilhões em cinco anos, reduzir em 1% as emissões de gases de efeito estufa da empresa e, ao mesmo tempo, aumentar substancialmente os negócios. Ao desenvolver a campanha, o CEO Jeff Immelt, não se afastou de metas rigorosas. Lorraine Bolsinger, nova vice-presidente corporativa da GE, dedicada exclusivamente à administração da campanha, afirma: "Havia cinco propostas de metas de emissão de gases de efeito estufa – Jeff escolheu a mais rígida."[34]

Como exatamente seria um produto da campanha *ecomagination*?[35] Dos milhares de produtos vendidos pela GE, inicialmente foram selecionados apenas 17, pois eles melhoram o desempenho operacional *e* ambiental do cliente. Alguns são inerentemente mais verdes do que as alternativas, como turbinas movidas a energia eólica e painéis solares. O restante dos 17 produtos favorecidos são produtos regulares, que aperfeiçoam o que está no mercado. Por exemplo, o motor a jato GEnx, que será utilizado nos novos jatos Boeing e Airbus, queimarão 15% menos combustível, emitirão ruídos 30% mais baixos, emitirão 30% menos óxido nitroso e seu custo de operação será reduzido. Novamente, a GE quer que todos os produtos da iniciativa proporcionem tanto benefícios ambientais quanto econômicos aos clientes.

Em meados de 2005, anúncios desses e de outros produtos da campanha começaram a surgir por toda parte. Supermodelos em uma mina de carvão empurrando "carvão mais limpo" e elefantes dançarinos defendendo uma "tecnologia que acompanha o ritmo da natureza" ajudaram a reposicionar a GE como uma empresa verde.[36]

Bolsinger observa: "A campanha *ecomagination* foi cuidadosamente desenvolvida – o 'eco' é óbvio e 'imagination' está associado a nosso lema, 'imaginação em ação', ao qual chegamos depois de inúmeras pesquisas." Para aqueles que sentiram certo exagero nos anúncios, Bolsinger afirma: "Veja bem, parte da iniciativa tem a ver com lançar uma luz mais intensa sobre a questão – por isso a campanha é intencionalmente audaciosa."

A empresa está criando valor intangível ao desenvolver a confiança nas marcas da GE. Ao longo do caminho, fez seu dever de casa. A empresa examinou cuidadosamente suas alegações de marketing desenvolvendo "placares" que avaliavam os pontos fortes e fracos dos 17 produtos a serem promovidos sob a bandeira da campanha *ecomagination*. Utilizar dados para sustentar a alegação foi uma iniciativa inteligente, que, até o momento, poupou a GE de algumas das queixas dirigidas à BP.

Com o foco em produtos específicos, a campanha *ecomagination* certamente é tanto uma jogada de produto quanto um esforço pela adoção da abordagem verde: a GE quer *vender* os motores para jatos; não deseja apenas que os ambientalistas os admirem. Mas observa como a campanha está sendo conduzida. Para alcançar os compradores de motores para jatos, é preciso desenvolver um relacionamento com apenas duas empresas, a Boeing e a Airbus. E não é necessário publicar anúncios em revistas de circulação nacional. Certamente, a campanha *ecomagination* é muito mais do que uma jogada de produto. É também uma campanha publicitária cujo objetivo é reposicionar a GE como uma empresa que oferece soluções para os problemas ambientais da sociedade.

O POSICIONAMENTO DE "VITALIDADE" PELA UNILEVER

A linha entre o marketing de uma imagem verde e o marketing de um produto verde pode ser muito tênue. A Unilever, por exemplo, direcionou o foco de seus novos esforços estratégicos em algo que vem chamando de "vitalidade". Trata-se de uma idéia abrangente que envolve produtos frescos e um estilo de vida saudável. Grande parte do esforço constitui-se de marketing tradicional de produtos. O argumento é que os alimentos congelados são consumidos ainda bem frescos e altamente nutritivos. Por meio de uma abordagem multimídia, inclusive sites em diversos idiomas, a Unilever está associando a idéia de vitalidade a seu extenso trabalho sobre agricultura sustentável, pesca sustentável e até reciclagem e outros esforços operacionais. Trata-se de uma jogada de branding em nível corporativo, embora sutil.[37]

Será que vale a pena?

Muitas empresas, inclusive aquelas com motivos reais para se gabar, preferem manter um *low profile* quanto às suas iniciativas verdes. Comece a aparecer muito e podem chover críticas de que é necessário fazer muito mais.

O especialista em negócios sustentáveis, Joel Makower, conta a história da descoberta de que a Levi's estava adquirindo 2% de seu algodão de plantadores de algodão que utilizavam métodos orgânicos. Quando pediu à empresa para contar sua história, os executivos ficaram desconfiados. Preocupavam-se, e com razão, com a possibilidade de enfrentar perguntas difíceis sobre os outros 98% do algodão adquirido e com os motivos pelos quais a Levi's fabricava produtos com perigosos pesticidas. Como diz Makower, muitas empresas têm essa preocupação, pois não querem "atrair atenção indesejada para os desafios ambientais ainda não resolvidos que praticamente todas as empresas enfrentam".[38]

Os perigos são os mais variados possíveis, de perguntas difíceis a campanhas contra a imagem da empresa realizadas por ativistas, como descobriu Bill Ford há alguns anos. Ford havia prometido melhorar em 25% a economia de combustível dos utilitários ao longo de cinco anos. No entanto, passados alguns anos, a empresa foi forçada a anunciar que não conseguiria atingir essa meta. O compromisso de Bill Ford com a causa ambiental não pode ser questionado. Ele está à frente de diversas questões e vem tentando ajudar a Ford a transformar verde em ouro. No entanto, ao ter tomado uma posição sobre a necessidade de a empresa defender a causa ambiental de forma mais agressiva e não conseguir atingir as metas que definiu para a empresa que leva seu nome, Ford acabou desprezado por muitos na comunidade ambiental.

A Bluewater Network, ONG de defesa ambiental, publicou anúncios de pagina inteira no *The New York Times* comparando Ford a Pinóquio e declarando: "Não acredite nas promessas ambientais de Bill Ford. Não compre carros Ford." De forma surpreendente, no fim de 2005, a Ford voltou à questão ambiental com uma nova série de anúncios exaltando o meio ambiente e a inovação, estrelada por... Bill Ford. Na mais recente campanha pela imagem da empresa, ele assume um novo conjunto de compromissos – como vender 250 mil automóveis híbridos por ano até 2010. As ONGs estarão vigiando para ver se, dessa vez, a meta será cumprida.

Sejamos sinceros: pode ser perigoso associar uma marca a uma virtude ambiental. Quanto mais distante a empresa estiver de realmente ser verde, maior o esforço necessário e maiores os riscos envolvidos. Mas, se a campanha for bem-feita, as recompensas podem ser substanciais. Uma marca forte e confiável é um ativo valioso.

Uma merecida reputação de defesa e cuidado ambiental "inocula" a empresa quando o pior acontece. A reputação da BP, por exemplo, poderia ter ficado seriamente manchada por diversos incidentes recentes, entre eles várias explosões (com mortes) em uma refinaria do Texas e o vazamento de mais de 1 milhão de litros de óleo no Alasca. Mas não ficou. Graças à sua reputação ecológica positiva, a empresa ganhou um espaço de manobra adicional. Como declarou um observador que conhece bem o assunto: "Foi fascinante ver como a imagem da BP saiu imaculada do episódio. O investimento da empresa em uma boa imagem ambiental rendeu frutos. Se a ExxonMobil tivesse feito o mesmo, as repercussões teriam sido altamente desfavoráveis."[39]

CONFIANÇA PREJUDICADA: O LADO NEGATIVO DE INCITAR O LADO POSITIVO

As empresas que buscam Ecovantagem ao tentar aumentar o valor intangível aumentam simultaneamente sua exposição. Elas precisam vivenciar seus valores diariamente. Se os fatos não refletirem suas alegações verdes, certamente ocorrerão acusações de *greenwashing*.* Às vezes, as violações de confiança não são intencionais. A The Body Shop precisou retirar as alegações de não realizar testes com animais em seus ingredientes depois de descobrir que alguns de seus fornecedores adquiriam ingredientes de empresas que não cumpriam esse padrão.[40] Um erro legítimo – até inocente – por parte da The Body Shop, mas que mostra a importância de se investigar toda a cadeia de valor em busca de possíveis problemas. Intencionalmente ou não, a confiança é construída lentamente, mas pode se perder de uma hora para outra.

E, é claro, o lado positivo pode ser altamente lucrativo. Empresas com marcas mais valiosas têm poder de mercado. Podem cobrar preços mais altos, vender mais e desenvolver um relacionamento mais próximo com clientes e funcionários.

UM FOCO NO LADO POSITIVO: CRESCIMENTO SUSTENTÁVEL NA DUPONT

Para reduzir custos, é preciso aumentar a eficiência do negócio. Por outro lado, para aumentar a receita, é preciso crescer. Ambas as jogadas que levam do verde ao ouro são valiosas, mas o foco nos custos é basicamente tátil. O foco na receita em geral tem a ver com o quadro geral e uma visão mais abrangente.

Depois de mais de uma década de controle da poluição, a DuPont queria afastar as discussões internas do corte de custos. A empresa sempre considerou útil definir metas visionárias e fazer declarações grandiosas, pelo menos para inspirar os funcionários a se esforçarem ainda mais. Assim, os chefes das

**Nota da Editora: Greenwashing* – quando uma empresa, organização não-governamental, ou mesmo o próprio governo, propagam práticas ambientais positivas e, na verdade, têm atuação contrária aos interesses e bens ambientais.

unidades de negócio reuniram-se para discutir sustentabilidade e como a DuPont poderia agir nessa arena, e acabaram com um novo foco para a empresa: crescimento sustentável. Com essa nova visão, os funcionários buscariam oportunidades de fazer a empresa crescer por meio da sustentabilidade, com novos produtos ou uma nova abordagem aos antigos produtos. O objetivo era acrescentar uma nova meta visionária ao vocabulário da empresa e estimular a criatividade.

ECOVANTAGEM: CONCLUSÃO

Gerar novas receitas usando o foco ambiental para agregar valor a seus produtos, atingir consumidores "verdes" e criar um novo espaço de mercado, tudo isso pode gerar grandes recompensas. Encontrar maneiras de reposicionar a empresa no mercado e a ter sucesso com a estratégia ambiental é o que há de melhor na obtenção da Ecovantagem. Lembre-se, porém, de seis lições:

- Supra as necessidades do cliente que realmente existam.
- Não ignore as necessidades do cliente que não estão relacionadas ao meio ambiente.
- Controle os custos.
- Lembre-se de que os atributos verdes raramente se sustentam isoladamente: a história do meio ambiente é o segundo ou terceiro "botão".
- Nichos diferentes exigem estratégias de mercado diferentes.
- Não espere preços mais altos.

Anunciar a abordagem verde da empresa como um todo só funciona bem se a empresa de fato tiver substância para bancar a campanha da imagem verde. Mas o valor intangível gerado pode ser substancial.

Parte III O que fazem os Adeptos da Onda Verde

É importante entender as jogadas que transformam verde em ouro. No entanto, para entrar no jogo, é preciso algo além de um manual. Descobrimos que uma jornada bem-sucedida rumo à Ecovantagem começa com a mentalidade certa e um foco na incorporação das considerações ambientais à estratégia ambiental. Nossas pesquisas identificaram cinco formas de pensar que ajudam as empresas a encontrar oportunidades e obter vantagem competitiva. Aplicamos essas abordagens ao desenvolvimento de uma Mentalidade de Ecovantagem no Capítulo 6.

Iniciar a jornada munido apenas da mentalidade certa é como tentar navegar até um porto distante com um bom navio, mas sem mapa nem tripulação. Por isso, fornecemos também as ferramentas de que as empresas necessitam para ir além das boas intenções e transformar o foco ambiental em vantagem competitiva.

O Capítulo 7 mostra como mapear o desempenho ambiental. Com as informações certas, as empresas podem entender como as questões ambientais importantes afetam sua cadeia de valor e o campo de jogo competitivo. A isso, chamamos de **Ecomonitoramento**.

Buscar oportunidades para reduzir custos e riscos ou de aumentar a receita e o valor intangível em geral significa redesenhar tanto produtos quanto processos. Significa também ajudar fornecedores e clientes a mudar de curso e reduzir *seus* impactos. No Capítulo 8, discutimos as ferramentas que ajudam as empresas a **redesenhar** a cadeia de valor como um todo.

Por fim, no Capítulo 9, exploramos como desenvolver uma **Cultura** de Ecovantagem e engajar executivos, gerentes e funcionários nessa visão. Inspi-

Caixa de ferramentas da Ecovantagem

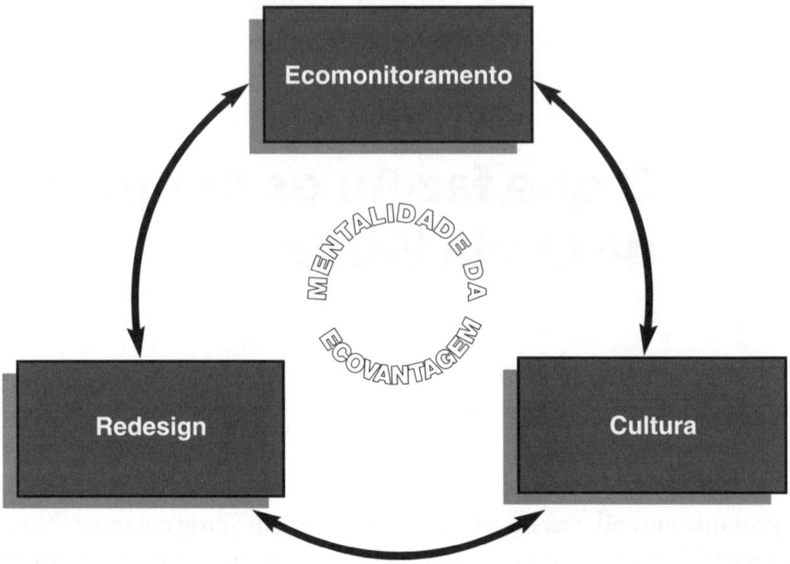

rar os funcionários com metas, propriedade e incentivos que incutam as considerações ambientais em todos os níveis da organização ajudará a transformar os desafios ambientais em oportunidades de lucros.

Tendo a Mentalidade da Ecovantagem em seu núcleo, essas três ferramentas constituem a caixa de ferramentas da Ecovantagem (ver figura), que constitui a base para a ação significativa e a execução bem-sucedida das jogadas que levam do verde ao ouro. Alguns executivos falam até mesmo da importância de incorporar as considerações e ações ambientais no "DNA da empresa".[41] Concordamos, e os capítulos que se seguem mostram como fazê-lo.

Capítulo 6 A mentalidade da Ecovantagem

Em 1963, um adolescente do Oregon, Dick Fosbury, era bom no salto em altura, mas certamente não estava perto de competir no nível internacional. Cinco anos depois, Fosbury surgiu como o melhor saltador em altura do mundo.

Durante décadas, os saltadores em altura utilizavam basicamente um método para saltar: o atleta corria na direção do sarrafo, saltava, passava uma perna e depois a outra. Milhares de treinadores estavam ensinando a milhões de jovens a maneira "certa" de saltar, tentando aperfeiçoar o que Fosbury demonstraria ser um método subótimo. Em vez de usar esse método tradicional, Fosbury vislumbrou uma nova maneira de saltar sobre o sarrafo. Ao se aproximar, virava de costas, arqueava-se e unia as pernas, realizando o salto com o rosto virado para cima e superando o sarrafo de costas. Essa simples inovação mudou para sempre a modalidade de salto em altura.

Fosbury ganhou medalha de ouro nas Olimpíadas de 1968, quebrando tanto o recorde norte-americano quanto o recorde olímpico. Nos quatro anos que se seguiram, até os jogos de 1972, 24 dos 40 atletas de salto em altura haviam adotado seu estilo. Desde 1968, todos os medalhistas, menos dois, utilizam o que ficou conhecido como Salto Fosbury.[1]

O potencial de refazer o esporte sempre existiu. Afinal, era fácil entender a mecânica do salto de Fosbury. Mas apenas um pensador inovador e futuro engenheiro vislumbrou a possibilidade de transformação. Fosbury declarou à *Sports Illustrated*: "Nunca pretendi ser um não-conformista. Apenas encontro soluções diferentes. Resolvo problemas. É o que fazem os engenheiros."

Muito se fala em inovação, criatividade e mudança de paradigma, mas é desanimador constatar que raramente vemos mudanças reais. Fosbury encontrou uma vantagem competitiva instantânea ao examinar um antigo problema sob uma nova ótica. Do mesmo modo, no mundo corporativo, diversas empresas estão desenvolvendo novas maneiras de abordar uma questão espinhosa: Como crescer, prosperar e, ao mesmo tempo, reduzir a poluição e conservar recursos naturais?

Os Adeptos da Onda Verde desenvolveram um alicerce para a Ecovantagem ao mudar a perspectiva de todos na empresa com relação aos problemas ambientais. Para essas empresas, as considerações ambientais nem sempre são a palavra final no que diz respeito à estratégia, mas *sempre são* levadas em conta.

Em nossas pesquisas, descobrimos que essa nova mentalidade é absolutamente essencial para administrar ecorriscos, estimular a inovação e transformar pressões ambientais em vantagem competitiva. Este capítulo destaca como os Adeptos da Onda Verde utilizam a ótica ambiental para mudar sua forma de pensar e aprimorar suas estratégias de negócios. Depois de algum tempo, essas empresas não precisam se concentrar conscientemente em encontrar uma perspectiva alternativa. As considerações ambientais tornam-se intrínsecas ao modo de fazer negócios. A **Mentalidade da Ecovantagem**, profundamente enraizada nessas empresas, surge naturalmente a cada oportunidade.

Algumas regras básicas para se chegar lá:

- **Examine a floresta, não as árvores**. Os Adeptos da Onda Verde refletem sobre (a) os prazos necessários às decisões estratégicas e de investimento, (b) as possíveis recompensas geradas por esses investimentos, inclusive ganhos intangíveis, difíceis de medir, e (c) possibilidades de agregar valor em toda a cadeia de produção.
- **Comece pelo topo**. Em toda empresa em que observamos a alavancagem da Ecovantagem, havia comprometimento da alta gerência com as considerações ambientais.
- **Adote o Princípio da Apollo 13 – "Não" não é opção**. Nas empresas líderes, a gerência atribuiu à organização metas ambientais audaciosas e tarefas aparentemente impossíveis – e recusa-se a aceitar o fracasso.
- **Reconheça que sentimentos são fatos**. As empresas líderes sabem que o que ONGs, funcionários, clientes, comunidades e outros stakeholders *sentem* a respeito do desempenho ambiental e da reputação da empresa pode ser muito mais importante do que a realidade.
- **Faça a coisa certa**. Já vimos repetidas vezes que os Adeptos da Onda Verde fazem escolhas com base em valores essenciais, inclusive a preocupação com o meio ambiente, mesmo quando os retornos não são imediatos.

EXAMINE A FLORESTA, NÃO AS ÁRVORES

Se tivesse ficado preso aos métodos tradicionais, de salto em altura, Dick Fosbury jamais teria conquistado uma medalha de ouro nas Olimpíadas. Fosbury, porém, optou por examinar primeiro a questão como um todo (superar o sarrafo) para só então encontrar uma maneira de fazê-lo. Ao se concentrar na floresta, descobriu sua vantagem estratégica. No mundo corporativo, os Adeptos da Onda Verde fazem o mesmo. Certo, muitos livros de negócios falam em "amplitude de pensamento", mas a adoção da ótica ambiental requer estender a mente em novas direções. Afinal, a natureza causa excelente impressão.

Ao levar as considerações ambientais em conta em sua estratégia, os Adeptos da Onda Verde ampliam sua visão em três dimensões críticas. Consideram os problemas no curto e no longo prazo. Calculam as recompensas mais amplamente do que outros e estão mais atentos aos custos e benefícios intangíveis. Não deixam as fronteiras tradicionais de seu negócio limitarem sua visão e buscam alternativas de melhorar o desempenho em sua cadeia de valor como um todo.

Tempo: O prazo estratégico

Os Adeptos da Onda Verde consideram os impactos financeiros no curto prazo, mas vão além dos resultados financeiros trimestrais antes de tomar decisões importantes. Sabem que maximizar o valor para o acionista não é o mesmo que maximizar os lucros trimestrais. E reconhecem que a análise apropriada de algumas questões, inclusive de muitos desafios ambientais, exige prazos mais extensos.

As empresas tomam decisões de negócios de longo prazo o tempo todo. Gastam milhões em P&D quando as possíveis recompensas futuras são, na melhor das hipóteses, incertas. Ingressam em mercados tênues como China e Índia na esperança de que seus negócios floresçam. E investem em treinamento da liderança para preparar futuros executivos. A mentalidade da Ecovantagem requer que as empresas levem essa mesma perspectiva de longo prazo para a estratégia ambiental.

Rick Paulson é gerente de planta da Intel, multimilionária fabricante de chips, perto de Phoenix, Arizona. Como chefe da fábrica 22, ele é responsável por produzir os mais recentes chips da Intel em enormes quantidades usando uma das tecnologias mais avançadas do mundo. E precisa fazê-lo de maneira rápida, barata, segura e lucrativa. Mas, como todos os executivos da Intel, Paulson, precisa ir além das operações de hoje. A sobrevivência e o sucesso da Intel dependem de sua capacidade de construir as *próximas* instalações para a produção de chips – e o próximo chip. A fábrica em que ele trabalha estará obsoleta muito em breve. Por isso, Paulson fica de olho nas futuras necessidades de produção da Intel. Sabe que precisa deixar os grupos comunitários, ativistas e reguladores felizes por uma razão muito simples: sua infelicidade pode facilmente retardar ou bloquear os planos de expansão, custando à empresa milhões de dólares. Não é de se espantar que Paulson fale em tomar decisões não no curto prazo, mas no "prazo estratégico".[2]

Quanto tempo envolve esse prazo estratégico? Talvez um ou dois anos, talvez muito mais. Depende do negócio. No final da década de 1960, os executivos da Royal Dutch/Shell começaram a buscar maneiras de se preparar para a crescente instabilidade do mercado de petróleo. O resultado foi a criação de um grupo de planejamento concentrado em imaginar possíveis futuros – cenários que ajudariam a empresa a pensar em como poderiam ser seus negócios no longo prazo. Entre outros futuros imaginados pela empresa, estavam a ascensão da OPEP e a queda da União Soviética.[3]

Mais recentemente, os cenários ajudaram a Shell a definir sua estratégia ambiental. Conversamos com o líder do grupo, Albert Bressand, e outros altos executivos da empresa. Durante um almoço na sede da empresa em Haia, Holanda, eles explicaram como os cenários os ajudaram a elaborar estratégias melhores.

"Primeiro, é preciso deixar claro que cenários *não* são projeções", afirmou Lex Holst, vice-presidente de Saúde, Segurança e Meio Ambiente, "e sim descrições consistentes de um futuro possível". Mark Weintraub, executivo que redige o relatório anual da Shell, acrescenta: "Nós nos perguntamos: 'Será que, em 2020, 20% dos novos automóveis serão movidos a células de hidrogênio?' Não sabemos, mas podemos desenvolver uma estratégia para essa situação e perguntar: 'Meu plano é robusto o bastante para este tipo de mundo?'"

Será que o mundo caminhará rumo à maior eficiência energética e demandará muito mais energia de fontes renováveis? Se isso acontecer, a Shell enfrentará mudanças que modificarão a empresa, talvez até ameaçando sua sobrevivência. Por isso, vale a pena pensar no longo prazo, fazer perguntas difíceis e imaginar possíveis situações futuras. Esses tipos de cenários ajudaram a Shell a decidir entrar no negócio de hidrogênio.

Outras empresas têm iniciativas menos formais, mas não deixam de pensar no longo prazo. Os executivos da IKEA estão explorando como o negócio da empresa poderia reduzir a utilização de combustíveis fósseis. Com a infraestrutura e as tecnologias existentes atualmente, será que um fabricante de móveis poderia *não* consumir petróleo ou gás? Pode parecer exagero, mas os executivos da IKEA sabem que o mundo está mudando e querem estar prontos para realizar uma transição proativa até o futuro da energia, posicionando-se adiante dos concorrentes. Mesmo os fornecedores de combustíveis fósseis inteligentes, como a BP e a Shell, estão se programando para o dia em que a quantidade de combustíveis fósseis no mix será muito menor.

Quais pressões ambientais de longo prazo poderiam prejudicar seu negócio? E quais dessas pressões poderiam oferecer oportunidades de crescimento? Se você não fizer essas perguntas de maneira séria e sistemática, o futuro o controlará, e não o inverso. E isso faz uma grande diferença.

Assim, os Adeptos da Onda Verde vêem o tempo de maneira bastante abrangente. Ótimo, você deve estar dizendo, mas aparentemente isso pode criar escolhas muito difíceis hoje. E, no curto prazo, o mercado pode ser implacável. Os *trade-offs* podem parecer especialmente imprudentes se considerarmos apenas os custos financeiros. Em geral, modificar antigos processos de produção ou reformular produtos bem-sucedidos exige um investimento inicial alto. Mas não prestar atenção às mudanças nas circunstâncias e novas pressões, inclusive às mudanças ambientais, pode prejudicar muito mais a empresa.

UMA NOTÁVEL CITAÇÃO: O TESTE DOS NETOS

Para Jim Rogers, CEO da Cinergy, o longo prazo abrange uma ou duas gerações. Quando lhe perguntam por que uma empresa que ganha dinheiro queimando carvão está preocupada com o meio ambiente e com as mudanças climáticas, Rogers responde: "Aplico o que chamo de teste dos netos. É simples, quando meus netos chegarem à minha idade, será que poderão dizer que seu avô tomou boas decisões que continuam sendo boas?"[4]

Recompensas: Além do óbvio e imediato

Toda empresa tem de tomar inúmeras decisões de investimento. Devemos investir mais em P&D, em novos equipamentos ou em uma nova campanha de marketing? Toda empresa utiliza algum processo, formal ou informal, para realizar esses cálculos de custo-benefício e chegar a uma conclusão. Na maior parte dos casos, a decisão depende dos custos imediatos e dos possíveis retornos financeiros.

Os Adeptos da Onda Verde operam como todas as outras empresas, mas pensam de modo diferente. Vão além do óbvio e incluem outros fatores além da recompensa financeira em seus processos decisórios. Ao avaliar o retorno de um dado investimento, consideram benefícios como a melhora da imagem da marca e reputação da empresa, elevação do moral dos funcionários, apoio da comunidade, menor burocracia governamental, aumento da velocidade de lançamento de produtos no mercado e diferenciação competitiva. Os gerentes de vanguarda aprenderam a incorporar os fatores intangíveis em seus cálculos porque sabem que os fatores que não podem ser mensurados às vezes são os que geram maior valor.

Ouvimos uma história da 3M, gigante industrial, que realmente nos impressionou. Nenhuma empresa conhece melhor a beleza das pequenas coisas do que a 3M, que viu seus blocos de anotações Post-it se transformarem em um produto bilionário. A criação do primeiro Post-it é um caso famoso de descoberta acidental, mas a transformação da marca em um dos esteios financeiros da empresa não ocorreu por acaso. A empresa sempre teve uma capacidade notável de detectar oportunidades de extensão de produtos. No entanto, não é disso que trata a história. Trata de receita gerada, valores seguidos, cumprimento de promessas feitas... e uma profunda reflexão sobre a verdadeira recompensa de uma decisão – um elemento-chave da Mentalidade da Ecovantagem.

Os gerentes de produto da 3M haviam identificado um mercado novo e de rápido crescimento para o Post-it.[5] Os consumidores queriam afixar lembretes e bilhetes a superfícies como monitores de computadores, mas, como descobriram, irritadas, milhões de pessoas, o Post-it tendia a cair nessas situações. A solução foi desenvolver um adesivo mais potente, algo que os excelentes cientistas da 3M não tardaram em fazer. Mas isso levou a um grande problema interno.

O novo adesivo exigia o uso de solventes industriais que liberam na atmosfera perigosos poluentes chamados de compostos orgânicos voláteis (VOCs, na sigla em inglês). Essas substâncias químicas tóxicas trazem consigo uma variedade de problemas, inclusive poluição atmosférica, questões de segurança dos trabalhadores e possíveis responsabilidades. Para evitar esses problemas, Livio DeSimone, CEO da 3M, havia declarado, no início da década de 1990, que não seriam realizados novos investimentos em tecnologias que gerassem VOCs. Sem exceções.

Esse compromisso deixou os gerentes de marca com um produto que poderia ser um sucesso de vendas, mas que não poderiam lançar no mercado. Pediram aos pesquisadores que desenvolvessem um adesivo que funcionasse sem usar solventes produtores de VOC. Seis longos anos depois, em 2003, a 3M lançou os Super Sticky Notes, obtendo grande sucesso e milhões de dólares em vendas.

A 3M continua mantendo os custos de oportunidade dessa espera de seis anos guardados a sete chaves, mas com base no tamanho do negócio do Post-it, acreditamos que a 3M abriu mão de dezenas de milhões de dólares de faturamento para cumprir a promessa de não utilizar solventes. No entanto, hoje, quando se pergunta aos executivos se valeu a pena, eles respondem: "Claro que sim." Isso, em parte, porque eles vêem a matriz de recompensa com olhos diferentes dos executivos de outras empresas.

Ao tomar essa decisão, a 3M calculou o que a empresa chama "custo total" da utilização de solventes, que inclui algumas despesas importantes, porém difíceis de medir. Cumprindo o compromisso de não usar solventes – pensando no prazo estratégico, e não no curto prazo –, a 3M reduziu sua exposição às novas regulamentações sobre poluição atmosférica, reduziu os custos de monitoramento e de observância das novas regras e o risco de multas emitidas pelo estado ou pelo EPA. Ao mesmo tempo, a 3M mostrou a clientes, comunidades locais, reguladores e ONGs que levava a sério seu discurso sobre reduzir o rastro de carbono. A decisão também deixou claro para os trabalhadores que a empresa coloca a segurança na frente dos lucros, mensagem que paga vultosos dividendos em dedicação dos funcionários.

Como diz Kathy Reed, vice-presidente da 3M, com esses benefícios intangíveis incluídos, o custo total de não seguir o caminho do adesivo que não utilizava solventes era muito elevado. Obviamente, DeSimone não tinha como saber que a regra resultaria em um atraso de seis anos nas vendas, mas certamente sabia que haveria *trade-offs*.

A CONTABILIDADE DO CUSTO VERDE[6]

Na maior parte das empresas, ninguém sabe ao certo o verdadeiro custo dos problemas ambientais, ou o quanto uma mudança nas práticas ajuda os resultados financeiros. O problema é que os custos relevantes podem se espalhar por diferentes departamentos ou estar enterrados nas contas de "despesas gerais e administrativas". Diversas empresas já tentaram reaver esses custos, que normalmente passam despercebidos ao escrutínio da gerência. O desmembramento dos gastos com meio ambiente ajuda a esclarecer os custos gerais dos produtos ou processos da empresa.

O grupo de meio ambiente da Northeast Utilities foi mais além. Sempre que ajudam as pessoas nas operações da linha de produção a abordar uma questão ambiental, eles calculam as economias obtidas não apenas em função dos custos diretos, mas também em termos de tempo reduzido, regulamentos cumpridos e outros custos indiretos evitados. No fim do ano, tabulam essas economias e emitem um relatório intitulado "Earning Our Keep", destacando seu valor para o negócio.

No final, conseguir contornar o obstáculo dos solventes também se revelou benéfico para os resultados financeiros no longo prazo. Como observou a gerente de planta do Post-it Valerie Young: "A tecnologia que utiliza menos solvente tem a metade do custo e o dobro da velocidade."[7] Evitar todo o manuseio especial necessário aos solventes tóxicos acelerou as operações e eliminou alguns graves riscos à saúde.

A questão, entretanto, é que ninguém na 3M poderia ter prometido, na época, que a tecnologia para a utilização de menos solvente acabaria sendo mais barata. O desenvolvimento de novas tecnologias que utilizavam menos solventes e a modificação do processo de produção parecia ser apenas mais uma despesa – exigida pelo CEO, mas que nem por isso deixava de ser uma despesa. Ao analisar a situação apenas do ponto de vista dos resultados financeiros, a 3M não teria atrasado a liberação da linha Super Sticky. E sem ir além do custo financeiro e considerar outras recompensas menos palpáveis, a 3M *jamais teria encontrado um caminho melhor*.

As "árvores" nas quais a 3M poderia facilmente ter se perdido eram as receitas e os lucros intermediários do lançamento da linha Super Sticky. A "floresta" era um negócio mais forte, mais seguro para os funcionários, melhor para o meio ambiente e mais lucrativo.

Em alguns casos, a expressão "ver a floresta" pode ter um significado literal. As empresas inteligentes no âmbito de recursos naturais (silvicultura, petróleo e mineração) hoje estão levando em consideração como suas diferentes ações afetam as regiões virgens, as plantas e os animais que lá vivem ou, mais cientificamente, a biodiversidade. Quase por definição, os setores de extração destroem a biodiversidade. Derrubar árvores ou revirar a terra para extrair minerais ou petróleo podem arrasar o meio ambiente local.

A palavra "verde" provavelmente não nos vem à mente quando pensamos nos setores de extração, por isso ficamos muito surpresos quando pedimos aos defensores do meio ambiente para citar algumas empresas que lidam bem com a questão da biodiversidade. Glenn Prickett, diretor do Center for Environmental Leadership and Business, da ONG Global Conservation International, destacou o trabalho de mineração da gigante Rio Tinto. Disse Prickett: "Há 20 anos, formou-se uma ONG apenas para vigiar as atividades da Rio Tinto, por isso eles sentiram suas pesadas críticas. Hoje, a Rio Tinto tem a estratégia de biodiversidade mais sofisticada existente."[8]

A Rio Tinto precisa ter acesso à terra para exploração se quiser continuar atendendo à crescente demanda mundial de minerais e metais como cobre, alumínio e ferro. Mas hoje é muito mais difícil obter permissão para as atividades de mineração. Certa vez, Mark Twain disse: "Compre terra. É algo que já não se fabrica mais." Hoje, os proprietários de terra, comunidades, povos nativos e governos locais têm menos interesse em sucatear a terra, mesmo que seja em troca de ganhos econômicos substanciais. Eles exigem uma demonstração de boa-fé de qualquer empresa que prometa vantagens.

Para encontrar maneiras de agradar as comunidades que controlam a terra, a Rio Tinto tornou-se, por uma questão de necessidade, guardiã da biodiversidade. Mas seu compromisso foi além da conveniência. A empresa nos mostrou seu documento de orientação interno, intitulado "Sustaining a Natural Balance" ["Sustentando o equilíbrio natural"], que explica por que a empresa se importa com a biodiversidade e como os executivos operacionais devem gerenciá-la. Esse impressionante manual descreve um processo, composto de cinco etapas, para avaliar possíveis terrenos para exploração, trabalhando com comunidades e ONGs, e encontrando maneiras de mitigar, ao máximo possível, os danos que a exploração pode causar. A Rio Tinto nunca agradará a todos os críticos, nem mesmo reverter inteiramente os danos da mineração, mas, ao trabalhar com stakeholders, a empresa está encontrando um melhor equilíbrio entre crescimento econômico e proteção ambiental.

Se antes eram considerados meramente acessórios, hoje os planos ambientais e as estratégias de engajamento da comunidade tornaram-se exigência. Como nos disse Dave Richards, principal conselheiro da Rio Tinto para assuntos ambientais: "Nossa licença para operar é concedida não apenas pela comunidade local, mas também pela sociedade como um todo. Se você bater de frente com esses interesses, sua vida será difícil. Trata-se de uma tentativa consciente de transformar riscos em oportunidades."

Fronteiras: Além dos portões da fábrica

Antes da "crise do cádmio", a Sony provavelmente não considerava um obscuro fornecedor de fios de controle chinês algo muito próximo. Mas, depois de se ver obrigada a encostar 1,3 milhão de *game systems* em um depósito holandês um mês antes do Natal, a definição de "família" torna-se muito mais abrangente.

Pensar em sua família como composta apenas de fábricas, escritórios e outros ativos físicos é uma noção obsoleta. As empresas atuam dentro de uma rede de produção global, e os fornecedores entram em várias partes do processo. A fronteira entre "nós" e "eles" não são muito claras. Itens intangíveis como valor da marca e conhecimento e habilidades do funcionário fazem parte do valor de todas as empresas – o ouro que os Adeptos da Onda Verde conseguem sendo verdes. Esses ativos, ainda que "soft", continuam sendo ativos e, como tal, precisam ser tratados com todo cuidado.

Quando Doug Daft convidou Dan Esty para se juntar ao recém-criado Conselho Consultivo Ambiental da Coca-Cola, explicou sua visão para o novo grupo em termos bastante simples: com uma capitalização de mercado de US$115 bilhões, o valor contábil da Coca-Cola somava apenas US$15 bilhões, deixando US$100 bilhões em valores intangíveis. Daft entendeu, como entende Neville Isdell, seu sucessor, que quando se é guardião da marca mais valiosa do mundo, os erros ambientais podem custar milhões, ou até bilhões de dólares.

Hoje, já não basta mais as empresas dizerem "queremos fazer nossa parte pelo planeta". Isso é coisa do século passado e, não raro, era apenas retórica. Hoje, vivemos no mundo da responsabilidade estendida do produtor. As empresas não podem esquivar-se dos problemas ambientais que ocorrem em sua cadeia de valor, do fornecedor, mais a montante, ao cliente, mais a jusante. É simples: o que ocorre fora de *quatro* paredes geralmente é o que mais conta.

Essa realidade exige que façamos novas perguntas: Os funcionários das fábricas de seus fornecedores estão enfrentando exposição a produtos tóxicos ou outras condições insalubres? Seus fornecedores despejam resíduos tóxicos no rio local? Seus clientes descartam seu produto de modo a gerar lixo ou poluição? Essas perguntas, e várias outras, estão na ordem do dia.

O melhor e também o pior da internet é que as informações estão por toda parte. Uma matéria sobre suspeita de trabalho infantil ou despejo de lixo tóxico em um rio, em qualquer parte do mundo, dissemina-se instantaneamente, maculando sua marca e destruindo o valor. Pensar nos efeitos ambientais de seus produtos e processos de produção além do portão da fábrica não é apenas aconselhável – é essencial.

A IKEA investiu enormes recursos para monitorar de onde vinham todos os seus produtos, particularmente a madeira dos móveis fabricados pela empresa. A empresa definiu metas agressivas: não comprar madeira de regiões com alto valor de preservação, não aceitar, em hipótese alguma, madeira de madeireiras ilegais e tentar comprar apenas madeira certificada como sustentável.

A IKEA estaria assumindo muita responsabilidade pelo que ocorre fora dos confins de seus negócios? Afinal, a empresa não compra a madeira diretamente; compra móveis feitos de madeira. Mas não é assim que a empresa vê as coisas – ela acredita que seus especialistas não esperam nada menos dela.

Sentado em uma sala iluminada e aberta da IKEA na pequenina Gelterkinden, Suíça, o diretor de produtos florestais Gudmond Vollbrecht nos contou como sua equipe cria valor:[9] "Meus funcionários [18, ao todo] viajam até 140 dias por ano para conhecer pessoalmente os fornecedores de móveis e madeira." Esse esforço intenso e caro não é apenas uma tentativa de fazer a coisa certa, disse Vollbrecht. "Se não conseguirmos encontrar o valor do negócio e fazer parte de sua agenda, fracassaremos. Descobrimos que conhecer nossa cadeia de suprimento é uma excelente maneira de mapear o negócio – assim, conhecemos melhor o nosso negócio." Graças a esses esforços, a IKEA está descobrindo novas eficiências e alternativas de eliminar intermediários. Para uma empresa que se orgulha de oferecer produtos a preços razoáveis aos clientes, avanços capazes de conter os custos são grandes vitórias estratégicas.

Assim como a IKEA aprendeu que sua cadeia de suprimento a montante pode ser mais do que uma fonte de risco, outras empresas estão encontrando novas oportunidades a jusante. A HP, por exemplo, viu que seus clientes tinham dificuldade de descartar antigos cartuchos de toner para impressora. A empresa também notou uma queda nas vendas, com o surgimento de novas empresas que vendiam cartuchos recondicionados. Em vez de sair de cena e deixar o problema do descarte de cartuchos nas mãos do cliente, a HP lançou, com grande sucesso, o negócio de reciclagem e remanufatura de cartuchos.

O negócio de impressoras é a jóia da coroa da HP e, hoje, os cartuchos de toner remanufaturados representam um negócio com altas margens, valendo centenas de milhões de dólares.[10] Cerca de 11 milhões de cartuchos são reutilizados anualmente, e mais de 80 milhões foram reciclados desde 1991. Mais importante, se a HP não tivesse desenvolvido o programa de reciclagem Planet Partners, outra empresa o faria. Inicialmente, pensar no ciclo de vida de seus produtos como um todo foi uma jogada defensiva, mas essa defesa também demonstrou ser um ótimo ataque – uma excelente história de sucesso com um final altamente lucrativo.

IKEA, HP e outras empresas inteligentes estão em busca de oportunidades na cadeia de valor. Essa forma de pensar, envolvendo todo o ciclo de vida de seus produtos, gera valiosos insights sobre produtos e processos de produção. Além disso, ajuda a entender melhor os negócios em que atuam e a captar valor sempre que o detectarem na cadeia de valor.

COMECE PELO TOPO

Em muitos aspectos, a busca por Ecovantagem exige um esforço abrangente, envolvendo todos os níveis da empresa. No entanto, a verdadeira liderança ambiental deve vir do topo. Em todos os Adeptos da Onda Verde que identificamos, os executivos nos disseram que o compromisso dos mais altos níveis administrativos foi um elemento essencial para o sucesso – a única forma de envolver a gerência de nível médio e os funcionários a ela subordinados no desafio de tornar o negócio sustentável e sólido do ponto de vista ambiental. Por que um gerente de refinaria da BP tentaria reduzir as emissões sem uma "solicitação" do CEO? Será que os gerentes de produto da 3M teriam esperado anos para gerar lucros com o Super Sticky Post-it se a orientação não tivesse partido do topo do organograma da empresa?

Em todas as empresas Adeptas da Onda Verde, o CEO e outros executivos de nível sênior envolveram-se em questões da sustentabilidade do negócio, algumas vezes pessoalmente. Na DuPont, Chad Holliday atua não apenas como presidente do Conselho e CEO, autointitulando-se também diretor de Segurança e Meio Ambiente – título que envia uma poderosa mensagem à empresa inteira. Holliday também foi presidente do Conselho do World Business Council for Sustainable Development. E co-autor de *Walking the Talk*, livro que defende o desenvolvimento sustentável.

À ALTURA DO DESAFIO

Já contamos a história de como o CEO da BP, Lord John Browne, jurou levar sua empresa "além do petróleo" e como essa promessa aparentemente ousada se traduziu em economias da ordem de US$1,5 milhão. Sua proposta ocorreu após a audaciosa aceitação pública da mudança climática como um problema real e premente – muito antes de seus pares. Por outro lado, o ex-CEO da Exxon Mobil, Lee Raymond, duvidou publicamente dos fatos científicos relacionados ao aquecimento global. Hoje, Browne garantiu à BP o que chamou de "lugar à mesa" em todas as conversas sérias sobre regulamentos ambientais e o futuro da política energética. E, à medida que Lee Raymond se aproxima da aposentadoria, sua empresa quase que certamente mudará de tom. O preço – tanto em termos de acesso ao governo quanto em termos de percepção pública – pago por ser tão acirradamente antiambientalista está subindo.

Talvez nenhum outro CEO tenha defendido o meio ambiente com tanta veemência quanto Julio Moura, chefe do GrupoNueva, conglomerado de US$2,4 bilhões, com operações na América Central e na América do Sul. A empresa possui, entre outras coisas, um negócio florestal e uma operação industrial que produz canos de policloreto de vinila (PVC, na sigla em inglês) para o setor de construção – empresas que, aparentemente, são a antítese da preservação ambiental. No entanto, desde a sua fundação a empresa é verde e, por insistência de Moura, seus altos executivos trabalham além da hora para abordar os problemas ambientais.

Uma das maiores prioridades do GrupoNueva foi eliminar o uso de estabilizadores à base de chumbo na produção de PVC.[11] Como o problema originava-se a montante na cadeia de suprimento, a empresa decidiu resolvê-lo internamente. "Nossos químicos passaram um ano trabalhando com os fornecedores e chegaram a uma solução contendo cálcio e zinco", conta Maria Emilia Correa, vice-presidente de Responsabilidade Social e Ambiental. "Definimos como meta que o custo de produção não poderia aumentar mais de 1%... e eles conseguiram!"

O sucesso, entretanto, foi temporário. Quando ficou claro que o GrupoNueva não garantiria aos fornecedores volume suficiente para realizar a mudança na produção, a equipe de liderança propôs uma nova solução: compartilhar suas considerações com os concorrentes. Moura saiu em campo, dizendo a outros compradores de canos de PVC o que o chumbo provoca em operários e crianças que vivem perto de seus fornecedores no Peru. Pediu que se juntassem a ele, a fim de garantir aos fornecedores um volume suficiente para a adoção da tecnologia que utiliza cálcio e zinco. E funcionou. Que exemplo melhor de fazer o que se prega poderia haver?

ADOTE O PRINCÍPIO DA APOLLO 13 – "NÃO" NÃO É OPÇÃO

"Houston, temos um problema."

A missão lunar Apollo 13, realizada em 13 de abril de 1970, foi um evento cercado de pouco interesse – afinal, o homem já havia caminhado na lua duas vezes.[12] Foi então que um tanque de oxigênio explodiu, a mais de 300 mil quilômetros da Terra, e o astronauta Jack Swiggert enviou à base sua famosa mensagem. Assim, o então diretor da NASA, Gene Kranz, tinha diante de si a tarefa aparentemente impossível de trazer Swiggert, o comandante da missão, Jim Lowell, e o astronauta Fred Haise de volta vivos – uma viagem de quatro dias em um módulo lunar com lugar para dois homens e filtros de dióxido de carbono que não conseguiriam lidar com a carga.

Se você viu Tom Hanks no filme, deve estar lembrado da ordem de Kranz à sua equipe de engenheiros. Encontrem uma maneira, disse-lhes, usando apenas o que está disponível aos astronautas, de filtrar o ar, ou eles morrerão antes de voltar à Terra. Kranz disse: "O fracasso não é uma opção." – frase que se tornou um clássico. E funcionou. Ao enfrentarem limitações inflexíveis, os engenheiros inovaram e, diante de um público ansioso, os três astronautas voltaram para casa em segurança.

Nos negócios, raramente as situações são tão inflexíveis, mas as empresas mais verdes também não aceitam não como resposta. Como Gene Kranz, os Adeptos da Onda Verde impõem demandas aparentemente inalcançáveis a suas organizações e seus funcionários, e não arredam pé antes de sua concretização.

No início da década de 1990, depois de o novo Toxics Release Inventory ter considerado a DuPont a empresa que mais poluía nos Estados Unidos – quem sabe no mundo inteiro –, a empresa começou a levar a sério a proposta de ser verde. Determinado a não mais ocupar o primeiro lugar nessa categoria tão ingrata, o antecessor de Chad Holliday como CEO, Ed Woolard, enviou uma mensagem clara à unidade de negócios:[13] Reduza a quantidade de resíduos tóxicos. Woolard falava sério – definira uma meta de "Zero resíduos" que deveria ser aplicada à empresa como um todo. As unidades de negócios logo veriam que ele realmente estava falando sério.

Uma enorme fábrica em Victoria, Texas, foi um campo de testes. Inaugurada em 1951, especializou-se na produção de intermediários de nylon, produtos usados na fabricação de outros produtos. Os intermediários são um dos principais componentes dos carpetes Stainmaster, da Lycra Spandex e de diversos outros produtos – de malas a cintos de segurança, passando por meias-calças. Infelizmente, sua produção gera poluentes. Em 1990, a planta de Victoria gerou 16 milhões de quilos de lixo tóxico – coisas como benzeno e ácido sulfúrico, descartados, em sua maior parte, em poços profundos.

Como produto intermediário em uma longa cadeia de valor, o negócio opera com margens bastante apertadas. Esse era o primeiro problema. O segundo era que, ao que tudo indicava, limpar o problema seria caro, muito mais do que as margens permitiam. Os executivos da empresa procuraram Woolard para dizer que a redução significativa do lixo tóxico custaria US$500 milhões. Sua resposta foi simples: "Resposta errada." Assim, eles reavaliaram o plano e disseram que custaria US$200 milhões. Mais uma vez, Woolard disse: "Resposta errada."

No final, o custo presente líquido da modificação do negócio de Victoria foi quase zero. Os engenheiros encontraram alternativas de reduzir o uso de substâncias tóxicas na fonte alterando processos. Trabalharam com a comunidade local para desenvolver zonas pantanosas ao redor da planta, ajudando a limpar naturalmente a água. E passaram a vender alguns dos subprodutos que antes haviam sido resíduos. Em 2002, as instalações de Victoria liberaram menos de 5 milhões de quilos de substâncias tóxicas, uma redução de mais de 70%, embora a produção tenha aumentado.[14]

Eis o que pode acontecer quando se reúnem profissionais de negócio inteligentes em uma sala, dizendo-lhes que só poderão sair depois de encontrar uma resposta que proteja tanto os lucros quanto o meio ambiente.

Os Adeptos da Onda Verde são duros com todos, inclusive com fornecedores.[15] Quando a Dell quis imprimir seu catálogo de produtos em papel reciclado, os fabricantes de papel afirmaram que seria impossível, mas a Dell não arredou pé; hoje, seus catálogos são impressos em papel 10% reciclado. Quando a FedEx Kinko's e a Timberland quiseram usar energia de fontes renováveis em algumas de suas instalações, as duas empresas demandaram e obtiveram paridade de preço dos fornecedores de energia renovável, pelo menos durante o período de contrato inicial. Quando as empresas exigem dos fornecedores algo aparentemente impossível, em geral a primeira reação é não. Mas os Adeptos da Onda Verde insistem e exigem uma solução.

Por falar nisso, as coisas não mudaram muito na DuPont desde a adoção do Princípio da Apollo 13. Os gerentes de energia da empresa devem atingir uma meta: 10% da energia utilizada devem vir de fontes renováveis, e *deve haver também* uma economia de US$8 milhões. Aposto como estão se sentindo como os engenheiros da NASA.

PRINCÍPIO DA APOLLO 13

Pense grande. Busque oportunidades de ganhos ambientais. Defina para seu negócio metas aparentemente impossíveis que reflitam uma visão ambiental ambiciosa. Em seguida, afaste-se e deixe a empresa inovar. Diga que encontrem uma maneira de fabricar um produto usando menos material, menos energia e menos resíduos, mas sem gastar um centavo a mais. O sucesso não ocorrerá facilmente, e nem sempre. Mas a pressão pode gerar avanços impressionantes.

RECONHEÇA QUE SENTIMENTOS SÃO FATOS

A chegada a Phoenix, Arizona, de avião, em um dia claro, pode ser um deleite. A região é linda, um deserto pintado com sombras de marrom e vermelho. No entanto, ao descermos no aeroporto internacional de Sky Harbor, a visão é rompida por faixas de um verde intenso irreal. São os campos de golfe.

Os adeptos do esporte provavelmente saberão nomear alguns dos mais famosos campos de golfe, todos localizados na região. O Troon North Golf Club, em Scottsdale, é, nas palavras da *Golf Magazine*, "construído em torno de enormes granitos, impressionantes mudanças na elevação e pistas espetaculares".[16] No entanto, como muitos outros campos de golfe existentes na região, o apetite do Troon North por água é insaciável, em uma parte do país que tem pouca água para gastar.

Os campos de golfe no sudoeste dos Estados Unidos precisam de mais água do que nas outras partes do país – mais de 300 milhões de litros por ano para cada campo de golfe. A água necessária a um único campo de golfe no Arizona[17] poderia encher 12 mil piscinas ou suprir a necessidade de água de aproximadamente 1.500 norte-americanos (ou 20 mil africanos).

Veja bem, não pretendemos, aqui, criticar os campos de golfe. A questão é que, se você estivesse buscando uma alternativa para reduzir o uso de água, os campos de golfe seriam um bom começo. Mas, no Arizona, como em todos os lugares, é mais fácil acusar os interesses industriais do que um hobby. Assim, a Intel, que possui uma enorme fábrica com duas plantas de fabricação de semicondutores em Chandler, Arizona, sente a pressão. O gerente da planta, Rick Paulson, afirma: "A questão mais calorosa aqui é o uso da água."[18]

A produção de chips, de fato, requer uma quantidade razoável de água. A planta de Chandler utiliza mais de dois bilhões de litros de água por ano. E isso não é nada quando comparado aos mais de 30 bilhões de litros usados pelos campos de golfe próximos. Se os campos de golfe locais fossem apenas 7% mais eficientes nos sistemas de rega, poderiam compensar *toda* a água usada pela Intel. Mas ter os fatos a seu lado nunca é suficiente.

No Arizona, manter a comunidade feliz significa usar a água com cuidado, sobretudo quando você é uma das 100 maiores empresas da *Fortune*, com alta visibilidade, e uma fábrica enorme. Investir milhões de dólares anualmente para reciclar água, como faz a Intel em Chandler, não é um investimento que a empresa faria se estivesse buscando apenas resultados financeiros trimestrais. Tampouco o programa de gestão de recursos hídricos da Intel é exigido por lei. Os executivos da Intel sentem que é a coisa certa a ser feita e, mostrando sensibilidade às necessidades da comunidade local, mantêm a licença de operação da empresa.

Recentemente, a empresa recebeu aprovação para construir uma nova fábrica de chips em meses — processo que, de outro modo, teria levado anos. Quanto vale a rápida aprovação para uma nova fábrica? Obviamente, é impossível calcular o valor com precisão, mas acelerar o desenvolvimento de uma fábrica multibilionária vale muito.

De acordo com nossa visão, a Intel está lidando com pressões da comunidade de maneira bastante inteligente. Fazer a coisa certa e fazer o que é bom para o negócio não são opções mutuamente excludentes.

O hiato de percepção é ainda maior no que diz respeito às preocupações com as qualidades do ar. A fábrica da Intel em Chandler produz praticamente a mesma quantidade de compostos orgânicos voláteis que um posto de gasolina local, mas Rick Paulson observa: "Temos um problema de percepção, seja ele real ou não, em relação à contribuição da Intel para a qualidade do ar – os dados não importam; o que importa é a percepção."[19] Pedir a um engenheiro para ignorar dados reais e lidar com sentimentos não é tarefa fácil.

Muitas outras empresas ficaram presas nesse hiato entre a análise dos engenheiros e a percepção do público. Lembra de como a Shell realizou a análise detalhada da empresa para afundar a plataforma de petróleo Brent Spar no Mar do Norte? A solução não era ideal, mas provavelmente era a melhor opção. Para os oponentes e os consumidores da Shell ao redor do mundo, porém, as impressões atropelaram rapidamente os fatos. Ou considere a longa batalha com os reguladores pela solução adequada ao problema dos PCBs tóxicos no Rio Hudson. Os cientistas especializados em água nos dizem que a GE está certa, de um modo geral – deixar as substâncias químicas onde estão não é o ideal, mas provavelmente é a melhor solução para reduzir a exposição humana. Mas diga isso às pessoas que vivem às margens do rio.

As empresas inteligentes estão descobrindo que os sentimentos no mercado são tão reais para as pessoas que os sentem quanto os fatos da empresa são para ela. Como a Intel, elas viram que gerenciar as percepções e prestar atenção às preocupações ambientais da comunidade podem ter efeito positivo nos resultados financeiros. Entender essa realidade é vital para desenvolver a mentalidade certa para a criação de Ecovantagem.

COMO A CRUZADA PELA SUSTENTABILIDADE DA MONSANTO DESANDOU

Robert Shapiro foi um *darling* da comunidade ambiental. Durante sua gestão como CEO da Monsanto, de 1995 a 2000, Shapiro fez da sustentabilidade o centro de sua estratégia corporativa.[20] Imaginou um mundo no qual inovações em ciências da vida, engenharia genética e biotecnologia permitiriam colheitas sem pesticidas nem fertilizantes, grama sem água e arroz e outros alimentos contendo vitaminas essenciais. Foi um visionário.

Shapiro e sua equipe de cientistas na Monsanto sabiam que poderiam realizar uma revolução agrícola. E tinha certeza de que poderiam fazê-lo com segurança. Afinal, os norte-americanos consumiam soja e outros produtos agrícolas há anos, sem o menor sinal de efeitos danosos. Mas o que Shapiro e sua equipe não sabiam é que o cliente europeu não gostava nem um pouco da idéia de alimentos geneticamente modificados.

Robert Shapiro levou sua revolução de alimentos geneticamente modificados para a Europa com toda a confiança do mundo, mas tudo que conseguiu foi uma enorme onda de protestos. Com gritos de "Frankenstein dos alimentos" ecoando a seu redor, os executivos da Monsanto tentaram apresentar argumentos racionais e científicos para acalmar os temores dos consumidores franceses, alemães e italianos, mas não houve jeito. Não tardou para que a Monsanto estivesse fora do mercado europeu, o que balançou a empresa. Na verdade, o que Shapiro não percebeu é que sensações são fatos.

LIXO COM MARCA

Marcas públicas fortes como Coca-Cola e McDonald's são alvo de uma atenção desproporcional do público – para o bem ou para o mal. Vejamos o problema do "lixo com marca". Quando as pessoas vêem lixo na estrada com o logo do McDonald's, pensam, mesmo de modo subconsciente, que "o McDonald's está jogando lixo por toda parte". A culpa pode não ser do McDonald's, mas é o que as pessoas sentem.

FAÇA A COISA CERTA

A IKEA é uma empresa conhecida por "contar os centavos" – um hábito estimulado pelo fundador Ingvar Kamprad, considerado um dos 10 homens mais ricos do mundo (boato negado com veemência pela IKEA). Kamprad viaja de classe econômica, hospeda-se em hotéis baratos e dirige um Volvo velho que tem há anos.

Bob Kray, gerente de uma loja da IKEA em Paramus, Nova Jersey, nos deu uma idéia da contenção de Kamprad. Uma vez, ao visitar a loja de Kay, o fundador da empresa viu uma pilha de poeira e detritos que fora varrida para o canto. Junto do lixo, havia pequenos lápis de madeira que clientes e funcionários usam na loja. Kay conta que "Ingvar disse: 'Bob, não deixe esses lápis irem para o lixo!' Abaixei-me e catei no lixo os lápis, que valiam menos de US$0,01."[21]

Considerando-se essa atenção a cada centavo desperdiçado, poderia parecer estranho o fato de a IKEA gastar milhões de dólares em iniciativas ambientais. Na loja de Kay, por exemplo, os funcionários separam a embalagem ao receber produtos para estoque. Criam pilhas para tipos diferentes de plástico, madeira e metal, e a loja paga para mandar reciclar os diferentes tipos de lixo. Nada disso é regido por exigências regulatórias. E mais: essa etapa adicional de separação das embalagens retarda a reposição de estoques e tem custo de mão-de-obra e administração de resíduos. Mas a IKEA considera o esforço essencial para o espírito de proteção ambiental.

Desse modo, por que a sovina IKEA estaria gastando mais com o meio ambiente? Boa parte da resposta está em um mantra pendurado nos escritórios da empresa: "Preços baixos – mas não a qualquer preço." Não são apenas palavras. O slogan tem um significado real para cada funcionário da IKEA que conhecemos e as ações da empresa o sustentam.

VOCÊ PRECISA SABER DA HISTÓRIA DA ONDA VERDE?

As empresas não precisam ser fundadas com a ética ambiental em mente para acreditar que cuidar do meio ambiente é a coisa certa a ser feita. Certo, alguns Adeptos da Onda Verde falam nisso há anos. O fundador da Herman Miller, D. J. DePree, um homem religioso que sentiu uma profunda responsabilidade para com o mundo, declarou, no início da década de 1950, que a empresa "será uma boa defensora do meio ambiente".[22] Se essa não foi a primeira menção à defesa ambiental no mundo corporativo, chegou perto.

Sim, é útil quando a crença na defesa do meio ambiente faz parte da história da empresa. Mas qualquer empresa pode assumir o compromisso e encontrar alternativas inovadoras de cumpri-lo. Algumas empresas chegaram a esses valores depois de construir um legado que foi tudo, menos ecocentrado. A Chiquita Brands, por exemplo, tem uma das histórias empresariais mais torturadas do mundo. Entretanto, hoje, os executivos da empresa afirmam que seu foco relativamente novo nos problemas ambientais e sociais é essencial ao sucesso da empresa.

O argumento das empresas para o cuidado com o meio ambiente está sendo reconhecido por muitas outras empresas, além da IKEA. Antes de a malsucedida fusão da HP com a Compaq tirá-la de seu cargo, a CEO Carly Fiorina fez um discurso sobre os motivos pelos quais as empresas deveriam fazer da responsabilidade social e ambiental uma parte essencial de seus negócios. Três de seus quatro temas focavam os benefícios de uma estratégia verdadeira para o negócio. Mas a primeira razão que ela apresentou foi apenas: "É a coisa certa a fazer".[23]

Altos executivos de empresas como Nike, McDonald's e Alcan declararam publicamente o mesmo, com as mesmas palavras. Em sua declaração de valores on-line, o CEO da Herman Miller, Brian Walker, escreve: "Defendemos o meio ambiente por uma razão muito simples: acreditamos que proteger nosso frágil ambiente é a coisa certa a fazer."[24]

Em nossas pesquisas, perguntamos diversas vezes: "Por que você está fazendo isso? Para que gastar mais com algo que é bom para o meio ambiente ou que é tão intangível?" Ouvimos repetidamente esse mesmo mantra, em geral acompanhado de um olhar de espanto diante da pergunta: "É a coisa certa a fazer." Os céticos poderiam dizer que esses líderes corporativos falam da boca para fora, mas testemunhamos compromissos bastante sinceros. E vimos esses mesmos executivos agindo para sustentar suas palavras, muitas vezes colocando em risco os resultados financeiros imediatos da empresa.

Mais do que qualquer outra pessoa, as pessoas que estão nas trincheiras sabem e se importam. Se acreditarem que seu empregador está tentando ser responsável e gerar lucros, e se virem esse espírito se espalhando de cima para baixo, em todos os níveis da empresa, provavelmente colocarão seus talentos em ação em prol da causa ambientalista. É assim que se cria Ecovantagem.

ECOVANTAGEM: CONCLUSÃO

O desenvolvimento da mentalidade certa é essencial ao sucesso na transformação de verde em ouro. Para inserir a ótica ambiental no foco estratégico de sua empresa:

- Examine a floresta, não as árvores: reflita sobre prazos, recompensas e fronteiras.
- Comece pelo topo. A alta gerência da empresa, sobretudo o CEO, precisa se envolver na definição da visão.
- Adote o Princípio da Apollo 13: defina metas ambientais audaciosas e recuse-se a aceitar "não" como resposta.
- Reconheça que sentimentos são fatos: emoções e percepções têm enorme peso – e o cliente nunca se engana.
- Faça a coisa certa: valores ambientais claros inspiram funcionários, clientes, reguladores e também possíveis adversários.

Capítulo 7 Ecomonitoramento

A Mentalidade da Ecovantagem é um motivador poderoso e o núcleo da ótica ambiental que ajuda as empresas a superar os desafios e encontrar oportunidades de aproveitar as vantagens. Mas isso é apenas o início. As empresas precisam de ferramentas para colocar em prática essa mentalidade. Começamos aqui com os elementos do kit de ferramentas que ajudam as empresas a entender onde se encontram.

Para saber exatamente onde elas estão, são necessárias idéias e análises que talvez não surjam naturalmente. O Ecomonitoramento ajuda a responder perguntas fundamentais, mas que às vezes são desconhecidas:

- Quais são os maiores impactos ambientais causados pela empresa?
- Quando e onde esses impactos aparecem? Durante o processo de produção? Durante a expedição e distribuição? A montante, na cadeia de suprimentos? Ou a jusante, nas mãos dos clientes?
- Como o desempenho ambiental da empresa é visto por terceiros?

São perguntas que, em alguns casos, podem ser difíceis. Mas as empresas líderes usam um conjunto básico de ferramentas de Ecomonitoramento para desenvolver um auto-retrato de seus impactos ambientais e ajudá-las a obter Ecovantagem. Com base no exemplo dessas empresas, sugerimos que você:

- Avalie seu "rastro de carbono".
- Colete dados e crie métricas.
- Desenvolva sistemas de gestão ambiental.
- Busque parcerias que lhe sejam vantajosas.

Kit de ferramentas da Ecovantagem – Ecomonitoramento

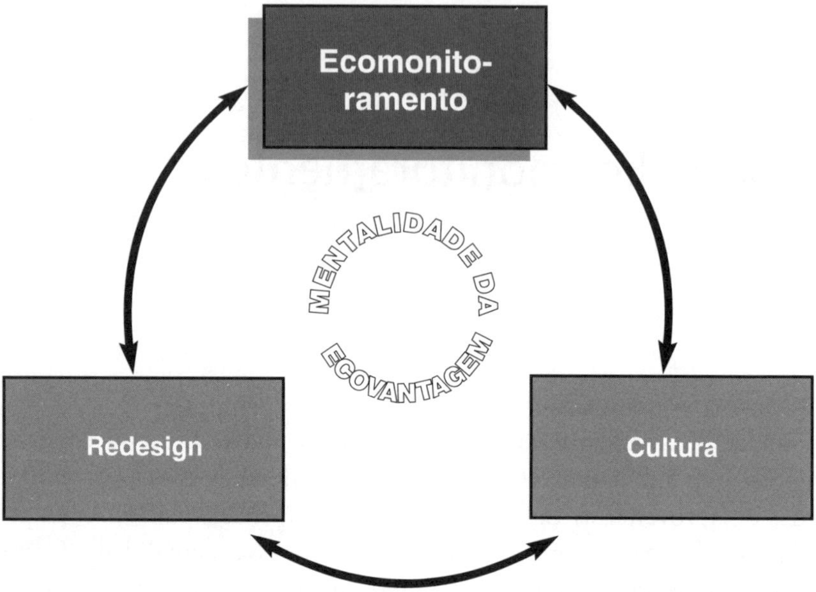

AVALIE SEU "RASTRO DE CARBONO"

Toda empresa deixa uma marca no mundo dos produtos que cria e dos serviços que oferece. Quanto mais recursos forem utilizados e quanto maior a quantidade de poluição gerada, maior será seu "rastro de carbono".

Imagine uma versão extremamente simples da cadeia de valor de um automóvel (consulte a figura "Cadeia de valor simplificada – automóvel"). Da perspectiva do fabricante, as peças – motores, portas, pára-brisas, cintos de segurança e milhares de outros – vêm de uma ponta da fábrica. Os funcionários montam e pintam o veículo e o enviam para venda. Os automóveis e utilitários prontos saem da fábrica e entram nos caminhões, trens ou navios-contêineres para distribuição no mundo inteiro. As concessionárias vendem esses veículos para milhões de clientes felizes.

Antes, solicitar a uma indústria automobilística para avaliar seu "rastro de carbono" causaria basicamente confusão. "Como assim? O que é 'rastro de carbono?'", perguntariam os altos executivos da empresa. Até mesmo os execu-

Automóvel: Cadeia de valor simplificada

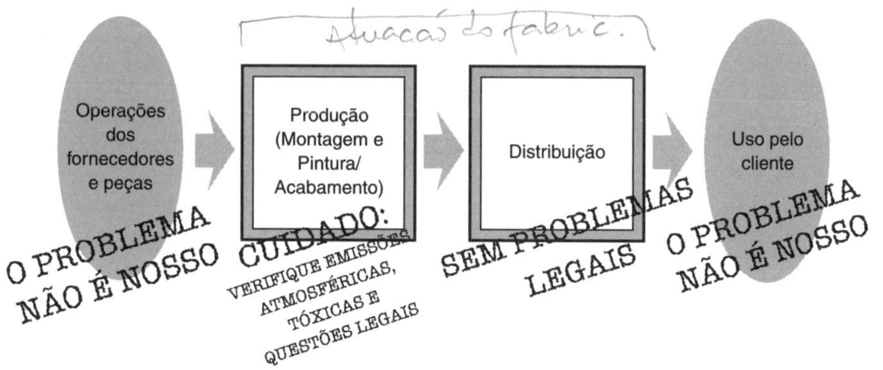

tivos mais esclarecidos provavelmente limitariam suas respostas aos impactos causados pelo processo de manufatura – resíduos de equipamentos usados na fábrica, resíduos líquidos e, talvez, emissões atmosféricas geradas pela pintura dos automóveis. As outras etapas da cadeia de valor sequer seriam consideradas uma possível fonte de preocupação.

A nova visão da cadeia de valor e do rastro de carbono de uma empresa é muito mais abrangente (consulte a figura "Cadeia de valor estendida – automóvel"). Ainda inclui o processo de fabricação, mas agora se expande e passa a incluir também questões ambientais não-regulamentadas, como o uso da energia. As preocupações também se estendem a montante, ao longo da cadeia de valor, abrangendo as operações dos fornecedores, e a jusante, chegando ao uso pelo cliente e ao descarte final do produto. Como dissemos várias vezes, em um mundo de responsabilidade estendida do produtor, o que acontece fora dos portões da fábrica agora tem impacto em sua contabilidade ambiental.

Para lidar com o verdadeiro rastro de carbono do automóvel, o fabricante deve questionar como operam seus fornecedores. De onde vem o aço e como ele é forjado? Que emissões tóxicas a produção do metal produz? Depois, olhe a jusante: Que quantidade de gasolina o motorista irá queimar durante a "fase de uso" do produto? E quanto aos gases de efeito estufa emitidos pelo escapamento? E o que acontece anos depois, quando o veículo é rebocado para o ferro-velho? Agora, o rastro de carbono total reflete o ciclo de vida completo do automóvel.[1]

Alguns aspectos do rastro de carbono de uma empresa são positivos, como clientes atendidos, funcionários pagos e apoio às comunidades. Mas, no contexto ambiental, o rastro de carbono reflete o quanto a poluição gerada pela empresa onera a sociedade e a escala do consumo dos recursos naturais da Terra por parte da mesma. Cada vez mais, a sociedade insiste para que aqueles que sobrecarregam a capacidade do planeta de absorver o impacto humano paguem pelo dano que provocam e se esforcem para minimizar o mal. Os Adeptos da Onda Verde levam a sério a medição de seu rastro de carbono e definem metas explícitas para reduzir seus efeitos negativos.[2]

Porém, para reduzir o rastro de carbono, as empresas precisam conhecer seus contornos. Uma das ferramentas mais úteis para a medição dos rastros de carbono é o produto Avaliação do Ciclo de Vida (LCA — Life Cycle Assessment).

A ferramenta LCA

A ferramenta LCA monitora os impactos ambientais de um produto desde a matéria-prima até a eliminação, ao fim de sua vida útil. A LCA é uma ferramenta importante para o desenvolvimento de um auto-retrato ambiental e para descobrir formas de reduzir os danos. Uma boa avaliação do ciclo de vida pode revelar modos de reduzir os recursos consumidos e os custos em toda a cadeia de valor.

Vamos dar mais uma olhada na cadeia de valor do automóvel (ver figura).

Em vez de um caminho linear, agora vemos um círculo. O automóvel começa com recursos naturais extraídos da terra – do minério de ferro ao alumínio, passando pelo gado, cujo couro reveste o interior. Os fornecedores recebem esses insumos e produzem as várias peças do automóvel. A indústria automobilística monta o produto e o distribui pelo mundo. Depois de vários quilômetros na estrada, o automóvel entra na fase final de vida. Algumas peças serão vendidas como sucata de volta aos produtores de matéria-prima, outras serão recauchutadas e reutilizadas em outros automóveis; outras, ainda, serão enviadas para o aterro sanitário.

A avaliação do ciclo de vida examina esse ciclo completo e mede o impacto ambiental em cada fase. Serve como base para a compreensão dos problemas que uma empresa deve abordar e das pistas para ajudar a encontrar Ecovantagem. Que etapa no processo usa mais água, ou causa mais poluição atmosférica? É possível reutilizar ou reciclar qualquer subproduto gerado pelo processo de produção? Podemos reciclar o produto como um todo? Que etapas na cadeia geram impacto ambiental que envolve stakeholders diferentes? Onde se concentram o desperdício e a ineficiência? As respostas podem ser surpreendentes, e variam muito entre produtos e setores.

Vejamos, por exemplo, um impacto ambiental carregado de conotações políticas: as emissões de gases de efeito estufa. Imagine que tenhamos apenas três estágios no ciclo de vida: pré-manufatura (antes de você), manufatura (você) e uso (depois de você). Simplificando: fornecedores, suas operações e seus clientes.

Automóvel: Cadeia de valor simplificada

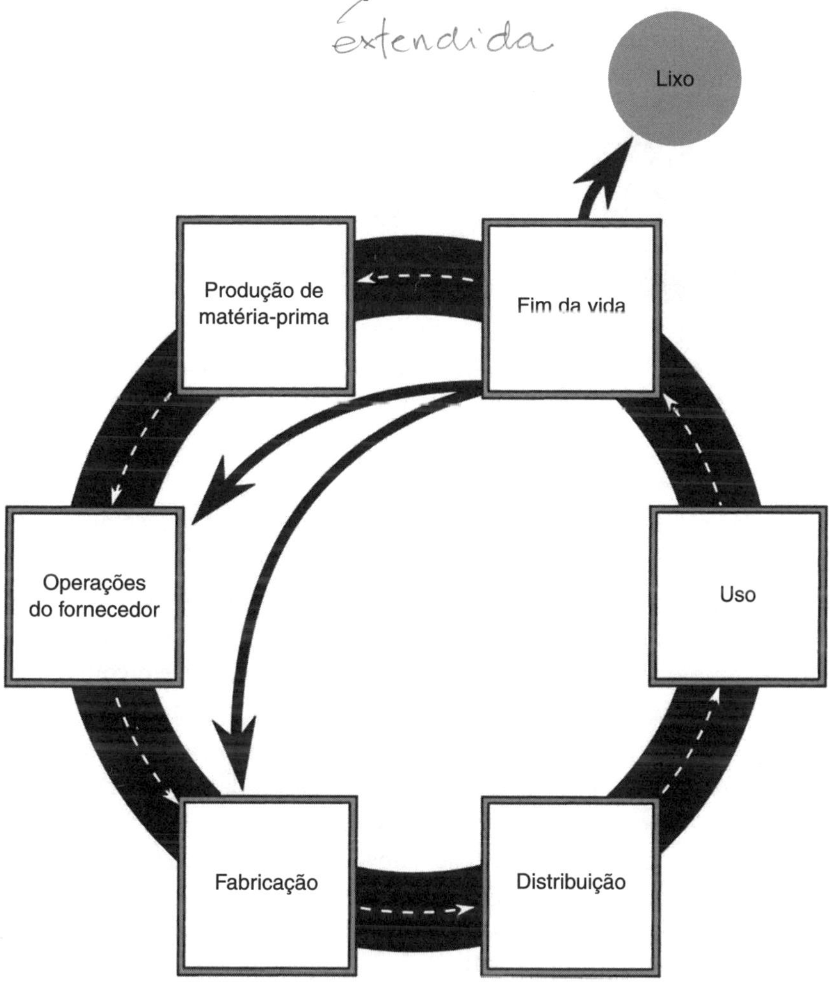

Agora vejamos as emissões aproximadas de gases de efeito estufa de três produtos: um utilitário, uma conta bancária e uma bota de couro (ver figura). Os perfis de emissões de gases de efeito estufa desses três produtos são muito diferentes. No caso do utilitário, a maior parte dos gases de efeito estufa provém não do processo de produção em si, mas da queima de combustível pelos motoristas (fase de uso). Em um serviço como uma agência bancária na qual você tem conta, o uso de energia nas operações (iluminação, aquecimento e resfriamento) é responsável pelo maior percentual do impacto ambiental imediato. E, no caso da bota, a maior parte das emissões ocorre a montante na cadeia de valor.

Ciclo de vida simplificado do automóvel

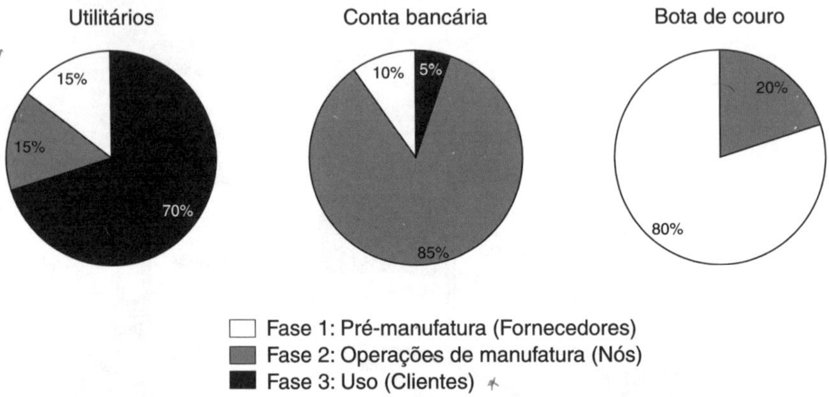

Os números não são exatos, pois cada produto ou empresa é diferente, mas estão bastante embasados na realidade. Na verdade, a Timberland realizou uma análise do ciclo de vida de um produto, uma bota de couro, e calculou as emissões geradas em todas as etapas da cadeia de valor, inclusive subfornecedores como o setor pecuário (novamente, o gado fornece o couro a ser utilizado na confecção da bota). Surpreendentemente, o gado é responsável, de longe, pela maior parte das emissões. Durante a digestão, as vacas produzem metano, um poderoso gás de efeito estufa. O couro da vaca representa apenas uma fração do peso do animal, por isso a Timberland atribuiu apenas 7% da produção de gases pelas vacas ao impacto ambiental da bota. No entanto, mesmo com esse pequeno percentual, o gado é responsável por 80% da carga de gases de efeito estufa da bota.

Por que isso é importante? Teoricamente, tendo em mãos melhores informações sobre o tamanho e a natureza dos vários aspectos ambientais de suas botas, a Timberland poderia concentrar seus esforços nos lugares certos. Ou, pelo menos, os executivos estão mais bem posicionados para entender os *trade-offs* que enfrentam. Ninguém na empresa pensa seriamente em remover todo o couro das botas e ninguém pode impedir que uma vaca produza grande quantidade de metano. Mas, agora, a Timberland sabe que reduzir a quantidade de couro por bota diminuirá seu impacto sobre as mudanças climáticas muito mais do que reduzir o uso de energia nas montadoras ou nos centros de distribuição.

As LCAs também podem orientar o desenvolvimento do produto: A 3M vem expandindo rapidamente seu programa de gestão do ciclo de vida (Life Cycle Management). Agora, o protocolo para os novos produtos inclui uma avaliação dos problemas do meio ambiente, de saúde e de segurança nos fornecedores, dentro da 3M e com os clientes. Essa compreensão dos impactos sistêmicos totais de seus produtos confere à 3M um sólido alicerce sobre o qual construir as estratégias para a Ecovantagem. Veja o exemplo da ferramenta favorita da 3M, a ecoeficiência. Se você conhece os pontos de pressão no sistema e sabe onde pode causar o maior impacto, suas estratégias conseguem ter muito mais sucesso. É possível eliminar a poluição e os resíduos com um bisturi, em vez de ter de usar uma serra elétrica.

As empresas que conhecem o ciclo de vida[3] de seus produtos também aumentam o faturamento ao encontrar alternativas para melhorar a vida dos clientes. Em um caso, baseado em um LCA, a 3M desenvolveu um desinfetante industrial para uso imediato menos tóxico a ser usado em escolas e hospitais. A redução da carga ambiental dos clientes levou ao aumento das vendas.

Uma advertência importante: muitas vezes, a realização das LCAs é um desafio. A análise pode abranger um produto, uma divisão ou toda a empresa. Alguns cálculos são relativamente precisos, enquanto outros exigem uma análise cuidadosa – e pressupostos importantes. Um dos maiores problemas é até onde, a jusante ou a montante, deve-se ir na cadeia do valor. A Timberland mede as emissões de metano do gado. Deveria incluir as emissões do combustível usado para a entrega da ração do gado aos fazendeiros? E quanto ao combustível usado no equipamento agrícola em que se cultiva o milho que serve de matéria-prima para a ração dada ao gado?

Considere *o trade-off* entre profundidade e custo. Análises simples rendem insights significativos. Portanto, lembre-se da regra 80/20 – 80% do trabalho vêm de 20% dos problemas – antes de mergulhar em uma LCA profunda. Se não se fazem suposições razoáveis, se estabelecem as fronteiras de uma maneira lógica ou se reconhecem os limites da análise, as LCAs podem sair rapidamente do controle.[4] Alguns, jocosamente através das LCAs, incluíram a energia necessária para produzir o alimento ingerido pelas pessoas envolvidas na fabricação de um produto.

Em última análise, conhecimento é poder. Conhecer seu rastro de carbono juntamente com a cadeia de valor pode ajudar uma empresa a se engajar na prevenção da poluição, encontrar novas oportunidades para atender os clientes, evitar problemas com os stakeholders e obter vantagem em relação à concorrência. Isso é Ecovantagem.

PARA ONDE ESTAMOS INDO?

Um dos maiores desafios no âmbito da sustentabilidade é definir o que ela exige das empresas. Uma empresa, a Natural Step, tem uma estrutura conceitual útil, composta de quatro princípios, que ajuda as empresas a terem uma noção do que significa ser sustentável. (Consulte nas Notas, "condições do sistema" na Natural Step.)[5] Trabalhando com uma visão clara do ponto final, as empresas podem começar a planejar os passos necessários para chegar lá – o que o fundador da Natural Step, Karl-Henrik Robert, chama de "*backcasting* dos princípios".[6]

Vários Adeptos da Onda Verde – McDonald's, Starbucks e Interface, entre eles – creditam à abordagem de Robert a implementação dos princípios da sustentabilidade. Os executivos da IKEA, por exemplo, imaginaram um futuro específico em que a iluminação fosse de baixo custo e segura para o meio ambiente. As lâmpadas econômicas em circulação eram caras e continham mercúrio tóxico, o que violava as condições do sistema de Robert. Portanto, a equipe da IKEA saiu em busca de novas opções, o que resultou em um processo de produção aperfeiçoado, reduzindo o mercúrio em 75%. Ao se perguntarem "Para onde estamos indo?", eles concentraram a atenção e estimularam a inovação em um problema que se arrastava há muito tempo.

COLETE DADOS E CRIE MÉTRICAS

"O que é medido é gerenciado." Talvez essa alegação seja universal demais, mas as métricas – sobretudo quando associadas a recompensas – atraem atenção. Precisamos de informações para gerenciar qualquer aspecto do desempenho do negócio.[7] No mundo do meio ambiente, os dados nem sempre estão no centro dos processos decisórios, da estratégia ou da política. Deveriam estar. Afinal, os dados quase sempre são precursores importantes da melhoria ambiental real e verificável.

Uma única lei de monitoramento de dados – o programa Toxics Release Inventory – abriu o caminho da liderança para muitos Adeptos da Onda Verde. Depois que foram solicitados a medir e relatar as emissões de uma longa lista de substâncias tóxicas, as empresas viram o impacto de seus rastros de carbono. E muitas perceberam que substâncias químicas valiosas estavam escapando pela chaminé.

O que monitorar

Toda empresa deve monitorar alguns resultados ambientais básicos – os recursos que utiliza e o que emite ou elimina. As empresas líderes rastreiam seu desempenho em várias áreas (ver tabela).

Seria bom destilar os resultados e obter uma única métrica, mas isso não é possível. O CEO da Herman Miller nos expressou frustração por não poder

Métricas ambientais importantes

Resultados ambientais	Métricas básicas
Energia	— Energia utilizada — Energia renovável utilizada ou comprada
Água	— Total de água utilizado — Poluição da água
Ar	— Emissões de gases de efeito estufa — Liberação de metais pesados e de substâncias químicas tóxicas — Emissões de particulados, VOCs, SOx e NOx
Resíduos	— Resíduos perigosos — Resíduos sólidos — Materiais reciclados
Compliance	— Notificações de violações — Multas ou penalidades pagas

reduzir as métricas ambientais a um par de itens importantes para seu "balanced scorecard".[8] Mas o fato é que, inevitavelmente, proteger o meio ambiente é um desafio multidimensional.

Os indicadores ambientais são como as métricas financeiras. Todos produzem as ferramentas básicas de medição financeira: a receita, o balancete e o fluxo de caixa. Mas cada empresa escolhe uma métrica específica na qual se concentrar, como a receita líquida, o índice de endividamento ou o fluxo de caixa livre. Necessitamos de todas essas medidas, mas, dependendo das circunstâncias, algumas são mais essenciais do que outras.

Para aqueles que usam o balanced scorecard como ferramenta administrativa, nossa lista de métricas serve como um bom ponto de partida para o que deve aparecer no lado ambiental do livro razão. Em outros casos, é necessário incluir também métricas sociais.

Toda empresa deve elaborar sua coleta de dados de modo a incluir seus problemas essenciais e desenvolver indicadores específicos da empresa ou do setor. A Starbucks, por exemplo, rastreia de perto vários aspectos do uso de papel, como o percentual de papel reciclado ou o percentual de papel que não utiliza agentes branqueadores. Acrescente-se a isso o cálculo de milhões de copos de papel. Para monitorar um problema que poderia pressionar as operações, a Coca-Cola rastreia quantos litros de água utiliza para produzir um litro do produto final.[9]

Sugerimos três diretrizes gerais para os dados e as métricas ambientais:

- **Monitorar tanto as métricas relativas quanto as absolutas**. Meça os gases de efeito estufa, por exemplo, por dólar de vendas e por toneladas totais de dióxido de carbono emitidas. É tentador mostrar progresso em termos relativos, mas alguns problemas ambientais são absolutos. Reduzir as emissões de gases de efeito estufa referentes às vendas é útil. Mas, se as vendas aumentarem significativamente, o problema piora ainda mais. Os principais stakeholders não ficarão impressionados com uma alegação de progresso impulsionada por um denominador.
- **Colete os dados em vários níveis dentro da empresa**. A capacidade de desmembrar os dados – por país, região, divisão, local e mesmo linha de produção – pode ajudar a isolar as áreas problemáticas e indicar ou ressaltar o desempenho de ponta da liderança e melhores práticas a serem reproduzidas.
- **Colete as mesmas informações para toda a cadeia de valor**. Mesmo correndo o risco de parecer um disco arranhado, o que acontece fora dos portões da fábrica, dos fornecedores aos clientes, passando pelos distribuidores, pode ser muito importante.

Se isso lhe parece dispendioso demais, saiba que não precisa ser. Boas medidas muitas vezes caminham lado a lado com controle operacional firme. Até a minúscula Rohner Textil, uma das menores empresas que entrevistamos, monitora dezenas de métricas ambientais desde 1993. Logo veremos como a GE economizou com um sofisticado sistema de monitoramento de ecodados que proporciona um alto grau de granularidade.

Métricas da cadeia de suprimento e bancos de dados de materiais

Até agora, falamos sobre a métrica mais adequada para os negócios com produtos concretos. Uma empresa de serviço usa energia e pode gerar resíduos, mas provavelmente não precisa monitorar as emissões de água. Todavia, mesmo as empresas de serviço utilizam produtos e seus fornecedores podem enfrentar problemas diferentes. Monitorar o desempenho dos fornecedores é uma boa idéia. Um banco poderia ser responsabilizado pelos problemas ambientais criados pelo fabricante dos caixas eletrônicos? Isso pode parecer ridículo, mas a quem as ONGs e a mídia responsabilizariam – o obscuro fabricante ou o banco, uma marca multibilionária?

O McDonald's começou a pedir a seus fornecedores para monitorar métricas importantes. O rastro de carbono operacional da empresa está associado a energia e resíduos. Mas os hambúrgueres e batatas fritas vêm acompanhados de bagagem ambiental. A criação de gado e a agricultura industrial têm rastros de carbono grandes – uma consideração imposta ao McDonald's pelas muitas perguntas feitas pelas ONGs sobre a proveniência da carne: se vinha de pastos gerados pelo desmatamento de florestas tropicais. O McDonald's percebeu que também teria de lidar com esses problemas.

Alguns Adeptos da Onda Verde estão indo além das métricas básicas e solicitando aos fornecedores informações exclusivas. A Herman Miller construiu uma banco de dados de materiais para orientar a produção da cadeira Mirra, segura para o meio ambiente.[10] Os dois gerentes responsáveis pediram a todos os fornecedores que explicitassem os ingredientes exatos de todos os componentes da cadeira. Algumas empresas se recusaram a compartilhar essa informação, mas a Herman Miller compraria apenas daqueles fornecedores que concordassem com isso.

A cada elemento químico e a cada substância tóxica foi atribuída uma nota vermelha, amarela ou verde, com base na toxicidade e em outros atributos ambientais. A gerência disse aos designers que eles poderiam usar os verdes sem apreensão, mas teriam de reduzir os amarelos e evitar os vermelhos, como o plástico PVC. Com esse banco de dados de 800 materiais – quem imaginaria que tanta coisa entra na composição de uma cadeira? –, a Herman Miller pôde calcular com precisão a quantidade de cada substância em cada cadeira. Como a ferramenta também gera uma nota total do produto que vai de 1 a 100, os designers agora têm metas para cada nova geração de produtos.

O gerenciamento de dados é uma ferramenta essencial para a geração de Ecovantagem em todas as categorias: risco, custo, receita e valores intangíveis. Os clientes que procuram móveis com baixo impacto ambiental e que não impactem a qualidade do ar em ambientes fechados ficarão satisfeitos com a Mirra. Produtos mais limpos também ampliam a marca. Finalmente, saber exatamente de que são feitos seus produtos pode eliminar o risco e economizar milhões de dólares.

A crise de cádmio da Sony foi um chamado de alerta ouvido amplamente no setor de eletrônicos. A Dell, por exemplo, está gastando milhões para ampliar seu banco de dados de materiais. Um dos principais executivos da área ambiental da Dell, Don Brown, nos disse: "Na eventualidade de um problema na entrada em países da União Européia, podemos responder a qualquer pergunta com *dados* e evitar ficar com 10 mil mercadorias presas na alfândega."[11]

Métricas criativas: Além dos dados brutos

Ter bons dados nos leva até a linha de partida. Usar as informações para demonstrar o impacto ambiental de maneiras interessantes e relevantes pode concentrar a atenção dos funcionários nas coisas certas. Falar sobre o uso da energia por funcionário, por exemplo, traz o desafio para o nível individual e envolve a todos em um objetivo grandioso e, ao mesmo tempo, pessoal.

A DuPont se concentrou em uma métrica erroneamente confusa: O Valor Agregado ao Acionista (SVA, do inglês Shareholder Value Added) por libra de produto.[12] Isso mesmo, o peso de tudo que a empresa produz, e que, dizem eles, já esteve perto dos 20 bilhões de libras. A DuPont está chegando a uma verdade profunda: mesmo com metas agressivas relacionadas a resíduos e energia, quanto mais ela produz, maior é o impacto ambiental. Portanto, a empresa partiu para o que interessa e mediu o volume. A DuPont tem seis anos de dados sobre o SVA por libra para 90 divisões. A meta informal é quadruplicar essa medida de produtividade de recursos por toda a empresa.

Em 2004, a DuPont perdeu algumas de suas marcas-ícone, como a Lycra e a Spandex, quando vendeu seu negócio de nylon para a Koch Industries. Como essa venda se relaciona à métrica do peso que acabamos de mencionar? Paul Tebo, da DuPont, explica em termos de valor de mercado. Ele traça um quadro teórico de SAV/libra contra o índice P/L de várias empresas ou setores.[13] De um lado, está uma empresa como a Microsoft – índice P/L elevado, SAV/libra elevado. Do outro, estão as indústrias pesadas e de grande porte, como a de produção de nylon – índice P/L baixo, SVA/libra baixo. A DuPont acredita que os dois eixos estão conectados e deseja passar para a ponta de alto valor agregado do espectro, com taxas de crescimento maiores e maior valor de mercado.

Sempre precisaremos de produtos e materiais, mas os mercados valorizam mais os serviços e o conhecimento adicionados a esses materiais. À medida que adotamos uma economia baseada na informação, bytes substituem bits. Assim, de certa maneira, o SAV/libra capta o espírito do amplo movimento global rumo à desmaterialização. Há muito a se ganhar com uma pequena métrica, desde que ela faça o trabalho.

Dados e espírito competitivo

Rankings e listas iniciam discussões. Veja só o estardalhaço em torno do ranking anual de universidades americanas realizado pela *U.S. News*. Ou a agitação anual causada pela pesquisa anual sobre técnicos e o ranking feito por quem define que equipes de futebol universitárias estarão classificadas para os jogos dos principais campeonatos. Como descobrimos, até mesmo dados sobre o meio ambiente podem causar uma grande confusão.

Nossa equipe de pesquisas em Yale, trabalhando com o Earth Institute, da Columbia University, criou um ranking de países com base na métrica de sustentabilidade.[14] Os resultados, divulgados na reunião anual do Fórum Mundial de Economia, provocaram comoção em vários países. O presidente do México, Ernesto Zedillo, insistiu que funcionários graduados do Ministério do Meio Ambiente fossem a Yale reclamar. O primeiro-ministro belga enfrentou um inquérito parlamentar e o ministro do Meio Ambiente de Cingapura sugeriu que era impossível, talvez até inconstitucional, Cingapura ocupar uma das últimas posições.

Os Adeptos da Onda Verde sabem que esses dados podem incitar fogueiras competitivas. Comparam o desempenho ambiental em localidades, regiões ou divisões. O conglomerado latino-americano GrupoNueva divulga todas as suas métricas internamente, todos os meses, por fábrica. Os gerentes das fábricas conhecem sua posição em uma grande variedade de questões, inclusive desempenho ambiental. As revisões internas dos gerentes de almoxarifado realizadas na IKEA incluem suas posições em métricas ambientais dentro do país e no continente. Faz parte da natureza humana. Ninguém quer estar por baixo.

As métricas ambientais mostram à empresa onde ela se situa. Os dados e indicadores são essenciais para decisões e para a gestão ambiental sólida, baseada em fatos. Levam à melhoria contínua e permitem que os gerentes avaliem os avanços em relação ao controle da poluição e aos objetivos de produtividade dos recursos.
A sustentabilidade é mais uma jornada do que um destino, mas ainda é vantajoso saber onde você se situa no caminho.

DESENVOLVA SISTEMAS DE GESTÃO AMBIENTAL

A hora da entrega da declaração do imposto de renda revela dois tipos básicos de pessoas: aquelas que têm todos os recibos, declarações dos bancos e demonstrativos contábeis à mão... e o resto de nós. As informações estão guardadas em velhas caixas de sapatos e no fundo das gavetas, mas não estabelecemos um sistema preciso para coletá-las.

As empresas não têm essa opção. Os demonstrativos contábeis devem estar de acordo com os princípios contábeis estabelecidos por lei e as empresas de capital aberto precisam divulgar seu desempenho. Nos Estados Unidos, no âmbito da Lei Sarbanes-Oxley, os CEOs e CFOs podem ser presos se seus demonstrativos contábeis não estiverem em ordem. Atualmente, as questões ambientais são consideradas parte do passivo em potencial que as empresas devem incluir em qualquer contabilidade.

Portanto, a implementação de um sistema de gestão ambiental é essencial para empresas de todos os portes. O desenvolvimento de um sistema de gestão ambiental exige tempo e cuidado, mas quando um bom sistema está funcionando, os gerentes conhecem melhor seu negócio, encontram maneiras de eliminar resíduos, aumentam a eficiência dos processos e evitam problemas graves. Veja o exemplo da GE. Não é surpresa que a empresa, com sua cultura corporativa voltada para dados, tenha desenvolvido um sistema elaborado para monitorar os resultados ambientais. O vice-presidente sênior da empresa, Steve Ramsey, nos apresentou o PowerSuite da GE, um programa de intranet que oferece informações detalhadas sobre processos, como um calendário regulatório que lembra aos gerentes o que fazer e quando se candidatar a cumprir as exigências para permissões de emissões.

O "cockpit digital" em tempo real inclui métricas sobre desempenho ambiental, uso de recursos, segurança e *compliance* em praticamente todos os níveis – da empresa como um todo até o nível granular de um processo de produção específico. Se houver algum impedimento em qualquer parte ao longo da linha de produção, os gerentes da fábrica e seus chefes saberão e poderão tomar as devidas providências.

O desenvolvimento do sistema de rastreamento da GE custou cerca de US$10 milhões. Mas essa ênfase nos dados, associada ao famoso compromisso da empresa com a eficiência do programa Seis Sigma, produziu resultados ambientais fantásticos. A GE reduziu a quantidade de vezes em que as emissões da água residual excederam os níveis permitidos pelas normas em mais de 80% em uma década. A empresa também economizou dezenas de milhões de dólares com o aumento da produtividade ambiental e de segurança. O novo sistema não tardou a se pagar muitas vezes.

SISTEMAS DE GESTÃO AMBIENTAL

O desenvolvimento de um sistema de gestão ambiental não precisa ser uma jornada solitária. Plataformas padronizadas de sistemas de gestão ambiental já foram desenvolvidas. Um lugar especialmente útil para se buscar ajuda é o padrão de gestão ambiental da International Organization for Standardization, ISO 14000. Como o famoso ISO 9000, que orienta as empresas a incorporar a qualidade a suas operações, o ISO 14000 serve de modelo para a criação de um sistema de gestão ambiental.[15]

Nem todas as empresas com bons dados e sistemas necessitam do ISO 14000, mas muitas, agora, procuram o certificado por solicitação de seus maiores clientes.

A ajuda para implementar o ISO 14000 pode ser obtida em inúmeras fontes. Tanto o World Business Council for Sustainable Development quanto a Global Environmental Management Initiative oferecem orientação.[16] E existem alternativas ao ISO 14000. Algumas instalações européias adotaram o Ecomanagement e o Audit Scheme da União Européia.[17] Várias empresas que estudamos desenvolveram seus próprios sistemas, muitas vezes com mais ênfase em melhorar os resultados do que o ISO, focado no processo, exige.

Assim, embora a criação de um sistema de gestão detalhado possa parecer sem graça ou caro, nossas pesquisas mostram que ter *algum* sistema em vigor vale muito a pena e estimula o melhor desempenho.

Quando as coisas dão errado

Lembra de como os executivos da Exxon se atrapalharam nos dias que se seguiram ao vazamento de óleo do *Exxon Valdez*? A empresa acabou gastando US$3 bilhões para limpar o óleo no Canal Príncipe William. Penalidades, multas e julgamentos adicionais, até agora, elevaram a conta total para mais de US$12 bilhões. E os livros sobre esse incidente de 1989 ainda não foram fechados.[18]

Uma última área de sistemas específica merece uma atenção especial: avaliação de riscos e gestão de emergência. Digamos que algo saia errado em uma de suas instalações – um vazamento de substância tóxica ou, pior ainda, lesão ou mortes. O que a empresa deve fazer? Quem é o encarregado de resolver o problema? Quem interage com a imprensa? Quem fala com os funcionários? Essas perguntas não deveriam ser respondidas às pressas. Em um momento decisivo, o tempo é de primordial importância. Quando os acidentes acontecem, as empresas precisam dispor de um conjunto claro de procedimentos. Todos os envolvidos em uma resposta de emergência devem conhecer seu papel. A IBM, por exemplo, tem uma equipe de gestão de crises corporativas com responsabilidades detalhadamente explicitadas e gerentes específicos definidos como porta-vozes.[19]

Bem antes de uma crise, as empresas precisam ter um processo que identifique os possíveis riscos ambientais. A ferramenta AUDIO que mencionamos no Capítulo 2 é um bom começo. Ajuda a descobrir onde, na cadeia de valor, as crises podem ocorrer.

Várias ferramentas podem ajudar a aguçar as idéias e a atenção, especialmente no nível operacional do dia-a-dia. Trabalhamos com empresas como a Northeast Utilities na implementação de questionários simples sobre riscos ambientais. As perguntas obrigam os gerentes de nível médio a refletirem sobre onde estão os desafios e vulnerabilidades da empresa. Eles sabem como lidar com emergências? O equipamento necessário está pronto para funcionar em caso de acidente? O pessoal foi treinado e testado? O questionário ajuda a gerar uma análise que identifica furos no sistema.

Os Adeptos da Onda Verde avaliam os riscos ambientais antes que eles se transformem em problemas. O Material Risk Council da IKEA, por exemplo, se reúne regularmente para analisar o que há de mais novo sobre substâncias químicas. Aquelas julgadas perigosas demais são colocadas em uma lista negra e eliminadas da cadeia de suprimentos.

As empresas enfrentam um ponto especialmente crítico de exposição quando adquirem novos ativos. Com um volume substancial de fusões e aquisições, a GE realiza uma rigorosa avaliação ambiental e de riscos em todas as transações. A empresa incorpora ao preço do novo ativo em potencial os custos para (a) levar o novo negócio a um nível de total *compliance*, (b) implementar os sistemas de meio ambiente, saúde e segurança da GE e (c) lidar com os problemas de responsabilidade pelo legado. Membros importantes da equipe de avaliação ambiental reúnem-se mensalmente com a gerência para discutir os negócios em andamento.

Os riscos identificados podem destruir um negócio ou resultar na obrigatoriedade de uma ação reparadora. A equipe da GE conta uma história desagradável sobre uma empresa brasileira por ela adquirida há alguns anos. Durante a análise do negócio, a empresa percebeu que a creche do local ficava próxima a uma área onde era armazenada grande quantidade de substâncias químicas.[20] A GE exigiu que a creche fosse transferida do local. Três meses depois, mais ou menos, aconteceu um incêndio químico que destruiu a parte do prédio onde se localizava a creche anteriormente. Os executivos da GE não têm dúvidas de que muitas crianças teriam morrido. “Esse exemplo mostra por que devemos ser sistemáticos”, disse a equipe da GE. Uma avaliação apenas financeira do negócio não teria revelado a ameaça.

BUSQUE PARCERIAS

Você pode acreditar que está pronto para graves problemas ambientais depois de ter desenvolvido e implementado ferramentas e sistema de monitoramento. Entretanto, muitas vezes, as ONGs e comunidades locais têm uma visão muito diferente do conjunto de problemas com os quais você está familiarizado. Lembre-se: sentimentos são fatos. Não conseguimos pensar em uma maneira melhor de descobrir o que as pessoas que estão de fora pensam de sua empresa em um nível *emocional* do que estabelecer uma parceria com terceiros e realmente ouvir o que eles têm a dizer.

A parceria é, na verdade, uma ferramenta importante na geração da Ecovantagem. Livros inteiros foram escritos sobre parcerias e inúmeras conferências foram dedicadas ao tópico.[21] Aqui, fazemos uma rápida revisão dos exemplos notáveis e apresentamos lições importantes que compilamos ao analisar várias relações empresa-stakeholder.

Teoricamente, uma empresa pode ser parceira ou aprender com qualquer um dos 20 stakeholders em nossa Roda de jogadores da Ecovantagem no Capítulo 3. Vale a pena pensar nas ligações possíveis com todos eles. Mas cinco categorias-chave de parceria têm mais potencial de pagar altos dividendos: ONGs, especialistas em meio ambiente, governos, comunidades e outras empresas.

Parcerias com ONGs

Se houvesse um concurso para descobrir a empresa com a pior história de responsabilidade social corporativa, a Chiquita (ex-United Fruit) definitivamente seria uma das candidatas. Na década de 1950, a empresa financiou um golpe liderado pela CIA contra o governo eleito democraticamente na Guatemala porque não gostou das políticas agrícolas dos novos líderes. (Daí, a expressão "república de bananas"). Essa história tortuosa causou a reviravolta da Chiquita, hoje uma empresa líder em responsabilidade ambiental e social.

Os executivos da Chiquita dizem que a transformação começou no início da década de 1990, quando a empresa formou uma profunda, duradoura e improvável parceria com a Rainforest Alliance, uma ONG de Nova York.[22] Os principais jogadores nessa relação ainda estão aqui hoje. Falamos com Dave McLaughlin, da Chiquita, e Chris Wille, da Rainforest Alliance, ambos trabalhando na Costa Rica e passando um bom tempo nas fazendas produtoras de bananas do mundo.

Atualmente, a parceria é multifacetada e profundamente arraigada. Trabalhando com uma série de outros stakeholders, como outras empresas e pequenos agricultores, a Chiquita e a Rainforest Alliance desenvolveram um conjunto de orientações para o cultivo e o processamento de bananas de maneira ideal em termos sociais e de meio ambiente. Depois de um processo intensivo e inclusivo de dois anos, implementaram uma nova maneira de fazer negócios. Agora, todos os anos, a Rainforest Alliance faz auditoria e certifica as fazendas que atendem os padrões de seu Better Banana Program. A Chiquita, então, divulga os resultados ao público em um relatório ambiental brutalmente honesto, inclusive com notas para as mínimas falhas. Um exemplo: "Em Turbo, Colômbia, um fabricante de automóveis apresentou vazamento de óleo que poderia ter contaminado um córrego próximo."

Essa espantosa transparência recebeu prêmios por excelência em relatórios ambientais e conquistou para a Chiquita a lealdade de clientes vigilantes na Europa. Os relatórios estavam anos adiante dos esforços mais recentes de outras empresas como The Gap, que também abriu seus livros sobre o desempenho dos fornecedores.

A parceria entre a Chiquita e a Rainforest Alliance é uma das mais estratégicas e eficazes no mundo – e uma das mais antigas, pelo menos para quem está de fora. No início da década de 1990, a Rainforest Alliance estava entre os maiores críticos da indústria de bananas em geral e da Chiquita em particular. Se a Chiquita fizesse parte do Império Romano, os executivos veriam a ONG como uma horda de bárbaros inimigos.

UMA NOTÁVEL CITAÇÃO: ESTRANHAS COOPERAÇÕES

Glenn Prickett, da Conservation International, observa:

> Antes, as fronteiras entre esses campos eram bastante nítidas. Agora, ex-antagonistas trabalham juntos de maneiras desconfortáveis, controvertidas e, no entanto, altamente eficazes... Em seu âmago, os líderes de ONGs ambientais prefeririam soluções de políticas públicas às parcerias industriais. E a maioria dos executivos das indústrias provavelmente preferiria se concentrar nos negócios, não no trabalho ambiental. Mas vivemos em uma época de estranhas cooperações.[23]

Em 1991, a Rainforest Alliance gerou um conjunto preliminar de padronizações para o cultivo de bananas pelos agricultores. O setor o rejeitou. Como McLaughlin nos disse, a Chiquita pensou que poderia ser uma armadilha. Os executivos acreditavam que a crescente visibilidade da empresa poderia torná-la alvo de críticas, apesar de suas melhores intenções. Os líderes da ONG reconheceram que esse medo não era infundado. "Muitas críticas de ONGs eram injustas ou generalizadas", admitiu Chris Willie. "Uma única empresa e um único setor eram responsabilizados por tudo de ruim que acontecia na Costa Rica."

Em sua empresa, os relacionamentos eram praticamente inexistentes. Mas muitas forças estavam conspirando para colocar a Chiquita na berlinda. Os compradores europeus faziam perguntas difíceis sobre a plantação de bananas e a Chiquita sabia que devia se esforçar bastante para melhorar. O trabalho com a Rainforest Alliance oferecia um ponto de partida verossímil. O relacionamento começou lentamente com uma simples reunião. McLaughlin e Willie caminharam juntos por uma fazenda para avaliar os problemas. Depois que a confiança começou a se desenvolver, aos poucos, a Chiquita concordou em desenvolver um programa-piloto em duas fazendas para testar novos padrões e verificar o que poderia realmente funcionar na região. Mas o relacionamento ainda era instável, em algumas ocasiões até gélido. Como mencionamos antes, a revista *Ranger Rick* liderou uma campanha infantil de envio de postais ao CEO da Chiquita. A Rainforest Alliance estava por trás desse esforço e isso aconteceu *depois* que começaram a trabalhar juntos.

Mas a confiança continuou aumentando. Ao longo dos anos, a parceria associou ciência às realidades locais e conhecimento operacional. O Better Banana Progress é um manual operacional detalhado. A Chiquita gastou U$20 milhões na primeira década para implementar as mudanças em todo o continente, mas, ao mesmo tempo, economizou US$100 milhões em custos operacionais. A produtividade das fazendas está acima dos 27% e o custo por caixa de banana diminuiu 12%.[24] Os gerentes da Chiquita não têm dúvida de que essas fazendas funcionam melhor.

Os resultados ambientais também são impressionantes. Nas plantações de banana da Chiquita, reduziu-se drasticamente o uso de pesticidas, eliminando-se totalmente alguns inseticidas.[25] Atualmente, as fazendas tratam com cuidado do lixo, como plástico e bananas podres que antes jogavam fora de qualquer maneira. "Acontece o tempo todo nas fazendas", conta Willie. "Antes, costumava haver pilhas e pilhas de lixo plástico, que às vezes era jogado nos rios. Os turistas que nada sabem sobre o programa dizem poder identificar uma fazenda certificada porque ela é mais limpa e mais bem organizada e administrada."

Os benefícios em função do moral dos funcionários é enorme. Os executivos do setor de bananas disseram a Willie que só a diferença na atitude dos funcionários fez os gastos com o programa valerem a pena.

UMA NOTÁVEL CITAÇÃO: MUDANÇAS NA CHIQUITA

Todas as mudanças operacionais nas plantações de banana da Chiquita são importantes. Mas os executivos estão muito entusiasmados com as mudanças em sua própria empresa. Como diz Dave McLaughlin:

> No fim do dia, não é a certificação que me interessa. A parte mais valiosa é o processo. Fazer as pessoas se conectarem com o processo, aceitar opiniões de fora e estimular novas idéias... todas essas coisas são dez vezes mais importantes. Ver a alta gerência da empresa fazer amizade com a ONG é muito bom. Nossa gerência é muito mais rica do que era. Em nosso primeiro relatório de responsabilidade social corporativa, uma carta do CEO falava de como o compromisso com a Rainforest Alliance nos levou para um caminho totalmente novo. Abrimos aquela porta e dançamos com o diabo.[26] E melhoramos exatamente por isso.

A outra estrela dourada das parcerias com ONGs vai para o McDonald's.[27] Durante mais de 15 anos, a empresa trabalhou com ONGs mundiais famosas ligadas ao meio ambiente. Primeiro veio a parceria pioneira com a Environmental Defense para o desenvolvimento de embalagens. A não-utilização das embalagens de isopor para os sanduíches foi notícia mundial. Mais recentemente, o McDonald's trabalhou com a Conservation International na análise dos impactos ambientais de sua cadeia de suprimento.

Juntas, as duas estabeleceram um conjunto de princípios para um programa-piloto que inclui uma abordagem baseada em sistemas, uma visão de longo prazo e uma base na ciência verdadeira. Com esses elementos familiares de Mentalidade da Ecovantagem, esperam entender os impactos do McDonald's sobre poluição da água, erosão do solo e gestão de resíduos, especialmente do gado. A parceria trouxe alguns fornecedores-piloto para testar novas métricas e objetivos. Falamos com o maior fornecedor de carne e bacon da empresa, que considerou o programa-piloto rígido, porém enriquecedor.

Os céticos devem afirmar que o McDonald's está apenas cooperando com as agendas dessas ONGs. Nós respondemos: e daí? O fato de uma empresa colocar em ação práticas ambientais firmes que uma ONG a ajuda a elaborar não é uma conspiração maquiavélica. O McDonald's está trabalhando de boa-fé com essas empresas. É verdade: as críticas públicas contra empresas que estabelecem parceria com ONGs estão diminuindo. Porém, mais uma vez, há menos motivos para queixas. E é muito mais difícil para as ONGs atacarem suas próprias parcerias e programas. A parceria confere a uma empresa uma forte defesa contra os ataques das ONGs, mas grande parte dessa defesa é a demonstração de um progresso genuíno. Chamamos isso de **inoculação da marca** – outra forma de Ecovantagem.

> **Como verdadeiras parceiras, as ONGs podem ajudar as empresas a monitorar o que está surgindo no horizonte e como a marca é percebida. Usar a cabeça e saber ouvir conferirá à empresa uma Ecovantagem em relação aos concorrentes que ignoram o que essa importante parte do mercado está dizendo.**

Parcerias com especialistas

Os Adeptos da Onda Verde também procuram Ecovantagem por meio de parceria com geradores de conhecimento. Os acadêmicos e outros especialistas em meio ambiente podem oferecer perspectivas valiosas sobre problemas de preocupação crescentes. Iniciar um diálogo, ou até abrir operações para serem examinadas por eles, oferece um mecanismo de revisão entre pares e uma maneira de manter a empresa na vanguarda.

A Alcan aceitou com cautela a solicitação, por parte de alguns pesquisadores de universidades, de estudar suas (hoje antigas) operações de alumínio na Jamaica. "Eles se debruçaram sobre todas as nossas operações",[28] disse Dan Gagnier, da Alcan. "Depois, prendi a respiração à espera do relatório." Examinando-se o ciclo de vida completo, as operações com bauxita foram declaradas "as melhores da categoria", o que foi um alívio. Mas, como nem tudo é perfeito, o relatório ajudou a Alcan a melhorar em questões como a recuperação da terra depois da mineração. A Alcan abriu as portas aos especialistas e recebeu uma LCA completa como resultado de sua transparência.

A DuPont convida regularmente especialistas para julgarem seus prêmios pela excelência no crescimento sustentável. Os prêmios exaltam funcionários e projetos que promoveram sustentabilidade. Mas a DuPont usa o processo de revisão com um exercício de observação. Convida um grupo de estudiosos, pesquisadores e ONGs, inclusive algumas pessoas que normalmente seriam adversários. Os membros da banca que distribui os prêmios fazem perguntas difíceis e informam a empresa quando ela está indo mal.

Outras empresas fazem essa observação mais diretamente. A Dow, a Unilever, a Coca-Cola e um número crescente de empresas, de pequeno e grande porte, criaram Conselhos Consultivos para meio ambiente ou sustentabilidade que se reúnem regularmente com os executivos da empresa. Essa revisão por pares oferece às empresas feedback sobre programas e desempenhos ligados ao meio ambiente de um ponto de vista independente. E elas têm uma chance de ouvir a opinião dos principais líderes das ONGs, dos acadêmicos e dos especialistas em gestão ambiental sobre problemas emergentes e prioridades das comunidades sobre meio ambiente. Essa análise do horizonte oferece um rápido alerta sobre o que está por vir.

Finalmente, muito poucos Adeptos da Onda Verde deram um passo adiante e convidaram especialistas em ciência ambiental para trabalhar na empresa. A Clif Bar contratou uma ecologista formada em Yale para trabalhar em tempo integral nos esforços de sustentabilidade da empresa. A especialista trabalhou com todos os departamentos, ajudando a empresa a usar ingredientes orgânicos e se concentrar mais em seus esforços de marketing relacionados à questão do aquecimento global. A empresa mudou alguns dos eventos esportivos patrocinados e passou a se concentrar em questões ambientais, por exemplo, promovendo uma corrida de bicicleta "neutra para o clima". Essa perspectiva interna de uma cientista ajudou a empresa a encontrar novas maneiras de se conectar com os clientes amantes da vida ao ar livre e preocupados com a saúde.

Parcerias com o governo

Durante muitos anos, o papel do governo norte-americano nas questões ambientais foi bastante claro. O Congresso aprovava as leis e os órgãos reguladores promulgavam regras para sua implementação. Regulamentos no estilo "comando e controle" não desapareceram. Hoje, porém, tanto a EPA (federal) quanto os departamentos de proteção ambiental muitas vezes buscam alternativas de trabalhar em colaboração com as empresas. A EPA lançou vários programas voluntários e parcerias industriais. Algumas iniciativas como as classificações Energy Star para computadores e eletrodomésticos definem padrões para o uso de um rótulo com a aprovação do governo. Outras trabalham mais com um sistema de toma-lá-dá-cá. (Uma lista completa dos programas do governo pode ser encontrada em nossa página na internet: eco-advantage.com.)

A Intel foi uma das primeiras empresas a se associar à EPA em sua oferta de flexibilidade regulamentadora, o Projeto XL, para empresas dispostas a mostrar "excelência e liderança" e se comprometer com os controles da poluição acima e além de exigências legais.[29] Aconselhada por um grupo de stakeholders, a Intel definiu um conjunto de metas ambientais rigorosas, revendo-as regularmente e divulgando métricas trimestralmente. Em troca, a Intel obteve uma permissão de emissões e uma análise regulatória em velocidade recorde para seus planos de expansão. Os executivos da Intel chamaram essa iniciativa de uma "enorme vitória".

Com a União Européia assumindo uma posição agressiva quanto ao avanço da regulamentação ambiental, uma parceria nessa região pode se tornar especialmente valiosa. A Nokia, por exemplo, é uma das duas empresas (a outra é o Carrefour) que lideram um projeto-piloto com autoridades da União Européia sob a nova Integrated Product Policy (IPP) que se concentra no impacto do ciclo de vida dos produtos.[30] O programa-piloto está reunindo uma série de stakeholders – de concorrentes da Nokia até recicladores e clientes – para explorar como reduzir o impacto ambiental total dos telefones celulares.

Parcerias com comunidades

As comunidades não são mais meras espectadoras quando se trata de ações corporativas. Todos os dias, em cidades, bairros residenciais e áreas rurais de um lado a outro do país, prováveis expansões e novas instalações são vítimas de campanhas antiexpansão, atitudes do tipo "No meu quintal, não".

A Shell, como outros setores que fazem uso intensivo de recursos, costumava fazer acordos com governos ou proprietários de terras e ir adiante com os projetos. Isso já não acontece mais. Como mencionamos antes, o trabalho da Shell com a comunidade próxima em seu projeto nas areias betuminosas de Athabasca, British Columbia, Canadá, é um novo modelo de como as coisas devem ser feitas.

As Tar Sands[31] são a maior esperança dos amantes dos combustíveis fósseis. As estimativas sugerem a possibilidade de reservas de petróleo quase tão grandes quanto as da Arábia Saudita. Mas o processo de extração do petróleo representa um importante desafio ambiental. Faz uso intensivo de *tudo* – pessoas, terra, energia, água, dinheiro, tempo.

É razoável, portanto, que as comunidades locais tenham perguntas. O que vai acontecer com nosso ar? O que acontecerá com os lençóis freáticos e rios e córregos locais? Fort McMurray já se transformara de um vilarejo de cerca de mil habitantes na década de 1960 em uma cidade alvoroçada de 35 mil habitantes na década de 1990. Calcula-se que ultrapasse os 100 mil habitantes se o projeto das areias betuminosas for adiante, com todas as pressões ambientais adicionais que tal crescimento rápido acarreta.

Para apaziguar os temores e se preparar para o futuro, a Shell trabalhou com as comunidades nativas, ajudando-as a construir negócios para servir ao projeto, preservando cemitérios e direitos de pesca e até ensinando a elaborar currículos para que pudessem obter vantagens do boom de empregos. A empresa criou planos de infra-estrutura regionais com ONGs, comunidades e concorrentes. "Fizemos coisas que ainda não eram exigidas por lei ou mesmo pela prática do departamento de meio ambiente, saúde e segurança da empresa", declarou Mark Weintraub, da Shell. "Todo esse trabalho ajudou a nos posicionar para as aprovações e expansões à medida que nos tornávamos o 'parceiro de escolha' na região." A Shell gastou muito tempo e dinheiro, mas Weintraub acredita que o processo de aprovação foi encurtado em pelo menos um ano, uma economia substancial em um setor no qual o tempo é, de fato, dinheiro.

Parcerias com outras empresas

Algumas questões ambientais não podem ser abordadas por uma única empresa sozinha. Às vezes, faz sentido um setor inteiro lidar com um problema ou um grupo de empresas com interesses em comum para trabalhar em conjunto para encontrar soluções. As parcerias entre empresas assumem diversas formas:

- **Acordo sobre aprendizado compartilhado**. O McDonald's, a Coca-Cola e a Unilever criaram a iniciativa Refrigerants, Naturally! – com o apoio do Programa das Nações Unidas para o Meio Ambiente e do Greenpeace –, a fim de explorar alternativas às substâncias químicas nos refrigeradores e freezers que destroem a camada de ozônio e contribuem para o aquecimento global. A EPA reconheceu a iniciativa com o Climate Change Award em 2005.

- **Loops fechados.** O supermercado Albertsons ganhou um prêmio de reciclagem, o America's Marketplace Recycles Awards, por suas inovadoras parcerias na cadeia de suprimento focada na reutilização de prateleiras de madeira, óleo de cozinha e outros materiais.
- **Compromisso de mudar um mercado.** A Microsoft, a Kaiser Permanente e a Crabtree & Evelyn trabalharam com um grupo de 60 empresas para eliminar o plástico PVC de seus produtos e embalagens.

As parcerias ambiciosas, tais como refazer um mercado, exigem um esforço real e alguém disposto a dar um passo à frente e assumir a liderança. Trabalhando com a ONG Metafore, uma lista variada de empresas – entre elas, Staples, Time Inc., Starbucks, FedEx Kinko's, Nike e Toyota – se reuniu para formar o Paper Working Group. Depois de lutar por conta própria para definir um papel ambientalmente responsável e encontrar fornecedores que possam oferecê-lo, as empresas se reuniram para harmonizar as ferramentas que usam para avaliar as compras de papel. Seu poder de compra combinado – juntas, essas empresas representam mais de 1% da demanda global de papel – também deve aumentar o suprimento e a disponibilidade de papel ecologicamente correto.

Em 2004, os líderes do setor de eletrônicos, como HP, Dell e IBM, lançaram o Código de Conduta do Setor de Eletrônica para harmonizar os padrões de fornecedores do setor como um todo. Um código de conduta comum produz economias de escala em implementação e treinamento, que economiza tempo e dinheiro para os fornecedores. Outros setores perceberam o que os fabricantes de eletrônicos estão fazendo. Do setor farmacêutico aos fabricantes de automóveis, as empresas estão reunindo políticas comuns para a gestão das cadeias de suprimento.

WORLD BUSINESS COUNCIL FOR SUSTAINABLE DEVELOPMENT

Por quase 15 anos, o WBCSD vem desenvolvendo parcerias de empresas e setores. Como diretor-executivo, Björn Stigson ajudou empresas em uma série de setores a se reunirem para compartilhar as melhores práticas, especialmente no âmbito da ecoeficiência, e para desenvolver estratégias para o desenvolvimento sustentável.

Em alguns contextos, uma empresa que eleva sozinha seus padrões pode estar em desvantagem. As parcerias fazem sentido total. O peso de estar na frente – e arcar com os custos ambientais dos quais outras estão se esquivando – será especialmente grande em setores altamente competitivos, nos quais até as menores diferenças de custo podem acabar com um negócio. Nessas circunstâncias, as empresas inteligentes procuram estabelecer parcerias no setor como um todo. As empresas líderes pioneiras que estão preparadas para atender melhor às exigências mais rígidas também devem descobrir que fazer um lobby diante do governo para a definição de regulamentações rigorosas é o melhor caminho a seguir.

Como as parcerias setoriais eliminam a oportunidade de aproveitar uma vantagem competitiva, a cooperação será estrategicamente ideal nos casos em que a empresa procura igualar o campo de jogo ou onde agir coletivamente economiza o dinheiro de todos e empurra o setor para frente. As parcerias não fazem sentido quando a ação solitária serve como base para a obtenção de Ecovantagem.

Oito lições aprendidas sobre parcerias

Ao analisar várias parcerias, algumas bem-sucedidas – outras nem tanto –, identificamos várias lições básicas:

1. CONHEÇA BEM A PRÓPRIA SITUAÇÃO ANTES DE ESCOLHER UM PARCEIRO ADEQUADO

Seja honesto sobre seus problemas ambientais ao se sentar à mesa com possíveis parceiros. Uma análise AUDIO é um bom ponto de partida. Em seguida, descubra os problemas-chave de seu próprio negócio e verifique que grupos são especialistas nos problemas que você enfrenta.

2. SAIBA COM QUEM ESTÁ LIDANDO

Nem todos os parceiros, especialmente as ONGs, são iguais. O especialista em sustentabilidade John Elkington desenvolveu uma tipologia divertida, mas útil, de ONGs.[32] Dividiu-as em tubarões, orcas, leões-marinhos e golfinhos. Os tubarões estão sempre no ataque, sentindo cheiro de sangue e fraqueza a quilômetros de distância. As orcas usam o medo e a intimidação. Os leões-marinhos são cautelosos e ficam perto de situações que conhecem bem. Os golfinhos são inteligentes, criativos e podem ajudar a combater os tubarões. A questão é a seguinte: é mais fácil trabalhar com algumas ONGs do que com outras. Evite os tubarões.

3. TENHA PACIÊNCIA

Se pudéssemos compartilhar apenas uma lição, seria esta. Confiança se constrói com o tempo. É preciso anos e anos para defender um argumento internamente até que ele seja aceito. Como diz Dave McLaughlin, da Chiquita: "Não estamos fazendo Tang aqui. Não basta 'acrescentar água e mexer'." Cultive relacionamentos de longo prazo.

4. APRENDA A CULTURA E OS VALORES RECÍPROCOS

A IKEA passou seis meses com a World Wildlife Fund apenas discutindo valores antes de iniciar uma parceria. As diferenças entre as organizações com fins lucrativos e as sem fins lucrativos podem ser grandes, mas valores e culturas diferentes não são insuperáveis. No entanto, é preciso esforço para aprender a falar a linguagem do outro.

5. ESTABELEÇA METAS POSSÍVEIS

As metas da parceria precisam ser cuidadosamente desenvolvidas e especificadas. Devem alcançar um grau de progresso ambiental que satisfaça a todos os parceiros, mas que também seja relevante para os objetivos do negócio principal. Estabeleça metas modestas no curto prazo e supere-as. E jamais prometa demais publicamente.

6. ESCOLHA DEFENSORES

Todo parceiro precisa de um líder operacional claro para o projeto e para o relacionamento. O apoio dos níveis mais elevados também é essencial. A IKEA apresenta regularmente um relatório ao CEO sobre a parceria com o World Wildlife Fund. Também são necessários gerentes de linhas importantes para assumir o comando. O trabalho do McDonald's em sua cadeia de suprimento só decolou quando os gerentes da cadeia de suprimentos, não apenas o pessoal da responsabilidade corporativa, entraram no processo.

7. PENSE GRANDE, MAS COMECE PEQUENO

O compromisso para tornar mais verde a cadeia de suprimento é um objetivo que vale a pena, mas não é uma decisão que possa ser tomada de um dia para o outro. Os programas-piloto constituem uma maneira de testar suposições, estabelecer confiança e construir uma base para iniciativas de parceria maiores e mais amplas no futuro.

8. COORDENE AS COMUNICAÇÕES

Excelentes parcerias podem se tornar amargas quando um lado declara vitória prematuramente. As ONGs vêem *greenwashing* e as empresas escutam escárnio. Não parta do pressuposto de que o outro lado aborda um assunto da mesma maneira que você. Na mesma linha, não anuncie revoluções ambientais até ter indícios críveis de progresso.

LIÇÕES DAS TRINCHEIRAS CORPORATIVAS PARA AS ONGS

Muitas vezes, uma ONG progressista atingirá seus objetivos e ajudará a limpar o meio ambiente com mais rapidez se baixar as armas e encontrar uma maneira de trabalhar produtivamente com as empresas. Identificamos algumas orientações para o sucesso maior:

- **Não critique apenas**. As empresas ouvem melhor quando escutam palavras de estímulo.
- **Seja construtivo**. Nenhuma empresa é sustentável, portanto, é fácil derrubá-las. Mas será que você consegue reconstruí-las?
- **Não espere o sucesso se você equiparar todos os negócios com o mal**. As abordagens antimercado ou anticapitalistas não oferecem uma boa base para o engajamento da empresa.
- **Entenda as pressões que o negócio enfrenta**. Dê aos executivos da empresa cobertura, construindo um plano prático e crível que os deixe bem diante de seus superiores.
- **Mapeie seus stakeholders**. E vigie a retaguarda. As ONGs podem ser acusadas de traição quando trabalham com as empresas. Enquanto desenvolvia o programa das bananas, a Rainforest Alliance se viu recebendo mais apoio do setor do que de ONGs irmãs.
- **Deixe algumas coisas para lá**. O compromisso é essencial para uma parceria de trabalho. Lembre-se de que "o perfeito é inimigo do bom".
- **Reconheça seus erros**. E não tenha medo de rever opiniões ou posições, mesmo as mais antigas.

Em última análise, se existe uma mensagem clara a se tirar das parcerias, é a seguinte: Não tenha medo de iniciar uma conversa com seus críticos mais ferrenhos. Ouvir uma crítica pode ser doloroso, mas é melhor do que vê-la difundida pela internet. No mínimo, todas as partes aprenderão alguma coisa. Saber onde estamos diante de todos é o componente-chave do ecomonitoramento e o primeiro passo para a construção da Ecovantagem competitiva.

ECOVANTAGEM: CONCLUSÃO

Eis nossa lista das principais ferramentas do Ecomonitoramento:

- Análise AUDIO
- Avaliação do ciclo de vida (LCA)
- Desenvolvimento de um conjunto básico de indicadores ambientais
- Criação de um banco de dados de materiais
- Métricas comparativas que estimulem a competição
- Sistemas de gestão ambiental
- Procedimentos de emergência
- Parcerias

Capítulo 8 Redesenhando seu mundo

O arquiteto ecológico Bill McDonough gosta de afirmar que nós, humanos, devemos ser humildes. Afinal, foram necessários 5.000 anos para colocarmos rodas em nossa bagagem.

McDonough alega que precisamos olhar as questões ambientais de uma nova forma. A Ecoeficiência não basta, afirma.[1] Com freqüência, está tornando mais eficientes as atitudes erradas. McDonough vê grandes oportunidades de redesenhar produtos ou até de reconceber como e por que os usamos. Ele tem uma visão de um mundo no qual os produtos, depois de serem utilizados por consumidores, são decompostos em partes biológicas (como resíduos alimentares ou algodão) que podem ser facilmente descartadas, ou em partes tecnológicas que podem ser reintegradas ao sistema industrial e se tornarem novos produtos. Apenas o design que apóie essa visão, ele afirma, nos levará até a sustentabilidade no sentido mais profundo.

Redesenhar produtos, processos e até cadeias de valor inteiras é a segunda parte da Caixa de Ferramentas da Ecovantagem (ver figura). Para terem verdadeiros ganhos ambientais e se beneficiarem da redução de desperdícios e do aumento da produtividade de recursos, as empresas precisam fazer mudanças fundamentais na forma como elas próprias – e talvez seus clientes e fornecedores – fazem as coisas.

O design é crucial, pois grande parte do impacto ambiental do produto se estabelece na fase de design. Segundo Terry Kellogg, da Timberland: "Uma vez que definimos as especificações do produto, 90% do rastro de carbono – em energia, água, substâncias químicas, resíduos perigosos, e assim por diante – estão definidos." O design é o começo de tudo.

Caixa de Ferramentas da Ecovantagem – Redesenho

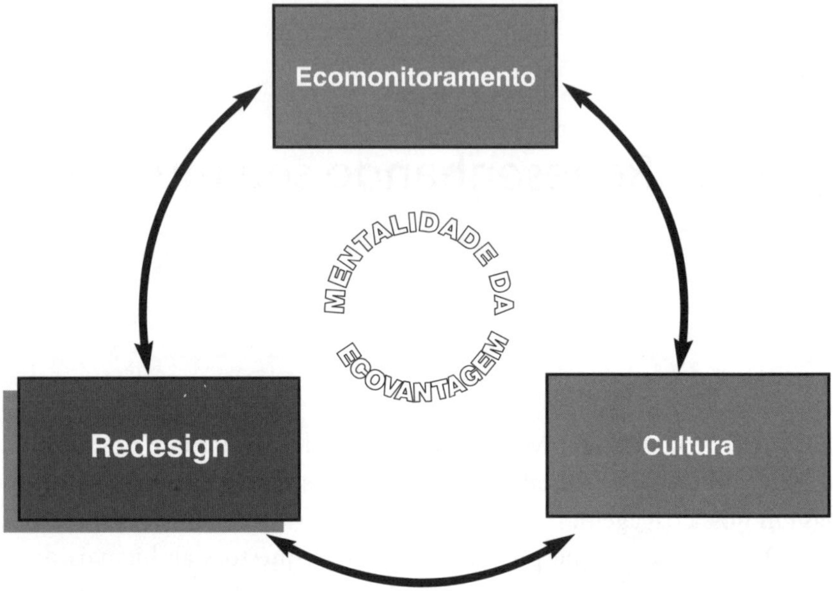

Hierarquia da prevenção da poluição

McDonough e seu sócio, Michael Braungart, chamam sua abordagem idealista de "berço a berço". Para a maior parte das empresas, o estado-da-arte no raciocínio ambiental é mais modesto – e pode ser resumido com o slogan "Reduzir, Reutilizar, Reciclar". Como esse guia simples sugere, a melhor opção para o controle da poluição é **reduzir** o uso de recursos e eliminar os resíduos. A próxima melhor opção é reformar ou **reutilizar** itens. Depois **reciclar** o que sobra. Em último caso, jogar algo fora. A maior parte das empresas ainda está trabalhando para integrar esses três "Rs" ao processo de produção. Mas por que parar aqui?

A hierarquia da prevenção da poluição tem outros dois níveis (ver figura). Antes de reduzir, as empresas devem explorar alternativas de **redesenhar** o que fazem e como o fazem. E, antes mesmo disso, devem tentar **reimaginar** seus produtos ou processos. A inovação é crucial para a vantagem competitiva do século XXI. A perspectiva ambiental pode direcionar o pensamento criativo e ajudar as empresas a encontrar novas oportunidades de agregar valor a seus produtos e serviços e satisfazer clientes. Assim como as empresas apren-

Hierarquia da prevenção da poluição

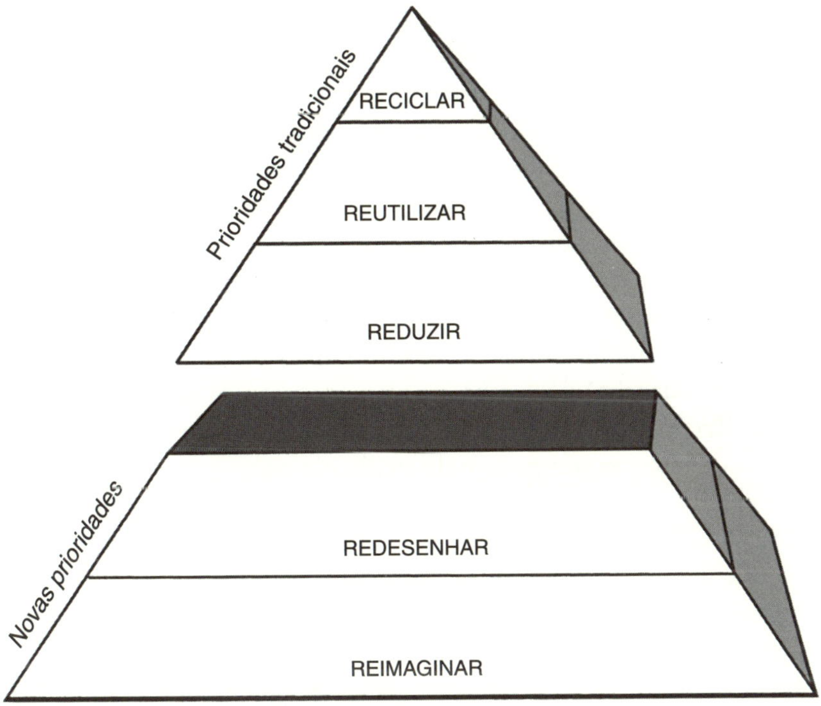

deram que geralmente é mais barato reduzir do que reutilizar, reciclar ou descartar, agora estão descobrindo que muitas vezes é mais lucrativo redesenhar e reimaginar.

DESIGN PARA O MEIO AMBIENTE

Há uma década, a empresa têxtil suíça Rohner Textil se propôs a ser líder do mercado da sustentabilidade. A Rohner identificou uma crescente demanda de tecidos que não causassem danos ao ambiente em empresas existentes como a Herman Miller, que estava lançando linhas de produtos ecológicos, e em novas empresas, como a Q Collection, empresa de móveis com design sustentável de Nova York. Para cumprir essas exigências de mercado, os gerentes da Rohner sabiam que teriam de ir além das melhorias do processo e explorar a composição de seus produtos.

Trabalhando com McDonough e Braungart, os gerentes da Rohner, em primeiro lugar, se perguntaram que materiais deveriam usar. Escolheram algodão e rami, fibras naturais que evitavam muitos dos problemas ambientais associados ao algodão, especialmente o uso de pesticidas. Em seguida, voltaram-se para o verdadeiro desafio: os corantes químicos utilizados na produção de um arco-íris de cores para decorar.

Rohner queria utilizar apenas corantes que seguissem um conjunto rigoroso de critérios ambientais: não poderiam causar câncer nem conter toxinas persistentes ou metais pesados. Das 60 indústrias químicas às quais a Rohner havia solicitado informações sobre a composição de seus corantes, apenas uma, a Ciba-Geigy, respondeu com dados específicos. Das 1.600 substâncias químicas utilizadas pela Ciba-Geigy, apenas 16 – 1% – reduziram as toxinas. Até o momento, esses são os únicos corantes utilizados pela Rohner. O resultado final do trabalho da Rohner é um produto que chamam Climatex, um tecido biodegradável e que demonstra a preocupação da empresa com o meio ambiente. Retalhos podem ser usados como cobertura morta (*mulch*) – experimente fazer isso com um pedaço de tecido normal.[2]

Assim como em todas as coisas, as empresas enfrentam *trade-offs*. Os produtos da Rohner estão de acordo com todos os padrões de produtos, exceto um: os corantes não podem ser misturados para formar a cor preta pura. Quando nos reunimos com o CEO Albin Kaelin na Suíça, observamos as amostras de cor e não conseguimos ver a diferença entre o preto "verdadeiro" e o preto da Rohner. Mas obviamente alguns designers conseguiam.

Design para o meio ambiente (DfE – Design for the Environment), é um nome abrangente para iniciativas como a da Rohner. É uma forma sistemática de incluir, desde o início, a preocupação com o meio ambiente no design do produto e do processo. O DfE tenta minimizar o lado negativo da obtenção, produção e uso de insumos.

Depois de identificar onde surgem problemas ambientais na cadeia de valor, a empresa pode realizar o redesign para evitá-los. Por exemplo: se a eliminação do produto no final de sua vida útil for um problema, o produto pode ser redesenhado para facilitar e tornar mais econômica sua reciclagem. A nova cadeira Mirra, da Herman Miller, fruto de um rigoroso programa de DfE, pode ser desmembrada em apenas 15 minutos em um punhado de partes que são 96% recicláveis. Em outro recurso de design, o encosto do assento Mirra utiliza design distintivo de tecido orgânico para ter a flexibilidade proporcionada normalmente por plastificantes químicos. Essa inovação permitiu que a equipe da Herman Miller eliminasse totalmente as substâncias químicas da cadeira.

A Hitachi adotou a estratégia DfE em sua divisão de lavadoras para ficar à frente das leis de reciclagem japonesas.[3] Ao redesenhar seu produto, a fim de facilitar a desmontagem, a empresa desenvolveu um processo por meio do qual suas lavadoras poderiam ser montadas com apenas seis parafusos. Esse novo design não apenas facilitou a reciclagem, como também a estrutura de seis parafusos reduziu em 33% o tempo de fabricação e reduziu significativamente o número de peças necessárias em estoque. A Hitachi também descobriu que a nova lavadora necessitava de menos manutenção, aumentando a confiabilidade do produto aos olhos do cliente e reduzindo os custos de consertos. Os esforços da Hitachi resultaram em uma lavadora melhor para o meio ambiente e que também é um produto mais valorizado com uma maior satisfação por parte dos clientes, custos de produção mais baixos e menores custos de descarte.

LOOPS FECHADOS E SIMBIOSE INDUSTRIAL

De acordo com o visionário de sustentabilidade Amory Lovins, "o lixo de uma espécie é alimento para outra". Ele está se referindo aos loops fechados na natureza. Quando uma árvore cai, com o passar do tempo, ela se decompõe e fornece nutrientes para novas plantas. Os resíduos tornam-se alimento para a nova geração.

No mundo dos negócios, os resíduos custam caro. Muitas vezes, significam que estamos desperdiçando insumos valiosos, como metais, substâncias químicas ou energia. Adeptos da Onda Verde aprenderam essa lição. Buscam recaptar esses recursos ao reciclar a água residual, reutilizar materiais e evitar ao máximo a emissão de gases. Ao agir assim, reduzem o rastro de carbono, melhoram a produtividade dos recursos e, muitas vezes, economizam dinheiro.

A Dow Chemical, por exemplo, redesenhou seu processo para purificar o ácido hidroclorídrico utilizado na produção de compostos orgânicos clorados.[4] Os procedimentos modificados, que recapturam o ácido, permitiram que a empresa reduzisse 6 mil toneladas de resíduos cáusticos por ano. Um investimento de apenas US$250 mil teve um retorno de US$2,4 milhões em economias anuais de insumos e custos menores do descarte de resíduos.

A Herman Miller abriu uma usina de energia de resíduos em uma de suas fábricas.[5] A empresa queima retalhos de tecidos, gerando mais de 10% da energia necessária para a fábrica e todo o seu aquecimento. Ironicamente, como aumentou a eficiência, a Herman Miller teve de obter retalhos dos concorrentes para manter a usina funcionando a todo vapor. Resíduos insuficientes são um problema incomum, mas não um problema ruim.

O redesenho do processo pode ir bem além da reciclagem. Sob pressão para reduzir o uso de fertilizantes e pesticidas que poluem rios e afluentes próximos, o setor holandês de flores desenvolveu uma nova maneira de cultivar flores na água e um material chamado *rock wool* (lã de rocha).[6] O sistema de loop fechado faz os fertilizantes e pesticidas *circularem* novamente na água, reduzindo a quantidade necessária e eliminando a exposição das águas subterrâneas. A nova abordagem também reduz o risco de doenças e a variação nas condições de cultivo, o que melhora a consistência e qualidade das flores. Além disso, os custos de corte e manuseio caíram. Como resultado dessa iniciativa de redesenhar, os cultivadores de flores da Holanda aumentaram o valor de seu produto, diminuíram o custo dos insumos, reduziram custos e aumentaram a produtividade de seus recursos. Tudo isso se traduz em uma melhor competitividade e uma posição de líder de mercado mundial em um país onde há falta de luz solar e que enfrenta uma acirrada concorrência.

O exemplo perfeito desse tipo de ecologia industrial pode ser encontrado na cidade de Kalundborg, Dinamarca, onde uma série de empresas se conecta por meio de uma rede de fluxos de recursos e resíduos, que alguns intitulam "simbiose industrial".[7] No centro do sistema, há uma usina de energia que expele vapor, calor, cinzas e lama dos purificadores de gás. Todos esses produtos residuais são insumos úteis para outras indústrias. Uma usina de folha de fibra fica com a lama, uma indústria farmacêutica de Novo Nordisk e uma refinaria de petróleo utilizam o vapor e a cidade fica com o excedente de calor. Enquanto isso, uma refinaria da Statoil manda para a usina água e gases residuais. A rede de conexões também inclui uma fazenda local, uma usina de biotecnologia e um fabricante de cimento. Todos os envolvidos economizam recursos, tempo e dinheiro.

REDESENHANDO E REIMAGINANDO O ESPAÇO: EDIFÍCIOS VERDES

Edifícios com ecodesign constituem uma parte importante da Onda Verde. Princípios de design sustentável podem tornar prédios mais eficientes em termos de utilização de energia, além de mais claros e arejados. Nos anos 70, Vince Scully, famoso historiador de arquitetura de Yale, classificou os esforços para planejar o aquecimento solar em edifícios como "encanamento", não como arquitetura. Nada mais. Hoje, designers levam muito a sério os edifícios verdes.

Em seus padrões para o design e construção de edifícios favoráveis ao meio ambiente, o prêmio do Green Building Council dos Estados Unidos leva em conta o uso de materiais recicláveis, a incorporação da eficiência energética ao design e outros benefícios ambientais. Com base na pontuação total, um prédio pode ser classificado pela LEED (*Leadership in Energy and Environmental Design*) como padrão Prata, Ouro ou Platina. Cidades e estados estão tomando essa atitude por meio da elaboração de leis segundo as quais todos os novos edifícios do governo devem ser construídos de acordo com os padrões LEED.[8]

Como em muitos outros exemplos, os Adeptos da Onda Verde lideram essa tendência. Quando começamos nossa pesquisa, a Herman Miller foi, sem dúvida, a campeã, com duas de suas construções certificadas como padrão Ouro – dos apenas 11 edifícios desse tipo no país. Os prédios são claros, bonitos e arejados. Mas também ficou provado que aumentam a produtividade do trabalhador, e é aí que entra a Ecovantagem. Edifícios certificados são eficientes em termos de energia, portanto mais fáceis de operar. Um dos edifícios da Herman Miller reduziu em 41% por metro quadrado os custos de energia/água, comparados com construções comuns.[9]

Atualmente, o design verde está se tornando uma tendência mundial. A reconstrução do World Trade Center está sendo realizada segundo padrões LEED. A nova sede do Bank of America, em Nova York, tem como objetivo ser talvez o edifício comercial que mais se preocupa com ecologia no mundo. Buscando a posição máxima da LEED, Platina, o novo edifício terá um design de ponta, com o objetivo de reduzir pela metade o consumo de energia e de água. A Nokia já é uma das verdadeiras líderes nesse aspecto. Sua sede inclui materiais reciclados e utiliza aquecimento e iluminação solar passiva, servindo como um testamento inspirador ao compromisso da empresa com valores ambientais.

REDESENHANDO A CADEIA DE SUPRIMENTOS E TORNANDO-A VERDE

Pobre Kathie Lee Gifford. Em 1996, era apenas uma personalidade televisiva que licenciou o nome para uma linha de roupas. Certamente não esperava se tornar *cause célebrè* para campanhas de ONGs contra o trabalho infantil. Até hoje, o rótulo permanece. Busque na internet "Kathie Lee" e os principais links o levarão a sites sobre Regis Philbin ou lojas que exploram funcionários. Ai!

Entre a ruína de Gifford e os problemas da loja *high-profile* da Nike que explora funcionários, formou-se uma tempestade perfeita de questões na cadeia de suprimento. De onde vêm seus produtos? Quem os produz? Como são produzidos? Todas essas perguntas e muitas outras são agora jogo limpo, sobretudo para grandes marcas. As empresas não podem mais afirmar: "Bem, isso realmente não *nos* diz respeito." Nem podem alegar que não conheciam os componentes dos produtos dos fornecedores.

Os Adeptos da Onda Verde estão desenvolvendo grandes programas de auditoria da cadeia de suprimento[10] para ajudar a redesenhar a forma como são feitos seus produtos. E estão tentando conhecer todos os seus fornecedores. No mundo atual, ligado por redes e blogs, um problema com qualquer fornecedor, até mesmo pequeno, pode macular rapidamente a reputação de uma grande marca.

Porém, auditorias em fornecedores são mais do que uma proteção contra desastres de relações públicas. Se um fornecedor fica para trás no desempenho ambiental ou social, em geral apresenta mais problemas ao longo do caminho. A IBM, por exemplo, descobriu que fornecedores que têm desempenho insatisfatório nas auditorias têm maior probabilidade de fracassar em outras áreas, como tempo de entrega ou qualidade.[11]

O redesenho da cadeia de suprimentos da IKEA e o modelo da escada

Até mesmo a IKEA, uma empresa verdadeiramente definidora de padrões ambientais e socialmente responsável, sofreu ataques no início dos anos 90, com uma série de escândalos na cadeia de suprimento. Um documentário sueco mostrou crianças trabalhando no Paquistão, supostamente em produtos da IKEA. No aspecto ambiental, a empresa extrai energia de madeiras de florestas tropicais ameaçadas de extinção. Esse tipo de pesadelo de relações públicas pode custar milhões. Quando se descobriu que apenas um produto, a estante Billy, tinha níveis ilegalmente altos de formaldeído, as vendas caíram 25% só na Dinamarca.

Os problemas atingiram em cheio a equipe gerencial da IKEA. Depois de muita reflexão, desenvolveram um dos mais impressionantes sistemas de auditoria de fornecedores do mundo. Conhecido como "The IKEA Way on Purchasing Home Furnishing Products" ("Forma IKEA de adquirir móveis domésticos"), ou simplesmente IWAY, esse programa é amplo, profundo, investigativo e bastante elaborado.[12]

O sistema já é incrível. Cerca de 80 funcionários que trabalham nos "escritórios de negociações" (departamento de compras) ao redor do mundo visitam os fornecedores e os classificam quanto ao desempenho social e ambiental. Outros 18 funcionários são guardas florestais por formação e trabalham exclusivamente para conhecer a origem de toda a madeira dos produtos da IKEA. Esse último grupo é maior do que departamentos florestais de alguns *países*. Combinados, esses auditores fizeram milhares de verificações em fornecedores.

A IKEA nos mostrou sua Lista de Verificação da Avaliação IWAY, uma impressionante série de perguntas abrangendo *compliance*, emissões, resíduos, substâncias químicas, segurança, trabalho infantil, condições de trabalho, exploração das florestas e outras 10 áreas. "Lista de verificação" não é uma definição abrangente para esse formulário de 15 páginas, que exige que auditores coloquem as mãos na massa e talvez levem dias para preenchê-lo. Apenas um exemplo das úteis "Observações para o auditor", sobre resíduos perigosos: "Verifique se o procedimento está funcionando realmente. Verifique como os contêineres e barris vazios estão sendo manipulados."

Outra observação incentiva o auditor a "explicar a filosofia da IKEA... verificar se o fornecedor compreende os principais impactos ao meio ambiente e se começou a medir e a seguir as instruções". Essas linhas demonstram um importante elemento do processo: a IKEA não apenas aparece, dá uma classificação e vai embora. A empresa trabalha bem próxima dos fornecedores até que tenham qualidade.

Fornecedores da IKEA, do México a Bangladesh, limparam suas operações, gastando milhões com novos equipamentos, como instalações de tratamento de água residual.[13] Porém, a IKEA também participa e ajuda diretamente os fornecedores a reduzirem o impacto no meio ambiente. Um fornecedor de móveis romeno, com um empréstimo da IKEA, investiu em equipamentos modernos, incluindo um novo boiler, ventilação e filtros de ar, e instalou uma máquina para transformar briquetes de resíduos em energia e lucros.

Um elemento central do IWAY é o que a IKEA chama de "modelo da escada", que estabelece quatro níveis de alcance. O Nível 1 é basicamente inaceitável e significa que o fornecedor deve ter um plano de ação para atingir o Nível 2, o padrão mínimo da empresa. Cada novo fornecedor deve passar por uma auditoria *antes* de entregar o primeiro carregamento. O Nível 3 é um padrão ainda mais alto, e fornecedores do Nível 4 encontram padrões terceirizados ainda mais rígidos, como o *Forest Stewardship Council Certification*, amplamente considerado o padrão mais difícil da silvicultura sustentável.

O modelo da escada é o que eleva a auditoria da cadeia de suprimento da IKEA acima da grande maioria dos programas similares. Quando a verificação de fornecedores existe de fato, em geral são feitas apenas perguntas básicas relacionadas ao cumprimento da lei. Na melhor das hipóteses, é uma prática voltada para a mudança de atitude. A postura proativa da IKEA, que exige aperfeiçoamento contínuo, é diferente. A empresa está pressionando fornecedores a mudar a forma como operam, de onde obtêm a madeira, quanto pagam aos funcionários e muito mais. Essa profunda averiguação representa um verdadeiro redesenho da cadeia de valor.

Desse modo, qual o custo de tudo isso? É uma boa pergunta com uma resposta surpreendente: *Ninguém* sabe. "Nunca fizemos um orçamento ou calculamos os custos", afirma Dan Brännström, da IKEA. "Sem dúvida, é fantástico." Mas não se deixe enganar: a IKEA se importa bastante com os custos. A empresa tem a fama de se preocupar com preços – chegando até aos mínimos detalhes. Porém, o valor para a IKEA de baixar o risco da cadeia de suprimento é tão alto que milhões de dólares em salários de funcionários e tempo são considerados comparativamente insignificantes. Como afirmou o principal executivo de responsabilidade corporativa e social da IKEA, Thomas Bergmark: "Para a IWAY, *praticamente* não há taxa preferencial... há, sim, um risco por *não* fazê-lo. Não é uma opção... nossa marca tem valor de verdade."

Para proteger esse valor, a IKEA até faz auditoria nos auditores. Como diretor de *compliance* da IKEA, Brännström, que comandara intensas inspeções de lojas do lado varejista do negócio, hoje se certifica de que a empresa siga os mesmos elevados padrões na cadeia de suprimento. Além das auditorias internas, a IKEA também convida periodicamente inspetores terceirizados para examinar todo o processo. É um sistema de verificação em três níveis que reduz o risco da cadeia de suprimento com a mesma eficiência que qualquer um faria.

Finalmente, se alguém na empresa tiver alguma dúvida com relação à seriedade com que a IKEA faz essa cadeia de suprimento funcionar, basta perguntar ao Conselho da IWAY, que supervisiona toda a operação. É presidido por Anders Dahlvig, CEO da IKEA.

ECOVANTAGEM: CONCLUSÃO

Adeptos da Onda Verde vão além dos simples monitoramentos dos problemas ambientais e modificam produtos, processos, seus locais de trabalho e até suas cadeias de suprimento. Para realizar seus esforços de redesenho, dispõem de várias ferramentas, entre elas:

- Design para o mieo ambiente (DfE)
- Sistemas de loop fechado
- Ecologia industrial
- Edifícios verdes e certificação LEED
- Auditoria da cadeia de suprimentos

Capítulo 9 Inspirando uma cultura de Ecovantagem

Em 1997, um petroleiro da Conoco e um rebocador colidiram perto do Lake Charles, Louisiana, fazendo um rasgão de mais de 30m no petroleiro.[1] Hoje, poucos se lembram do acidente por uma simples razão: não vazou uma única gota de óleo. A Conoco, na época de propriedade da DuPont, havia investido em petroleiros de "casco duplo" anos antes do surgimento de regulamentos nesse sentido. O rasgão abriu um dos cascos, mas o outro se manteve intacto. "Sem o casco duplo, o vazamento teria sido maior do que o do *Exxon Valdez*", disse-nos o vice-presidente de Meio Ambiente da DuPont, Paul Tebo. "Seria o fim da Conoco."

O que isso tem a ver com a criação de uma cultura corporativa de engajamento ambiental? Muito. Em 1989, quando a questão ecológica ainda estava fora da tela de radar da maior parte das empresas dos Estados Unidos, Ed Woolard, visionário CEO da DuPont, formou um Comitê de Política Ambiental no nível do Conselho Administrativo da empresa, composto de altos executivos, que se reunia mensalmente. A lógica verde de Woolard inspirou uma nova forma de pensar no portfolio de empresas da DuPont.

Archie Dunham, presidente do Conselho da DuPont, fazia parte do Conselho e, relata orgulhosamente Tebo, era um "convertido". Com o zelo dos recém-convertidos, Dunham e outros executivos da DuPont, na década de 1990, comprometeram-se a construir apenas os caríssimos petroleiros de casco duplo. Eles acreditavam que a redução do risco tanto para a empresa quanto para o meio ambiente valia a pena, e tinham razão.

Muitas empresas falam em ter uma cultura de inovação, ou alegam colocar o cliente em primeiro lugar. Mas o que isso significa exatamente? Em geral, não muito. Muitos slogans são tentativas de resolver um problema imediato, servindo como panacéia para os males corporativos – palavras vazias, se não forem sustentadas por ações e resultados.

Há muito, a 3M adotou o manto da inovação, podendo provar com inúmeros novos produtos de ponta que mantêm o crescimento da empresa há décadas. O histórico de inovação da empresa não é acidental. Ela utiliza ferramentas organizacionais concretas para se manter atualizada e estimular a inovação. A famosa "regra dos 15%" da empresa, por exemplo, libera seus engenheiros para dedicarem 15% de seu tempo a projetos escolhidos por eles, por mais descabidos que pareçam.

A cultura vem de outros fatores além da ambiciosa declaração de missão ou das palavras de e-mails do CEO. É desenvolvida no dia-a-dia, com um esforço consciente e incentivo para moldar o comportamento das pessoas. As empresas podem estimular habilidades "soft", difíceis de medir, como a criatividade, com regras e métricas concretas. Em *Empresas feitas para vencer – Good to Great*, Jim Collins fala do proverbial mecanismo que se move lentamente, mas que, com estímulos constantes na direção certa, ganha velocidade e conquista a inércia. Construir uma cultura corporativa que promova as considerações ambientais é um desses projetos.

As ferramentas certas ajudam a criar esse mecanismo de direção e fazem-no girar na direção da Ecovantagem. Todas as medidas – de executar as jogadas que levam do verde ao ouro a cultivar a Ecomentalidade, passando pelo uso do ecomonitoramento e das ferramentas de redesenho – agregam *momentum* ao processo. Neste capítulo, porém, vamos focar as ferramentas que criam uma cultura que cultiva as oportunidades de avanço estratégico.

Os Adeptos da Onda Verde por nós entrevistados usam quatro ferramentas básicas para construir a cultura da empresa:

- Uma visão, reforçada por metas de superação
- Práticas que incluem as considerações ambientais em todas as decisões estratégicas
- Incentivos para engajamento e responsabilidade para com a agenda ambiental
- Comunicações destinadas tanto ao público interno quanto ao público externo

Caixa de ferramentas da Ecovantagem – Cultura

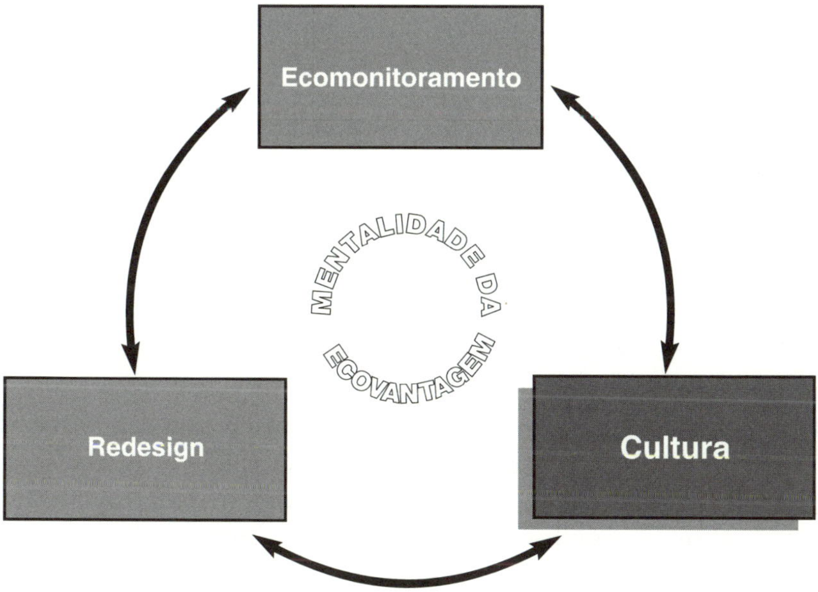

SONHE COM O IMPOSSÍVEL

Quando assumiu a presidência da Toyota, em 2005, Katsuaki Watanabe deixou claro que o desenvolvimento de tecnologias amigáveis ao meio ambiente seria sua prioridade número 1 – acima da segurança, da qualidade e dos custos. E, como se isso já não fosse chocante o bastante, prometeu também que um dia seus engenheiros desenvolveriam um automóvel capaz de "cruzar os Estados Unidos, de um lado a outro, com apenas um tanque de combustível". Isso é que é meta de superação![2]

As metas de uma organização podem ser espetaculares, como as da Toyota, ou mais concretas. A Unilever, por exemplo, definiu uma meta de zero efluente líquido em suas 76 fábricas na Índia.[3] O próprio Watanabe definiu para si metas realistas ao lado de sua visão de um automóvel que faça 80km/l, inclusive a meta de vendas de um milhão de automóveis híbridos por ano. De qualquer modo, grandiosas ou funcionais, as metas de superação constituem uma ferramenta vital para provocar novas idéias, promover a inovação e desenvolver a Ecovantagem.

Como argumentou Michael Porter,[4] da Harvard Business School, a necessidade de abordar problemas ambientais difíceis pode ser a fagulha de que uma empresa necessita para sair de sua zona de conforto e encontrar maneiras de inovar. As metas de inovação impulsionam a criatividade, solicitando praticamente o impossível e demandando uma nova análise dos pressupostos vigentes. Forçam todos a buscar novas maneiras de suprir antigas necessidades.

Não estamos falando em declarações grandiosas como "Queremos ser líderes ambientais do nosso setor". As visões definem o tom e estabelecem prioridades, mas não proporcionam metas concretas nem direção. Tampouco estamos falando em ganhos incrementais, como "usar 5% menos energia no ano que vem". Ao contrário, estamos nos referindo a grandes avanços que constituem um desafio e podem parecer praticamente impossíveis. As metas de superação que vimos animando a cultura empresarial dão vida ao princípio de que "A resposta 'não' não é uma opção".

Nossas pesquisas sugerem que o melhor momento para definir metas de superação ocorre quando os alvos são claros e específicos, mas, ainda assim, abrangentes. Algumas são tecnicamente exeqüíveis, mas extremamente desafiadoras, como as da Nike e da 3M, de redução em 90% das emissões de compostos orgânicos voláteis (ambas conseguiram). Outras metas de superação podem parecer puramente simbólicas, mas, na verdade, também orientam a execução. Durante anos, a DuPont declarou: "O objetivo é zero", referindo-se aos resíduos. Embora certamente fosse uma aspiração, a meta zero estimula. É específica e fácil de visualizar. Se alguma coisa estiver vazando por um cano ou indo para o lixo, você sabe que não cumpriu a meta. Recentemente, a fabricante de móveis Herman Miller definiu suas metas para 2020, que incluem zero resíduo e zero emissão. A empresa rotulou as metas de "Visão Perfeita".[5]

As metas de superação ajudam a esclarecer a direção da empresa no longo prazo e permitem que os funcionários dos níveis hierárquicos inferiores se sintam à altura do desafio. Em 1999, a Alcan definiu uma ambiciosa meta de redução das emissões de gases de efeito estufa de 500 mil toneladas até 2004. Já nos dois primeiros anos, os engenheiros da empresa detectaram 2,2 milhões de toneladas a serem eliminados. Dan Gagnier, da Alcan, nos contou como a gerência havia perdido a oportunidade: "A gerência executiva, por mais bem-intencionada que esteja, estava ficando atrás da gerência operacional, que sentiu ter chegado a hora de a empresa se sair melhor nessas questões."[6]

Mas aqui está a ironia: embora, em geral, o pessoal operacional saiba mais sobre o que realmente pode ser feito, não se pode esperar que eles definam metas de superação. Nas palavras de Paul Tebo, da DuPont: "Se você definir metas deixando que a organização lhe diga como defini-las, não terá meta alguma... terá apenas o que as pessoas sabem que podem fazer."[7]

Alguns Adeptos da Onda Verde estão definindo metas que os ajudam a reduzir os impactos ambientais além das próprias operações, em todo o escopo da cadeia de valor. A Alcan, que consome uma enorme quantidade de energia na produção de alumínio, começou a falar em ir "Além do Zero".[8] Aqui está o raciocínio: a produção de cada tonelada de alumínio gera cerca de 12 toneladas de gases de efeito estufa (GEEs). Se o mercado de transporte usar mais alumínio, os veículos mais leves queimarão menos combustível e emitirão menos GEEs. Segundo as estimativas da Alcan, uma tonelada de alumínio acrescentada a um automóvel poupa cerca de 20 toneladas de GEEs ao longo da vida do veículo.

Os críticos dirão que a Alcan está tentando se livrar da necessidade de reduzir as próprias emissões ou, pior ainda, que está usando o argumento para vender mais alumínio. As duas coisas podem ser verdadeiras. Pode haver uma linha tênue entre pensar de maneira abrangente e evitar os problemas. Mas avaliar como seus produtos se encaixam na cadeia de valor como um todo é a abordagem certa – e, em geral, a melhor maneira de encontrar oportunidades que seus concorrentes deixaram passar, o que é a definição de Ecovantagem.

Ir além do zero pode inspirar todos na empresa e encontrar novas soluções e fazer o que antes se imaginava impossível. Com o tempo, metas que poderiam ter sido simbólicas tornam-se concretizáveis. Hoje, a Herman Miller espera atingir sua meta de zero resíduo nos aterros sanitários e 100% de energia de fontes renováveis. Nossas pesquisas mostram consistentemente que os padrões rígidos não raro geram inovação.

Os Adeptos da Onda Verde perguntam à empresa o que pode ser concretizado, e só então definem metas de superação além dos limites do possível, a fim de estimular a criatividade, direcionar a inovação e construir Ecovantagem.

Ouvimos a mesma coisa em toda parte, quase que palavra por palavra: "Não temos a mínima idéia de como vamos chegar lá." Mergulhar no escuro pode ser assustador. Mas é justamente por isso que metas aparentemente impossíveis, como zero, ou além de zero, são tão importantes para romper com as antigas formas de pensar. Como Dawn Rittenhouse, diretor de Desenvolvimento sustentável da DuPont, nos disse: "Não estamos em busca de melhoria contínua. Estamos em busca de pensamento estratégico e transformação."[9]

REVELANDO SUAS INTENÇÕES

Quer levar a definição de objetivos a um novo patamar? Uma declaração pública de metas ambientais é estimulante, mas tenha cuidado. Definir metas públicas – e depois não conseguir cumpri-las – pode ser doloroso. Paul Tebo, da DuPont, resumiu: *"Depois de divulgadas publicamente as metas, é impossível voltar atrás."*[10]

DECISÕES E ECOVANTAGEM

Em algumas empresas, os altos executivos decidem praticamente tudo. Outras corporações são altamente descentralizadas, dando às pessoas grande liberdade de ação. Mas, mesmo com suas culturas diferentes, os Adeptos da Onda Verde que estudamos apresentaram algumas tendências em comum no estilo decisório que os ajudaram a fazer difíceis escolhas ambientais.

Os problemas ambientais tendem a ser espinhosos e complicados. Em geral, a tradicional análise custo-benefício não inclui nos cálculos os lados positivos difíceis de identificar e de medir. Mas os Adeptos da Onda Verde *não* ignoram os benefícios intangíveis. Eles sabem que as recompensas podem vir mais adiante ou ocorrer de uma forma que a contabilidade tradicional tem dificuldade de captar, como evitar acidentes, desviar-se do foco da atenção regulatória e conquistar a boa vontade dos clientes e das comunidades. Os custos e benefícios ambientais em geral são difusos ou adiados, mas nem por isso deixam de ser reais.

Repensando a taxa preferencial

Muitos possíveis investimentos corporativos – novas iniciativas, lançamento de produtos, marketing etc. – competem por atenção e verbas. Para ajudar a decidir quais deles serão escolhidos, as empresas, em geral, exigem que qualquer investimento proposto gere um retorno mínimo conhecido como "taxa preferencial", ou a taxa de retorno mínimo exigida pelos investidores. Forçando todos a justificar os projetos propostos com números, as taxas de atratividade oferecem uma métrica para se avaliar as alternativas de investimento e evitar a alocação indevida de verbas escassas. Entretanto, no âmbito ambiental, em que os benefícios intangíveis podem ser subavaliados e os números concretos, difíceis de ser obtidos, taxas de atratividade fixas podem levar a decisões equivocadas.

A 3M, por exemplo, em geral reduz a taxa preferencial dos projetos 3P (Pollution Prevention Pays) do padrão corporativo de 30% para apenas 10%.[11] A IKEA também dá uma margem de manobra especial para investimentos ambientais. Ao decidir, digamos, se vai ou não instalar painéis solares em uma loja, a empresa permite um período de 10 a 15 anos para que o investimento tenha retorno – muito mais do que para os outros investimentos.[12]

Em alguns casos, os Adeptos da Onda Verde reduzem a taxa preferencial para zero. Um dos diretores de manufatura da 3M, Jim Omland, nos falou de dois projetos multimilionários aprovados por ele sem sequer calcular a taxa preferencial. Uma fábrica cortou as emissões de um poluente atmosférico e outra limpou a água descartada em lagos em Little Rock, Arkansas. Nenhuma dessas mudanças era exigida por lei, mas sua adoção fez a empresa superar as expectativas dos stakeholders. "Muitos problemas se enquadram na categoria do 'faça quando puder'", disse Omland. "Se eu não os abordar agora, poderei ter problemas regulatórios mais adiante."[13]

Sejamos claros. Se um projeto oferece retorno imediato nos termos comerciais de praxe, trata-se de uma jogada de ecoeficiência e, portanto, não requer uma taxa preferencial mais baixa. A taxa preferencial flexível destina-se a projetos que *não* proporcionam retornos financeiros palpáveis imediatos. Para dar sinal verde para esses projetos, os executivos precisam ter alguma folga e coragem para defender suas convicções. O que a 3M e outras empresas estão reconhecendo é que os benefícios intangíveis desses projetos – reduzir riscos, manter-se à frente das regulamentações, agradar as comunidades, elevar o moral dos funcionários – em geral são substanciais, mesmo que sejam difíceis de medir.

Algumas empresas usam um processo formal para identificar projetos com taxa preferencial mais baixa. O processo de investimento de capital da Unilever requer um perfil ambiental de um investimento, o que pode gerar uma taxa preferencial mais baixa. Outros preferem um processo mais informal. Bob Langert, executivo do McDonald's, notou: "Para alguns investimentos, não preciso mostrar a taxa preferencial normal. Não é formal, e não pode ser encontrada por escrito em parte alguma, mas tenho sinal verde para usar meu julgamento."[14]

Outras empresas, ainda, vão além do informal. Não reduzem tecnicamente a taxa preferencial; ao contrário, tomam decisões estratégicas sem realizar cálculos de custo-benefício. Vejamos o gás que queima nas refinarias de petróleo. A BP e outras empresas da área de petróleo constataram que a queima do excesso de gás encontrado nos depósitos de óleo estava se tornando inaceitável para muitos stakeholders. A prática contribuía para o aquecimento global, sem benefício econômico algum. Assim, os gerentes da BP estabeleceram uma política segundo a qual não haveria queima desse gás.[15] Peter Davies, economista-chefe da BP, nos disse: "De nada adianta medir os fatores intangíveis dessas mudanças políticas." Davies não estava dizendo que os valores intangíveis não têm valor. Ao contrário, como economista, ele estava reconhecendo que elas não podem ser medidas com precisão. O que realmente importa nesse caso é que a decisão estratégica de não haver mais queima do gás excedente foi acertada para a saúde da marca e da empresa no longo prazo.

Para todas essas decisões de negócios, os Adeptos da Onda Verde incorporam os benefícios intangíveis – como menor risco, construção da marca e proteção da reputação – aos cálculos de investimento. A lógica empresarial de suas decisões é sólida; são as ferramentas de negócios tradicionais que ignoram os custos e benefícios mais importantes.

Associação de projetos e produtos

Durante a recente redefinição do design de suas caixas de calçados, a Timberland eliminou 15% do papelão utilizado, obtendo uma redução também de aproximadamente 15% no custo da matéria-prima.[16] Essa foi uma vitória óbvia da ecoeficiência. Mas os executivos de meio ambiente também queriam usar o papelão 100% reciclado no novo design. O quilo do papelão reciclado pós-consumo, porém, é maior. Felizmente, as economias na quantidade de matéria-prima utilizada compensam a adoção de um papelão mais caro. Mas as economias poderiam ter sido substancialmente maiores se a empresa tivesse optado por não utilizar o papelão reciclado.

Mais ou menos na mesma época, a Timberland também estava explorando opções para o *retrofit* de dois grandes centros de distribuição com sistemas de iluminação que fizessem baixo uso de energia.[17] O custo total era de US$600 mil e, devido ao subsídio governamental, o retrofit de uma fábrica da Califórnia se pagaria em menos de dois anos – o que era ótimo. Mas o retrofit do outro centro de distribuição, no Kentucky, levaria seis ou mais anos para se pagar, com uma taxa interna de retorno abaixo da taxa preferencial da empresa. A Timberland poderia ter optado por realizar o retrofit apenas das instalações da Califórnia.

Em ambos os caos, os gerentes "associaram" o projeto menor desejável ao que proporcionaria retorno mais rápido, apresentando-os como uma só proposta. O redesign da caixa, associado à adoção do papelão reciclado, proporcionou apenas uma pequena economia – menos de 15% do redesenho da caixa em si. O retrofit das duas fábricas teria um retorno em três anos, excedendo a taxa preferencial, mas representaria um período de retorno maior do que o de um dos projetos isoladamente. Por que fazer esse tipo de escolha?

Porque a Timberland tinha como foco a reputação da empresa e o valor no longo prazo.

Vimos um comportamento "ilógico" semelhante em muitas empresas. A Herman Miller separa 26 tipos de materiais diferentes e os envia para reciclagem. Em metade deles, a empresa lucra, pois o valor dos refugos recapturados é maior do que o custo de separação. Na verdade, o processamento da outra metade gera prejuízo à empresa. Mas a Herman Miller continua separando todos os 26 tipos de material e assim consegue chegar a um ponto de equilíbrio no programa de reciclagem. E, quando encontrarem maneiras de aproveitar melhor o material lucrativo, incorporarão outros, menos lucrativos, ao mix.[18]

Adeptos da Onda Verde como Interface, McDonald's e IKEA usaram uma forma semelhante de associar projetos para aumentar o percentual de energia de fontes renováveis. Em particular, investem a economia obtida com os projetos de eficiência energética na aquisição de energia verde, de custo mais elevado, e mantendo os custos totais com energia uniforme ao mesmo tempo em que obtêm ganhos ambientais maiores.

A associação de projetos e produtos é uma ferramenta para impedir que decisões boas no longo prazo sejam rejeitadas em função de considerações de curto prazo. Chegando a um ponto de equilíbrio, os gerentes colhem os benefícios intangíveis – prestígio junto aos stakeholders, aumento do valor da marca e do valor intangível, e funcionários mais felizes – sem custo líquido algum.

Alavancando a mão invisível

Peter Davies, da BP, nos disse que suas responsabilidades ambientais eram simples: ter certeza de que a empresa toma decisões racionais e adequadas. Para um economista, nenhum sistema decisório funciona melhor do que confiar no mercado. Os economistas adoram a magia da "mão invisível" de Adam Smith. Por isso, não ficamos surpresos quando Davies expressou seu entusiasmo pela experimentação da BP com um mercado de negociação de carbono entre empresas.

O programa começou com metas de gases de efeito estufa para cada uma das 12 unidades de negócios da empresa. O objetivo geral era reduzir em 1% ao ano ou mais as emissões da empresa. Para alcançá-lo, a empresa criou um sistema interno de troca de créditos de carbono que permite às unidades de negócio comprar ou vender reduções de emissão.[19] Se uma unidade conseguir uma redução além da meta, pode vender as unidades adicionais de carbono para outras divisões. As unidades de negócios da BP negociaram dois milhões de toneladas por um preço-sombra de cerca de US$5 por tonelada.

A Shell criou um mercado interno para negociação de créditos de carbono semelhante, preparando a empresa para cumprir com as obrigações assumidas no âmbito do Protocolo de Quioto na Europa. Tanto a BP quanto a Shell reconhecem os limites da jogada de carbono dentro da corporação. Não se preocupam se o preço do carbono está certo ou não. As equipes gerenciais entendem que a negociação interna é apenas uma ferramenta para chamar atenção para as emissões e para as oportunidades de reduzi-las. Garth Edward, gerente de Negociações de Produtos Ambientais da Shell, compra e vende commodities nos mercados globais. O sistema interno, diz ele, não é real, mas "é útil como exercício".[20]

A BP reconhece também que o objetivo é fazer os líderes das unidades de negócio se concentrar na questão. Chris Mottershead, da BP, nos disse: "Nos negócios, não se pode focar 10 mil coisas ao mesmo tempo; é preciso fazer bem apenas três coisas. Com essa ferramenta, reduzir o impacto de nossas operações sobre as mudanças climáticas tornou-se uma dessas três.[21]

A idéia de lançar luz sobre os custos da poluição e impor um "imposto" interno sobre os danos ao meio ambiente pode ter muitas variações. Em 1995, depois que o CEO Albin Kaelin declarou que "o sistema contábil tradicional não está dizendo a verdade", a Rohner Textil taxou a si mesma pelas emissões de carbono.[22] A Herman Miller, analogamente, compra "etiquetas verdes" – créditos de energia de fontes renováveis que apóiam o desenvolvimento de energias limpas – como forma de fazer seus gerentes focarem os impactos dos custos mais elevados de energia que provavelmente enfrentarão em um mundo no qual as emissões de carbono serão limitadas.[23]

Um dos Adeptos da Onda Verde chegou a financiar parte de seu trabalho ambiental mais audacioso com um fundo especial controlado pelo Conselho de Administração. O dinheiro financiou um programa-piloto de DfE (Design for the Environment) e outros projetos não-tradicionais. Na verdade, o Conselho subsidiou o trabalho e reduziu artificialmente o preço desses investimentos, estimulando, assim, ganhos ambientais, criatividade e certo grau de risco que, de outra forma, poderiam não ter acontecido.

Algumas empresas estão até mesmo usando taxas ambientais para ajudar consumidores e funcionários a tomar decisões melhores em sua vida. A IKEA taxou as sacolas de plástico – doando a renda a uma instituição de caridade – para ajudar os consumidores a verem que o custo *ambiental* do uso das sacolas de plásticos não era nulo. A Hyperion Software e a Timberland iniciaram programas para ajudar os funcionários a adquirirem automóveis híbridos – com um desconto de US$5 mil, no caso da Hyperion.[24]

No fim, os mecanismos de negociações internas de créditos de carbono ou de taxação mudam os sinais de preços. As emissões de gases de efeito estufa têm um custo para o mundo, mas atualmente seu preço é zero para quem as libera. Mecanismos de mercado ajudam as empresas a "internalizar as externalidades" e aproximar o preço do custo dos danos ambientais para a sociedade. E, quando os mecanismos regulatórios entrarem em vigor, as empresas que tiverem saído na frente dos concorrentes por conta própria estarão mais bem posicionadas para o sucesso sob as novas condições competitivas.

AMPLO ENGAJAMENTO

O CEO lança uma nova iniciativa. Todos esperneiam. O CEO sai da empresa e acaba assumindo outras prioridades. A iniciativa enfraquece e acaba morrendo. Já ouviu essa história antes?

Não é diferente no caso das iniciativas de Ecovantagem. Embora a liderança do CEO seja necessária para que o meio ambiente se torne prioridade, esses esforços não irão muito longe se *somente* o CEO estiver engajado neles. Executivos de todos os níveis – principalmente os gerentes de nível médio – precisam se engajar.

Todos os chefes de unidades de negócios da Shell, por exemplo, redigem e assinam uma "carta de garantia" comprometendo-se a cumprir as prioridades de sustentabilidade da empresa (um pouco como as assinaturas do CEO e do CFO nos demonstrativos financeiros exigidos pela Lei Sarbanes-Oxley).

Os Adeptos da Onda Verde estimulam o verdadeiro engajamento ambiental das seguintes maneiras:

- Atribuindo a propriedade da estratégia ambiental à gerência no nível operacional.
- Realizando a "fertilização cruzada" entre as operações da linha e posições ambientais.
- Estabelecendo incentivos para o sucesso ambiental com base em métricas claras.

CAMPEÕES DE ECOVANTAGEM

Em diversas empresas, os valentes defensores do meio ambiente desenvolvem o sistema para impulsionar as iniciativas ambientais. Algumas até contam com o apoio do CEO. Mas as iniciativas do departamento ambiental não podem ser a única fonte de ação ambiental. Para que as iniciativas "peguem" e gerem Ecovantagem, a prática de examinar as escolhas pela ótica ambiental tem de estar incorporada à organização como um todo. *Utilizar apenas* um defensor não é uma boa estratégia. O verdadeiro sucesso requer engajamento de alto a baixo na organização.

Propriedade

Um comitê que inclui 400 dos 6 mil funcionários não pareceria a mais eficiente ferramenta organizacional. Mas o Environmental Quality Action Team (EQAT), da Herman Miller, funciona extremamente bem.[25] É a melhor ferramenta que vimos para engajar funcionários de todos os níveis na meta do controle ambiental e no desafio de desenvolvimento da Ecovantagem.

Formado em 1989 com algumas pessoas que trabalhavam para reduzir o impacto ambiental dos processos industriais da empresa, com o passar do tempo o EQAT expandiu-se organicamente. Hoje, é uma matriz de nove subcomitês que abrangem tópicos tão diversos quanto design, transporte e marketing verde. O EQAT tem hierarquia mínima, mas o executivo de meio ambiente coordena informalmente a estrutura como um todo, e um pequeno grupo de gerentes forma a equipe central. Esse grupo guia sem comandar, enquanto as subequipes definem e medem o progresso em relação às metas de superação definidas. Como ferramenta de engajamento, é poderosa. Quando uma equipe necessita de adesão, convida pessoas em cargos-chave de toda a organização para se juntar à luta.

À medida que a iniciativa de DfE da empresa evoluiu, o EQAT convidou o vice-presidente sênior de Compras, Drew Schramm, para se juntar ao grupo. Afinal, como eles poderiam elaborar produtos com considerações ambientais sem envolver a pessoa encarregada de comprar o material necessário à fabricação dos produtos?

Logo Schramm se viu diante de uma escolha difícil, com sérias implicações ambientais. Suas metas financeiras para o ano eram apertadas: reduzir US$25 milhões em custos. Sua equipe encontrou um substituto mais barato para uma peça muito usada. A nova opção economizaria US$1 milhão à empresa, mas continha PVC. E, infelizmente, a equipe de DfE do EQAT havia definido como objetivo não usar PVC. No longo prazo, à medida que as possíveis regulamentações fossem apertando o cerco aos poluentes ou às preferências do cliente fossem se afastando de materiais danosos, seria melhor para a empresa evitar o uso de PVC. Por isso, Schramm disse "Não, obrigado" à economia de US$1 milhão, levou sua decisão ao presidente e, juntos, decidiram ser esse o melhor curso de ação. Schramm teve de economizar de outras maneiras, e acabou conseguindo.

Agora imagine esse mesmo cenário se Schramm não fizesse parte da equipe que havia estabelecido como meta não usar PVC. A conversa poderia ter sido mais ou menos assim:

> Membros do EQAT: "Olá, Drew, que tal abrir mão de uma economia de US$1 milhão para atingirmos nossa meta de não usar PVC?"
> Drew: "Ah, com toda certeza, sem pestanejar."

Talvez estejamos sendo injustos. Talvez Schramm tivesse tomado a mesma decisão. Mas certamente foi mais fácil para ele levar a questão ao presidente pelo mero fato de ser membro do EQAT. Afinal, assim como qualquer outra pessoa, era proprietário da meta ambiental.

O EQAT é um animal estranho em praticamente todos os aspectos; tamanho e alcance são apenas os mais óbvios. A relação de subordinação é bastante vaga – trata-se de um ótimo exemplo de empowerment. A equipe só leva um problema aos superiores quando julga necessário e decisões envolvendo milhões de dólares são tomadas informalmente. Mas não existe um esquema de subordinação formal. O presidente e CEO da Herman Miller, Brian Walker, nos disse que gostaria de ouvir mais o EQAT. (Com que freqüência um executivo quer ouvir mais um comitê?) Entretanto, declarou: "Em time que está vencendo não se mexe."

Comitês de alto nível focados em questões ambientais e de sustentabilidade estão se tornando mais comuns. A Starbucks criou uma Environmental Footprint Team com executivos de áreas como transporte, compras e operações de loja, mas que também se estende a recursos humanos, pessoal e jurídico. A equipe se reúne de três em três meses para discutir o progresso em relação aos objetivos. As equipes de nível sênior estão se saindo muito bem. A indústria química européia BASF criou o Conselho de Sustentabilidade, composto de membros do Conselho e presidentes de sete divisões.

Os comitês não são uma panacéia, como sabe todo executivo. Muitas vezes, são sinônimo de mais reuniões para pessoas já atribuladas. O tiro pode facilmente sair pela culatra. No entanto, os comitês podem ser um excelente começo. Melhor ainda, à medida que a cultura da empresa abraçar as considerações ambientais, os comitês de executivos de nível sênior tendem a se tornar menos importantes. A DuPont já não tem mais reuniões mensais do Comitê de Liderança Ambiental; hoje, tem um Conselho de Crescimento Sustentável, liderado pelo presidente do Conselho de Administração da empresa. Mas, para a DuPont, isso indica que hoje as considerações ambientais estão suficientemente incorporadas à empresa, permitindo a redução da necessidade de administração de cima para baixo.

As empresas também podem acelerar seus esforços atribuindo aos executivos responsabilidade real por programas que abrangem a empresa como um todo. Em 2004, Hector Ruiz, CEO da AMD, fabricante de chips, queria envolver sua equipe gerencial em questões ambientais e sociais. Assim, solicitou a um grupo de gerentes de nível sênior e de nível júnior que orientassem a questão da sustentabilidade na empresa.

Esse programa, denominado Executive Stewardship, alavanca a equipe e fortalece a linha de frente, testando funcionários talentosos em projetos relevantes. Mais importante, leva adiante importantes iniciativas que, de outra forma, poderiam ter falhado por falta de apoio. Os executivos que participam do programa conferem o apoio do nível sênior, ajudam a eliminar barreiras organizacionais e reportam-se diretamente a Ruiz. Como altos executivos, dão poder político à agenda ambiental. E, atribuindo-lhes responsabilidade pela ação, Ruiz pode ter certeza de que eles irão fundo.[26]

Dividir o foco gerencial sobre as questões ambientais e sociais faz sentido. A Timberland dividiu aspectos da Responsabilidade Social Corporativa entre três executivos de nível sênior que se reportam ao diretor de operações. Terry Kellogg, da Timberland, nos disse: "Nosso CEO continua sendo o guardião da chama da responsabilidade social corporativa, mas hoje temos três dos sete altos executivos da empresa defendendo a mesma bandeira."[27]

A SESSÃO E DA GE – UMA QUESTÃO DE AMOR E ÓDIO[28]

Na GE, gerentes de planta e líderes de operações de cada linha de negócios, em cada região do mundo, precisam explicar o desempenho ambiental, de segurança e de saúde de suas respectivas sedes diante de um painel composto por executivos da área de saúde, meio ambiente e segurança, chefe da unidade de negócios em questão e uma sala cheia de colegas. Nessas reuniões anuais, chamadas de "Sessão E", quem faz a apresentação é o gerente da planta, não o gerente de meio ambiente.

Na Sessão E, derivada da famigerada Sessão C da GEM, que ajuda a empresa a identificar os principais talentos – os gerentes são elogiados pelo desempenho superior e trocam melhores práticas com os colegas. Mas também obtêm feedback direto sobre seus fracassos. "Em 30 anos no negócio, nunca fui tão humilhado", disse um gerente de fábrica veterano depois de um desempenho horrível na Sessão E.

Outro gerente não conseguiu concluir 78% dos problemas de segurança e meio ambiente que haviam ficado em aberto desde a revisão realizada no ano anterior. Primeiro veio a revelação pública na Sessão E. Alguns dias mais tarde, a Carta da Sessão E enviada a todos os participantes resumia o que fora tratado na reunião e, *novamente*, mencionou as limitações do tal gerente. É pressão dos pares em sua pior forma – ou melhor. Nada expressa melhor o "Você é responsável" do que o fantasma de ter seu mau desempenho revelado diante do público.

A Sessão E da GE pode parecer severa, mas funciona. E os gerentes da GE não são abandonados à deriva. A equipe de saúde, meio ambiente e segurança da empresa ajuda-os a melhorar o desempenho. Na verdade, nos anos seguintes, o gerente que fora "humilhado" transformou sua unidade em uma das fábricas de melhor desempenho da empresa.

Fertilização cruzada

Antes de assumir como diretor-executivo de sustentabilidade da IKEA, Thomas Bergmark estava à frente do negócio de móveis para sala de jantar e home office da empresa. A diretora de meio ambiente da 3M, Kathy Reed, passou 20 anos nas operações da linha de frente. Paul Tebo, da DuPont, dirigia a área petroquímica da empresa quando foi convidado para a área de meio ambiente. Deu para notar a tendência?

Os Adeptos da Onda Verde fazem questão de levar para funções relacionadas ao meio ambiente a expertise do trabalho na linha de frente. Profissionais com carreira em meio ambiente são talentosos e vitais para a empresa. No entanto, quando os executivos de meio ambiente fazem demandas, a gerência de linha fica inclinada a descartá-los com uma resposta rápida: "Vocês não têm noção das pressões financeiras que enfrentamos." Para gerentes como Bergmark, Reed ou Tebo, a resposta não "cola": eles têm noção, sim, pois já estiveram lá.

Uma advertência: Empresas que designam um executivo de nível sênior para uma função de meio ambiente como última parada antes da aposentadoria têm problemas. A agenda da gerência de meio ambiente é complexa demais para alguém que está contando os dias para a aposentadoria.

Executivos experientes provenientes da parte operacional têm as conexões e a credibilidade para levar adiante a agenda ambiental. Conhecem os imperativos de negócios e estão mais bem posicionados para identificar oportunidades de geração de Ecovantagem.

A fertilização cruzada é uma poderosa ferramenta em todos os níveis. Quando Bergmark precisou de um gerente ambiental para agir como intermediário junto às operações das lojas, convidou Nicole Schneider, há muito gerente operacional de uma das maiores lojas da IKEA na Alemanha. Por que escolher Nicole, e não uma pessoa de meio ambiente? "O segredo é associar as questões ambientais ao negócio e ampliar o rótulo 'verde'", disse-nos Schneider. "Sei como as pessoas pensam na área operacional."[29]

Fertilização cruzada também significa reunir, em um mesmo local, pessoas que normalmente não teriam contato umas com as outras. Quando a Toyota quis romper os padrões e desenvolver um automóvel de próxima geração – que acabou se tornando o altamente bem-sucedido Prius –, a alta gerência liderou reuniões de brainstorming com pessoas de várias partes da empresa.[30]

A Herman Miller, ao tentar atingir sua meta de utilização zero de aterros sanitários, reuniu faxineiros com engenheiros para discutir os focos de geração de resíduos da empresa.[31]

Para algumas empresas com a cultura certa, o princípio fundamental da fertilização cruzada é incorporar as considerações ambientais ao trabalho de *muitas* pessoas. Dos cerca de 25 mil funcionários, milhares têm sua fatia de responsabilidade pelos problemas ambientais e muitas dezenas têm no título do cargo que ocupam alguma indicação disso.[32] Por exemplo, os designers da empresa seguem o princípio do "Poder de um", o que significa que precisam encontrar um elemento do design por coleção de produto que reflita as prioridades de sustentabilidade. A Nike credita essa difusão das considerações ambientais ao fato de a empresa ter começado como uma companhia de design e marketing, sem as operações de manufatura internas que exigem os tradicionais executivos orientados ao cumprimento de padrões. Quando a empresa assumiu a sustentabilidade e a responsabilidade por sua cadeia de valor, encontrou maneiras de envolver pessoas de toda a organização. O ethos ambiental ocorreu organicamente.

A fertilização cruzada e a propriedade têm a ver com integração. As empresas encontram oportunidades de superar a concorrência quando *todos* enxergam o negócio pela ótica ambiental. Os Adeptos da Onda Verde pedem a todos os funcionários que ajudem na busca da Ecovantagem.

Incentivos, remuneração, carreiras e prêmios

Se o que é medido é gerenciado, você pode apostar que as pessoas que são *remuneradas* (ou promovidas) serão ainda mais bem gerenciadas. Sejamos sinceros: Quando ouvem a palavra "verde", os gerentes pensam em "verdinhas", não em meio ambiente. Assim, seria pouco lógico que os Adeptos da Onda Verde incluíssem o desempenho ambiental nas bonificações e remuneração dos executivos. Na verdade, alguns o fazem, outros não.

Certo, os Adeptos da Onda Verde acreditam que o meio ambiente deve se tornar uma parte não-negociável do trabalho de todos, exatamente como segurança e qualidade nas décadas de 1980 e 1990. Mas cada empresa tem sua forma de agir nesse sentido. Em muitas delas, os resultados ambientais hoje fazem parte de indicadores de desempenho importantíssimos em torno dos quais giram as avaliações dos executivos. Em outras, o desempenho ambiental é incorporado aos cálculos das bonificações. Em outras, ainda, o desempenho ambiental entranha-se na cultura ambiental, afetando quem é promovido e até mesmo quem sobrevive na empresa.

Em 1999, a Northeast Utilities viu-se em meio a uma série de acusações de não-cumprimento das leis referentes à poluição. Por isso, a empresa redefiniu o foco de atenção, fazendo dos resultados ambientais 20% da avaliação do desempenho e do cálculo de bonificações de todos executivos. Essa ação, isoladamente, fez soar o tão necessário toque de despertar na empresa.

Os motivos para tingir de verde as bonificações nem sempre são tão severos. Muitas empresas acreditam que o meio ambiente é uma prioridade legítima. Na Shell, o desempenho em indicadores-chave da responsabilidade social e corporativa – como emissões de gases de efeito estufa, vazamentos de óleo, lesões e diversidade – determina até 25% das bonificações dos executivos. A SC Johnson inclui no cálculo das bonificações dos gerentes a pontuação obtida na lista verde, que classifica toxicidade e impacto ambiental. E a Chiquita associa bonificações aos administradores de fazendas à adequação ao programa de certificação da banana por eles plantada realizado pela Rainforest Alliance.

Algumas das empresas com as quais conversamos apresentavam pouca relação *visível* entre remuneração e desempenho ambiental. Se as considerações ambientais estiverem profundamente arraigadas na missão da empresa, os incentivos monetários serão redundantes. Torna-se inaceitável agir de qualquer outra maneira, e a cabeça de quem agir diferente estará a prêmio. Na 3M, a alta gerência sabe que o cuidado com o meio ambiente é obrigação de todos. "Sem contar com esses valores, não se chega a um cargo executivo", declarou Kathy Reed. "Assim, se quiser fazer carreira na empresa, você precisa levar em consideração as questões ambientais... nenhum incentivo salvará seu emprego."[33]

Mesmo que não haja dinheiro envolvido, fazer do meio ambiente parte das avaliações de desempenho envia uma mensagem clara. Dick Hunter, vice-presidente de Manufatura e Distribuição da Dell Computer, hoje realiza avaliações operacionais de duas horas com o presidente do Conselho, Michael Dell, e o CEO, Kevin Rollins. A conversa *começa* com segurança e meio ambiente. Agora, Hunter inicia as avaliações de seu pessoal do mesmo modo.

As repercussões em algumas empresas são bastante reais.[34] Depois que a IKEA desenvolveu seu programa de auditoria dos fornecedores, alguns gerentes não aderiram e não estavam administrando de perto o desempenho dos fornecedores.[35] Por isso, a IKEA fez algumas mudanças no quadro de gerentes. Uma empresa que remove pessoas porque elas perderam o trem do meio ambiente não precisa fazer muito mais.

PRÊMIOS

Finalmente, gostaríamos de falar um pouco sobre elementos que, muito obviamente, desenvolvem a cultura da empresa e influenciam o comportamento das pessoas: os programas de prêmios. Em geral, as empresas dispõem de alguma forma de reconhecimento – seja sob a forma de placas, jantares ou mesmo prêmios monetários – para os funcionários que apresentam idéias de novos produtos ou que proporcionem economia.

Os Adeptos da Onda Verde desenvolvem programas destinados especificamente às questões ambientais. A 3M tem uma série de prêmios, em sua maior parte associados ao programa 3P (Pollution Prevention Pays). Não são exatamente como um Oscar, mas é uma honra receber em um almoço com colegas um prêmio por evitar resíduos tóxicos. Todo ano, são concedidas algumas centenas de prêmios no programa 3P. Em meio a esse grupo, alguns recebem das mãos do presidente do Conselho um prêmio pela liderança ambiental que inclui uma viagem de avião até Minneapolis para um jantar de gala com o alto escalão da empresa.

A FedEx Kinko's lançou um programa chamado Environmental Branch of the Year que premia as lojas com o melhor desempenho ambiental. E a Timberland iniciou um programa de prêmio em dinheiro para iniciativas em larga escala, como a adoção de energia de fontes renováveis em um centro de distribuição da empresa nos Países Baixos. O prêmio Carden Welsh leva o nome do adorado ex-executivo da empresa, o que lhe confere um toque pessoal. O vencedor recebe US$1 mil em dinheiro e US$1 mil para doar à sua instituição de caridade favorita.

REVISÃO DA MISSÃO DA STARBUCKS[36]

Como garantir que as operações de sua empresa cumprirão seu ideal? Dando aos funcionários autonomia para ver se a empresa está cumprindo seu ideal. Na Starbucks, *qualquer funcionário* pode pedir explicações quando uma coisa parece violar um dos seis princípios orientadores da empresa. Em um caso, alguns funcionários observaram que os produtos oriundos de determinada fábrica vinham em caixas que não eram inteiramente cheias. Cientes da quantidade de papel e combustível desperdiçados, eles questionaram se as caixas cheias pela metade eram adequadas ao princípio de responsabilidade ambiental da empresa. O fornecedor teve de atualizar seu programa de computador, a fim de garantir que todas as caixas fossem completamente cheias. Dar aos funcionários a capacidade de questionar qualquer coisa é uma poderosa ferramenta de engajamento.

CONTE HISTÓRIAS INTERESSANTES

Anos atrás, um professor de inglês contou a Andrew algo do qual ele nunca mais se esqueceu: no mundo, existem apenas oito histórias arquetípicas. E o Antigo Testamento conta todas elas: menino e menina se encontram (Adão e Eva), rivalidade (Caim e Abel), rebelião contra a autoridade (que tal a história da maçã?) etc.

As empresas também contam histórias que, em sua maior parte, giram em torno de temas familiares. Beba nossa cerveja, por exemplo, e mulheres lindas e sensuais o adorarão. Mas, quando se trata de contar a história ambiental da empresa, as coisas se complicam um pouco. Os stakeholders ouvem cuidadosamente os argumentos verdes e, se os fatos estiverem errados ou as afirmações não se sustentarem, colocam a boca no trombone, às vezes com grande estardalhaço. Ser transparente e dizer a verdade não são exatamente virtudes do marketing, mas, no ecomarketing, é melhor ser transparente... e sincero.

Abordamos parte dessa comunicação quando exploramos as jogadas que levam do verde ao ouro que lidam com marketing e valores intangíveis. Aqui, vamos nos concentrar em particular em questões mais detalhadas. Dividimos o público em dois grupos principais – externos (em especial comunidades, reguladores e ONGs) e internos (essencialmente funcionários).

Público externo

As empresas podem usar as comunicações tanto como escudo quanto como espada. Elogiar as qualidades verdes de um negócio pode garantir que ONGs, reguladores, a mídia e, em última análise, o público vejam a empresa como ambiental e socialmente responsável. Contar aos clientes os atributos verdes de um determinado produto também pode diferenciá-lo do mercado, desde que os benefícios alegados realmente existam.

A 3M desenvolveu um processo semelhante para gerenciar essas questões. Seu Environmental Marketing Claims Committee é um grupo multifuncional, reunindo membros de áreas diversas em questões públicas, como segurança, saúde e meio ambiente, responsabilidade pelos produtos e jurídica. O comitê verifica todas as alegações de marketing, de anúncios a embalagens, e avalia a ressonância de cada alegação no mercado. A preocupação, afirma a equipe, é basicamente legal, mas também tem a ver com reputação: "Queremos ser conhecidos como uma empresa que cumpre suas promessas."[37]

Comunicações mais gerais sobre as qualidades ambientais da empresa podem assumir diversas formas. Hoje, muitas empresas realizam um relatório anual de meio ambiente ou um relatório de sustentabilidade que aborda tanto as questões ambientais quanto as questões sociais.[38] Algumas postam informações relevantes em seus sites. Qual a abordagem mais eficaz? Na verdade, não importa – o importante é o conteúdo.

Um bom relatório de meio ambiente deve discutir aspectos importantes do rastro de carbono da empresa. Deve usar métricas quantitativas e abordar questões importantes, como poluição das águas, eliminação de resíduos perigosos, consumo de energia, emissões de gases de efeito estufa e notificações de violações legais.

A incapacidade de analisar todos os aspectos do rastro de carbono da empresa, que em geral envolve informações públicas, sinaliza aos stakeholders que a empresa tem algo a esconder. Lide honestamente com as más notícias – vazamentos de substâncias químicas, penalidades legais ou tendências de poluição crescente, e não decrescente. As empresas que compartilham suas limitações contam a história de um jeito próprio e explicam com as próprias palavras como o problema está sendo abordado. Depois dos problemas jurídicos da década de 1990, a Northeast Utilities publicou um relatório de meio ambiente acompanhado de uma carta de Mike Morris, na época CEO da empresa, na qual admitia sérios erros da empresa. Morris (hoje CEO da American Electric Power) assumiu o compromisso de melhorar o desempenho ambiental da empresa. De lá para cá, realizaram grandes progressos.[39]

Lembre-se, também, de que todas as empresas hoje atuam em um mundo altamente transparente. Quando as ONGs ou a mídia descobrem que você está tentando varrer para debaixo do tapete um problema ambiental – o que pode, de fato, ocorrer –, pode ter certeza de que a história não será narrada com imparcialidade. Em função de seu porte e exposição, as multinacionais são especialmente vulneráveis. Nem as empresas de menor porte conseguem ocultar as más notícias das ONGs locais e seu grupo crescente de cães de guarda. Blogueiros e outros que se auto-intitulam supervisores do interesse público garantem que nada seja mantido em segredo por muito tempo.

Os relatórios ambientais podem e devem incluir boas notícias – limpeza de praias ou rios pelos funcionários, parcerias com organizações de preservação ambiental ou perfis de funcionários que se oferecem para atuar como voluntários em grupos comunitários. Lembre-se, porém, de que não se pode utilizar essas histórias para mitigar a demanda de fatos concretos sobre o desempenho ambiental da empresa. Já se foram os dias em que uma empresa poderia conversar apenas sobre as boas notícias e publicar um relatório recheado de fotos belíssimas de animais.

Não existe um modelo definitivo apontando que problemas um bom relatório deveria abordar ou qual a melhor maneira de apresentar informações sobre o meio ambiente. A Global Reporting Initiative tentou desenvolver um modelo para os relatórios sobre sustentabilidade, mas seus esforços iniciais geraram formas complexas de uso limitado na comunicação com o público em geral.[40] Na ausência de um modelo, lembre-se de que bons gráficos e figuras são essenciais em qualquer relatório atualmente. As empresas costumam achar útil mostrar tendências – vários anos de desempenho anterior – e monitorar os resultados em comparação com as metas do passado e do futuro. E, caso não esteja óbvio, todos os relatórios e dados recentes devem estar disponíveis no site da empresa. (O nosso site, www.eco-advantage.com [em inglês], contém links para relatórios premiados e melhores práticas.)

Uma última observação: esses relatórios, sobretudo em suas versões para a Web, oferecem uma oportunidade tanto de *ouvir* quanto de falar. Contar histórias deve ser uma rua de mão dupla. Ouvir a opinião dos outros sobre seu desempenho e suas escolhas tem grande valor. O programa Tell Sheel [Conte à Shell], por exemplo, obteve amplo feedback para a empresa, ajudando-a a redefinir sua imagem e suas prioridades. A Shell agora cita em seus relatórios tanto os críticos quanto os fãs. De maneira análoga, a SC Johnson convida especialistas e clientes do mundo inteiro para se juntar à empresa por meio de uma troca de e-mails focada na sustentabilidade.

SUCESSO NOS RELATÓRIOS AMBIENTAIS

Diga a verdade. Seja sincero, mesmo que as notícias sejam ruins. A transparência é uma força poderosa por trás da Onda Verde e as expectativas aumentam a cada dia. Deixe claro que métricas a empresa monitora e não monitora, apresentando-as em termos relativos e absolutos. Não há nada de errado em relatar as emissões de gases de efeito estufa por unidade de receita, mas ajustar os denominadores não engana os leitores mais sérios. E você pode aborrecê-los se o total geral estiver aumentando rapidamente. Os relatórios ambientais são uma ferramenta poderosa para desenvolver a confiança com todos os stakeholders. Não desperdice essa oportunidade.

Para conversar com a comunidade de investidores sobre iniciativas ambientais, é preciso ter habilidades especiais. Relatórios anuais e reuniões trimestrais de analistas, os canais normais para se comunicar com o mercado financeiro, tendem a se concentrar em um só ponto: o aumento dos ganhos trimestrais. É difícil "vender" estratégias de sustentabilidade de longo prazo em um fórum desenvolvido em torno de ganhos de curto prazo. O presidente do Conselho da Interface, Ray Anderson, nos disse: "Levei sete anos para conversar sobre alguma coisa com os acionistas além de nossas iniciativas para redução de custos e de resíduos."[41] Gary Pfeiffer, CFO da DuPont, observa que as empresas que desejam falar em sustentabilidade devem saber falar também o idioma do mercado financeiro: "Wall Street nunca aceitará afirmações do tipo 'Daqui a 100 anos vocês vão nos adorar'. Querem saber como chegaremos lá."[42]

Para manter os analistas felizes e atentos, as iniciativas de sustentabilidade precisam ser desmembradas em partes menores e explicadas em termos estratégicos. Jeffrey Immelt, da GE, não vende o programa *ecomagination* como uma campanha destinada a melhorar a imagem da GE em relação ao meio ambiente. Fala em mercados de rápido crescimento para mercadorias e serviços ecológicos, como motores a jato com maior eficiência de combustível e melhores tecnologias para o tratamento da água. O mercado financeiro entende melhor as mensagens quando se menciona o aumento das vendas.

Audiência interna: Contando histórias aos funcionários

A identidade dos funcionários é moldada, em grande parte, pela reputação da empresa. Quase todos querem trabalhar em uma empresa na qual se sintam bem. Em nossa economia baseada em conhecimento, os funcionários mais valorizados são altamente móveis e, muitas vezes, altamente sensíveis ao desempenho ambiental da empresa.

Repetidas vezes, ouvimos falar de funcionários que reagiram ao relatório de responsabilidade social corporativa das empresas dizendo "Eu nem sabia que fazíamos tudo isso, estou orgulhoso da empresa". As histórias de emissões reduzidas, energia poupada ou comunidades apoiadas aquietam o coração e desenvolvem lealdade. Até os fracassos são importantes. Os funcionários conhecem muitas dessas histórias, mas ver a gerência admitir suas limitações desenvolve confiança.

Além disso, os relatórios ambientais têm benefícios tangíveis significativos. Primeiro, um relatório público é uma maneira de colocar as cartas na mesa e sinalizar aos funcionários onde eles devem se concentrar. O relatório da Shell é uma maneira de alavancar os funcionários e ajuda a empresa a "gerenciar o desempenho subjacente", segundo Mark Weintraub.[43] Como o relatório é enviado a 2 milhões de pessoas, inclusive a todos os 120 mil funcionários, os executivos notam quando seus negócios são mencionados. O compromisso com o desenvolvimento sustentável é medido publicamente no relatório. Ninguém quer fazer um papel ruim.

Segundo, um bom relatório ajuda os funcionários a entender por que as preocupações ambientais ou o desenvolvimento sustentável são prioridades corporativas e por que são bons para os negócios. A Shell, diz Weintraub, tenta "ir além das histórias com final feliz, quando salvamos as baleias, e atentar para o argumento de negócios". A criação de oportunidades de encontrar Ecovantagem requer que todos na empresa entendam o valor de se incorporarem à estratégia cotidiana as considerações ambientais.

Por fim, o relatório é uma maneira fantástica de compartilhar o aprendizado na organização. Reunir dados em geral revela quais são os locais que estão na frente e quais são os retardatários – e *por quê*. As empresas descobrem também estratégias e vitórias ambientais que desconheciam e que agora podem compartilhar de forma mais ampla. Weintraub observa que a Shell usa seu relatório como espelho para que a organização possa enxergar o que está ou não funcionando.

ALÉM DOS RELATÓRIOS

Compartilhar as melhores práticas pode ser um exercício árido ou inspirar os outros a fazer o mesmo. Uma história interessante é capaz de abrir as mentes. Uma das subsidiárias do GrupoNueva, a Amanco, conseguiu uma economia considerável de US$6 milhões depois que uma iniciativa de ecoeficiência revelou novas maneiras de reduzir os resíduos e cortar o uso de recursos. Compartilhar esses resultados com outras divisões demonstrou ser uma excelente maneira de abrir portas para Maria Emillia Correa, vice-presidente de Responsabilidade Social e Ambiental da empresa. "As histórias de sucesso fazem as pessoas se interessarem", afirmou. "A economia de US$6 milhões da Amanco é uma varinha mágica – abre os olhos imediatamente."[44]

As empresas precisam de diversas ferramentas para transmitir mensagem ambiental. Algumas estão experimentando apresentações de multimídia, bonificações ambientais de alta visibilidade, prêmios de fim de ano que destacam os esforços dos funcionários, intranets e muito mais. A Herman Miller e a FedEx Kinko's usaram vídeos exibidos em toda a empresa para contar histórias sobre as iniciativas da empresa no front ambiental. A DuPont criou o Active Energy Leadership Team, por meio do qual compartilha as melhores práticas no gerenciamento de energia. A BP compartilha informações pela intranet, inclusive estudos de caso e histórias sobre a redução das emissões de dióxido de carbono em uma plataforma de petróleo, ou formas de reduzir a queima de gás. Não existe uma resposta pronta. A melhor opção é aquela que alcance os funcionários e lhes mostre exatamente o que eles podem fazer para melhorar suas operações.

ECOTREINAMENTO

Desenvolver mentalidade ecológica, identificar oportunidades de jogadas que levem do verde ao ouro, desenvolver e usar ferramentas que gerem Ecovantagem – nada disso é fácil. Assim como aprender qualquer habilidade, o domínio dessas habilidades requer educar as pessoas em todos os níveis hierárquicos. Destacamos aqui três tipos de programa de treinamento utilizados pelos Adeptos da Onda Verde para ajudar a criar uma cultura de Ecovantagem:

- Treinamento sobre tópicos específicos, como cumprimento das leis e normas ambientais ou ecoeficiência
- Treinamento informal para elevar os conhecimentos gerais sobre questões ambientais
- Programas no nível executivo sobre sustentabilidade.

Na primeira categoria, os Adeptos da Onda Verde desenvolveram módulos de treinamento sobre tópicos ambientais específicos. A Alcan elaborou um programa chamado EHS First, uma visão central para a empresa com o treinamento servindo de suporte à sua importância.[45] Como nos disse Simon Laddychuk, que liderou a equipe responsável pelo desenvolvimento dessa iniciativa, o objetivo principal foi levar a filosofia para o negócio essencial da empresa. "Todos os funcionários, e os 80 membros da alta gerência, até mesmo Trevis [o CEO], realizaram um módulo de treinamento de quatro dias sobre questões de saúde, segurança e ambientais."[46] Quando a Alcan adquiriu outra empresa manufatureira de grande porte (a Pechiney), destinou um orçamento de US$20 milhões para harmonizar as abordagens das duas empresas nas questões de saúde, segurança e meio ambiente e garantir que todos se mantivessem à altura dos padrões estabelecidos pela Alcan.

A segunda categoria, desenvolver o interesse do funcionário pelas questões ambientais, pode ser informal e divertida. Na Rohner Textil, os funcionários gostaram tanto dos esforços de sustentabilidade da empresa que pediram mais. Um grupo queria saber por que a empresa não estava usando painéis solares no teto. O CEO, Albin Kaelin, sabia que a energia solar não era uma opção viável para a empresa, sobretudo na Suíça, onde o número de dias de sol por ano é limitado. Mas por que deveria ser ele o portador da má notícia? Assim, no churrasco da empresa, realizado anualmente no verão, Kaelin programou uma demonstração. A energia da geladeira seria abastecida por painéis solares. Estava tudo bem, até que, quando caiu a noite, a cerveja e o vinho esquentaram. Resolveu-se a questão. Em outra ocasião, Kaelin realizou um seminário de dois dias sem usar energia e com pouca água. Ele fez todos cozinharem com lenha para avaliar a escassez de recursos.[47] Mais uma questão resolvida. Em ambos os casos, Kaelin usou o mesmo conselho que os editores dão aos escritores: "Mostre, não conte."

Talvez a Rohner leve essa questão de consciência ambiental um pouco longe demais. No entanto, muitas empresas usam newsletters e outros métodos informais para compartilhar informações e elevar o nível de conhecimento de todos. A Clif Bar produz uma newsletter intitulada "Moving Toward Sustainability", na qual apresenta aos funcionários questões importantes sobre o negócio, como os benefícios do cultivo orgânico de alimentos. A empresa lança mão também de um e-mail mais informal, "Notes from Your Company Ecologist", abordando problemas que afetam o dia-a-dia das pessoas, como os impactos ambientais das substâncias químicas utilizadas na lavagem a seco.[48]

No nível executivo, treinamento e refinamento contínuo do conhecimento são ainda mais importantes. Um número cada vez maior de empresas está garantindo que a próxima geração de líderes esteja a par do que há de mais recente em sustentabilidade e sua importância para a empresa. Os co-CEOs da Unilever, Nailla Fitzgerald e Antony Burgmans, levaram 200 altos gerentes da empresa para um retiro na selva da Costa Rica. A essência do retiro era a formação de equipes, mas o ambiente selvagem definiu o tom do esforço necessário para se pensar o futuro da empresa.

O treinamento executivo da Alcan, disse-nos Laddychuck, é uma "combinação de questões técnicas com questões mais amenas... é uma tradução dos valores na prática cotidiana – trata-se do desenvolvimento de uma mentalidade." Da mesma forma, a Northeast Utilities desenvolveu um inovador programa de treinamento para os gerentes de nível médio centrado em "escolhas difíceis". Em vez de fugir da realidade de que os gerentes de linha enfrentam pressões competitivas que fazem as metas ambientais parecerem secundárias, a empresa aborda essas questões de frente e fala sobre elas com o objetivo de chegar a um equilíbrio.

ECOVANTAGEM: CONCLUSÃO

Para construir uma cultura de Ecovantagem, as empresas líderes utilizam muitas abordagens:

- Metas de superação
- Processos decisórios que incorporam expressamente questões ambientais
- Associação de projetos relacionados ao meio ambiente ou ajuste das taxas preferenciais de modo a refletir ganhos gerados por valores intangíveis subestimados
- Mercados internos para destacar os custos ambientais ocultos
- Comitês para promover a agenda executiva
- Atribuição da responsabilidade ambiental aos executivos da área operacional
- Análises de desempenho ambiental e clara responsabilidade pelos resultados
- Fertilização cruzada entre altos executivos e o pessoal da linha de frente
- Bonificações e prêmios por iniciativas associadas ao desempenho ambiental
- Inclusão de elementos ambientais entre os principais indicadores de desempenho
- Relatórios sobre meio ambiente ou sustentabilidade
- Sites com informações ecológicas em tempo real
- Autorização para o funcionário questionar ações que não sejam coerentes com o compromisso ambiental firmado pela empresa
- Ecotreinamento

Parte IV **Montando as peças**

Agora já abordamos todas as partes de uma bem-sucedida estratégia ambiental. Depois que a empresa tiver desenvolvido as ferramentas básicas para focar a lente ambiental na estratégia e começado a implantar a Mentalidade da Ecovantagem, tudo vai correr tranqüilamente, certo? Bem, nem tanto. Como dissemos antes, as iniciativas ambientais muitas vezes dão errado.

No Capítulo 10, examinamos um conjunto básico de problemas a evitar. Nossas pesquisas sugerem que as empresas podem tropeçar na própria organização interna ou entender equivocadamente a natureza do desafio, entre outras coisas. Mas descobrimos algumas soluções, que também são examinadas.

Como vários best-sellers proclamam, a execução é tudo. De forma análoga, obter Ecovantagem não é apenas um exercício de reflexão. No entanto, transformar pensamento em ação exige esforço. No Capítulo 11, apresentamos um plano de ataque com orientações específicas sobre ações a serem tomadas no curto, no médio e no longo prazos.

Finalmente, no Capítulo 12, expomos uma visão geral da abordagem à estratégia ambiental aqui apresentada. Para aqueles que leram todo o livro cuidadosamente, esse capítulo será uma revisão e pode merecer apenas uma passada de olhos. Para quem está com pressa e só deu uma passada de olhos até agora, vale a pena investir em uma leitura mais atenta. No Capítulo 12, resumimos todos os conceitos importantes apresentados ao longo do livro.

Capítulo 10 Por que as iniciativas ambientais falham?

A fábrica da Ford em Rouge River, Dearborn, Michigan, tem uma história famosa.[1] Construída antes da Grande Depressão, tinha 100 mil funcionários em seu auge, mas em décadas recentes, estava em declínio. Para sinalizar o renascimento da empresa, o presidente do Conselho da Ford, Bill Ford Jr., decidiu refazer a fábrica grandiosa de seu bisavô. O redesenho também mostraria o compromisso da empresa com o meio ambiente e "transformaria um ícone industrial do século XX em um modelo de manufatura sustentável do século XXI".

Ford contratou o famoso designer e ecologista William McDonough para repensar totalmente a gigantesca fábrica. Depois de uma reforma de US$2 bilhões, a nova fábrica prometia ser um modelo de eficiência e design ambientalmente perfeito, incluindo um enorme "telhado verde", feito de grama, que capta a água da chuva e reduz a necessidade de energia do prédio. O local inclui painéis solares, células combustíveis e zonas pantanosas construídas. Maravilha, não?

Bom, sim e não. A fábrica verde pode, de fato, ser uma maravilha. No entanto, sequer chega perto do verdadeiro problema ambiental da Ford: veículos com enorme consumo de gasolina que contribuem para as mudanças climáticas e para a poluição atmosférica local. Da perspectiva do ciclo de vida, o "rastro de carbono" da Ford é gerado basicamente na fase de uso do produto. Os ambientalistas só considerarão a Ford uma fábrica verde depois que ela efetuar melhorias reais e sustentáveis na eficiência de combustível e nas emissões de gases de efeito estufa de seus veículos.

Quer dizer então que o redesenho da fábrica foi um erro? Não inteiramente. Mas essa iniciativa realizou muito menos do que Bill Ford esperava. A lição é que nenhuma empresa pode se dar ao luxo de se concentrar apenas nos *próprios* problemas – nesse caso, os processos de fabricação – se isso significa ignorar os outros grandes problemas em sua cadeia de valor. Não considerar seriamente a realidade da responsabilidade estendida do produtor aparece como a principal razão da lista dos motivos pelos quais as iniciativas ambientais fracassam, como revelaram nossas pesquisas.

Uma revisão rápida da literatura sobre negócios verdes nos últimos 10 a 15 anos poderia nos levar a pensar que a vida é um mar de rosas. Os livros, os artigos publicados e os estudos de caso contam, quase que exclusivamente, histórias de iniciativas voltadas para o meio ambiente que deram certo. Talvez até o leitor informal sinta-se tentado a acreditar que a estratégia ambiental oferece resultados em que todos os lados saem ganhando o tempo todo.

A realidade, porém, é muito diferente. Em muitos casos, os esforços em prol da ecoeficiência e outros investimentos ambientais realmente dão certo. No entanto, muitas iniciativas fracassam. Algumas não proporcionam os ganhos ambientais prometidos. Outras não atuam a partir de uma perspectiva econômica. Algumas fracassam em ambos os aspectos.

Não há nada novo nisso, é claro. Lançamentos de novos produtos fracassam todos os dias. Campanhas de marketing muitas vezes não estimulam as vendas. Os investimentos em P&D nada geram. Assim como ocorre no caso desses erros convencionais, temos muito a aprender com os erros ambientais.

Por maiores que sejam as oportunidades de Ecovantagem, não é fácil conseguir explorá-las. Fingir o contrário é bobagem. Por isso, a seguir, explicamos detidamente 13 motivos comuns pelos quais as iniciativas ambientais falham, juntamente com algumas idéias de como evitar essas ciladas.

1. ENXERGAR AS ÁRVORES, MAS NÃO A FLORESTA

A Ford empregou somas substanciais para tornar ecológica a fábrica de River Rouge, mas o processo de produção, em si, não é o principal problema ambiental na indústria automobilística. Em vez disso, a empresa devia ter estudado seu histórico ambiental e observado seus produtos de perto. Enquanto a Ford se preocupava em plantar grama no telhado verde de River Rouge, a Toyota lançava sua tecnologia híbrida de gasolina e eletricidade e tomava o mundo automobilístico de assalto. Em vez de liderar o ataque, a Ford agora precisa tentar sair do atraso. Licenciou parte da tecnologia híbrida da Toyota e comprometeu-se a produzir 250 mil veículos híbridos (movidos a gasolina e eletricidade) por ano até 2010.

Não estamos implicando com a Ford Motor Company ou com Bill Ford em especial. Não perceber o verdadeiro problema é uma questão comum na estratégia ambiental corporativa, e o entusiasmo de Bill Ford pelas causas ecológicas é admirável. Se todo CEO tivesse sua dedicação, o mundo seria um lugar muito melhor. O que queremos dizer, na verdade, é que só entusiasmo não basta. Escolhas inteligentes traduzem o compromisso no tipo de ação significativa que confere Ecovantagem a uma empresa.

Imagine a doação de US$25 milhões da Ford para ajudar a criar o Center for Environmental Leadership in Business da Conservation International. É um gesto nobre, mas a agenda da ONG se concentra principalmente na promoção da biodiversidade, em especial nas florestas tropicais. Embora seja um problema ambiental urgente, a biodiversidade não é o principal problema ambiental da empresa. A Ford e seu novo parceiro procuravam maneiras de lidar com problemas que tivessem mais a ver com os desafios ambientais da Ford, como a mudança climática, mas isso realmente nunca aconteceu. *Alguém* se beneficiará do dinheiro, mas a empresa que o doou não estará liderando as fileiras.

Solução: Conheça a si mesmo

Para evitar o foco em coisas erradas, as empresas precisam entender onde estão vulneráveis ambientalmente. Ferramentas, como a LCA e a análise AUDIO, podem ajudar a enxergar a floresta, não apenas as árvores. A parceria com as ONGs e com especialistas para ter noção de como o público percebe a empresa também pode ser muito importante. O princípio básico é simples: Concentre os recursos limitados nos problemas mais importantes para o histórico ambiental e a reputação da empresa.

Compare, por exemplo, a estranha escolha da Ford pela Conservation International com a parceria mais recente da Wal-Mart com a National Fish e a Wildlife Foundation. A megavarejista gastará US$35 milhões para preservar quase 600.000km² de habitat de vida selvagem, equivalente à área que a empresa usa para armazéns, estacionamentos e centros de distribuição.[2] O projeto vai ao âmago dos problemas de congestão e expansão, nos quais os críticos da Wal-Mart se concentram. É uma boa troca.

Tampouco ignore a cadeia de valor completa. Lembre-se de como a Unilever, apenas um comprador de peixe, ajudou a criar o Marine Stewardish Council e investiu recursos significativos de tempo e dinheiro para promover a pesca sustentável. A Coca-Cola sabe que não pode fugir à responsabilidade sobre as ações de suas engarrafadoras, embora sejam empresas totalmente separadas. Por isso, conta com um vice-presidente de Meio Ambiente e Recursos Hídricos em Atlanta ajudando a coordenar as iniciativas de conservação de água ao redor do mundo.

2. NÃO ENTENDER O MERCADO

Há uma linha tênue entre estar um passo adiante do grupo e calcular errado o porte do mercado. A Interface Flooring tentou promover sustentabilidade, transformando em serviço o comércio de pisos e carpetes. A idéia parecia fazer sentido: a Interface colocaria o carpete e o retiraria quando o produto ficasse gasto, facilitando a reciclagem. Mas, como descrevemos antes, esse modelo de negócio ecoamigável falhou – o mercado não estava preparado para o aluguel de carpetes. A empresa conquistou a aprovação do mercado por seu esforço, mas os clientes não estavam interessados em pagar para trocar o carpete anualmente com seu orçamento operacional, e não em uma única vez, com o orçamento de capital.

A Interface não foi a única a errar na avaliação do grau de preparação do mercado para os produtos ou serviços verdes. Muitas empresas grandes e bem-sucedidas também falharam. A tentativa da Unilever de adquirir matéria-prima de pesca sustentável em produtos congelados perdeu força porque os consumidores em alguns mercados recuaram diante da tentativa da empresa de substituir o bacalhau por um peixe branco mais abundante (chamado *hoki*). Como Dierk Peters, executivo de marketing de alimentos congelados da empresa, nos disse: "Há quem considere o Reino Unido a 'Terra do bacalhau'... o bacalhau é o padrão-ouro, por isso houve uma verdadeira relutância do consumidor em comprar o *hoki*."[3]

Lembre-se de como a incapacidade de entender a diferença entre os mercados americano e europeu derrubou a gigante Monsanto na década de 1990. A empresa tinha uma excelente tecnologia para organismos geneticamente modificados e o CEO Robert Shapiro fez da sustentabilidade o núcleo de sua estratégia de negócios. Mas o lançamento sofreu enorme revés porque a Monsanto não captou uma realidade básica de mercado: os consumidores europeus não se sentiram nem um pouco à vontade para consumir alimentos modificados.

Solução: "Bloquear e atacar"

É fácil se entusiasmar com uma nova iniciativa ambiental. Os produtos ecológicos trazem a promessa da conquista de novos mercados ao mesmo tempo em que transformam o mundo em um lugar melhor. Mas o processo para decidir se uma iniciativa verde faz sentido comercialmente deveria ser basicamente o mesmo que se aplica a qualquer outro produto: A que necessidade de mercado estamos atendendo? Há uma base de clientes? Como será nossa estrutura de custos? Há outras empresas atuando nesse nicho? Nossa Ecovantagem está protegida por patentes ou outras informações patenteadas, ou novos concorrentes entrarão facilmente no mercado? Em suma, a iniciativa pode ser verde, mas o bloqueio e o ataque não podem ser deixados de lado.

É preciso pensar no longo e no curto prazo. Leve em conta os fatores intangíveis, como imagem e reputação corporativas, normas suspensas (ou adotadas) e a lealdade do cliente. Na medida do possível, atribua valores concretos a fatores intangíveis. Quanto vale a lealdade do cliente? Comece pelo custo da aquisição de clientes. E quanto ao moral do funcionário? Comece com os *churn costs* do funcionário. Não evite o processo básico de avaliação das probabilidades de risco e recompensa apenas porque é difícil atribuir números concretos a alguns benefícios.

3. ESPERAR UM PREÇO DIFERENCIADO

Como deixamos claro no Capítulo 5, vender produtos com base *apenas* em seu valor ecológico raramente funciona. Qualidade, preço e serviço continuam sendo essenciais para a maioria dos clientes. A Patagonia vende produtos ecológicos que usam algodão orgânico e materiais reciclados. No entanto, os clientes não permaneceriam fiéis se os produtos não fossem de qualidade.

Às vezes, os clientes pagam um preço diferenciado pelas qualidades ambientais ou por uma imagem verde. A Patagonia vende para um mercado sofisticado e o Toyota Prius é vendido por US$5 mil a mais do que automóveis semelhantes.[4] Mas essas exceções não anulam a regra. Nos mercados atuais, os produtos ecológicos não podem ser vendidos regularmente por um preço mais alto. Da experiência da Shell com a gasolina ecoamigável Pura, na Holanda, até diversas tentativas de se produzirem lâmpadas fluorescentes compactas palatáveis por um preço até 10 vezes maior que o das lâmpadas comuns, é difícil obter preços diferenciados para produtos ecológicos.

Mesmo os produtos que poupam o dinheiro do cliente ao longo do tempo, como eletrodomésticos que economizam energia, costumam lutar para se firmar. Quando são bem-sucedidos, vendem não só por suas qualidades ambientais, mas também pela economia de custos ou pela durabilidade no longo prazo. As pessoas não gostam de pagar mais logo de cara. Como os economistas gostam de dizer, os clientes têm uma "taxa de desconto" bastante elevada sobre as compras. Vêem o dinheiro no bolso hoje como algo mais valioso do que o dinheiro economizado no futuro.

Essa verdade fundamental sobre o cliente dificulta a venda de produtos ecológicos. Por exemplo: a Timberland teve dificuldade de vender com lucros camisetas de algodão orgânico, cuja fabricação é 25% mais cara. As camisetas não oferecem melhoria funcional real alguma. O argumento de venda é puramente emocional. Portanto, é desafiador induzir o cliente a pagar um preço diferenciado por um momento de bem-estar ambiental. A Patagonia teve sucesso cobrando mais porque construiu um valor de marca extenso com base na liderança ambiental. Mas, francamente, não é uma empresa de capital aberto e importa-se muito menos em obter lucros em todas as mercadorias.

Solução: Use o argumento verde como o terceiro botão

Como dissemos antes, não use como argumento de venda apenas as qualidades ecológicas de um produto. Preste atenção nos anúncios do Toyota Prius e veja a dupla mensagem. O carro tem motor e câmbio que lhe conferem certa vantagem, além de oferecer vários recursos tecnológicos. E isso *também* ajuda a salvar o planeta. O meio ambiente é o terceiro "botão" apertado. Nem as empresas mais verdes, como a Patagonia, usam os aspectos ambientais de seus produtos como argumento de venda. Falam primeiro da qualidade. E, depois de anos cumprindo essa promessa, a Patagonia está posicionada para definir a qualidade do produto de modo a incluir uma dimensão *ambiental*.

4. NÃO ENTENDER OS CLIENTES

Não é surpresa que as lanchonetes McDonald's gerem grande quantidade de resíduos. Mas quem adivinharia que mais de 30% dos resíduos, por peso, sejam líquidos? Quando os aterros sanitários cobram por libra, é desagradável ter de pagar por líquido. Há 10 anos, o McDonald's sueco começou a pedir aos clientes para colocar o gelo e o resto das bebidas em uma lata de lixo separada. Funcionou muito bem. Mais de 75% dos clientes separaram com boa vontade o próprio lixo. O peso do lixo baixou 25%, economizando ao McDonald's milhões de kronas. Mas, quando o McDonald's tentou fazer o mesmo nos Estados Unidos, os consumidores não aderiram. Os americanos não são iguais aos suecos e vice-versa.

Quando uma iniciativa ambiental depende da mudança do comportamento do cliente, tome cuidado. Se a mudança não economizar tempo e dinheiro para as pessoas – e, às vezes, mesmo se o fizer –, elas podem resistir.

Solução: Conheça os limites dos clientes

Quem pede café para viagem conhece bem o problema. Para evitar que as mãos queimem, não adianta usar uma xícara de papel. No entanto, dar a cada pessoa duas xícaras parece um desperdício. Por isso, a Starbucks decidiu atacar esse problema de lixo evidente. A empresa desenvolveu um novo copo com uma camada isolante exterior incorporada, para manter os dedos frios. O copo é mais caro, mas tem mais conteúdo reciclável e os clientes só precisam de uma – uma verdadeira situação de vitória para o meio ambiente e, finalmente... exceto pelo fato de os testes logo mostrarem que os bebedores de café continuam querendo duas xícaras.

Quando os executivos fizeram os cálculos, concluíram que, se mais de 10% dos clientes apanham duas xícaras (e a Starbucks não recusaria o pedido do cliente), os efeitos para o meio ambiente seriam piores do que a situação atual. A Starbuck sabia que pode ser difícil tentar mudar o comportamento do cliente. Assim, a empresa encontrou uma situação conciliadora, uma espécie de proteção para o copo de café.[5] A peça de papelão é colocada por cima do copo e protege a mão dos clientes, mas utiliza 40% menos papel do que um segundo copo inteiro usaria.

Alguns ambientalistas considerariam essa história um fracasso, mas não é. Usar o copo ideal para o meio ambiente seria um erro financeiro *e* ambiental quando os clientes pegassem dois. A Starbucks tomou uma decisão difícil ao abandonar uma solução inovadora, encontrou um meio-termo e evitou o erro. Como Sue Mecklenburg, vice-presidente de Práticas de Negócios da Starbucks, disse, esperar que os clientes façam uma escolha ambiental certa muitas vezes gera decepções.

5. APERTAR A GERÊNCIA DE NÍVEL MÉDIO

Mais do que em qualquer outro local na empresa, a busca por Ecovantagem concentra-se mais na gerência de nível médio do que em qualquer outra parte. É também onde os esforços ambientais muitas vezes sucumbem. A equipe de executivos de nível sênior ouve o chamado do CEO ao foco ambiental e os trabalhadores da linha de frente muitas vezes dão boas-vindas à oportunidade de deixar suas empresas mais ecoamigáveis. Mas os gerentes de nível médio são levados de lá para cá. Enfrentam diariamente *trade-offs* críticos e escolhas difíceis. Querem que eles aumentem as vendas e o *throughput*, reduzam os custos, elevem as margens de lucro – e agora, que também sejam "verdes".

Muitas vezes, os incentivos não estão alinhados com os objetivos ecológicos. As avaliações de desempenho do fim do ano geralmente giram em torno das preocupações centrais da empresa, não dos alvos ambientais. Chris Mottershead, da BP, descreve esse problema como "uma tensão entre desempenho de negócios e objetivos ambientais".[6]

O chefe de Mottershead, o CEO Lord John Browne, assumiu o compromisso da BP de reduzir os impactos ambientais gerados pelo rastro de carbono da empresa, o que significa cortar as emissões de gases de efeito estufa das refinarias da BP. A maneira fácil de atingir o objetivo era cortar o *throughput*. Os gerentes da fábrica, entretanto, tinham objetivos de produção que conflitavam com o esforço de redução dos gases de efeito estufa. "O problema era que dizíamos às refinarias para diminuir o volume *e* produzir combustíveis mais limpos *e* reduzir os gases de efeito estufa", disse Mottershead. "Esses três objetivos não são independentes – a concretização de um deles tem conseqüências para os outros."

Chamamos esse problema de "Aperto da Gerência de Nível Médio".

É muito comum, principalmente em empresas que assumem compromissos ambientais ambiciosos. A liderança do CEO e as metas de superação ainda são fatores determinantes para o sucesso, mas também podem provocar conflitos irreconciliáveis para as pessoas que ficam no meio – aquelas que realmente tocam as operações da empresa e tentam atingir as metas de vendas, manter os custos baixos e atingir os objetivos de lucros. Acrescentar preocupações ambientais a essa mistura pode provocar uma sobrecarga.

Solução: Incentivos e treinamento

Ignorar o Aperto da Gerência de Nível Médio é receita certa para confusão. Por isso, cuide diretamente das pressões sobre os gerentes de nível médio.

Os executivos nesse nível quase sempre seguem seus incentivos. Se não recebem sinais de que o sucesso ambiental faz parte de seu trabalho, não lhe darão prioridade. Inserir metas ambientais na descrição do cargo de um gerente é uma maneira de assegurar o foco. Dinheiro vivo também cai bem – portanto, traduza as metas ambientais em bonificações, se a pressão cultural não for suficiente. Criar métricas ambientais e torná-las parte dos principais indicadores de desempenho da empresa também ajuda. E torne as pessoas direta e publicamente responsáveis pelos resultados do grupo – lembre-se da revisão da Sessão E da GE.

A orientação vinda de cima também deve fazer parte do pacote. Na BP, era impossível afrouxar os procedimentos físicos do refinamento. Assim, os líderes da empresa fizeram a única coisa possível – disseram às refinarias para operar o mais eficientemente possível, mas para deixarem de se preocupar com as emissões *totais* de gases de efeito estufa. O trabalho das refinarias era aumentar as economias da produção e reduzir as emissões de gases de efeito estufa *por unidade*. As reduções, os executivos sabiam, teriam de vir de outra parte no sistema.

O treinamento também é uma ferramenta essencial. Como parte de um programa de desenvolvimento de liderança de 17 dias, os executivos do meio ambiente da 3M ensinam aos gerentes alguns dos *trade-offs* que irão enfrentar e fazem algumas perguntas: O que se deve fazer quando o fornecedor com menor custo não tiver padrões ambientais? O que você faria se tivesse de optar por investir em uma linha de produto ou resolver um problema ambiental? Como a gerência média em toda parte, os gerentes de planta da 3M lidam com os conflitos da melhor maneira que podem. Internalizaram o fato de que devem, de alguma maneira, atingir os custos, a qualidade e os objetivos ambientais simultaneamente.

6. COMPARTIMENTALIZAR O PENSAMENTO

A mitologia clássica conta que Hércules tentou matar a Hidra, o monstro de muitas cabeças. Sempre que derrubava uma cabeça com seu bastão, nasciam duas em seu lugar.

Os executivos de meio ambiente que tentam combater a poluição e outros problemas ambientais às vezes sentem-se como o pobre Hércules. Invista em uma máquina de limpeza para reduzir a poluição atmosférica e terá um problema de eliminação de resíduos (a lama capturada). Armazene a lama do lado de fora e você poderá desenvolver um problema de poluição da água.

"Nossas falhas costumam ocorrer quando as tentativas de redução dão errado", disse Tim Mohin, da Intel. "O tratamento dos resíduos resolve um problema e cria outros quatro." Durante anos, todos os fabricantes de semicondutores tentaram encontrar uma forma de reduzir o uso de perfluorocarbonos (PFCs). Usado na etapa de produção de chips, os PFCs são 10 mil vezes mais poderosos do que o dióxido de carbono como gás de efeito estufa.[7] Tentativas anteriores para reduzir PFCs concentravam-se na captura dos gases depois de sua utilização. Mas, na realidade, um sistema de mitigação gigantesco na Intel aumentava o uso da energia e as emissões do gás de efeito estufa e seu sistema de reciclagem criava outras substâncias tóxicas aerotransportadas. "Os efeitos colaterais eram ainda piores", disse Mohin.

Tanto Hércules quanto os gerentes na Intel ficaram presos ao que chamamos de compartimentalização do pensamento. Em vez de procurar respostas por toda parte, eles se concentraram em uma pequena parte da operação. A solução não resolveu totalmente o primeiro problema e criou outros.

A compartimentalização do pensamento também pode ocasionar a perda de oportunidades. Veja a experiência da Fuji Photos Film com as câmeras descartáveis.[8] Outra empresa, a Jazz Photo, construiu um negócio rentável reciclando câmeras descartáveis que a Fuji jogava fora. A Jazz vendeu dezenas de milhões de câmeras Fuji recicladas antes que a empresa levasse o caso aos tribunais por violação de patente. Mas eis a pergunta da estratégia ambiental: Por que a Fuji perdeu essa oportunidade de mercado, deixando escapar centenas de milhões de dólares? Parte da resposta está na compartimentalização do pensamento. A Fuji fabricava boas máquinas descartáveis. Ela provavelmente via as câmeras usadas como lixo, e não como um insumo para um segundo produto, uma câmera descartável reciclável.

Solução: DfE e valorização da cadeia de valor

Hércules resolveu seu dilema com a Hidra enxergando-o de maneira diferente. Em vez de derrubar as cabeças que se duplicavam sempre que as destruía, fez seu sobrinho cauterizar os tocos de pescoço antes que o monstro pudesse fazer crescer novas cabeças, eliminando o problema em sua origem.

A solução da Intel foi um pouco menos dramática. Ela criou um programa de DfE. Vinte profissionais ligados ao meio ambiente trabalham lado a lado com os designers de produtos e processos, assim como os cientistas de pesquisas básicas que exploram as idéias para a produção para daqui a seis anos ou mais.[9] Juntos, eles identificam sistematicamente os problemas ambientais antes de seu surgimento. As emissões tóxicas ainda representam um grande peso. Mas estão diminuindo e outros problemas ambientais foram totalmente evitados por meio do raciocínio voltado para o ciclo de vida.

Se a poluição é um câncer na face da Terra, a mitigação é a quimioterapia – um tratamento posterior à existência do problema. O DfE é como largar o cigarro e alimentar-se corretamente. É a medicina preventiva para os problemas ambientais. Não consegue eliminar todos os riscos, mas incorporar as considerações ambientais no design dos produtos é um grande avanço.

7. ECOISOLAMENTO

Para tornar a Ecovantagem parte da estratégia de negócios, as empresas precisam de defensores apaixonados e com bom embasamento teórico. Mas depender apenas de uma equipe ambiental cria os próprios problemas. Como disse um executivo: "Dizer apenas, 'leve a questão ao cara de meio ambiente' não funciona." Vemos três problemas relacionados que se originam do isolamento.

Para começar, algumas iniciativas morrem já no início. A FedEx Kinko's tem um verdadeiro defensor em Larry Rogero.[10] Durante anos, ele defendeu a causa ambiental na gigante das cópias, desempenhando qualquer papel necessário, como o de "instigador, motivador, contador e, às vezes, implementador". Durante muito tempo, também, agiu sozinho. É verdade que a FedEx Kinko's conseguiu muitas coisas, como compras de energias renováveis e o uso em larga escala de papel reciclado. Mas a empresa está apenas começando a levar as idéias ecológicas para o centro do negócio.

Algumas iniciativas interessantes, como as "máquinas verdes" de auto-serviço, que permitem que os clientes façam cópias com 100% de papel reciclado, perderam força porque contavam com pouco apoio fora do departamento de Rogero. Depois do fim do período promocional de teste, os gerentes dos departamentos assumiram a responsabilidade pela oferta do ecoproduto. Aqueles que viram um benefício real em termos de lealdade dos funcionários e do cliente deram prosseguimento ao programa. Mas a maioria não o fez.

Por que uma ecoidéia valiosa não passou de uma promoção de curto prazo? A resposta parcial é: por causa do ecoisolamento. Como a idéia surgiu de um departamento ambiental isolado, a empresa não ofereceu o apoio amplo necessário para se determinar se havia benefícios duradouros – em função de reputação, vendas ou lealdade do cliente –, que poderia ser um argumento para tornar a máquina verde uma mudança permanente. Deixar a decisão final nas mãos dos gerentes da linha de produção também não ajudou. Na ausência de incentivos ou objetivos atraentes, por que os gerentes escolheriam uma alternativa que poderia lhes custar caro mais adiante? Esse conflito é a essência do Aperto da Gerência de Nível Médio que discutimos anteriormente.

Um segundo aspecto do ecoisolamento são os orçamentos muito apertados. Vimos grandes empresas tentarem lidar com os problemas ambientais com um orçamento tão reduzido que os gerentes de meio ambiente não conseguiam realizar nada. É fácil subestimar o que é preciso para resolver esses problemas. A Ecovantagem não surge automaticamente. As estratégias ambientais exigem uma boa coleta e análise de dados, exatamente como qualquer outra estratégia. Lembre-se: lidar mal com os problemas ambientais pode custar muito a uma empresa – em termos de dinheiro, reputação, clientes ou moral dos funcionários. Com pouco pessoal ou com recursos escassos, o grupo de meio ambiente não vai gerar Ecovantagem. Na verdade, fazer o trabalho do modo mais barato pode custar muito mais do que economizar.

Finalmente, a ecossolução pode levar a um problema clássico: "Uma mão não saber o que a outra está fazendo." A Toyota, por exemplo, se uniu a outras indústrias automobilísticas para enfrentar as regulamentações que elevam os padrões de eficiência do combustível, mesmo processando a Califórnia por causa de suas novas leis. Temos certeza de que os executivos da empresa estão cientes dessa ação. Mas o pessoal de relações públicas do governo *realmente* sabe que os esforços de lobby ameaçam prejudicar todo o bom trabalho que foi feito para posicionar a Toyota como líder ambiental. Francamente, devido à posição de líder do mercado da Toyota em eficiência de combustível, por que a empresa defenderia mais padrões rigorosos?

Muitas vezes, as empresas são empurradas em direções opostas. Às vezes, dizem propositalmente uma coisa para determinado público e outra bem diferente para outro. Mas também é possível que essas decisões estejam sendo tomadas por dois grupos diferentes que não se comunicam com freqüência. Ou talvez a estratégia completa não tenha sido apresentada a todos. A equipe de design do ecoproduto e o pessoal de marketing nem sempre ocupam a mesma posição diante do governo e do pessoal de questões regulatórias. Esse isolamento pode custar caro.

Solução: Compromisso e integração do topo

Os defensores ambientais solitários quase sempre falham. As estratégias ambientais corporativas bem-sucedidas ganham fôlego quando envolvem a empresa como um todo. É essencial integrar as preocupações, as necessidades e os incentivos dos trabalhadores das linhas de frente da empresa no plano de jogo. Os gerentes de meio ambiente devem ser proprietários das iniciativas. Até mesmo a estratégia de Ecovantagem mais bem concebida acabará fracassando se não contar com o apoio do compromisso do CEO e estiver conectada aos gerentes e funcionários que a implementarão.

A FedEx Kinko's está trabalhando para aproximar mais sua visão ambiental de suas operações. Com o apoio do CEO, Rogero submeteu os principais executivos da empresa a um treinamento em sustentabilidade. Iniciou também um processo de definição da missão com foco nas questões ambientais denominado "Six Flag on a Hill".[11] Um executivo lhe disse: "Isso nos faz pensar que se trata de algo além da reciclagem, mas já estou farto de ciência... o que podemos *fazer*?" É exatamente essa a reação desejada: compromisso e disposição de ir em frente.

A FedEx Kinko's criou equipes para focar um conjunto importante de questões, como energia e envolvimento da comunidade, e distribuiu os papéis de liderança a um amplo espectro de executivos. Uma equipe explorava como a empresa poderia ajudar a tornar os clientes comerciais mais sustentáveis. Descobriu-se que os clientes ficavam animados com a idéia de deixar a FedEx Kinko's cuidar mais de sua gestão de documentos – cortar custos e reduzir o uso de papel. A equipe do "Six Flag on a Hill" se engajou mais na busca de ecoiniciativas quando enxergou o potencial de aumentar o valor do cliente e expandir as vendas.

Mostrar aos executivos como examinar os problemas pela ótica ambiental pode estimular idéias novas, mas o objetivo maior precisa ser derrubar as barreiras entre as estratégias ambientais e de negócios. Os esforços para promover a fertilização cruzada dos gerentes da linha de produção e de meio ambiente e as iniciativas, como as que observamos na IKEA, na 3M e na DuPont, pagam dividendos. Dizem à empresa que o meio ambiente é uma parte central da estratégia de negócios.

8. FAZER ALEGAÇÕES QUE NÃO SE SUSTENTAM NA PRÁTICA

Na ânsia de ser verde, às vezes as empresas fazem promessas antes de tomar qualquer medida. As ONGs logo se manifestam e gritam "*greenwashing*", mas isso é extremamente simplista. O verdadeiro *greenwashing* ocorre quando uma empresa declara que está fazendo alguma coisa verde e sabe muito bem que não está. O erro ao qual nos referimos aqui é de ação, não de intenção.

Os compromissos de reduzir o impacto ambiental de sua linha de produtos – antes de esses produtos estarem prontos – se encaixam nessa categoria. Muitas vezes, é outro erro de ecoisolamento, em que o pessoal de marketing ultrapassa a curva e ninguém do lado ambiental está perto o suficiente da ação para controlá-la. Não é um problema incomum nas empresas. Muitas vezes, a execução fica atrás da intenção, mas há muito em jogo nas alegações ambientais.

Solução: Cumpra suas promessas e fique ciente dos fatos

A maneira mais direta – e óbvia – de evitar passar adiante de si mesmo é fazer tudo o que você diz ser verdadeiro. As promessas feitas em público devem estar enraizadas em mudanças de processo e de design que geram melhorias e resultados ambientais reais. O desconhecimento dos impactos ambientais não desaparecerá. Cada vez mais, espera-se que as empresas contem com dados sólidos que sustentem suas alegações.

Moral: Aja cuidadosamente e faça alegações que possa cumprir. Tenha à mão também ferramentas que possam ajudá-lo a checá-las, como o Marketing Claims Commitee, da 3M. Não pense pequeno. Isso significa admitir a derrota na linha de frente. A inovação de produtos ou processos que mudam o mercado continua sendo uma maneira básica de gerar Ecovantagem. E não pare de estabelecer objetivos de superação e viver segundo o Princípio da Apolo 13. Em questões importantes como essa, uma empresa não deve aceitar não como resposta. Mas, quando for a público, tenha certeza de saber do que está falando.

9. SURPRESAS: AS FERROADAS DAS VESPAS E AS CONSEQÜÊNCIAS IMPREVISTAS

A fábrica da Herman Miller em Holland, Michigan, chamada Greenhouse, é uma das indústrias ambientalmente mais perfeitas do mundo. O prédio é eficiente, produtivo e bonito. E, embora não se imagine que uma fábrica possa ser calma e relaxante, a Greenhouse consegue isso. O exterior também reflete as sensibilidades ambientais, com um paisagismo que mantém as zonas pantanosas intactas e a vegetação local do oeste de Michigan preservada.

Mas a natureza apresenta desafios. Assim que a fábrica foi inaugurada, os funcionários reclamaram das vespas no estacionamento.[12] Acontece que os campos de flores selvagens que cercavam o prédio estavam atraindo as pragas. É uma história curta, mas digna de ser narrada. Fazer uma escolha ambiental – nesse caso, mantendo a paisagem natural intacta em torno do edifício ecológico – pode ter conseqüências estranhas. Essa história tem um final feliz, até ambientalmente perfeito: a empresa percebeu que trazer abelhas para polinizar as flores melhoraria a aparência dos campos, afastaria as vespas e reduziria o efeito total das pragas.

A cadeia de valor e os efeitos do ciclo de vida muitas vezes podem ser surpreendentes. Um novo sistema para economizar água utiliza mais energia. Um produto redesenhado para eliminar uma substância química perigosa muda o desempenho do produto de maneiras imprevistas. Não fique surpreso. Espere o inesperado. E, quando deparar com conseqüências imprevistas, tente transformá-las em oportunidades.

Solução: Ande antes de correr

Embora as incorporações ecológicas possam gerar vantagens competitivas sustentáveis e amplas, vale a pena começar com expectativas modestas. Para aumentar as oportunidades de sucesso na execução das estratégias ambientais, tenha em mente alguns pontos importantes:

Em primeiro lugar, ande antes de correr. Comece com iniciativas-piloto. A Unilever lançou seu compromisso com a agricultura sustentável, operando fazendas-teste em algumas colheitas-piloto para experimentar métodos de cultivo que utilizam pouca água e poucos pesticidas.

Em segundo lugar, tenha uma visão sistêmica. Analise com antecedência as conseqüências do ciclo de vida de uma nova iniciativa. Quando se empurra uma alavanca aqui, entenda o que acontece em outro lugar na cadeia de valor. A economia de energia dentro de sua empresa significará, de alguma maneira, o uso de mais energia pelos clientes?

Em terceiro lugar, cuidado ao prever os possíveis ganhos. As fazendas ecológicas da Unilever estão gerando bons resultados. Mas eles variam de uma colheita para outra e de um lugar para outro. Portanto, a empresa não está declarando que todos os benefícios se espalharão facilmente para todas as colheitas pelo mundo.

10. O PERFEITO É INIMIGO DO BOM

Aqui está uma história de duas empresas. A The Body Shop e o McDonald's. A Body Shop começou, desde a sua fundação, com a intenção de ser um tipo diferente de empresa. Como sua página na internet diz com orgulho, a empresa é contra testes com animais. Ela apóia o comércio da comunidade, procura "ativar a auto-estima", defende os direitos humanos e protege nosso planeta. A The Body Shop publicou sua primeira declaração ambiental, "The Green Book", lá pelos idos de 1991, quando comprometer-se abertamente com as questões ambientais era muito raro no mundo corporativo. Ela eliminou o plástico PVC de seus produtos anos antes da concorrência.

Não há dúvida alguma: a The Body Shop é uma empresa verde. No entanto, até recentemente, não havia transformado o verde em ouro. A busca de sua missão ambiental e social de uma maneira que não prestava atenção à realidade econômica evitava que a empresa lucrasse de forma consistente. Isso está mudando, mas, para isso, o esforço foi grande.

De uma maneira muito fundamental, a sustentabilidade depende do sucesso econômico no longo prazo. É a única maneira de consolidar o grau de compromisso ambiental que a empresa escolhe assumir.

O McDonald's também pode declarar algumas raízes verdes profundas. A empresa vem trabalhando para reduzir o impacto de suas embalagens há mais de 15 anos, buscando constantemente alternativas para reduzir seu rastro ambiental. Mas o McDonald's é também uma empresa que não perde o foco na realidade econômica.

Uma questão pertinente: há alguns anos, na Europa, a empresa tentou três novas opções para a embalagem do McNuggets: um recipiente de poliestireno, uma caixa de papelão e um saco de papel.[13] Levou em conta as opções de acordo com o custo, o impacto ambiental e os três principais critérios de experiência do usuário: função, aparência e sensação. O poliestireno era sólido em termos da experiência do usuário (mantinha o frango aquecido) e era relativamente barato, mas era a pior opção para o meio ambiente e, portanto, inaceitável para os clientes do McDonald's em muitos países. O saco de papel era a melhor opção para o meio ambiente, mas os clientes não gostaram da experiência – os McNuggets esfriavam rapidamente e o papel parecia frágil. Na opção intermediária, a caixa satisfazia às necessidades do cliente, mas utilizava muito mais material e causava grande impacto ao meio ambiente.

Confrontado com respostas imperfeitas, o McDonald's poderia ter continuado a procurar o Santo Graal da embalagem de custo baixo, alta funcionalidade e ecoamigável. Em vez disso, a equipe de embalagem do McDonald's optou por usar algo menos perfeito, ainda que melhor do que aquilo que já tinham. A empresa adotou uma nova caixa feita de papel que funcionava tão bem quanto a antiga, mas usava 30% menos material (ver figura).

Uma solução perfeita? Longe disso. A nova caixa usava mais material e tinha um custo muito mais elevado do que o saco de papel. Confrontada com o mesmo conjunto de opções, talvez a antiga Body Shop tivesse continuado a buscar mais opções – ou optado pela solução mais ecológica, o saco. Mas, às vezes, o próximo é bom o bastante. Nenhum negócio pode ser sustentável se buscar pureza ambiental sem se importar com as conseqüências comerciais.

Opções de embalagem dos McNuggets:
Desempenho de acordo com critérios-chave

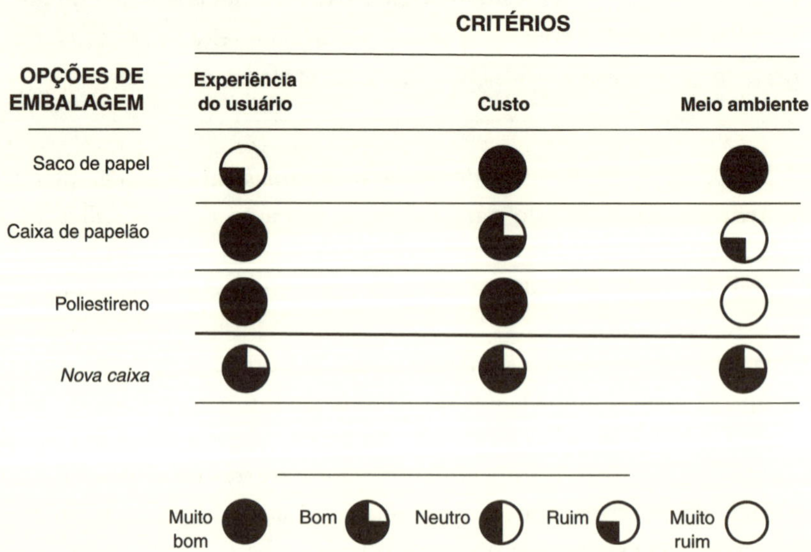

Solução: Prepare-se para *trade-offs* e aceite-os

Poucas soluções são perfeitas e, quando o são, surgem apenas de vez em quando. Os Adeptos da Onda Verde sabem disso. Eles não procuram apenas respostas em que todos saem vitoriosos porque sabem que a busca da perfeição pode levar à inércia. Como o McDonald's, as empresas de sucesso costumam encontrar soluções que melhoram constantemente o desempenho ambiental, ao mesmo tempo em que minimizam a carga sobre outras áreas. Algum progresso é melhor do que nenhum progresso.

"Há *trade-offs* confusos em *tudo*", disse um executivo da Herman Miller. É um corolário para o problema das "picadas de vespas": os *trade-offs* são a norma, não a exceção. Nenhuma empresa pode agarrar todas as oportunidades e, às vezes, os custos de se tornar verde são elevados demais. No entanto, muitas vezes, é possível obter vitórias parciais. Vale a pena analisar os custos e os benefícios de qualquer decisão estratégica como um todo – os impactos a montante e a jusante, as implicações de curto e longo prazos, os ganhos ou perdas concretos e os aspectos intangíveis. Às vezes, surgem novas opções. Como disse Terry Kellogg, da Timberland: "Muitas vezes, o *trade-off* não é vitória do negócio *versus* derrota do negócio, mas sim vitória do negócio no curto prazo *versus* vitória do negócio no longo prazo."

Essa estratégia do "aproveite o que puder" aparentemente talvez não contradiga o Princípio da Apollo 13 ("não" não é a opção), discutido anteriormente. Mas não é assim. O McDonald's *não* aceitou que a embalagem ambientalmente perfeita custaria demais ou diminuiria a experiência do cliente. Nesse sentido, sua equipe de liderança *realmente* seguiu o Princípio da Apollo 13. Eles aceitaram que alguns custos aumentassem para atingir a qualidade da marca e as metas ambientais – um resultado bom, ainda que não seja perfeito.

A ROHNER É UM FRACASSO?

Nossas pesquisas sugerem que a indústria têxtil suíça Rohner Textil ocuparia os primeiros lugares de qualquer lista de empresas sustentáveis. Seus produtos são não-tóxicos e biodegradáveis, e sua fábrica quase não polui – água, ar e até barulho. Mas, nos 10 anos desde que a Rohner produziu o tecido mais sustentável do mundo, a empresa não se tornou um imenso sucesso. A Rohner não dominou o mercado de tecidos. Os pigmentos tóxicos ainda são a norma no setor de tecidos. Na verdade, a Rohner praticamente assegurou que permaneceria pequena. Será que por isso a Rohner é um fracasso?

Depende. A Rohner abriu novos caminhos, mas encontrou um mercado limitado para seus tecidos ecológicos. Não cresceu substancialmente. No entanto, a empresa é lucrativa e cuida bem de seus clientes, funcionários, da comunidade da Terra.

11. INÉRCIA

A cultura corporativa e o modo tradicional de fazer as coisas em uma empresa ajudam a assegurar consistência, excelência, atenção à qualidade e outras virtudes. Mas essas mesmas qualidades positivas podem levar à inércia e dificultar a incorporação das considerações ambientais à estratégia.

Como diz Stephan Schmidheiny, fundador do GrupoNueva e ex-presidente do World Business Council on Sustainable Development:

> Depois da Rio-Eco 92... fiquei animado a levar minha nova empresa para um caminho sustentável e de ecoeficiência, assim, convoquei uma reunião com meus principais executivos e lhes expliquei tudo. Eles ficaram animados e me apoiaram explicitamente. É claro que nada aconteceu. A força mais forte da face da Terra é a inércia, definida por alguns céticos não em termos físicos, mas como "a resistência das pessoas à mudança".[14]

Muitas vezes, as iniciativas ambientais exigem que as pessoas saiam de suas zonas de conforto. Talvez os designers jamais tenham sido solicitados a reduzir o impacto ambiental, ou os engenheiros jamais tenham sido solicitados a otimizar a redução de resíduos, e não o controle dos custos. As pessoas não pensarão de maneira diferente sem um empurrão saudável.

Solução: Visão, grandiosa ou não

A superação da inércia se dá em duas etapas. Deixaremos Schmidheiny continuar: "Não foi culpa de meu pessoal; não fiz absolutamente nada que um líder deve fazer para causar uma mudança exceto descrever uma visão – e isso é apenas o primeiro passo... Depois o líder deve dividir a visão em 'partes' menores: objetivos, planos de ação e resultados mensuráveis."

A visão é muito importante. Onde a empresa quer estar daqui a um ano? Daqui a dez? Que objetivos ambientais a empresa deve buscar? No entanto, cada visão precisa ser transformada em etapas realizáveis. Se o objetivo é reduzir em 30% as emissões de gases de efeito estufa, o que precisa acontecer primeiro? Talvez seja uma análise do ciclo de vida dos principais produtos da empresa, ou o mapeamento do processo para descobrir onde as emissões acontecem. No Capítulo 11, apresentamos um plano de ataque para curto, médio e longo prazos, visando ao desenvolvimento de estratégias amplas e eficazes.

12. IGNORAR OS STAKEHOLDERS

Em 1968, os geólogos descobriram uma mina de ouro (literalmente, além de cobre e prata) em Flambeau, Wisconsin. Uma subsidiária da Rio Tinto aproveitou a oportunidade e colocou a mão na massa, cavando em busca dos metais valiosos... em 1993. O que aconteceu durante esses 25 anos perdidos? Bem, a empresa não conseguiu as licenças necessárias. Administrou mal as relações com os órgãos reguladores, a comunidade e outros stakeholders.

O plano original era o padrão para a década de 1970: uma mina com um poço aberto, com uma área destinada ao lixo tóxico. Depois que a mina se esgotasse, a Rio Tinto encheria o poço com água e criaria um lago. Dave Richards, executivo da Rio Tinto, conta a história: "A reação da comunidade local foi negativa em quase todos os aspectos."[15] Os adversários podem adiar um projeto desse tipo por muito, muito tempo. Finalmente, a empresa mudou os planos e passou a incluir uma série de ações mais sensatas. Reduziria o tamanho do local, reconstruiria a mina depois para criar áreas de recreação e monitorar a vegetação e a água subterrânea durante 40 anos. A escavação começou na década de 1990 e o plano de recuperação do local ainda está em vigor hoje em dia.

Isso pode parecer bastante óbvio agora, mas vamos repetir mais uma vez: Stakeholders são importantes. A Rio Tinto esbarrou em problemas conhecidos. Como vimos antes, a Alcan não entendeu a oposição da comunidade local e ambiental e enterrou US$500 milhões em custos irrecuperáveis em um túnel cuja construção não terminou. A conhecida experiência da Shell na tentativa de afundar a plataforma de petróleo Brent Spar é um exemplo ainda mais extremo.

As empresas, em especial as multinacionais, precisam de permissão da sociedade, dos funcionários, dos fiscais e de muitos outros para crescer – até para existir. Não conseguir sua adesão – ou, como poderíamos dizer, "deixar a licença operacional expirar" – pode causar problemas com uma série de grupos de stakeholders. A Starbucks teve problemas quando afastou o programa de um "fornecedor ideal" para estimular a conservação de plantações de café.[16] A primeira tentativa tinha orientações confusas e não atendia bem os pequenos fazendeiros. Depois de algum feedback útil de um grupo de stakeholders, a Starbucks desenvolveu orientações flexíveis e melhores práticas, todas apresentadas em um manual de 100 páginas.

As empresas não podem seguir em frente com seus negócios e lançar novas iniciativas sem se incorporar em toda a cadeia de valor e até fora dela. Vivemos em um mundo interligado, interdependente. Agir sozinho é uma estratégia condenada ao fracasso.

Solução: Mapeie os stakeholders e faça-os se envolverem

É essencial conhecer seus stakeholders. Comece mapeando que grupos se concentram em questões particulares, como discutimos no Capítulo 3. E desenvolva relacionamentos com ONGs e outros, para não tentar o diálogo somente quando uma crise se aproxima. Não tenha medo de conversar até com os críticos mais ferrenhos. Isso gera dividendos para construir conexões e conhecer suas preocupações e prioridades.

A conclusão é bastante simples. Escute os pontos de vista dos outros. É preciso, aqui, fazer duas advertências. Em primeiro lugar, nunca se consegue satisfazer o interesse de todos os stakeholders. Às vezes, as preocupações da ONG são mal direcionadas. Por isso, não tenha vergonha de recuar um pouco. Quando o Greenpeace pressionou os fabricantes de calçados para reduzir o uso de PVC, a Timberland questionou o nível de pressão. A empresa já estava começando a eliminar o PVC de seus calçados, sem mencionar que a indústria de calçados era um jogador muito pequeno na questão do PVC. Assim, a Timberland não se deixou intimidar. Por que investir toda sua energia nos fabricantes de calçados, perguntaram os executivos da empresa ao Greenpeace, quando o setor de construção usa muito mais PVC? A campanha não deveria pelo menos voltar sua atenção para lá?

Do ponto de vista do Greenpeace, os calçados têm marcas voltadas para os clientes e o setor de construção não. Lembra Terry Kellogg, da Timberland: "Eles se voltaram para nosso setor porque esperavam chamar atenção para a questão... e funcionou."[17] Mas as empresas devem reagir se tiverem um bom motivo. É claro que a ONG tem sólidos conhecimentos, mas, se você conhece os problemas de seu ciclo de vida melhor do que eles – e, sem dúvida, deve conhecer –, eles devem ouvir o que você tem a dizer. Fale sobre o *verdadeiro* problema ambiental e a maior parte da comunidade da ONG entenderá, apreciará e demonstrará seu apoio.

Uma segunda advertência: não se concentre tanto nos sentimentos dos stakeholders a ponto de esquecer de abordar os verdadeiros problemas. Não se trata apenas de adesão e comunicação. A Shell enamorou-se de tal modo da relação com os stakeholders que, às vezes, pode se tornar vítima desse problema. Depois que a refinaria de petróleo bruto SAPREF da Shell, na África do Sul, relatou emissões atmosféricas "significativamente" menores, a empresa se concentrou inicialmente na comunidade e nas falhas de comunicação.[18] Esses problemas eram reais e importantes, mas e quanto aos verdadeiros problemas de emissões? Sim, os sentimentos são fatos, mas, às vezes, os fatos são fatos.

ACUMULANDO FRACASSOS SOBRE FRACASSOS

Algumas empresas parecem não ter aprendido a lição sobre o famoso pânico do Tylenol da Johnson & Johnson, na década de 1980. Quando sete pessoas morreram intoxicadas por comprimidos que haviam sido envenenados, a empresa imediatamente recolheu milhões de frascos, assumiu a responsabilidade e se recusou a colocar o Tylenol de volta nas prateleiras até desenvolver uma embalagem à prova de sabotagem. Por outro lado, a ExxonMobil vem lutando nos tribunais há quase duas décadas por causa de danos causados pelo vazamento de óleo do *Valdez*. Do mesmo modo, quando um petroleiro operado pela petrolífera francesa Total afundou em 1999, a empresa administrou mal a percepção do público. Disse uma revista voltada para o setor: "Logo depois do fato, parecia que TotalFinaElf não se sentia responsável. Seis meses depois do acidente, a Total divulgou anúncios na televisão, tentando dizer às pessoas o que estava fazendo. A empresa se deu muito mal... O dano diante da opinião pública francesa já tinha acontecido."[19] Esperar demais para fazer o *mea culpa*, mesmo quando não está claro de quem é a culpa, pode ser muito pior do que ter razão.

13. DEIXAR DE CONTAR A HISTÓRIA

Recentemente, uma empresa conhecida fez um grande anúncio público sobre uma nova política ambiental – incluindo a ousada declaração de que dali em diante todos os funcionários tomariam decisões de maneiras diferentes. Mas, quando enviamos um e-mail a uma amiga na empresa e perguntamos como seu trabalho seria afetado, ela disse: "É a primeira vez que ouço falar disso." Opa, tem alguma coisa errada.

Deixar de contar a história dentro da empresa é um erro? Pode apostar que sim. E que tal perder a oportunidade de promover suas boas ações em geral? Sim, trata-se de uma pequena oportunidade, mas é uma oportunidade perdida. Como a proverbial árvore caindo na floresta, será que uma iniciativa tem resultado se ninguém tem conhecimento dela? A Ecovantagem vem de iniciativas e ações – e do crédito obtido por sua realização.

Solução: Contar histórias e fazer marketing verde

As empresas precisam informar aos funcionários o que estão fazendo. Funcionários bem informados descobrem ainda mais oportunidades para a Ecovantagem e inspiram os clientes. O marketing verde para o mundo externo também tem seu lugar e é uma ferramenta essencial em seu arsenal. Quando as ações são significativas e os benefícios ambientais se justificam, informa a todos – dentro e fora da empresa – sobre sua realização.

Muitas empresas nos contam que preferem não revelar algo quando isso suscita muitas perguntas. Lembra-se da utilização pela Levi's de 2% de algodão orgânico, sem campanha de marketing? A empresa estava preocupada que as pessoas fizessem perguntas sobre os outros 98%. Em alguns casos, essa preocupação se justifica e, muitas vezes, advertimos para o fato de que a empresa deve evitar fazer declarações públicas das quais não possa recuar. Mas as empresas precisam alavancar suas vitórias. É assim que se levanta o moral e se constrói *momentum* rumo à Ecovantagem sustentável.

ECOVANTAGEM: CONCLUSÃO

Nenhum conjunto de estratégias pode garantir o sucesso. Muitas iniciativas ambientais, por mais bem elaboradas e focadas que sejam, fracassam. Mas estar atento às armadilhas aqui apresentadas pode aumentar suas chances de sucesso. A seguir, uma rápida revisão dos 13 erros e as soluções recomendadas do kit de ferramentas da Ecovantagem

Erro	Soluções e ferramentas
1. Enxergar as árvores, mas não a floresta	– Conheça a si mesmo (ferramentas AUDIO, LCA) – Dados e métricas – Parcerias e pontos de vista terceiros
2. Não entender o mercado	– Bloquear e atacar
3. Esperar um preço diferenciado	– Verde como o terceiro botão
4. Não entender os clientes	– Conhecer os limites e as motivações do cliente
5. Apertar a gerência de nível médio	– Compromisso e orientação do CEO – Incentivos – Participação e treinamento
6. Compartimentalizar o pensamento	– Análise da cadeia de valor – Avaliação do ciclo de vida – DeF
7. Ecoisolamento	– Compromisso dos executivos – Propriedade no nível operacional – Fertilização cruzada entre gerentes de meio ambiente e da linha de produção
8. Declarações e ações apressadas	– Dados e verificação – Metas internas *versus* metas externas
9. Surpresas: as ferroadas da vespa e as conseqüências não-intencionadas	– Avaliação da cadeia de valor – Programas-piloto – Estimativas conservadoras de vitórias – Senso de humor
10. O perfeito é inimigo do bom	– Prever e aceitar os *trade-offs* Perspectivas ampliadas
11. Inércia	– Visão – Execução em etapas
12. Ignorar os stakeholders	– Mapeamentos dos stakeholders Parcerias – Saber que sentimentos são fatos
13. Deixar de contar a história	– Contar a história, tanto fora quanto dentro da empresa – Treinamento

Capítulo 11 Hora de agir

As jogadas, a mentalidade, até mesmo as ferramentas para desenvolver a Ecovantagem pouco significam se não forem traduzidas em ação. Em muitas empresas, existem partes da estratégia ambiental em vigor, mas poucas delas são sistemáticas na incorporação das considerações ambientais à condução dos negócios.

Não existem duas empresas iguais, por isso cada empresa precisa definir um caminho próprio que leve à Ecovantagem. No entanto, descobrimos que o ritmo do progresso será maior se determinadas coisas forem feitas primeiro. Neste capítulo, delineamos um plano de implementação e sugerimos um programa de ação. Em termos gerais, a agenda é a seguinte:

- Curto prazo: Descubra onde você se encontra e lance projetos-piloto
- Médio prazo: Monitore o desempenho e desenvolva uma cultura de Ecovantagem
- Longo prazo: Incorpore as considerações ambientais profundamente na estratégia de negócios

MEDIDAS DE CURTO PRAZO: EM QUE PÉ ESTÁ SUA EMPRESA?

Para levar a estratégia ambiental da empresa a um patamar superior, é preciso esclarecer em que pé está a situação em sua empresa e analisar o que precisa ser feito.

Problemas de porte

Hoje, os executivos precisam lidar com uma enorme quantidade de problemas que competem entre si. Globalização, disseminação da internet, terceirização, pressões para redução de custos, competição de tudo e de todos – a lista só aumenta. Somente no âmbito ambiental, as preocupações aumentam a cada dia. Nos Capítulos 2 e 3, apresentamos 10 grandes problemas ambientais e 20 jogadores que podem afetar drasticamente o destino da empresa. As duas listas estão se expandindo, não se contraindo. Sem uma tentativa de entender os problemas e os jogadores, os gerentes podem facilmente se sentir sobrecarregados. Sabem que estão se esforçando muito, mas não sabem ao certo contra o que e qual é a magnitude dos inimigos.

A agenda de curto prazo, portanto, consiste em descobrir onde focar a atenção. Para início de conversa, recomendamos a realização de três tipos de análise centrados nos seguintes aspectos:

- os problemas ambientais que afetam o negócio
- a opinião dos stakeholders sobre o desempenho ambiental da empresa
- se a empresa dispõe da habilidade necessária para abordar os desafios ambientais

1. ANÁLISE AUDIO: DETECÇÃO DE PROBLEMAS

Para saber a direção a seguir, é preciso saber onde você se encontra. Vamos voltar à ferramenta AUDIO que discutimos no Capítulo 2. A tabela a seguir apresenta os principais problemas ambientais em um eixo e as cinco dimensões a serem exploradas no outro – Aspectos, A montante, A jusante, Problemas e Oportunidades. A análise AUDIO ajuda a empresa a "ouvir" o negócio e entender as preocupações que devem ser abordadas de alto a baixo na cadeia de valor. Como na tradicional análise "SWOT" (Strength, Weaknesses, Opportunities e Threats – Pontos fortes, Pontos fracos, Oportunidades e Ameaças), a análise AUDIO é uma ferramenta para a detecção de riscos e oportunidades. No entanto, o acréscimo da perspectiva da cadeia de valor constitui um aperfeiçoamento significativo à análise SWOT básica.

Para realizar a análise, aja com rapidez. Comece reunindo um pequeno grupo de pessoas de várias áreas da empresa para traçar um quadro do portfolio de problemas ambientais da empresa. Comece com pessoas que tenham responsabilidades ambientais, mas inclua também representantes das áreas de operações, design, marketing, compras e serviço ao cliente. Em seguida, tente, em apenas algumas horas, preencher a matriz AUDIO. Não se preocupe com os detalhes ou em fazer tudo corretamente. Vale lançar mão de estimativas.

Ferramenta AUDIO

Desafio	Aspectos	A jusante	A montante	Problemas	Oportunidades
1. Mudança climática					
2. Energia					
3. Água					
4. Biodiversidade					
5. Substâncias químicas, toxinas e metais pesados					
6. Poluição atmosférica					
7. Gestão de resíduos					
8. Depleção da camada de ozônio					
9. Oceanos e pesca					
10. Desmatamento					
11. Outros problemas (específicos ao setor)					

Primeiro, as empresas devem se perguntar que **Aspectos** desses problemas afetam suas operações. Produzimos gases de efeito estufa? Usamos muita energia? Poluímos a água ou o ar? Usamos alguma espécie de planta ou animal em nossos produtos que poderia estar ameaçada de extinção? Utilizamos grande quantidade de terra? Em seguida, aumente o nível de detalhes: Em que linhas de produtos existem elementos tóxicos? Algumas divisões produzem mais desses efeitos do que outras? E assim por diante.

Em seguida, faça a mesma pergunta sobre cada problema ambiental olhando **a montante** de suas operações. Nossos fornecedores usam muita água? Que matéria-prima estamos adquirindo de subfornecedores e que problemas ambientais eles enfrentam? Examine a cadeia de suprimento o mais a montante que puder. Em seguida, volte-se para o lado **a jusante** e faça perguntas sobre a utilização do produto por parte do cliente e sobre o fim da vida útil do produto. Nosso produto utiliza muita energia? Polui? O que acontece com nossos produtos quando os clientes deixam de utilizá-lo?

O próximo passo consiste em detectar as vulnerabilidades que precisam ser abordadas. Volte e examine todos os itens nas colunas Aspectos, A montante e A jusante e pergunte que elementos criam **Problemas** ou desafios específicos para a empresa. Algumas instalações ou produtos dependem de um suprimento constante de água? Que efeito uma possível seca terá sobre esses negócios ou sobre os negócios dos fornecedores? Algumas linhas de negócios são altamente dependentes de energia? O que aconteceria com os custos se houvesse um limite legal às emissões de gases de efeito estufa nos Estados Unidos e se o governo impusesse um imposto sobre o carbono ou um sistema de negociação de emissões? Usamos substâncias perigosas em nossos produtos ou processos de produção? O que aconteceria se o governo estadual ou federal proibisse a utilização dessas substâncias? Fazendo-se perguntas como essa, você se protege, preparando-se para possíveis surpresas desagradáveis.

Finalmente, realize um brainstorming sobre as **Oportunidades** geradas por essas pressões. Você é a empresa que faz uso mais eficiente de energia do mercado? Será que os controles sobre as emissões de gases de efeito estufa gerariam oportunidades para a sua empresa? Você se sente capaz de ajudar seus clientes a lidar com os problemas que *eles* enfrentam? Lembre-se de que todo problema ou desafio oferece oportunidades para alguém. Após a proibição do uso de CFCs, que causavam à camada de ozônio, a DuPont ganhou dinheiro vendendo substitutos para o produto.[1] A Champion Paper apoiou a campanha de proteção à coruja pintada, sabendo que seus concorrentes tinham muito mais exposição a terras em que havia proibição do corte de madeira.[2]

A ferramenta AUDIO não deve ser utilizada uma só vez. As empresas devem reexaminar regularmente sua situação em relação ao meio ambiente. Os problemas ambientais evoluem e, ao fazê-lo, é preciso repensar as implicações para seu negócio. Sempre que utilizar a ferramenta, é provável que você detecte novos problemas ou outros aspectos dos antigos problemas. Quando isso acontecer, recorra a ferramentas concretas, como LCA (Life Cycle Assessment – Avaliação do Ciclo de Vida). Examinar os produtos mais importantes ao longo da cadeia de valor pode chamar atenção para novas preocupações ou confirmar o raciocínio explicitado pela análise AUDIO. De qualquer forma, você sairá ganhando.

Em seu âmago, AUDIO, LCA e todas as ferramentas de análise inicial ajudam a estabelecer a Mentalidade da Ecovantagem. Posicionam os gerentes, permitindo-lhes examinar seu trabalho pela ótica ambiental e criar sensibilidade tanto aos desafios quanto às oportunidades. Em um mundo de responsabilidade estendida do produtor, concentram a atenção na cadeia de valor como um todo, onde os problemas e oportunidades ambientais podem começar. Use-as para desenvolver uma visão mais abrangente do negócio ao longo do tempo, cruzar fronteiras e enxergar além das recompensas usuais.

2. MAPEAMENTO DOS STAKEHOLDERS: NA OPINIÃO DE TERCEIROS, QUAIS SÃO OS PROBLEMAS AMBIENTAIS DA EMPRESA?

É ótimo estar ciente dos fatos, mas, como mostramos, os sentimentos também são importantes. Você pode realizar todas as análises AUDIO e LCA que desejar e, nem por isso, ter noção da realidade. Para isso, é preciso entrar em contato com as preocupações dos stakeholders.

Quem são os principais jogadores? Descobrir é o primeiro e importantíssimo passo. Então, sugerimos a criação de um mapa de stakeholders que monitore:

- **Os definidores das regras do jogo e os cães de guarda**: ONGs, advogados, reguladores e políticos.
- **Geradores de idéias e líderes de opinião**: A mídia, laboratórios de idéias e instituições acadêmicas.
- **Parceiros de negócios e concorrentes**: Associações setoriais, compradores B2B, concorrentes e fornecedores.
- **Consumidores e comunidade**: O CEO e executivos da empresa, consumidores, "o futuro" (crianças), comunidades e funcionários.
- **Investidores e avaliadores de risco**: Acionistas, analistas e os mercados de capital, seguradoras e bancos.

Comece enumerando todos os jogadores que lidam com sua empresa atualmente – ou com os quais você possa se associar no futuro – e que se enquadram essas categorias. Reflita bem sobre todos os grupos ou indivíduos que poderiam estar voando sob seu radar. Em seguida, priorize os relacionamentos nesse campo de jogo. Quais grupos têm o maior impacto atualmente? Quais poderiam surgir no futuro? Em seguida, faça algumas perguntas importantes: Estamos nos esforçando o suficiente para entender os grupos prioritários? Precisamos conhecer algum indivíduo importante? Estamos preparados para as preocupações que eles possam ter?

Lembre-se de ficar de olho na clássica batalha entre o urgente e o importante. É fácil se desviar do caminho. Mas, ao se concentrar nos assuntos mais urgentes, você pode estar deixando de lado stakeholders que poderiam atacá-lo mais adiante, se você não estiver preparado. Por exemplo, os bancos podem não parecer muito importantes... até o momento em que se recusam a financiar um projeto em razão de preocupações ou responsabilidades ambientais. Cuidado também com a inércia. O fato de você ter tido um relacionamento com um grupo ambiental específico não significa que eles sejam a ONG certa com a qual trabalhar.

Mapa de influência dos jogadores

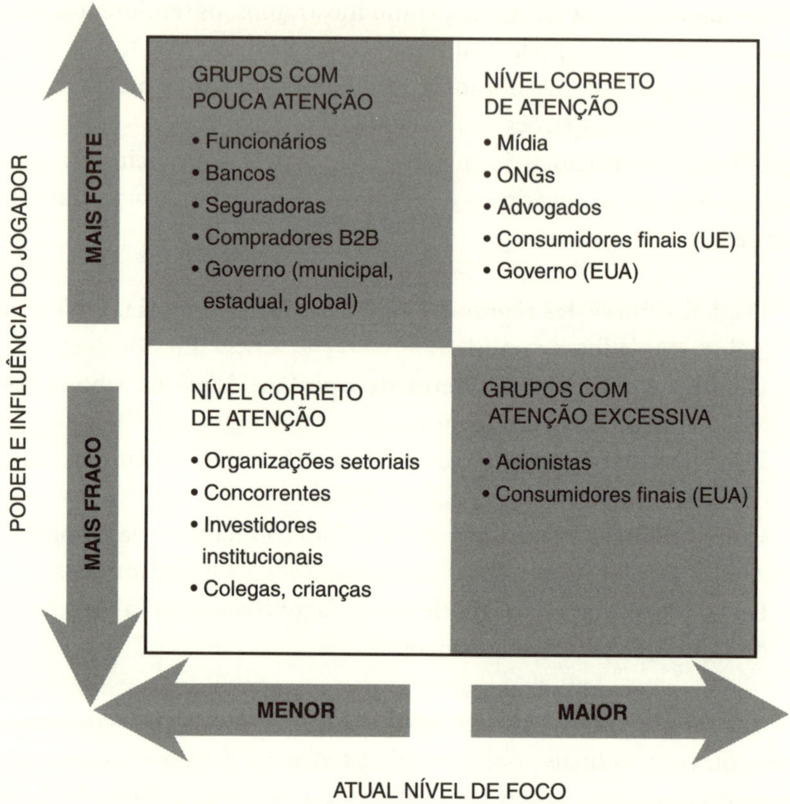

Para ajudá-lo a evitar esses tipos de problemas, desenvolvemos uma ferramenta que ajuda a priorizar o mundo dos stakeholders (ver figura). Neste exemplo, mapeamos um negócio hipotético. Primeiro, disponha os jogadores em duas dimensões: (1) o poder e a influência que eles têm sobre sua empresa, de mais fraco para mais forte, e (2) o grau de investimento que você está fazendo em entendê-los e administrar o relacionamento com eles – ou seja, o nível de preocupação, do mais baixo para o mais alto.

Em seguida, agrupe os jogadores em quatro categorias. No canto superior direito, estão os jogadores que merecem um foco mais preciso. São influentes e estão recebendo a devida atenção. O lado inferior esquerdo mostra exatamente o oposto: não são muito poderosos e não estão recebendo muita atenção. Esses dois grupos estão recebendo o tratamento adequado. Os dois outros grupos são importantes. O quadrante superior esquerdo apresenta os grupos que podem estar se tornando mais poderosos ou aos quais se prestou pouca atenção anteriormente. Precisam de um foco mais aguçado do que estão tendo no momento. Os grupos no lado inferior direito receberam atenção demais e podem estar sugando o tempo e os recursos que deveriam estar sendo destinados a relacionamentos mais importantes.

Um mapa desse tipo certamente não é capaz de retratar com perfeição o campo de jogo de todas as empresas, mas pode ajudar a empresa a ter uma noção geral de quais são os mais urgentes, quais são importantes e quais podem ser deixados de lado... no momento.

O foco do curto prazo deve estar na análise sistemática. Esclareça sobre quem e sobre o que você precisa refletir no âmbito ambiental. A análise de gap – saber o que você não sabe – pode ser um excelente primeiro passo.

---

3. AVALIAÇÃO DAS HABILIDADES BÁSICAS: O QUE PODEMOS FAZER PARA MELHORAR O PERFIL AMBIENTAL DA EMPRESA? EM QUE ASPECTOS NOS ENCONTRAMOS MAIS BEM POSICIONADOS PARA LIDAR?

Como uma empresa pode evitar se atolar quando diversos problemas ambientais competem por sua atenção? Concentrando-se nos problemas mais importantes – e definindo as habilidades das quais pode lançar mão. Por exemplo, utilizando sua força tecnológica, a Toyota enfatizou o design de automóveis eficientes na utilização de combustíveis. Além disso, a Toyota priorizou ser o fabricante mais enxuto do mundo. A busca pela excelência no "Estilo Toyota" produz naturalmente ecoeficiências, sem que, para isso, seja necessário lançar mão de iniciativas ecológicas para os processos de produção.

Com isso, não estamos dizendo que as empresas não devam abordar problemas que estejam além de seu escopo normal. Estamos, sim, afirmando que devem fazê-lo de um modo inteligente, que alavanque seus talentos. Se o problema for tangencial, mas, mesmo assim, importante, busque parceiros. Todos os membros do Paper Working Group compram grande quantidade de papel. Para alguns, como a Time, Inc., ou para a Staples, as políticas relacionadas ao uso de papel são um risco real para o negócio. Para outros membros do grupo, como o Bank of America ou a HP, o papel é uma questão importante, mas secundária para o negócio principal. Para essas empresas, a formação de parcerias com outras pode poupar enorme quantidade de tempo e recursos.

Conclusão: Conheça a si mesmo. Descubra seus pontos fortes, pontos fracos e recursos para mudar. Em seguida, compare a auto-avaliação com os problemas ambientais mais urgentes que afligem sua empresa. Só então você saberá se será possível ganhar mais.

Primeiras medidas

Concluídas as análises básicas, é preciso adotar imediatamente as medidas básicas. É importante deixar alguns pontos bem claros. Recomendamos três passos para concentrar o foco de todos no sucesso da execução.

1. EXECUÇÃO DO CEO

As empresas sem histórico de abordagens ambientais – e até mesmo as que têm tal histórico – precisam de uma declaração do CEO, comprometendo a empresa com os valores e objetivos ambientais. Esse compromisso inicial planta as sementes da cultura da Ecovantagem, cujos frutos as medidas de médio e longo prazo colherão.

Também é importante transmitir a mensagem a toda a empresa. Este processo geralmente tem início com uma conversa do CEO com a alta gerência. Em geral, o sucesso da iniciativa requer uma declaração a todos os funcionários na qual se cria uma visão e se listam os objetivos específicos. Uma declaração pública deve esperar até que haja, de fato, medidas em andamento no médio e no longo prazo. Quando a ordem do processo se inverte, a posição da empresa aos olhos do público pode ficar comprometida.

2. PLANO DE AÇÃO PRIORIZADO

Se você seguiu nosso plano de ação até aqui, deve estar ciente dos problemas ambientais que mais afetam sua empresa, qual é a opinião de terceiros sobre seu perfil ecológico e quais são os pontos fortes e fracos de sua empresa. Chegou a hora de desenvolver planos de ação de curto prazo para abordar os problemas mais urgentes e eliminar as lacunas mais importantes nas habilidades ambientais da empresa. Definir um cronograma para essa fase, abrangendo não mais do que seis meses, ajuda a estimular a ação na empresa como um todo.

3. PROJETOS-PILOTO

Em 2004, o Citigroup e a Environmental Defense juntaram forças para um teste de cinco semanas de algumas novas políticas relacionadas ao uso de papel. Em diversos escritórios, a empresa adquiriu 30% de papel reciclado para impressoras e instituiu o padrão de utilização dos dois lados do papel.[3] O teste poupou 10 toneladas de papel, o equivalente a US$100 mil e 28 toneladas de gases de efeito estufa gerados pela redução do uso de energia na produção de papel. Números como esses tornam muito mais fácil a defesa de iniciativas ambientais na organização.

Os projetos-piloto também constituem uma boa maneira de as empresas de serviço ingressarem na briga pela defesa do meio ambiente. Para muitas delas, o controle da poluição e os problemas de gestão de recursos naturais podem parecer remotos. Mas um exercício prático bem elaborado pode ajudar a colocar em foco as conexões da empresa com os desafios ambientais – e a contaminar as pessoas com o espírito da Ecovantagem.

Vimos empresas executando esses projetos-piloto em todas as escalas. Pequenas iniciativas, como o projeto de papel reciclado do Citigroup, podem ter sucesso inicial. Investimentos de médio prazo são úteis para avaliar idéias que exigem investimentos financeiros de grande porte. A IKEA e a Wal-Mart, por exemplo, criaram modelos de ecolojas que experimentam técnicas para a economia de energia. Outros projetos-piloto podem levar anos. A Unilever tem fazendas-teste em torno das quais cultiva ervilhas, óleo de palma e tomate. A empresa está experimentando métodos de cultivo de baixo impacto ambiental e os resultados têm sido encorajadores. Algumas fazendas dobraram a produção, ao mesmo tempo em que reduziram em 90% o uso de pesticidas e em 70% a utilização de água.[4] Armada com essa experiência prática, a Unilever pode avaliar o investimento necessário e os retornos esperados – construindo o alicerce de um lançamento de escopo maior.

MEDIDAS DE MÉDIO PRAZO: INCORPORANDO A MENTALIDADE DA ECOVANTAGEM

Enquanto no curto prazo o foco recai sobre detectar riscos e oportunidades, a agenda de médio prazo lhe permite alavancar os conhecimentos adquiridos e começar a agir. Nesta fase, as empresas incorporam as considerações ambientais ao negócio. Aplicam as ferramentas de Ecomonitoramento e constroem uma cultura de Ecovantagem. Lembra-se do proverbial equipamento de Jim Collins, em *Empresas feitas para vencer – Good to Great*? É nesse momento que as empresas começam a se esforçar para ganhar *momentum*. Desenvolvem uma abordagem estratégica aos problemas ambientais, o que torna a identificação de oportunidades de obter Ecovantagem uma parte mais natural do negócio.

Durante esse período crítico, a implementação deve se concentrar em cinco áreas: sistemas de gerenciamento e de ecomonitoramento, engajamento e propriedade do funcionário, comunicações de e para o mundo externo, treinamento interno e planejamento de cenários.

1. SISTEMAS DE GERENCIAMENTO E DE ECOMONITORAMENTO

Depois de fazer do meio ambiente o foco do negócio, o ecomonitoramento e a avaliação do progresso tornam-se essenciais, bem como o desenvolvimento de um bom sistema de gerenciamento ambiental. Comece garantindo o cumprimento de todas as leis relevantes. Lembre-se do PowerSuite, da GE, que supervisiona uma série de problemas na empresa, ou por região, país, divisão, fábrica e até mesmo linha de produção. É importante monitorar as exigências regulatórias. Em seguida, vá além do cumprimento da lei e monitore métricas como emissões de gases de efeito estufa, poluição atmosférica, utilização da água e resíduos. Por fim, acrescente indicadores adequados à cultura da empresa para ter padrões de comparação e melhorar o desempenho. O "valor estratégico agregado por libra de produto" da DuPont ajuda a empresa a se concentrar em modos de criar mais valor com menos funcionários.

O médio prazo também é uma boa hora para começar a coletar as informações disponíveis sobre desempenho do fornecedor e desenvolver um banco de dados de materiais para os produtos mais importantes. Como as empresas em geral sabem, projetos de bancos de dados de larga escala podem levar anos, não meses, e, em geral, custam mais do que se imaginava originalmente. Por isso, é melhor começar logo.

A gestão ambiental baseada em dados está se tornando a norma. As empresas que utilizarem estrategicamente indicadores e tecnologia da informação podem se posicionar um passo adiante dos concorrentes. Elas sabem onde estão os verdadeiros impactos do ciclo de vida, quais são seus pontos fortes e fracos e onde encontrar oportunidades de ajudar os clientes. Bons dados servem como alicerce para a geração de Ecovantagem.

2. ENGAJAMENTO E PROPRIEDADE

Ao avaliarmos o progresso de uma empresa em relação à Mentalidade de Ecovantagem, uma das primeiras coisas que buscamos é a Ecovantagem. Os executivos de todos os níveis sentem-se responsáveis pelos objetivos ambientais? O desempenho ambiental da empresa afeta sua remuneração?

O sistema de avaliação do desempenho e das bonificações deve refletir as considerações ambientais de alguma forma. Como vimos antes, muitos Adeptos da Onda Verde associam a remuneração a indicadores do desempenho ambiental. Até 25% das bonificações de um gerente podem estar associados a esses indicadores. O valor exato não é o mais importante; o que importa é que seja uma parte observável da equação. Algumas empresas líderes consideram seu compromisso cultural com questões ambientais tão fortes que não precisam associá-lo ao sistema de recompensas monetárias. Porém, mesmo nesses casos, a revisão dos cargos e as perspectivas de carreira refletem o compromisso com os valores da empresa – só é promovido quem tiver esse compromisso.

Os Adeptos da Onda Verde estruturam os incentivos de modo a levar adiante a estratégia ambiental. Incorporam elementos ambientais às descrições dos cargos, avaliações regulares do desempenho, bonificações e prêmios.

3. COMUNICAÇÕES EXTERNAS

A comunicação regular com conselheiros externos e críticos pode manter a empresa a par dos avanços nas questões ambientais. Especialistas destacam alguns dos problemas mais prementes, ou que deveriam receber mais atenção na análise AUDIO. Buscar pessoas além de sua zona de conforto pode prepará-lo para possíveis queixas, antes mesmo que alguém inicie um protesto ou uma campanha hostil via internet.

Contatos com ONGs e perspectivas independentes fazem mais do que controlar os riscos negativos. Podem ajudar as comunidades a comparar seu desempenho, encontrar oportunidades de Ecovantagem e desenvolver soluções criativas para os problemas. Pense em formar um Comitê de Responsabilidade Social e Ambiental. Quando a Coca-Cola enfrentou uma série de problemas ambientais relacionados à utilização da água na Índia e refrigerantes nos Jogos Olímpicos, um de nós (Dan) ajudou Lou Daft, na época CEO da empresa, a criar um comitê. O grupo incluía o especialista em energia, Amory Lovins, o especialista em design verde, Bill McDonough, e outros especialistas de praticamente todos os continentes. Os membros do comitê reuniam-se duas vezes ao ano para avaliar o desempenho ambiental da Coca-Cola e ajudar a empresa a ficar de olho nos possíveis problemas e considerações ambientais que pudessem surgir no horizonte.

Aprender com terceiros ajuda a encher a caixa de entrada com idéias, mas as empresas também precisam de mensagens na caixa de saída. Um relatório de meio ambiente ou de responsabilidade social e ambiental é um dos passos. Nas grandes empresas, esses relatórios são essenciais, mas, mesmo nas empresas de médio porte, o exercício de produzir um desses relatórios pode ajudar a focar a atenção, destacar problemas e identificar oportunidades de Ecovantagem. O relatório deve abordar métricas importantes ao longo do tempo, tanto em termos absolutos quanto em termos relativos. Cópias em papel são desnecessárias se a empresa preparar uma boa versão on-line, com a vantagem adicional de a cópia eletrônica poder ser atualizada continuamente.

Por fim, as comunicações regulares com alguns grupos específicos de stakeholders são essenciais. Atualmente, a Dell faz reuniões trimestrais com jogadores-chave da comunidade de investimentos socialmente responsáveis. Michael Dell, presidente do Conselho da Dell, ou Kevin Rollins, CEO da empresa, participam pessoalmente da reunião pelo menos uma vez ao ano. Essas reuniões espelham a longa prática, nas empresas comercializadas em bolsa, de realizar reuniões de análise trimestrais. De modo análogo, a Northeast Utilities realiza anualmente o "dia das ONGs", para o qual convida proeminentes grupos comunitários e de defesa do meio ambiente para um almoço seguido de um bate-papo.

4. COMUNICAÇÃO E TREINAMENTO INTERNO

Dos nossos 20 stakeholders, talvez os mais importantes sejam os funcionários. São eles os responsáveis não apenas pelo sucesso ou fracasso das iniciativas ambientais, como também pelo futuro da empresa. Para ter sucesso, precisam de inspiração, informações e do conjunto certo de ferramentas. Em geral, os Adeptos da Onda Verde fazem um bom trabalho de "gestão do conhecimento". Seja via intranet, com exemplos de ecoeficiência de fábricas ao redor do mundo, seja por meio de sessões de treinamento mais formais, com duração de vários dias, eles adotam as melhores práticas na área. Empresas como a 3M e a Northeast Utilities também ajudam a gerência de nível médio a lidar com as pressões enfrentadas com treinamento especiais sobre "escolhas difíceis".

As comunicações dirigidas a um público interno reduzido também podem ser extremamente úteis. A Dell, depois de "apanhar" durante alguns anos, aumentou rapidamente seus esforços de engajamento dos stakeholders de praticamente zero a um nível classe mundial de tempo recorde. Os executivos perceberam que parte do desafio da empresa vinha da falta geral de conhecimento, dentro da empresa, sobre esses públicos externos. A solução foi um boletim trimestral enviado aos departamentos internos e aos alvos de interesse externos descrevendo objetivos, atividades e táticas de diferentes grupos de stakeholders. A disseminação desse conhecimento, na opinião da empresa, ajudará seus funcionários a tomarem melhores decisões de negócios sem perder de vista os stakeholders.

Não se esqueça de estimular a leitura dos relatórios de meio ambiente e de responsabilidade social e corporativa pelos funcionários. Os funcionários gostam de ver o que a empresa está fazendo e de ouvir uma avaliação honesta do que não está indo bem. Dar-lhes motivos para se orgulharem estimula a paixão e eleva o moral no local de trabalho.

5. PLANEJAMENTO DE CENÁRIOS

O grupo de desenvolvimento de cenários da Shell talvez seja o exemplo mais famoso de pensamento corporativo de longo prazo. Essas pessoas pensam alto, fazem perguntas sobre futuros alternativos e mapeiam como seria o mundo na economia do hidrogênio ou se a geopolítica azedasse. Poucas empresas precisam de um grupo de escala ou de perspectivas tão amplas. Mas a maior parte das empresas poderia se beneficiar de um processo formal de exame do futuro.

Na pior das hipóteses, a empresa deve reunir periodicamente pessoas de toda a organização para examinar a situação como um todo. Em particular, gerentes que trabalham no exterior costumam estar a par de normas e outras tendências que poderiam mudar o mercado global. Executivos de marketing podem identificar novas preferências dos clientes. E os gerentes de aquisições podem ter uma perspectiva do que está acontecendo com os fornecedores. Toda essa inteligência vital de nada servirá se não houver alguém responsável por reuni-las.

O exercício de prever o futuro deve abordar quaisquer problemas identificados pela análise AUDIO, mas também deve considerar pressões de longo prazo e a dinâmica do mercado. A análise AUDIO foca especificamente os impactos diretos sobre a empresa e sua cadeia de valor, enquanto a análise de cenários futuros busca propulsores de negócios, tendências e desenvolvimentos que podem mudar setores inteiros ou remodelar mercados.

O que se busca é detectar sinais de advertência de novos problemas e uma avaliação do impacto dessas variáveis nos mercados, na posição financeira e nos ativos de sua empresa. Que efeitos as mudanças climáticas poderiam ter sobre nossa posição competitiva? Estamos contribuindo para o problema ou poderemos encontrar uma solução para ele?

Em 1996, a Rio Tinto, gigante da mineração, realizou as primeiras sessões de planejamento sobre fatores propulsores dos negócios, que, nas palavras de Dave Richards, "poderiam nos afetar adversamente se ignorados ou, positivamente, se os administrarmos bem".[5] A equipe identificou uma série de problemas crescentes que poderiam limitar o crescimento da empresa – entre eles, água, direitos humanos e biodiversidade – e lançou na empresa um esforço para realizar suas atividades de mineração com menor impacto sobre a terra.

O processo de elaboração de possíveis cenários pode levar a empresa a lugares potencialmente surpreendentes. Lembre-se do caso do McDonald's e das baterias de mercúrio. Da primeira vez em que alguém mencionou as baterias de mercúrio como um possível problema para os famosos sanduíches da empresa, deve ter sido estranho. Mas a perspectiva no longo prazo ajudou a empresa a evitar um pesadelo de relações públicas. Ou vejamos a Dell, onde a alta gerência foi atacada pela intensidade de uma agressiva campanha de ONGs contra o lixo eletrônico. Nunca mais, juraram. Assim, começaram a explorar problemas aparentemente secundários, como os efeitos ambientais da mineração, de onde ela extrai os metais preciosos usados em seus produtos.[6]

> **No planejamento de cenários, busque questões na agenda pública que possam estar crescendo em intensidade, mesmo que sejam apenas tangenciais a seu negócio. Seu monitoramento pode ajudá-lo a identificar possíveis propulsores de negócios. Questione-se como sua reação a essas tendências pode estimular inovações nas soluções para corte de custos, redução de riscos, lançamento de novos produtos ou serviços e aumento do valor intangível.**

MEDIDAS DE LONGO PRAZO: FAZENDO DO MEIO AMBIENTE UM ELEMENTO ESSENCIAL DA ESTRATÉGIA EMPRESARIAL

À medida que a Mentalidade da Ecovantagem vai se instalando na empresa, surgem outras etapas que podem levar a empresa a um novo patamar: (1) auditoria da cadeia de suprimento, (2) redesign de produtos e uma nova análise dos mercados e (3) desenvolvimento de parcerias com stakeholders externos. Esses três passos incorporam as considerações ambientais à estratégia de negócios e sustentam a Ecovantagem no longo prazo.

1. AUDITORIA DA CADEIA DE SUPRIMENTOS

Muitas grandes empresas examinam suas cadeias de suprimento em busca de problemas ambientais e sociais – ou alegam fazê-lo. Para muitas, a "auditoria" é pouco mais do que uma formalidade que cria burocracia para os fornecedores. O auditor faz algumas perguntas básicas, com as quais, em geral, verificam apenas se o fornecedor está cumprindo a lei, e pronto. No entanto, a pressão sobre a cadeia para que todos obedeçam à lei é uma coisa boa. Concentrar-se apenas no cumprimento de leis, porém, hoje já não basta mais – e certamente não gera Ecovantagem.

Como descrevemos no Capítulo 7, a IKEA tem um dos mais completos programas de auditoria de fornecedores do mundo. A empresa dedica dezenas de funcionários e milhões de dólares à análise da cadeia de suprimento, e faz perguntas detalhadas sobre o desempenho ambiental e social. Para a IKEA, o programa IWAY não serve apenas para identificar problemas que possam ameaçar a marca; também ajuda os gerentes a entender melhor o negócio.

A auditoria da cadeia de suprimento é um desafio. A não ser que você tenha poder de mercado, é difícil obter todas as informações desejadas. Mas, à medida que os esforços nesse sentido ganham força, as empresas menores têm oportunidade de pegar carona em informações sobre o que as grandes marcas já estão fazendo. Se uma empresa compra de um fornecedor que segue rigidamente o programa IWAY, por exemplo, pode ter certeza de que a empresa já passou por uma avaliação rigorosa.

2. REDESIGN DE PRODUTOS E REAVALIAÇÃO DE MERCADOS

No longo prazo, tornar suas operações o mais eficiente possível pode representar a margem de sobrevivência em um mundo preocupado com o custo. Concentrar-se na ecoeficiência inevitavelmente levanta questões fundamentais sobre mercados, produtos e serviços. Podemos dominar o mercado se aproveitarmos as mudanças nas circunstâncias ou as normas relacionadas ao meio ambiente? Podemos criar produtos revolucionários para reduzir a sobrecarga ambiental de nosso cliente ou conquistar novos clientes verdes? Ou, ainda, reconceber inteiramente nossa forma de operação a fim de melhorar a produtividade de recursos e cortar custos? É sobre as respostas a essas perguntas que a Ecovantagem se desenvolve.

Porém, sejamos sinceros: os CEOs e acionistas ficam animados mesmo é com o aumento das vendas. Novos produtos com apelo ecológico podem obter atenção do cliente. Os Adeptos da Onda Verde aprenderam que é possível transformar verde em ouro associando consciência ambiental a um bom design.

Nesse espírito, a Intel colocou designers e profissionais de meio ambiente trabalhando lado a lado como estratégia de inovação. Um exemplo mais mundano: a IKEA desenvolveu um gráfico simples de quatro fases do ciclo de vida: matéria-prima, manufatura, uso e fim da vida útil – ao qual deu o nome de eWheel.[7] Os designers de produto da empresa usam uma lista de 25 perguntas concentradas nessas quatro fases, como: Estou minimizando o uso de substâncias químicas como cola e tinta? Podemos fazer o mesmo com os fornecedores que receberam a melhor classificação no programa de fornecedores IWAY? A desmontagem do produto é fácil? Da mesma forma, a Herman Miller guia seus designers a obterem resultados ecológicos com um sistema simples de "vermelho, amarelo, verde". Com base nos materiais escolhidos, atribui-se a cada produto uma pontuação – os materiais verdadeiros ganham mais pontos – o que serve de meta aos designers.

Ir além do redesign, até o âmbito da reimaginação, pode ser ainda mais interessante. A famosa regra da 3M, "Trabalhe no que você gosta durante 15%

do tempo", é o tipo de orientação organizacional que ajuda. A Google adotou essa tática e tem sua regra: 10% do tempo a projetos loucos, não relacionados ao trabalho. Está dando certo. Dar aos funcionários esse espaço aberto para repensar como a empresa, o setor ou o mundo funcionam é uma excelente maneira de expandir as fronteiras e inspirar os funcionários. Construir uma cultura que estimula a inovação exige tempo, mas quase sempre vale a pena.

3. ADMINISTRAÇÃO DOS STAKEHOLDERS E DE PARCERIAS

Mais de um dos Adeptos da Onda Verde nos disse ter começado com uma atitude desdenhosa ou defensiva em relação às ONGs e a outros grupos externos. No entanto, assim que começaram a se reunir com os stakeholders, perceberam o valor de enxergar a empresa sob a perspectiva dos outros. Parcerias com ONGs, comunidades e outras organizações ampliam horizontes e constituem um mecanismo útil de feedback e aprendizado.

Apesar da diversidade de jogadores na Onda Verde, o governo continua sendo uma força poderosa para a definição do mercado e das regras do jogo. Mas os papéis que as autoridades governamentais estão desempenhando estão evoluindo e as empresas inteligentes estão em busca de novas oportunidades.

Conexões com geradores de idéias – acadêmicos, laboratórios de idéias, centros de pesquisa – também podem gerar altos dividendos em uma economia baseada no conhecimento. Os Adeptos da Onda Verde estão iniciando diversos tipos de *joint-ventures* com esses jogadores, usando esses relacionamentos como uma fonte de novas idéias, obtendo insights sobre os rumos que a tecnologia está tomando e avaliando seus esforços em relação às mais recentes novidades.

Quando os problemas são de larga escala ou requerem um investimento de porte em infra-estrutura, parcerias no setor poderiam fazer mais sentido. Às vezes, vale a pena reunir-se com os pares e compartilhar conhecimentos. Por exemplo, empresas alemãs descobriram a utilidade de trabalhar juntas para desenvolver o sistema Green Point, uma infra-estrutura de coleta de resíduos privada necessária para atender às severas exigências do país em relação a embalagens de produtos. Quando a carga de lidar com um problema empresa por empresa recai sobre todo o setor, talvez a melhor resposta seja uma ação conjunta. Juntas, as empresas ganham força.

Etapas para o desenvolvimento de uma estratégia mais completa de engajamento de stakeholders[8]

Por mais desafiador e interessante que nosso exercício de mapeamento anterior possa parecer, na verdade foi apenas um primeiro passo para o desenvolvimento de uma estratégia abrangente de engajamento de stakeholders. Nossa matriz é uma forma de refletir sobre quais são os grupos e indivíduos relevantes. Leva a uma análise sistemática das 20 categorias para ajudar a eliminar as lacunas.

Uma abordagem completa do engajamento dos stakeholders vai muito além. Começa ajudando a alertá-lo para todos os grupos e jogadores que poderiam afetar seu negócio. Em seguida, apresenta formas de focar entidades-chave, o que oferece um mecanismo de identificação e avaliação de possíveis parcerias. Os passos a seguir formam um funil, permitindo que se comece pensando de maneira abrangente e se termine com o que realmente importa:

1. Faça um brainstorm. Como sugerimos como medida de curto prazo, é essencial descobrir que grupos atuam nos problemas que sua empresa está enfrentando. O objetivo aqui é identificar os stakeholders amigáveis – e os menos amigáveis também. Por mais tolo que pareça, uma pesquisa pelo nome de sua empresa no Google pode gerar inúmeros "bolsões" de preocupação. Alguém criou um site só para criticar sua empresa? Se tiver criado, quem é e qual o motivo da crítica? Os que as principais ONGs dizem a respeito de sua empresa ou de seu setor?

2. Atribua notas aos principais stakeholders. A fim de verificar que entidades ou grupos merecem sua atenção, sugerimos que você avalie os stakeholders, particularmente as ONGs, em três dimensões:[9]

- Poder e influência
- Credibilidade e legitimidade
- Urgência do problema tanto para você quanto para o stakeholder.

3. Avaliação do engajamento do stakeholder. Os stakeholders mais importantes – aqueles aos quais você atribuiu uma nota alta em duas ou três dimensões – exigem atenção mais detalhada. Para determinar qual a melhor maneira de lidar com essas entidades, outra matriz simples pode ser bastante útil (ver figura). Ela fornece uma maneira de mapear os stakeholders com base em: (a) grau de cooperação do grupo (e não de oposição) e (b) intensidade de seu interesse pelos problemas por eles abordados. Essa matriz esclarece qual é o tipo de engajamento ideal para cada grupo. Você deve apenas monitorar suas atividades? Tentar se conectar com eles? Trabalhar para se defender contra eles? Ou colaborar com eles?

4. Avaliação da compatibilidade. A breve lista de organizações e pessoas no quadrante superior direito serve como um bom ponto de partida para se refletir sobre as possíveis entidades com as quais se deve trabalhar ou até mesmo formar parcerias. Antes de pensar em uma parceria real, entretanto,

Matriz de avaliação do engajamento do stakeholder[10]

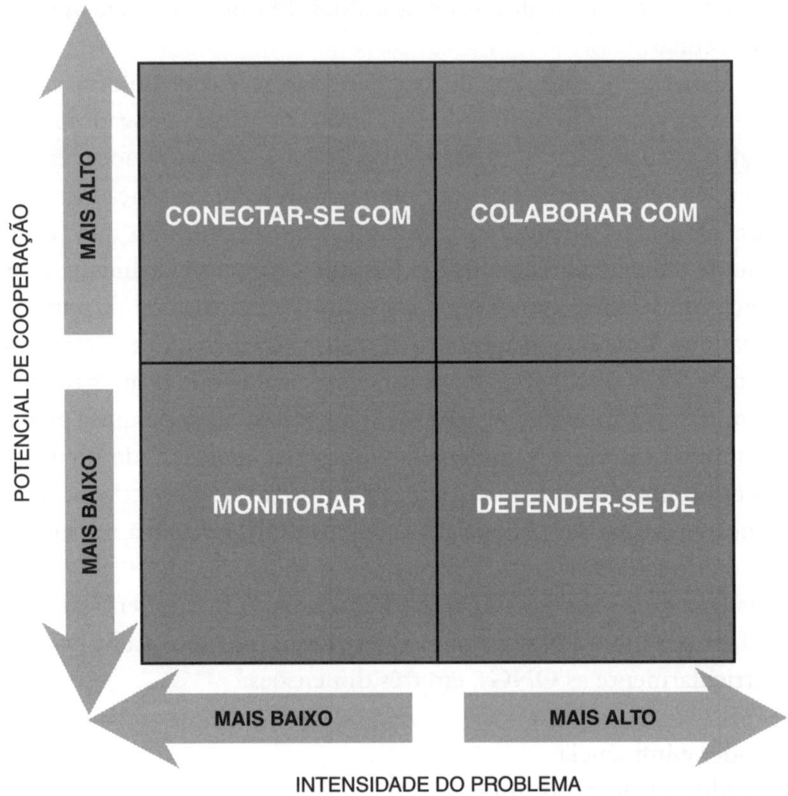

vale a pena avaliar rigorosamente a compatibilidade real do grupo. Qual a visão do grupo? Quais os problemas focados por eles? Qual seu modo geral de operação (conflito ou colaboração)? Seu estilo e sua cultura organizacional combinam com você? Os pontos fortes complementam o seu?

5. *Due diligence* de possíveis parceiros. Depois de ter identificado um parceiro compatível, é preciso investigar mais a fundo. Sua liderança é forte? Suas finanças são estáveis? Quem os financia? São transparentes quanto a financiamentos e governança? São eficazes na concretização de seus benefícios? Parecem responsáveis e eficazes no que fazem?

6. Definição da estratégia de parceria. Antes de iniciar uma parceria, você terá de desenvolver um plano de jogo para o sucesso. Quais são os objetivos da parceria? Quem fará o que na parceria? As responsabilidades estão claras? Os compromissos de recursos necessários foram claramente definidos? Como será, em sua opinião, o sucesso obtido pela parceria?

Tudo isso pode parecer um pouco confuso, mas na realidade não há outra saída. Sejamos claros: vivemos em um mundo de transparência cada vez maior e de stakeholders cada vez mais corajosos. O sucesso corporativo agora requer cuidadosa atenção a uma enorme gama de relacionamentos.

ECOVANTAGEM: CONCLUSÃO

Sugerimos que você desmembre o plano para promover a Ecovantagem em medidas de curto prazo (0 a 6 meses), de médio prazo (6 a 18 meses) e de longo prazo (de 18 meses em diante). As medidas de curto prazo devem se concentrar nas análises básicas e nos primeiros passos para o desenvolvimento da estratégia ambiental:

- Análise AUDIO – detecção de problemas
- Mapeamento dos stakeholders
- Avaliação das habilidades essenciais
- Declaração e compromisso do CEO
- Planos de ação prioritários
- Projetos-piloto

As medidas de médio prazo devem tentar incorporar a Mentalidade da Ecovantagem na cultura da empresa:

- Definição de sistemas de gestão ambiental e de ecomonitoramento
- Promoção do engajamento e da propriedade
- Desenvolvimento de comunicações externas
- Fortalecimento dos esforços de comunicação e treinamento internos
- Planejamento de cenários

As medidas de longo prazo devem fazer do meio ambiente um elemento central da estratégia. Isso exigirá o uso de ferramentas e exercícios de Ecovantagem avançados:

- Auditoria da cadeia de suprimento
- Redesenho de produtos e reavaliação de mercados
- Administração de stakeholders e parcerias

Capítulo 12 Estratégia da Ecovantagem

No famoso modelo de estratégia de Michael Porter, as empresas obtêm vantagem competitiva pela redução de custos ou diferenciação de produtos.[1] Hoje, porém, os tradicionais pontos de diferenciação competitiva estão sofrendo pressões por todos os lados. A terceirização – e os custos menores de mão-de-obra por ela prometidos – está disponível para qualquer empresa, de pequeno ou grande porte. Outras fontes de vantagem competitiva antes inquestionáveis, como acesso a capital ou matéria-prima de baixo custo, estão desaparecendo com a globalização dos mercados. Torna-se cada vez mais difícil estabelecer e manter vantagem competitiva.

Esse cenário reestruturado requer o aperfeiçoamento da estratégia de negócios. O segredo do sucesso reside na capacidade de inovar – usar a imaginação para resolver problemas e responder às necessidades humanas. As empresas precisam encontrar novas maneiras de se diferenciar. As que não o fizerem terão dificuldade de acompanhar o ritmo do mercado.

A estratégia ambiental oferece exatamente esse tipo de oportunidade. Como variável relativamente nova no mix competitivo e força motriz da reestruturação de mercados, o meio ambiente confere uma nova ótica para a análise de uma empresa ou setor – e uma maneira de estimular a inovação. O uso cuidadoso da perspectiva ambiental pode ajudar a reduzir custos e riscos. Mas também pode gerar ganhos, aumentar o faturamento e o valor de importantes fatores intangíveis, embora difíceis de mensurar, como a reputação. Encontrar novos espaços de mercado, atender às necessidades dos clientes de novas maneiras ou simplesmente fazer a coisa certa – algo que muitos stakeholders de peso apreciam e recompensam – têm o potencial de agregar valor real.

O mundo empresarial está acordando para uma verdade inevitável: economia e meio ambiente estão profundamente interligados. Todas as mercadorias dependem da generosidade da natureza e dos serviços por ela proporcionados. Sem o cuidadoso manejo da natureza, as limitações de recursos naturais acabarão afetando um número cada vez maior de empresas e setores. A preocupação com essas tendências vem impelindo leis, regras e expectativas que restringirão ainda mais os negócios. Hoje, o meio ambiente, portanto, ocupa o mesmo lugar que a globalização, a internet e outras megaforças capazes de tirar o sono dos dirigentes das empresas. Nesse novo mundo, mais complicado e interconectado, a estratégia ambiental surge como ponto crítico de diferenciação competitiva.

No futuro próximo, nenhuma empresa poderá alcançar a liderança do setor ou obter rentabilidade sustentada se não incorporar à sua estratégia as questões ambientais.

A elaboração da estratégia não cabe mais apenas a tacanhas equipes de planejamento. Os Adeptos da Onda Verde incorporam as questões ambientais à sua estratégia básica.[2] Trabalham com uma visão holística e dinâmica do *modus operandi* da empresa, envolvendo um abrangente grupo de stakeholders que podem moldar o futuro da empresa. Criam Ecovantagem duradoura ao pensar diferente, adotar ferramentas para entender os desafios e oportunidades ambientais da empresa e incorporar o manejo ambiental aos valores corporativos.

Identificamos quatro elementos básicos – a Mentalidade da Ecovantagem, o Ecomonitoramento, o Redesign e a Cultura – que sustentam a inovação impulsionada pelas considerações ambientais. Neste capítulo, apresentamos uma revisão de como desenvolver esses suportes essenciais. Exploramos também as forças que influenciam empresas, as jogadas que levam do verde ao ouro e oferecem uma forma de sair à frente dos concorrentes e os obstáculos a evitar no meio do caminho para a conquista da Ecovantagem.

Reunimos esses elementos em um quadro completo da estratégia ambiental (ver figura). O uso apropriado da Caixa de Ferramentas da Ecovantagem determina o sucesso na execução das jogadas que levam do verde ao ouro. Forças naturais e diversos jogadores exercem influência significativa sobre o processo. As empresas enfrentarão muitos obstáculos e riscos de fracasso no caminho para a Ecovantagem. No entanto, aquelas que persistirem e aprenderem com a experiência encontrarão maneiras de inovar, criar valor e desenvolver vantagem competitiva.

Estratégia da Ecovantagem

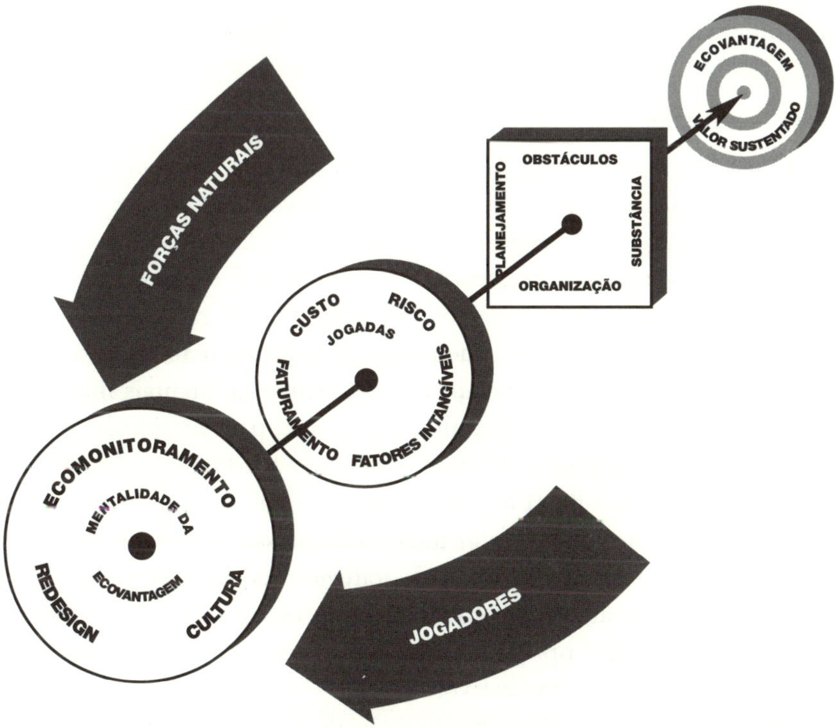

AS PRESSÕES: FORÇAS NATURAIS E JOGADORES

Começamos este livro com histórias de empresas que enfrentaram problemas ambientais de diversas ordens. A Sony, que aprendeu uma difícil lição com o PlayStation, investiu mais de US$100 milhões no desenvolvimento de um sistema de auditoria de fornecedores para detectar problemas antes que estes apareçam. A BP, que obteve uma série de ganhos de eficiência e encontrou a soma impressionante de US$1,5 bilhão de valor à sua espera. E Wal-Mart, GE e Goldman Sachs, que, em jogadas que os líderes anteriores das empresas podem ter considerado surreais, lançaram iniciativas ambientais de porte. Depois de anos de negligência, as considerações ambientais ganharam importância. Sendo assim, voltemos à nossa pergunta inicial: O que está acontecendo?

Resumindo: uma Onda Verde varre a comunidade empresarial e está propelida por duas forças fundamentais: (1) as pressões ambientais e (2) um mundo de pessoas que insistem para que a comunidade empresarial tome uma atitude e reaja à altura. Esses fatores propulsores estão transformando a dinâmica de mercado. Estão tornando obsoletas as velhas formas de fazer negócios e impondo desafios que todas as empresas – de corporações multinacionais a pequenas empresas familiares – precisam enfrentar. Esse realinhamento, porém, também gera oportunidades de obtenção de Ecovantagem.

As forças naturais

Sob a Onda Verde, encontram-se inúmeros problemas ambientais de âmbito local, regional, nacional e global que limitam as escolhas das empresas e exigem a atenção da gerência. Alguns dos problemas – da escassez de água à mudança climática – ameaçam reestruturar os mercados (e o planeta) de maneira fundamental. Outros terão impactos menores. Todos, entretanto, oferecem oportunidades para as empresas que reagirem de forma mais criativa.

No Capítulo 2, apresentamos os dez problemas ambientais mais importantes que todo executivo deve conhecer (ver box, para recapitular). Alguns, como a depleção da camada de ozônio, já estão sendo bem administrados. Outros se encontram à beira de uma crise. Os mais urgentes, como as mudanças climáticas, prometem afetar todas as empresas, de grande ou pequeno porte, em todos os setores. Outros são estrategicamente importantes somente para as empresas que atuam em contextos específicos. Há, ainda, dezenas de outros problemas com impactos específicos ao setor de atuação da empresa que também podem ser significativos.

O que torna essas pressões uma questão de estratégia de negócios é uma verdade muito simples: nossa economia se sustenta sobre a base de ativos do mundo natural, e não o inverso. Quando os recursos ficam ameaçados, os efeitos se fazem sentir por toda a sociedade e pelo mundo corporativo.

Essas são questões complicadas. O fato de a ciência subjacente ser complicada, até mesmo contraditória em alguns momentos, torna a situação ainda mais volátil e a definição de políticas ambientais mais controvertida. Algumas políticas públicas empurraram para a obsolescência setores inteiros. Será que o negócio de carvão sobreviverá em um futuro caracterizado pelos limites às emissões de carbono? Podemos ter certeza de que as empresas afetadas não se calarão. Na verdade, as empresas de carvão já estão lutando com todas as suas forças para resistir às pressões por ações relacionadas às mudanças climáticas.

Do outro lado, estão as empresas e os setores que serão adversamente afetados se *não* adotarmos medidas que reduzam os prejuízos ambientais. O setor de esqui não será o único a sofrer se o aquecimento global for tão intenso quanto alguns já prevêem. E os custos de seguros para todos aumentarão se as resseguradoras reajustarem seus preços para lidar com os crescentes desastres naturais provocados por mudanças climáticas.

OS DEZ PRINCIPAIS PROBLEMAS AMBIENTAIS

- **Mudanças climáticas**. O acúmulo de gases de efeito estufa na atmosfera ameaça levar ao aquecimento global e à conseqüente elevação do nível dos oceanos, com alteração nos padrões pluviométricos e maior intensidade de tempestades.
- **Energia**. Um futuro com restrições às emissões de carbono exigirá a adoção de novos modos de geração de energia e energia sustentável ou de novas tecnologias para a queima limpa de combustíveis fósseis.
- **Água**. Problemas de qualidade e escassez de água estão ameaçando as licenças de operação e limitando atividades de negócios no mundo inteiro.
- **Biodiversidade e utilização da terra.** Os ecossistemas desempenham um papel essencial como apoio à vida tanto dos seres humanos quanto da natureza. O desenvolvimento descontrolado mina essa capacidade por meio da destruição de habitats, perda de espaços abertos e declínio das espécies.
- **Substâncias químicas, tóxicas e metais pesados**. Esses contaminantes geram risco de câncer, danos reprodutivos e outros problemas de saúde em seres humanos, plantas e animais.
- **Poluição atmosférica**. Smog, particulados e compostos orgânicos voláteis impõem riscos à saúde pública, especialmente em países em desenvolvimento, em que as tendências de poluição atmosférica estão piorando. Hoje, a poluição atmosférica em espaços fechados é reconhecida como um problema adicional.
- **Gestão de resíduos**. Muitas comunidades continuam com dificuldades para eliminar resíduos sólidos e tóxicos, especialmente em países que estão se industrializando e tornando-se mais urbanos.
- **Depleção da camada de ozônio**. A depleção da camada de ozônio diminuiu substancialmente após a redução gradual do uso de CFCs, mas alguns substitutos continuam causando a redução do escudo protetor da Terra, a camada de ozônio.
- **Oceanos e pesca**. A pesca predatória, a poluição e as mudanças climáticas ocasionaram a depleção dos estoques de peixes e danificaram ecossistemas marinhos nos sete mares.
- **Desmatamento**. A derrubada de árvores assola muitas partes do mundo, provocando erosão do solo, poluição das águas e maior risco de enchentes.

A diversidade de problemas, a variedade de interesses e a gama de incertezas científicas podem ser assustadores. Mas os executivos não podem se deixar dominar pelo desespero e pela confusão. As empresas precisam enfrentar os desafios, por mais complexos que sejam, a fim de reduzir os riscos e aproveitar as oportunidades que surgem.

INCERTEZA CIENTÍFICA

Depois de uma reunião de CEOs sobre mudanças climáticas, Jim Rogers, CEO da Cinergy, declarou: "Esqueça o debate científico. As normas e regras um dia mudarão. E, se não estivermos preparados, aí sim teremos problemas."[3] Sua declaração reflete uma dura realidade. Mesmo sem certeza científica absoluta, a lista de problemas que as empresas não podem evitar está crescendo. A realidade é que os problemas ambientais afetarão sua empresa, independentemente de você se importar ou não com as inconveniências por eles causadas.

Os jogadores

Um grupo crescente de stakeholders que se importam com esses problemas e exercem influência sobre o comportamento corporativo vem se somando à Onda Verde. Na estratégia tradicional das faculdades de administração, as empresas são comandadas por líderes carismáticos que tomam decisões audaciosas, influenciados por um grupo reduzido de jogadores: concorrentes, clientes, "canais" (fornecedores e distribuição) e talvez reguladores do governo. E todos esses jogadores são subservientes ao todo-poderoso acionista.

O equilíbrio de poder não mudou totalmente, mas os CEOs têm motivos para acreditar que a Terra está tremendo sob seus pés. Novos stakeholders estão fazendo perguntas bastante difíceis sobre o desempenho social e ambiental. A sociedade civil, como um todo, e ONGs ligadas ao meio ambiente, em particular, surgiram com força considerável. Graças ao e-mail, à internet e a outras modernas tecnologias de comunicação, a ação coordenada contra corporações irresponsáveis nunca foi tão fácil. E os acionistas ativistas, entre eles grandes empresas investidoras, de uma hora para a outra encontraram sua voz. Hoje, nervosos conselhos de administração exercem um grau de vigilância inédito sobre os CEOs.

Por mais difícil que seja, ignorar esses fatores propulsores da atual realidade dos negócios é ainda mais insensato. É certo que ainda existem gigantes corporativos acreditando que os problemas ambientais são criações de ecologistas de sandália de dedo, envolvidos em campanhas para salvar os animais. Por mais equivocada que possa ser essa caricatura, a verdade não é assim tão importante. A preocupação em torno dessas questões é abrangente o suficiente para que todos os diretores, executivos e gerentes prestem atenção à Onda Verde. Qualquer um que acredite poder evitá-las corre o risco de se afogar em meio ao mar crescente de exigências legais – como as impostas pela Lei Sarbanes-Oxley – que exigem atenção aos possíveis problemas "materiais", inclusive desafios ambientais.

Nossas pesquisas identificaram 20 "jogadores" da Onda Verde, alguns marginais, por enquanto; outros, porém, com crescente poder e importância. Esses stakeholders podem ser divididos em cinco grupos:

Os definidores das regras do jogo e os cães de guarda: ONGs, reguladores, políticos e advogados. A gama de jogadores dessa categoria vem se expandindo tanto vertical quanto horizontalmente. Reguladores nacionais em muitas regiões, especialmente na União Européia, vêm se tornando mais agressivos. Porém, na escala vertical, os governos regional, estadual e local vêm se envolvendo em questões ambientais de maneira inédita. Os estados norte-americanos, por exemplo, estão definindo metas próprias para a utilização de energias de fontes renováveis. E os prefeitos das cidades norte-americanas estão concordando, como grupo, em implementar os alvos de redução de emissões de gases de efeito estufa estipulados pelo Protocolo de Quioto. Na dimensão vertical, vemos regulações de abrangência continental, como as leis sobre substâncias químicas e produtos eletrônicos da União Européia. Em uma escala ainda maior, a demanda por normas globais relacionadas a vários problemas ambientais vem crescendo.

Na dimensão horizontal, vemos uma amplitude cada vez maior de centros de poder. As empresas devem monitorar não apenas as exigências dos governos, como também as demandas de uma incrível diversidade de ONGs e outros cães de guarda (como os blogueiros). Esses novos jogadores podem causar rapidamente grande prejuízo à reputação das empresas. E a internet só faz ser mais fácil transformar um pequeno deslize da empresa em um incidente internacional. Mas as notícias não são ruins para todas as empresas. Uma explosão de parcerias criou alianças dinâmicas entre ex-adversários. Hoje, assistimos a um crescente número de ONGs trabalhando *com*, e não *contra*, as empresas.

Os geradores de idéias e líderes de opinião: A mídia, os laboratórios de idéias e os acadêmicos. No mundo de hoje, impulsionado pela inovação, conectar-se àqueles que criam conhecimento, lançam idéias e moldam o diálogo político é o primeiro passo para obter vantagem competitiva. Para isso, os Adeptos da Onda Verde estabeleceram parcerias com instituições acadêmicas e centros de pesquisa ao redor do mundo.

Parceiros de negócios e concorrentes: Associações setoriais, concorrentes compradores B2B e fornecedores. As empresas estão encontrando novas maneiras de trabalhar juntas em busca de ganhos ambientais e vantagem competitiva. A tendência iniciou-se há 20 anos, com o setor químico e o programa Responsible Care; desde então, só vem crescendo.

Os fabricantes de produtos eletrônicos reuniram-se para definir padrões na cadeia de suprimentos. Os grandes usuários de energia formaram o Green Power Market Development Group para estimular o desenvolvimento de energia renovável. Diversos compradores de papel, da Staples à Toyota, formaram o Paper Working Group para coordenar as exigências que farão a seus fornecedores de papel, impondo, na realidade, um conjunto de padrões ambientais por eles definido.

A pressão pela mudança normalmente começa com as grandes marcas, mas os efeitos se fazem sentir em obscuras empresas de médio porte presas nessa rede. Há alguns anos, a Home Depot mudou suas políticas de compras, eliminando produtos originados em florestas ameaçadas. Como reação a essa mudança, a Romanoff modificou um de seus produtos, passando a utilizar palha de trigo no lugar de compensado. O presidente da empresa, Douglas Romanoff, afirmou: "A política de compras da Home Depot... teve um efeito em ondas, ocasionando uma mudança significativa nos materiais que utilizaremos no futuro."[4]

Consumidores e comunidade: CEOs e executivos, consumidores, crianças e comunidades. Quando um boicote ambiental funciona, é impressionante. Após o famoso incidente da plataforma de petróleo Brent Spar, em meados da década de 1990, 1 milhão de europeus parou de usar os cartões Shell. A empresa sentiu o efeito e dedicou-se a uma tentativa de melhorar o relacionamento com os stakeholders. E a lista só faz aumentar.

Investidores e avaliadores de risco: Funcionários, acionistas, seguradoras, mercados de capital e bancos. Como todo executivo sabe, na atual economia, baseada no conhecimento, captar os melhores e mais talentosos não é apenas útil; é essencial. Antes de investir tempo e energia em uma empresa, os funcionários mais talentosos perguntam quais são os valores defendidos pelo futuro empregador. Querem trabalhar para empresas cujos valores estejam de acordo com sua visão de mundo.

Os investidores tradicionais surgiram como os novos gorilas do espaço ambiental. Liderados primeiro pelas seguradoras, às quais se juntaram os grandes bancos, os investidores começaram a examinar minuciosamente riscos e responsabilidades ambientais. Mais de 40 bancos são signatários dos Princípios do Equador, que demandam detalhadas avaliações ambientais como pré-requisito para a aprovação de empréstimos. Mas os Princípios do Equador são apenas o ponto de partida. Goldman Sachs, JPMorgan, Citibank e muitas outras empresas estão incorporando considerações ambientais às decisões de empréstimos de maneiras radicalmente novas.

O ABN AMRO, um dos fundadores dos Princípios do Equador, desenvolveu uma nova forma de ver seu portfolio de empréstimos. A empresa classifica os candidatos a empréstimos em uma matriz que tem, em um eixo, a capacidade de lidar com os riscos ambientais e mitigá-los e, em outro, o compromisso de fazê-lo.[5] No futuro próximo, o ABN AMRO espera utilizar esses critérios para avaliar todos os possíveis empréstimos. Em relação aos empréstimos colocados no quadrante superior direito, não há motivos para preocupação. Os empréstimos localizados no quadrante superior esquerdo ou inferior direito exigem certo trabalho por parte do banco. Quando a empresa é classificada no quadrante inferior esquerdo, o empréstimo não é concedido.

CAIXA DE FERRAMENTAS DA ECOVANTAGEM

Durante as entrevistas que realizamos com dezenas de empresas, tentamos detectar quais fatores as tornavam eficazes na incorporação das considerações ambientais ao mix de outros objetivos ambientais. Identificamos cinco princípios que nortearam sua forma de pensar.

1. **Examine a floresta, não as árvores.** Os Adeptos da Onda Verde examinam de maneira abrangente o tempo, as recompensas e as fronteiras. Tomam decisões tendo em mente o longo prazo, posicionando-se em um cenário em que as regulações e normas ambientais serão mais rígidas, as expectativas do consumidor mais elevadas e o realinhamento de mercado liderado por limitações naturais. Os Adeptos da Onda Verde incluem também benefícios intangíveis nos cálculos das recompensas. Atribuem valor a fatores como risco menor, maior retenção de empregados, maior lealdade do cliente e aumento do valor da marca. Por fim, vão além das próprias operações e analisam a cadeia de valor como um todo, da matéria-prima aos fornecedores, passando pelas necessidades e desejos do cliente e pelo fim da vida útil do produto.
2. **Comece pelo topo.** Em todas as empresas Adeptas da Onda Verde, havia apoio da alta gerência na busca da Ecovantagem. Comece buscando o compromisso do CEO. Isso, em si, não é garantia de sucesso, mas empresa alguma irá muito longe sem isso.
3. **Adote o Princípio da Apollo 13 – Não aceite "não" como resposta.** Empresas e setores demonstraram enorme criatividade na resolução de problemas ambientais aparentemente intratáveis. Os Adeptos da Onda Verde concentram-se em inovar e em fazer as pessoas lançarem mão da ótica ambiental para refletir sobre seu trabalho de maneira nova.
4. **Reconheça que sentimentos são fatos.** As empresas líderes sabem que o que ONGs, funcionários, clientes, comunidades e outros stakeholders *sentem* a respeito do desempenho ambiental e da reputação da empresa pode ser muito mais importante do que a realidade. Em vez de defenderem cegamente sua posição e desprezarem as preocupações de terceiros,

reconhecem a necessidade de ir até onde estão as pessoas. Não deixam que pessoas de fora ditem a agenda, mas estabelecem um diálogo com amigos e inimigos.

5. **Faça a coisa certa**. É impressionante a freqüência com que ouvimos que a crença sincera em estar fazendo a coisa certa estava por trás das decisões dos Adeptos da Onda Verde. Os valores importam, sim.

Ecomonitoramento

O próximo elemento da caixa de ferramentas é uma abordagem sistemática à captação e utilização de boas informações. Os Adeptos da Onda Verde usam ferramentas para a detecção de problemas como a Análise AUDIO e as Avaliações do Ciclo de Vida para entender seus impactos ambientais. Examinam as ecoconseqüências de seus produtos em todas as partes da cadeia de valor, a montante e a jusante.

Tais ferramentas são mais eficazes quando alicerçadas sobre uma boa base de dados, planejamento cuidadoso e um sistema de gestão ambiental. Os melhores sistemas monitoram dezenas de métricas por região, divisão, fábrica e até linhas de produtos. E monitoram as mesmas métricas em nível global. A Alcan dispõe de um depósito de dados mundial sobre desempenho ambiental. Assim, todas as divisões trabalham de maneira consistente e sua avaliação é pautada por medidas semelhantes. Dados comuns ajudam a sede das empresas a realizar o benchmark de desempenho, definir metas e monitorar o progresso de perto. Como mencionamos no Capítulo 7, recomendamos um conjunto básico de métricas que monitoram os resultados do uso de energia, poluição da água e do ar, geração de resíduos e *compliance*.

As empresas também precisam de perspectivas externas para tomar pé de sua posição relativa no mundo. Muitos Adeptos da Onda Verde recorrem a relacionamentos com especialistas em meio ambiente. Alguns criam conselhos consultivos para avaliar seus esforços ambientais e se manter a par dos problemas que poderiam afetá-los. Alguns chegam até mesmo a levar a raposa ao galinheiro, formando parcerias com ONGs e outros críticos. De fato, não é nada agradável sentar-se à mesa ao lado de antigos inimigos, mas seu feedback constitui uma forma valiosa de Ecomonitoramento.

Dentro desse mesmo espírito, os Adeptos da Onda Verde vão além dos grupos de defesa do meio ambiente, trabalhando também com comunidades, governos, outras empresas e qualquer outro stakeholder que possa lhes fornecer informações bem fundamentadas sobre questões ambientais e mudanças nas condições de mercado.

> ***O que é medido é gerenciado. Conhecimento é poder.* Frases batidas, talvez. Mas o fato é que as empresas líderes tratam essas idéias não como frases soltas ao vento, mas sim como chamados à ação. Alavancam dados e conhecimento com o objetivo de gerar vantagem duradoura no mercado.**

Redesign

O monitoramento de dados define o campo de jogo, mas as empresas só conquistam Ecovantagem quando entendem os fatores ambientais propulsores do mercado, utilizam seu conhecimento para estimular a inovação e modificam produtos e processos. Os Adeptos da Onda Verde realizam o redesign de seus produtos, dos espaços a seu redor e até mesmo suas cadeias de suprimento.

O ecodesign, segundo ponto da Caixa de Ferramentas da Ecovantagem, ajudou empresas como a Intel e a Herman Miller a detectar problemas ambientais antes mesmo de seu surgimento, economizando tempo e dinheiro mais adiante. Levar as considerações ambientais em conta no design dos produtos significa também ajudar os clientes a reduzir seu rastro de carbono. Em um mundo no qual os custos de energia aumentam a cada dia, por exemplo, ter o produto mais eficiente em termos de energia do mercado se traduzirá em maior participação de mercado.

Diversas empresas também adotaram edifícios verdes. Por quê? Porque, em geral, edifícios com design adequado e com eficiência de energia economizam dinheiro, aumentam a produtividade dos funcionários e enviam um sinal sobre os valores corporativos.

Algumas empresas, como a IKEA, estão indo além das auditorias para garantir o cumprimento das normas e pressionar os fornecedores a modificar suas práticas de negócios. Essas empresas estão redesenhando cadeias de valor inteiras com o intuito de reduzir os impactos ambientais e sociais.

Cultura

A terceira perna da estrutura de suporte da Ecovantagem gira em torno do desenvolvimento de uma cultura empresarial que promova as considerações ambientais e a inovação. Ainda que cada empresa seja única, detectamos quatro abordagens comuns utilizadas pelos Adeptos da Onda Verde:

1. **Metas de superação.** Os Adeptos da Onda Verde estabelecem metas que parecem simbólicas e, às vezes, até mesmo impossíveis, mas inspiram a inovação e uma ampla reavaliação de seu *modus operandi*. "O objetivo é zero" é um exemplo. Algumas empresas descobrem que "zero" não é um número inatingível.
2. **Ferramentas para a tomada de decisão.** As empresas de primeira linha aperfeiçoam as análises tradicionais de custo-benefício, permitindo a incorporação de fatores intangíveis. Modificam as taxas preferenciais internas para favorecer alguns investimentos em meio ambiente. E usam a mão invisível de Adam Smith, por meio de mercados internos, para guiar suas decisões.
3. **Propriedade e engajamento.** O compromisso do CEO inicia a ação. O engajamento de outros gerentes de nível sênior e de todos os funcionários a mantém. Os Adeptos da Onda Verde lançam mão de diversas ferramentas para chamar a atenção dos executivos para as prioridades ambientais. Algumas são mais leves, como atribuir aos executivos o papel de "administradores" dos problemas ambientais. Outras são mais pesadas. A Session E da GE, mais notavelmente, solicita aos gerentes de planta que expliquem o desempenho ambiental na frente de chefes e colegas.

   Os Adeptos da Onda Verde também despertam o interesse e o engajamento realizando a fertilização cruzada de gerentes de linha de produção e de meio ambiente. Na IKEA, 3M, DuPont e muitas outras, os altos executivos vieram de operações de linha. Nenhum chefe de divisão pode dizer a esses experientes executivos operacionais que não entendem a situação. A credibilidade das metas ambientais aumenta muito quando se envia o mensageiro certo.

   Dinheiro e incentivo também concentram a atenção. Muitas empresas líderes incorporam métricas de desempenho ambiental às bonificações. Em algumas das empresas mais "verdes" do globo – por exemplo, IKEA, 3M e Herman Miller –, profundos valores culturais, inclusive o compromisso com o manejo ambiental, motivam os gerentes.

   Por fim, os prêmios, mesmo que seja apenas na forma de placas, são de extrema utilidade. Muitos Adeptos da Onda Verde oferecem, todo ano, prêmios ambientais ou de sustentabilidade. Como as empresas valorizam nitidamente seus compromissos verdes, é uma verdadeira honra destacar-se pelo sucesso ambiental.

> **Seja por meio de incentivos diretos ou de pressão cultural, os Adeptos da Onda Verde encontram maneiras de aplicar na prática seus princípios e alinhar suas declarações sobre o compromisso com o meio ambiente e com as decisões operacionais do dia-a-dia.**

4. **Histórias.** As empresas inteligentes contam as histórias de seus objetivos ambientais, seus sucessos e as lições aprendidas a quem quiser ouvir. O compartilhamento do conhecimento pode ocorrer por meio da intranet da empresa, com a divulgação das melhores práticas, ou de relatórios públicos. Esses documentos informam a todos os stakeholders, particularmente aos funcionários, o que a empresa está fazendo de certo – e onde errou. Para o público interno, o ecotreinamento é uma forma ainda mais direta de contar histórias. Ensinar aos gerentes de linha como buscar oportunidades de ecoeficiência ou apresentar aos gerentes de nível médio possíveis cenários que demonstram difíceis *trade-offs* pode estimular inovações e aperfeiçoar os processos decisórios.

JOGADAS QUE LEVAM DO VERDE AO OURO

A Mentalidade da Ecovantagem, sustentada pelas ferramentas de monitoramento certas, o foco no redesign e uma cultura de administração das questões ambientais, constitui o alicerce para transformar o verde em ouro. Mas a verdadeira ação está em estratégias que criam valor, as Jogadas que transformam verde em ouro.

A exemplo do que ocorre em qualquer outra estratégia de negócios, nossas Jogadas almejam reduzir os lados negativos que toda empresa enfrenta (custo e riscos) e aumentar o lado positivo (receita e valor intangível). No entanto, ao contrário de muitas outras, essas jogadas não sacrificam a responsabilidade pela busca dos lucros – ou o lucro pela busca de responsabilidade. Os Adeptos da Onda Verde oferecem provas diárias de que fazer o bem e fazer a coisa certa podem ser atitudes simbióticas.

Mapeamos as oito Jogadas extraídas do estudo realizado com os Adeptos da Onda Verde na estrutura conceitual estratégica descrita anteriormente (ver figura). Não é surpresa que a maior parte dos esforços dos negócios verdes tenha se concentrado no quadrante inferior esquerdo. A redução de custos tem um risco extremamente baixo, é fácil de vender internamente e, em geral, proporciona retornos rápidos. Pode ainda gerar vantagem competitiva. No entanto, nossas pesquisas sugerem que, concentrando-se apenas nos custos,

Estrutura conceitual das jogadas que transformam verde em ouro

muitas empresas estão perdendo oportunidades de gerar uma Ecovantagem mais ampla. As empresas, em sua maior parte, ainda não executaram todas as Jogadas – estão deixando dinheiro na mesa.

1. Ecoeficiência

A redução da poluição e dos resíduos faz sentido do ponto de vista empresarial. Até mesmo empresas altamente eficientes ficaram chocadas ao descobrir economias às quais antes fizeram vista grossa. Ao longo de três décadas, a 3M continua a encontrar novas formas de reduzir custos com o programa 3P, Pollution Prevention Pays. Muitas mudanças podem ser bastante simples. A STMicroelectronics, por exemplo, instalou dutos de ar-condicionado maiores, permitindo que o ventilador de circulação do ar girasse mais lentamente. Hoje, o ventilador usa 85% menos energia. Em apenas um ano, com US$40 milhões em mudanças desse tipo, a empresa economizou US$173 milhões.[6]

Às vezes, a busca da ecoeficiência pode passar por cima da redução, eliminando totalmente um processo ou recurso. A Rohner Textil produzia suas fibras tingidas da mesma maneira que as outras indústrias têxteis. Para tornar as fibras resistentes o bastante para a tecelagem, a empresa revestia o fio com substâncias químicas, que, mais tarde, teriam de ser retiradas por meio da lavagem, gerando problemas de água residual. Durante a busca por uma forma de reduzir o uso de substâncias químicas, a Rohner percebeu que a umidade fortalece a fibra. Assim, hoje, a empresa salta a etapa de revestimento químico do fio e não o seca tanto, deixando certa umidade na fibra. A Rohner eliminou uma etapa, encurtou a outra, eliminou as substâncias químicas, reduziu o uso de energia e cortou custos. Uma solução e tanto para o pessoal da ecoeficiência.

A melhora da eficiência da Rohner elevou em 300% a produtividade dos trabalhadores nos últimos 20 anos. Durante um período de terrível recessão do setor, a Rohner, ao contrário de muitas empresas, manteve-se lucrativa.

A ecoeficiência depende da redução dos resíduos e da utilização de recursos de maneira produtiva. As empresas enxutas são mais produtivas e lucrativas, além de poluir menos.

2. Redução de ecodespesas

Os esforços para reduzir custos ambientais diretos, como os custos para utilização de aterros sanitários ou com burocracia regulatória, também podem gerar grandes dividendos. A DuPont economizou bilhões em controle da poluição, e esse é apenas o custo *mensurável* dos resíduos. Em um caso, a empresa reduziu os refugos da linha de produção de Lycra de 25% do volume para menos de 10% do volume de produção.[7] Esse foco na redução de resíduos poupou material, diminuiu os custos com aterros sanitários e liberou US$140 milhões em produtos vendáveis. Significou também que a empresa poderia adiar a construção de uma nova planta, economizando outros milhões em despesas de capital. As ondas resultantes da redução de resíduos e das ecodespesas podem se espalhar e economizar dinheiro de muitas outras maneiras.

3. Ecoeficiência da cadeia de valor

As empresas que buscam ganhos ambientais e utilizam ferramentas como a avaliação do ciclo de vida (LCA – Life Cycle Assessment) costumam encontrar maneiras de reduzir custos na cadeia de valor como um todo. Aqui, a jogada consiste em tentar captar esse valor, tarefa que pode ser difícil. No Capítulo 4, falamos de uma área na qual as empresas são bastante eficazes – distribuição. A IKEA e outras empresas abastecem seus caminhões com embalagens e design de produtos inteligentes, economizando dinheiro.

4. Controle de ecorriscos

Com a maior transparência, os riscos para uma empresa e sua marca podem vir de qualquer parte. Uma empresa conquista grande parte da clientela graças à sua reputação. Se um fornecedor distante joga resíduos em um rio ou emprega trabalho infantil, a conta pode acabar tendo de ser paga pelo cliente principal, que tem uma marca internacional.

Os Adeptos da Onda Verde identificam os possíveis riscos e adotam as medidas necessárias o mais cedo possível. Quando o McDonald's pressiona sua cadeia de suprimento a reduzir o uso de antibióticos nos frangos ou exige documentação garantindo que o gado cuja carne será utilizada no hambúrguer da empresa não sofre da doença da vaca louca, está reduzindo o risco de contaminar sua marca. A Intel envia milhões de dólares para eliminar resíduos perigosos de alguns países em desenvolvimento para os Estados Unidos, garantindo, assim, a eliminação apropriada.[8] Por quê? Porque a Intel não confia no sistema de eliminação de resíduos de alguns países nos quais opera. E os executivos da empresa sabem que, se algo der errado, a culpa será atribuída a eles.

Os Adeptos da Onda Verde antecipam-se às regulações antes que elas se intensifiquem. A BP iniciou o programa Clean Cities e vendeu combustíveis de queima mais limpa, com menor emissão de enxofre, em parte para se preparar para as leis mais rígidas sobre a qualidade do ar. "Havia sinais de que surgiriam regulações sobre a emissão de enxofre", disse-nos Chris Mottershead, da BP. "Em vez de esperar seu surgimento, decidimos nos antecipar e tentar obter um benefício no mercado."[9]

Antecipar-se às regulações é uma maneira de se posicionar melhor para atender as novas exigências por um custo menor do que o dos concorrentes. Algumas empresas chegaram até a conquistar vantagem competitiva defendendo controles mais rígidos. Lembre-se: em geral o que importa é a carga regulatória relativa.

5. Ecodesign

O redesenho de processos e produtos com o objetivo de reduzir os resíduos e a poluição constitui uma parte importante da Ecovantagem. Lembre-se, também, de que grande parte dos possíveis ganhos pode estar fora dos portões da fábrica. Ajudar clientes a reduzir seus problemas ambientais pode fortalecer a lealdade do cliente e atrair novas vendas. Reduzir o uso de energia ou a toxicidade de um produto também pode agregar valor. Como a Johnson Controls, que vende sistemas de gestão de energia, as empresas que encontram formas de reduzir a carga do cliente podem sair lucrando.

Ecovendas e marketing

O marketing das qualidades verdes dos produtos pode impulsionar as vendas. Quando a Wasau Paper lançou uma nova extensão de uma marca de produtos como toalhas de papel, papel higiênico etc., inicialmente certificou a linha de produtos junto à Green Seal, uma ONG especializada em rótulos de produtos ambientais. A empresa renomeou o produto EcoSoft Green Seal, colocando a certificação diretamente no nome. Em um setor que cresce apenas 2% a 3% ao ano, as vendas da Wausau nesse mercado deram um salto de 44% nos dois primeiros anos.[10]

Na verdade, a Wausau tomou um caminho incomum, focando seu discurso de marketing basicamente na mensagem ambiental. Os produtos que se proclamam "verde", à exclusão das outras qualidades, freqüentemente morrem na prateleira. Como a Shell aprendeu com a gasolina Pura, um produto normalmente precisa ter outras qualidades além de vender seus atributos ambientais. Descobrimos que é melhor usar o verde como "terceiro botão".

7. Novo espaço de mercado ecodefinido

A visão ambiental pode criar novos espaços de mercado e inovação do valor. A Toyota decidiu redefinir o automóvel do século XXI e chegou bem perto. Muitos clientes hoje buscam um automóvel híbrido, não um automóvel de médio porte, e estão dispostos a pagar bem mais ou esperar meses por um Prius, em particular. Para esses consumidores, não há substituto.

As empresas bem-sucedidas e duradouras se redefinem. A inovação inspirada no meio ambiente oferece às empresas uma maneira nova e interessante de encontrar novas expressões para sua capacidade.

Parece que a busca por um espaço de mercado definido ambientalmente pode levar as empresas longe. Vejamos a recente incursão da John Deere em energias renováveis. A empresa, fabricante de tratores, montou uma unidade de negócios para ajudar os agricultores a gerarem energia eólica. A Deere oferece suporte financeiro e consultoria. Pode parecer estranho, mas, a nosso ver, é uma jogada interessante. Uma empresa conhecida por fornecer aos agricultores as ferramentas de que necessitam ajuda-os a sobreviver e a encontrar novas fontes de receita. Isso, sim, é inovação do valor!

8. Valor intangível

A maior parte das empresas vale mais do que seus ativos tangíveis; em alguns caos, muito mais. O valor da marca – ou a reputação da empresa, de um modo geral – pode valer muitos bilhões de dólares. Qualquer ameaça a esse valor precisa ser levada a sério. Da BP à GE, passando pela Wal-Mart, um número crescente de empresas vem iniciando campanhas para incorporar um elemento verde à sua marca.

UM COELHO NA CARTOLA DA ALCAN

Apresentamos essas Jogadas que transformam o verde em ouro como se fossem estratégias distintas. É a maneira mais fácil de vê-las e encontrar oportunidades de negócios. Mas nada impede que uma empresa faça tudo – reduza custos e riscos *e* aumente a receita – ao mesmo tempo.

Recentemente, a Alcan, empresa canadense de alumínio e embalagens de US$20 bilhões realizou esse feito impressionante. Em tempo: a produção de alumínio é um trabalho sujo, com conseqüências ambientais de larga escala. O setor é um dos que faz uso mais intensivo de energia do mundo e os processos de mineração e fundição do alumínio geram grande quantidade de resíduos, inclusive resíduos que se assentam no fundo dos enormes tanques utilizados na produção. Esses resíduos tóxicos são sucateados – e é exatamente aí que está o desafio ambiental.

Ninguém sabe ao certo o que fazer com esses resíduos tóxicos, pois não é fácil reciclá-los. Em geral, eles permanecem lá, usando espaço e criando riscos. Dan Gagnier, da Alcan, calcula que a provisão de resíduos de alumínio de sua empresa chegue a mais de meio milhão de toneladas. Mas isso está prestes a mudar. A Alcan desenvolveu uma tecnologia inovadora para transformar os resíduos em material reciclado inerte. A empresa está investindo US$150 milhões na construção de um protótipo de estação de tratamento. A tecnologia revolucionária resolve o problema dos resíduos e pode até permitir que a empresa trate os resíduos dos concorrentes – cobrando por isso, é claro.

Como diz Travis Engen, CEO da Alcan: "Não teríamos chegado a essa solução se não fosse a questão da sustentabilidade." O objetivo inicial era reduzir um problema ambiental. Mas os executivos prevêem que o novo processo reduza resíduos, diminua os riscos e a responsabilidade e gere receitas. A Alcan está obtendo uma Ecovantagem real.[11]

OBSTÁCULOS

A execução de uma estratégia ambiental corporativa certamente não é tarefa fácil. Inúmeros obstáculos podem surgir ao longo do caminho até mesmo das empresas mais sofisticadas, tornando elusiva a busca da Ecovantagem. Identificamos 13 fontes principais de fracasso na estratégia ambiental (ver tabela).

Primeiro, identificamos falhas no planejamento, em que o foco da iniciativa ambiental não está bem definido ou as expectativas são irreais. Segundo, identificamos falhas de organização, inclusive demandas conflitantes impostas à gerência de nível médio e a compartimentalização do pensamento, que limitam a coordenação e jogam um balde de água fria na criatividade. Não é de se estranhar que a inércia seja um subproduto da fraqueza organizacional. Terceiro, falhas de substância disseminadas. Às vezes, a raiz do problema está na não-alavancagem dos ganhos ambientais. Em outros casos, resultados inadequados provêm da tentativa de alavancar alegações que não se sustentam na prática. Todas essas falhas são comuns, mas podem ser superadas desenvolvendo-se uma estrutura conceitual de Ecovantagem e equipando-se os funcionários de todos os níveis com as ferramentas certas.

Obstáculos à Ecovantagem

Falhas de...	
Planejamento	• Enxergar as árvores, mas não a floresta • Não entender o mercado • Cobrar preços altos demais por produtos ecológicos • Não entender os clientes • Buscar a perfeição • Ignorar os stakeholders
Organização	• "Apertar" a gerência de nível médio • Compartimentalizar o pensamento • Ecoisolamento dos profissionais de meio ambiente • Inércia
Substância	• Fazer alegações que não se sustentam na prática • Surpresas: as ferroadas das vespas e suas conseqüências • Não contar a história

MONTANDO A ESTRUTURA CONCEITUAL

Não há uma maneira correta de montar todas as peças do quebra-cabeça da estratégia da Ecovantagem. Alguns dos elementos da estrutura aqui oferecidos servirão perfeitamente em uma organização; outros talvez não. Alguns são melhores do que outros em dados momentos da evolução de um produto ou de uma empresa. Ainda que cada um tenha uma lógica independente, os principais elementos funcionam quando reunidos.

As jogadas e ferramentas são associadas e alimentam-se reciprocamente. Para ver como elas se encaixam, desenvolvemos uma tabela resumida que pode ser encontrada no Apêndice III. Coletivamente, essas jogadas e ferramentas se reforçam entre si, reduzindo os riscos do negócio e aumentando seu valor. A exploração do rastro de carbono da empresa com a avaliação do ciclo de vida, por exemplo, identifica oportunidades de reduzir resíduos e custos, o que se traduz diretamente em menores riscos para o negócio. Examinar a cadeia de valor a jusante na tentativa de encontrar formas de diminuir a carga ambiental de um cliente também reduz o risco de todos e melhora o desempenho na cadeia de valor. E identificar novos espaços de mercado gera valor adicionado e diminui a chance de mudanças inesperadas no mercado.

TRANSFORMANDO VERDE EM OURO

A Ecovantagem tem uma lógica dupla. De um lado, os ganhos estratégicos que identificamos baseiam-se em uma análise claramente definida. Em um mundo de recursos naturais restritos e pressões para a redução da poluição, a necessidade do manejo ambiental pela empresa torna-se cada dia mais premente. As pressões sobre as empresas hoje não vêm apenas dos gritos dos ecorradicais, mas também de tradicionais banqueiros e outros que fazem duras perguntas sobre riscos e responsabilidades ambientais. Como disse recentemente Jeff Swartz, CEO da Timberland, sobre uma das iniciativas ambientais de sua empresa: "Agora posso argumentar, com base em fatos, diante dos mais obstinados engenheiros do mundo... Não é uma postura liberal da boca para fora. Estou falando de negócios. É essa inovação que buscamos."

Paralelamente, existe um forte componente de valores no argumento em defesa dos cuidados com o meio ambiente por parte da empresa. Os Adeptos da Onda Verde que estudamos ganharam dinheiro – muito dinheiro – ao aperfeiçoarem suas estratégias de negócios de modo a incorporar fatores ambientais. No entanto, por mais que visem lucros, também estão cientes de que seu posicionamento é útil em outros aspectos, além do financeiro. Quando os ganhos de curto prazo não justificam as iniciativas verdes, estão dispostos a buscar o valor verde no longo prazo para si e para seus funcionários, para sua comunidade e para o planeta. O ouro que geraram a partir do verde não diz respeito apenas ao dinheiro.

Mais e mais pessoas no mundo dos negócios vêem as corporações desempenharem um papel importante ao resolverem os problemas ambientais do mundo. As empresas, elas sabem, são nosso mecanismo mais poderoso para desenvolver uma sociedade funcional e casar necessidades com bens e serviços. As empresas podem e devem ser uma força do bem, liderando o cuidado com o meio ambiente e protegendo a parte de ativos naturais que nos cabe coletivamente. O sucesso financeiro e ambiental pode ser obtido em conjunto. Com a mentalidade e as ferramentas certas, as empresas podem lidar com os difíceis *trade-offs*.

Executivos centrados em novos valores estão criando empresas que inspiram tanto funcionários quanto clientes. Em última análise, a Ecovantagem é uma nova maneira de pessoas inspiradas – executivos, gerentes e trabalhadores – desenvolverem empresas e setores que não são apenas inovadores, poderosos e grandes... são também bons.

Apêndice I Recursos adicionais

Há inúmeras fontes de consulta e ajuda para as empresas que desejam incorporar as considerações ambientais a suas estratégias de negócios. Os livros e artigos aqui apresentados são apenas um ponto de partida. Outras fontes de consulta, entre eles estudos de caso de faculdades de administração e uma lista dos acrônimos mais usados, podem ser encontradas em nosso site: www.eco-advantage.com.

Livros

Andersen, Ray. *Mid-Course Correction: Toward a Sustainable Enterprise: The Interface Model.* White River Junction, VT: Chelsea Green Publishing, 1998.

Bendell, Jem, organizador. *Terms for Endearment.* Sheffield, Reino Unido: Greenleaf Publishing, 2000.

Benyus, Janine. *Biomimicry: Innovation Inspired by Nature.* Nova York: HarperCollins, 1997.

Cairncross, Frances. *Costing the Earth.* Londres: Economist Books, 1992.

Elkington, John. *Cannibals with Forks: The Triple Bottom Line of 21st Century Business.* Oxford: Capstone Publishing, 1997.

————, *The Chrysalis Economy: How Citizen CEOs and Corporations Can Fuse Values and Value Creation.* Oxford: Capstone Publishing, 2001.

Elkington, John e Julia Hailes. *The Green Consumer Guide.* Londres; Gollancz, 1988 (Edição norte-americana com co-autor Joel Makower. Nova York: Penguin, 1990).

Epstein, Marc J. *Measuring Corporate Environmental Performance: Best Practices for Costing and Managing an Effective Environmental Strategy.* Burr Ridge, IL: Institute for Management Accounting and Irwin Professional Publishing, 1996.

Epstein, Marc J., e B. Birchard. *Counting What Counts: Turning Corporate Accountability Into Competitive Advantage*. Reading, MA: Perseus Books, 1999.

Gunningham, Neil A., Robert A. Kagan e Dorothy Thornton. *Shades of Green: Business, Regulation, and Environment*. Palo Alto, CA: Stanford University Press, 2.003.

Hart, Stuart L. *Capitalism at the Crossroads: The Unlimited Business Opportunities in Solving the World's Most Difficult Problems*. Upper Saddle River, NJ: Wharton Publishing School, 2005.

Hawken, Paul. *Ecology of Commerce: A Declaration of Sustainability*. New York: HarperCollins, 1993.

Hawken, Paul, Amory Lovins e L. Hunter Lovins. *Natural Capitalism: Creating the Next Industrial Revolution*. Boston: Back Bay Books, 1999.

Hoffman, Andrew J. *From Heresy to Dogma: An Institutional History of Corporate Environmentalism*. Stanford, CA: Stanford University Press, 2001.

Holliday, Charles O., Jr., Stephan Schmidheiny, e Philip Watts. *Walking the Talk: The Business Case for Sustainahle Development*. Sheffield, Reino Unido: Greenleaf Publishing, 2002.

McDonough, Bill e Michael Braungart. *Cradle to Cradle: Remaking the Way We Make Things*. Nova York: North Point Press, 2002.

Prakash, Aseem. *Greening the Firm*. Cambridge, Reino Unido: Cambridge University Press, 2000.

Reinhardt, Forest. *Down to Earth: Applying Business Principles to Environmental Management*. Cambridge, MA: Harvard Business School Press, 2000.

Schmidheiny, Stephen, com o Business Council for Sustainable Development. *Changing Course: A Global Business Perspective on Development and the Environment*. Cambridge, MA: MIT Press, 1992.

Schmidheiny, S., E. J. Zorraquin, e World Business Council for Sustainable Development. *Financing Change: The Financial Community, Eco-Efficiency, and Sustainable Development*. Cambridge, MA: MIT Press, 1996.

Taylor, J. Gary e Patricia Scharlin. *Smart Alliance: How a Global Corporation and Environmental Activists Transformed a Tarnished Brand*. New Haven, CT: Yale University Press, 2004.

Vogel, David, *The Market for Virtue: The Potential and Limits of Corporate Social Responsibility*. Washington, D.C.: The Brookings Institute, 2005.

von Weizacker, Ernst, Amory B. Lovins e L. Hunter Lovins. *Factor Four: Doubling Wealth – Halving Resource Use: A Report to the Club of Rome*. Londres: Earthscan Publications, 1998.

Winsemius, Peter, e Ulrich Guntram. *A Thousand Shades of Green: Sustainable Strategies for Competitive Advantage*. Londres: Earthscan Publications, 2002.

Artigos

Gladwin, Thomas N. "Environmental Policy Trends Facing Multinationals". *California Management Review* 2.0, n. 2 (1977): 81-93.

Hart, Stuart L, "Beyond Greening: Strategies for a Sustainable World". *Harvard Business Review* 75, n.1 (1997), 66-76.

Hoffman, Andrew J. "Climate Change Strategy: The Business Logic Behind Voluntary Greenhouse Gas Reductions". *California Management Review* 47, n. 3 (1005); 11-46.

Lovins, Amory B., L. Hunter Lovins e Paul Hawken. "A Road Map for Natural Capitalism". *Harvard Business Review* 77, n.3 (1999), 145-159.

Packard, Kimberly O'Neill e Forest Reinhardt. "What Every Executive Needs to Know About Global Warming", *Harvard Business Review* 78, n. 4 (2000): 129-135.

Porter, Michael. "America's Green Strategy". *Scientific American* 264 (1991): 168.

Porter, Michael R, e Claas Van Der Linde. "Green and Competitive: Ending the Stalemate". *Harvard Business Review* 73, n.5 (1995); 120-134.

Reinhardt, Forest L. "Bringing the Environment Down to Earth". *Harvard Business Review* 77, n.4 (1999): 149.

Repetto, Robert e Duncan Austin. "An Analytical Tool for Managing Environmental Risks Strategically". *Corporate Environmental Strategy* 7, no. 1 (2000): 72-84.

Steger, Ulrich. "Corporations Capitalize on Environmentalism". *Business and Society Review* 75, n.3 (1990): 72-73.

Thornton, Dorothy, Robert A. Kagan, e Neil Gunningham. "Sources of Corporate Environmental Performance". *California Management Review* 46, n. 1 (2003); 127-141.

Vogel, David J. "Is There a Market for Virtue? The Business Case for Corporate Social Responsibility". *California Management Review* 47, n. 4 (2005): 19-45.

_____. "The Low Value of Virtue". *Harvard Business Review* 83, n. 6 (2005).

Walley, Noah e Bradley Whitehead. "It's Not Easy Being Green". *Harvard Business Review* 72, n.3 (1994); 46-51.

Revistas

Audubon
Conservation International – atualizações de notícias na internet (www.conservation.org)
E/The Environmental Magazine
Ethical Corporation
Friends of the Earth eNews (www.foe.org)
Green Futures (Reino Unido)
Green@Work
Nature Conservancy
Newsletter da *Rainforest Alliance* (www.ra.org)
Newsletter do *World Wildlife Fund* (www.wwf.org)
On Earth (Natural Resources Defense Council)
Sierra Magazine
This Green Life (*newsletter* trimestral do Natural Resources Defense Council)

Sites e blogs como foco ambiental

www.commonsblog.org
www.csrwire.com
www.eco-advantage.com
www.enn.com/business_news_main_d.html (Environmental News Network)
www.env-econ.net (Environmental Economics)
http://feeds.feedburner.com/greenthinkers
www.gemi.org
www.greenbiz.com e www.climatebiz.com
www.gri.org
http://gristmill.grist.org
www.makower.typepad.com/joel_makover
www.sustainability.com
www.sustainabititydictionary.com
www.sustainablebusiness.com
www.sustainablemarketing.com
www.sustainablog.blogspot.com
www.treehugger.com
www.triplepundit.com
www.wbcsd.org
www.worldchanging.com

Apêndice II Visão geral da metodologia

Iniciamos nossas pesquisas em 2003 fazendo uma pergunta aparentemente simples: Quais são as empresas líderes em meio ambiente? É relativamente simples encontrar os líderes financeiros. Basta buscar o desempenho excelente em métricas conhecidas, como lucro líquido ou fluxo de caixa, ou apenas analisar o desempenho das ações ao longo do tempo. Na área de meio ambiente, porém, não é tão fácil assim escolher um líder. Em um mundo ideal, toda empresa poderia divulgar métricas precisas e comparáveis sobre os resultados ambientais (emissões, violações de licenças etc.). No entanto, esses tipos de dados não estão disponíveis. Sendo assim, coletamos as informações disponíveis de diversas fontes, inclusive registros públicos e bibliografia acadêmica, e revisamos os rankings já existentes. Fizemos também um levantamento junto a executivos de meio ambiente, perguntando-lhes quais empresas ocupam posições de liderança na área de meio ambiente.

Nossos rankings incluem algumas métricas baseadas em resultados, mas grande parte do que está disponível baseia-se em pesquisas e relatos não-comprovados. De fato, grande parte dos serviços de classificação de meio ambiente e sustentabilidade – como o Innovest, de Nova York, o Sustainable Asset Management, de Zurique, e outros na comunidade de investimentos socialmente responsáveis – baseia-se em questionários aplicados às empresas.

Combinando os rankings existentes com alguns dados adicionais, criamos nosso meta-ranking indicativo. A pontuação por nós atribuídas no ranking baseia-se em:

I. Rankings de investimentos socialmente responsáveis (SRI rankings) (25%)

- Índices principais (80%); classificação AAA ou AA da Innovest, Domini 400 (compilado pela KLD Research and Analytics), FTSE4Good Global, Dow Jones Sustainability Index.

- Índices adicionais (20%): Caivert Funds (Top 10 holdings), Sustainable Business All-Star 20, Sierra Club Mutual Fund.

II. Participação em acordos (25%)

- Divulgação de informações ou Responsabilidade Social Corporativa (33%): Ceres, Global Reporting Initiative, Global Environmental Management Initiative, Global Compact, Business for Social Responsibility, World Business Council for Sustainable Development.
- Mudanças climáticas (33%): Pew Center's Business Environmental Leadership Council, EPA Climate Leaders, Department of Energy Voluntary Report of GHG Emissions, Climate Savers (World Wildlife Fund), Partners for Climate Action, Chicago Climate Exchange, acordos regionais.
- Programas da EPA (33%): Energy Star, National Performance Track.

III. Pesquisas (25%)

- Pesquisas do livro com executivos de meio ambiente (ver a seguir) (75%).
- Outras pesquisas (15%): Pesquisa com executivos de saúde, segurança e meio ambiente do Center for Environmental Innovation, a pesquisa mais respeitada com CEOs e líderes de ONGs realizada pelo *Financial Times*.

IV. Outros (25%)

- Revisão da bibliografia sobre negócios verdes (33%): Freqüência da cobertura.
- Resultados (33%): Desempenho em oito métricas-chave: uso de energia, uso de água, resíduos perigosos, resíduos totais e emissões de gases de efeito estufa, compostos orgânicos voláteis, óxidos de nitrogênio (NOx) e óxidos de enxofre (SOx).
- Lobby/comportamento político (33%): Doações ao Congresso dos Estados Unidos, ponderadas pela classificação do político feita pela League of Conservation Voters.

Nossa pesquisa

Definir um líder ambiental é um desafio e tanto. Um componente básico de qualquer ranking deve basear-se nas opiniões de pessoas respeitadas das comunidades de negócios e regulatória. Fizemos, a um pequeno grupo de executivos de meio ambiente – e a um grupo da Agência de Proteção Ambiental dos Estados Unidos –, algumas perguntas simples, entre elas:

- Que empresas, em sua opinião, são líderes em desempenho e estratégia ambiental?
- Em sua opinião, alguma empresa recebeu atenção positiva como líder em meio ambiente, mas na verdade não merecia o elogio?
- Em sua opinião, alguma empresa foi criticada injustamente por ações ambientais, mas, na realidade, apresenta sólido desempenho e estratégia ambientais?

São perguntas em aberto, por isso as respostas basearam-se totalmente no conhecimento e nas percepções dos executivos entrevistados. As empresas que mais votos receberam nesses três quesitos – denominadas "Líderes em meio ambiente", "Superestimadas" e "Subestimadas", respectivamente – estão listadas na tabela, classificadas das mais votadas às menos votadas.

Os resultados, de um modo geral, não surpreenderam e reforçaram as outras fontes de dados. A lista dos líderes em meio ambiente reflete nossa lista final de Adeptos da Onda Verde, apresentada no Capítulo 1 (obviamente essa pesquisa representou apenas cerca de 19% do peso do ranking total — 75% dos 25% de peso na categoria III acima – por isso, a lista não é exatamente igual). Porém, fizemos também algumas descobertas interessantes. Diversas empresas, como DuPont, Shell e Interface, estão em todas as três listas. O que isso quer dizer? Em parte, indica que a definição de líder depende de quem a faz. Sugere também que nenhuma empresa é líder em todas as dimensões da estratégia ambiental, podendo ficar para trás em algumas áreas. Alguns dos entrevistados da pesquisa se concentraram nas que ficaram para trás, outros nas que estão na liderança.

A lista das empresas Subestimadas pode ir além da percepção pública. A posição da GE, por exemplo, reflete o fato de muitos profissionais de meio ambiente, saúde e segurança reconhecerem que a empresa possui um sistema de gestão ambiental de ponta, mesmo que Jack Welch tenha se digladiado com a EPA, prejudicando a postura ambiental da empresa.

Como o saco de pancadas ambiental preferido, a ExxonMobil, acabou com a maior parte dos votos da categoria Subestimado? Esse resultado reflete o conhecimento, entre os executivos de meio ambiente, de que a empresa tem uma operação eficiente, e quanto menos resíduos, menores os níveis de emissões. Além disso, muitos acreditam que a ExxonMobil tem um sistema de gestão ambiental de primeira linha. Mesmo assim, nenhum dos entrevistados citou a empresa diretamente como líder em meio ambiente.

Problemas nos dados e tendências no ranking

Rankings envolvem muitos desafios e limitações. É impossível evitar pressupostos e atalhos para superar lacunas de dados. Assim, nossa lista não deve ser vista como um ranking definitivo das empresas líderes em meio ambiente. Cabem aqui algumas observações e advertências:

- O ranking enfatiza – mais do que gostaríamos – percepções públicas e esforços ambientais, não resultados. As empresas que aparecem mais entre seus pares e entre as agências de *rating* tendem a se destacar. As que aparecem menos e preferem agir no silêncio, como a Herman Miller, para não falar em empresas de capital fechado, como a IKEA, não têm uma pontuação tão alta. Na verdade, enquanto a IKEA ocupa o 24º na lista de Adeptos da Onda Verde internacionais da página 24, certamente é a empresa de grande porte mais sustentável do mundo.
- Com relação às empresas de capital fechado, "imputamos" uma nota na dimensão de investimentos socialmente responsáveis igual à pontuação média nesse tipo de investimento das outras empresas de nível semelhante.
- Reconhecendo que nossa análise – e todas as outras – provavelmente enfatiza demais os indícios visíveis de compromisso com a proteção do meio ambiente, e não o desempenho ambiental real, fizemos um esforço especial para encontrar empresas subestimadas e com alto potencial, mas que aparecem pouco, que pudessem ter histórias interessantes a contar.
- Dados importantes não estão disponíveis ou não são consistentes. Em particular, dados sobre os resultados ambientais reais de diferentes empresas – como emissões e uso de energia – não são comparáveis. Em um mundo com dados coletados consistentemente e métricas comparáveis, os rankings poderiam ser baseados no desempenho real, em vez de medir o esforço e a percepção.
- A comunidade de investimentos socialmente responsáveis baseia grande parte de seu ranking em pesquisas de empresas. A utilização de informações divulgadas pela própria empresa leva a uma série de falhas e tendências bem documentadas na bibliografia da metodologia de pesquisa.
- Alguns dos fatores analisados estão duplicados. Incluímos muitos dos mesmos elementos da comunidade de investimentos socialmente responsáveis, por isso as pontuações reforçam umas às outras. Por exemplo, as empresas com um bom ranking na Innovest provavelmente ocuparão uma boa posição em outras dimensões do nosso ranking.

Resultados da pesquisa classificados por número de respostas

Líderes em meio ambiente	Superestimados	Subestimados
BP	Ford	ExxonMobil
Dow	BP	Nike
DuPont	Home Depot	Shell
Interface	3M	Starbucks
Toyota	Shell	BP
Shell	Interface	McDonald's
J&J	McDonald's	GE
IBM	Monsanto	DuPont
Nike	Nike	Departamento de Defesa
3M	GM	Monsanto
HP	Shaw	Alcoa
Patagonia	Knoll	BNSF
Unilever	The Body Shop	Union Pacific
Ford	Ontario Power	CSX
SC Johnson	ChevronTexaco	Staples
Novo Nordisk	Chiquita	Citigroup
P&G	MDBC	ChevronTexaco
Baxter	Patagonia	Toyota
Bristol-Myers Squibb	Weyerhaeuser	Interface
Anheuser-Busch	Lucent	Bayer
Aveda	Xerox	Dow
BASF	Compaq	Weyerhaeuser
Herman Miller	Apple	Dell
Norsk Hydro	ArcherDaniels	GM
Ricoh	Dow	Koch Industries
Stonyfield Farms	Levi Strauss	Ford
Electrolux	DuPont	UPM-Kymmene
Alcoa	Volkswagen	
Kinko's	STMicroelecronics	
Sony	Teknion	
Xerox	BC Hydro	
Starbucks	Canfor	
Ben & Jerry's	Alcan	
Cargill-Dow	Alcoa	
Cooperative Bank	Bristol-Myers Squibb	
GE	ExxonMobil	
Henkel	Rio Tinto	
Honda	Lafarge	
IKEA	IBM	
Intel	Siemens	
JM	Fujikura Kasei	
MDBC	Vattenfall	
Milliken		
Motorola		
Mtn Equip Coop		
Norm Thompson		
Novartis		
Philips		
Pitney Bowes		
Suncor		
Swiss Re		
UPS		
H&M		

Acreditamos que, ainda que primitivo em vários aspectos, um "ranking dos rankings" como o nosso produz resultados úteis. Combinando várias fontes de dados e sistemas de pontuação, é possível eliminar parte dos ruídos, permitindo o surgimento de um "sinal" mais claro. Os rankings, obviamente, servem apenas como ponto de partida para nossas entrevistas e análises.

Apêndice III Ferramentas mais relevantes para cada jogada

Na tabela a seguir, tentamos alinhar os principais conceitos do livro. Para cada Jogada, sugerimos princípios e ferramentas que ofereçam melhores condições à respectiva estratégia.

Princípios e ferramentas mais relevantes para cada jogada

Jogada	Princípios da mentalidade	Ferramentas de Ecomonitoramento	Ferramentas do redesign	Cultura de construção de ferramentas
1. Ecoeficiência e **2. Reução de ecodespesas**	– Pensamento abrangente (recompensas) – Apollo 13 – Faça a coisa certa	– Avaliação do ciclo de vida (LCA) – Dados/métricas – Sistemas	– Design: DfE, loops fechados	– Metas de superação – Decisões: taxa preferencial, "mercados" internos de poluição – Propriedade: incentivos, prêmios – Histórias: treinamento
3. Ecoeficiência da cadeia de valor	– Pensamento abrangente (fronteiras ou cadeia de valor como um todo)	Monitore o rastro de carbono: LCA	– Design: DfE, loops fechados	– Metas de superação – Histórias: treinamento
4. Controle de ecorriscos	– Pensamento abrangente (tempo, recompensa, fronteiras) – Sentimentos são fatos	– Cenários – Dados/métricas: banco de dados de materiais – Sistemas de gestão: procedimentos de emergência – Formação de parcerias	– Auditorias da cadeia de suprimento	– Histórias: treinamento – Propriedade: incentivos, prêmios

5. Ecodesign	– Apollo 13 (supra as necessidades dos clientes e cumpra as metas ambientais)	– Monitore o rastro de carbono: LCA	– Design: DfE	– Metas de superação – Histórias: treinamento, fertilização cruzada
6. Ecovendas e marketing	– Sentimentos são fatos (entenda os clientes)	– Dados/métricas (para alegações justificáveis)		– Histórias
7. Novo espaço de mercado ecodefinido	– Pensamento abrangente sobre recompensas – Compromisso do CEO (investimentos de alto risco) – Faça a coisa certa	– Monitore o rastro de carbono: LCA – Cenários	– Design: DfE	– Decisões: taxa preferencial – Propriedade: incentivos, prêmios
8. Valor intangível	– Pensamento abrangente (recompensas) – Compromisso do CEO – Faça a coisa certa	– Parcerias com ONGs, comunidades	– Edifícios verdes	– Propriedade: incentivos, análise da missão, – Histórias: relatórios de responsabilidade social corporativa

Notas

Introdução

1. Os detalhes sobre a situação do PlayStation podem ser encontrados em Teruo Masaki (Sony), "Keynote II" (discurso, Business for Social Responsibility Conference, Los Angeles, CA, 11 de novembro de 2003); vide também Associated Press, "Dutch Authorities Stop Sony Game Console Shipment over Environmental Fears", 4 de dezembro de 2001.

PARTE I

Capítulo 1

1. Jeff Immelt, discurso, evento de lançamento da campanha "ecomagination", Washington, D.C., 9 de maio de 2005.
2. Lee Scott, "Twenty-First Century Leadership", discurso aos acionistas do Wal-Mart, 14 de outubro de 2005, http://walmartstores.com/Files/21st%20Century.leadership.pdf.
3. David Ignatius, "Corporate Green", *Washington Post*, 11 de maio de 2005, A7.
4. Joel Makower, "The State of Green Business", 31 de dezembro de 2005, http://makower.typepad.com/joel_makower/2005/12/the_state_of_gr.html, vide também HP Citizenship Report, 2005, www.hp.com/hpinfo/globalcitizenship/gcreport/products/dfe.html.
5. Claudia Deutsch, "Goldman to Encourage Solutions to Environmental Issues", *The New York Times*, 22 de novembro de 2005.
6. Vide Benjamin C. Esty, "The Equator Principles: An Industry Approach to Managing Environmental and Social Risks", Harvard Business School Case N9-205-11, 2005.
7. Michael Porter observa, em *A vantagem competitiva das nações* (Rio de Janeiro: Campus, 1989), que a moderna vantagem competitiva não advém principal-

mente de insumos de baixo custo, mas sim da inovação. Thomas Friedman apresenta argumento semelhante em *O mundo é plano* (Rio de Janeiro: Objetiva, 2007).

8. Phil Berry, entrevista aos autores, Toronto, Canadá, 10 de março de 2006.
9. Albert Bressand (Shell), entrevista aos autores, Londres, Inglaterra, 7 de maio de 2004.
10. D. Kurzman, *A Killing Wind: Inside Union Carbide and the Bhopal Catastrophe* (Nova York: McGraw-Hill, 1987).
11. Don Moseley (Wal-Mart), entrevista aos autores. New Haven, CT, 24 de outubro de 2004.
12. Essa citação costuma ser atribuída a Warren Buffett; vide, por exemplo, Anne Fisher, "America's Most Admired Companies", *Fortune*, 6 de março de 2006.
13. Milton Friedman, "The Social Responsibility of Business is to Increase Its Profits", *The New York Times*, 13 de setembro de 1970.
14. Friedman, *O mundo é plano*.
15. Vide "2005 Yale Environment Poll", Yale Center for Environmental Law and Policy, 2005, www.yale.edu/envirocenter.
16. David Vogel, "Comparing Environmental Governance: Risk Regulation in the EU and the US", Center for Responsible Business working Paper Series, Paper 2, 1º de setembro de 2003, http://repositories.cdiib.org/crb/wps/2.
17. James Brooke, "At Tokyo Auto Show, a Focus on Fuel, Not Fenders", *The New York Times*, 4 de novembro de 2005, CI, 4.
18. Vide citação em Monica Araya, "To Tell or Not to Tell? Determinants of Environmental Disclosure and Reporting in Corporate Latin America" (Tese de doutorado, Yale University, 2006), 276.
19. Claudia Deutsch, "Take Your Best Shot: New Surveys Show That Big Business Has a P.R. Problem", *The New York Times*, 9 de dezembro de 2005.
20. Vide Daniel Esty, "A Term's Limits", Foreign Policy (setembro-outubro de 2001): 74-75, para saber mais sobre a parte inferior da pirâmide, vide C. K. Prahalad, *The Fortune at the Bottom of the Pyramid* (Upper Saddle River, NJ: Wharton School Publishing, 2004).
21. David Vogel, *The Market for Virtue: The Potential and Limits of Corporate Social Responsibility* (Washington, D.C.: Brookings Institution Press, 2005).
22. Diversas organizações estão tentando desenvolver métricas de desempenho ambiental para empresas, entre elas Global Reporting Initiative (www.globalreporting.org), Global Environmental Management Initiative (www.gemi.org) e World Business Council on Sustainable Development (www.wbcsd.org). O WBCSD, por exemplo, produziu em 2005 um relatório intitulado "Beyond Reporting: Creating Business Value and Accountability".
23. Innovest é um serviço de consultoria para a compra de ações com sede em Nova York (www.innovest.com); SAM é um serviço localizado em Zurique (www.sam-

group.com). O Apêndice II contém uma lista completa das organizações incluídas em nosso ranking.

24. Quatro dos Adeptos da Onda Verde são empresas de capital fechado (SC Johnson, Ben & Jerry's, Patagônia e IKEA), e não havia séries históricas do preço das ações de outras três (Holcim, Henkel, Novozymes). O número acompanha o preço da ação das outras 43.
25. Muitos pesquisadores e estudos tentaram demonstrar a existência de uma conexão entre desempenho ambiental e financeiro. Vide Andrew King e Michael Lenox, "Does It Really Pay to Be Green? An Empirical Study of Firm Environmental and Financial Performance", *Journal of Industrial Ecology* 5, n. I (2001): 105-116; M. Orlitzsky, P. Schmidt e S. Rynes, "Corporate Social and Financial Performance: A Meta-Analysis" Social Investment Forum Foundation, 2004, www.socialinvest.org/Areas/Research/Moskowitz/winmng_papers.htm; K. Gluck e Y. Becker, "The Impact of Eco-Efficiency Alphas on an Actively Managed U.S. Equity Portfolio Performance", State Street Global Advisors, fevereiro de 2004; vide também Vogel, *The Market for Virtue.*
26. Scott, "Twenty-First Century Leadership".
27. Immelt, discurso sobre o programa "ecomagination".

Capítulo 2

1. A Unilever ficou muito aquém dessa ambiciosa meta, ainda que tenha realizado avanços impressionantes. Discutimos isso mais detalhadamente no Capítulo 10. Observe também que, em 2006, a Unilever anunciou planos de se desfazer de quase todos os seus negócios envolvendo pescados.
2. "Unilever acts to improve sustainability of fishing in European waters", *Business Wire*, 22 de abril de 1996.
3. S. Sanandakumar, "Unilever to Buy Seafood Only from Certified Cos", *The Economic Times*, 11 de fevereiro de 2003.
4. Uma análise factual do cenário mundial, país por país, problema por problema, pode ser encontrada em Yale Center for Environmental Law and Policy, "2006 Environmental Performance Index", 2006, http://www.yale.edu/epi.
5. Eugene Linden, "Climate Shock", *Fortune*, 23 de janeiro de 2006, 135-145.
6. Vide Paul Hawken, Amory Lovins e L. Hunter Lovins, *Natural Capitalism: Creating the Next Industrial Revolution* (Boston: Back Bay Books, 1999).
7. Mats Lederhausen, em conversa com os autores, 19 de agosto de 2004.
8. Andrew C. Revkin, "Rise in Gases Unmatched by a History in Ancient Ice", *The New York Times*, 25 de novembro de 2005.
9. Naomi Oreskes, "Beyond the Ivory Tower: The Scientific Consensus on Climate Change", *Science* 306 (2004): 1686.

10. Pew Center on Global Climate Change, "Global Warming Basics: Facts and Figures", www.pewclimate.org/global-warming-basics/facts_and_figures/.
11. James Reynolds, "Urgent Action Is Called for Now, Says Blair in Dire Global Warning", *The Scotsman*, 15 de setembro de 2004.
12. Juliet Eilperin, "Humans May Double the Risk of Heat Waves", *Washington Post*, 2 de dezembro de 2004.
13. Bill Chameides e James Wang, Global Warming's Increasingly Visible Impacts, Environmental Defense, 2005, http://www.environmentaldefense.org/documents/4892_GlobalWarmingmpacts_ExSummary.pdf; David Laskin, "The Great Meltdown: The Freezing Cold Stuff Is a Hot Topic for Scientists and Adventurers Alike", revisão de "Thin Ice: Unlocking the Secrets of Climate in the World's Highest Mountains by Mark Bowen", *Washington Post*, 20 de novembro de 2005.
14. Associated Press, "Canadian Beetle Infestation Worries U.S.", 16 de janeiro de 2006.
15. Amy Royden, "U.S. Climate Change Policy Under President Clinton: A Look Back", *in Rio's Decade: Reassessing the 1992 Earth Summit, Golden Gate U.L. Rev 32* (2002): 415, n. 289.
16. Argumentou-se que os danos provocados em Nova Orleans foram uma conseqüência direta das tempestades mais intensas ocasionadas pelas mudanças climáticas. Ver Ross Gelbspan, "Katrina's Real Name", *Boston Globe*, 30 de agosto de 2005.
17. World Water Council, Number of Kilter Storms and Droughts Increasing Worldwide, 27 de fevereiro de 2003 (comunicado de imprensa), http://www.worldwatercouncil.org/fileadmin/wwc/News/WWC_News/News_2003/PR_climate_27.02.03.pdf.
18. Adam Aston e Burt Helm, "The Race Against Climate Change", *BusinessWeek*, 12 de dezembro de 2005, 59.
19. Vide Daniel Yergin, *The Prize: The Epic Quest for Oil, Money & Power* (Nova York: Free Press, 1991). Para previsões sobre o fim da era do petróleo, vide Colin J. Campbell e Jean H. Laherrere, "The End of Cheap Oil", *Scientific American*, março de 1998, 78-83; e Matthew R. Simmons, *Twilight in the Desert: The Coming Saudi Oil Shock and the World Economy* (Hoboken, NJ; Wiley, 2005).
20. As estatísticas sobre o mix de combustíveis dos Estados Unidos são do Edison Electric Institute, vide http://www.eei.org/industry_issues/industry_overview_and_statisdcs/industry_statistics/index.htm.
21. Peter Schwartz e Spencer Reiss, "Nuclear Now! How Clean, Green Atomic Energy Can Stop Global Warming", *Wired*, fevereiro de 2005; além disso, em 2006, o ex-administrador da EPA, Christie Todd Whitman, e o co-fundador do Greenpeace, Patrick Moore, anunciaram estar liderando uma campanha de relações públicas a favor dos reatores nucleares: vide Matthew L. Wald, "Ex-environmental Leaders Tout Nuclear Energy", *The New York Times*, 15 de abril de 2006, A24.

22. Os dados sobre tecnologia limpa são de N. Parker e A. O'Rourke, *The Cleantech Venture Capital Report 2006*, The Cleantech Venture Network, 1006. Os dados sobre o tamanho dos mercados de tecnologia limpa foram extraídos de "Trillions Foreseen for Business in Global Environmental Markets", *The Environment Forum*, 19 de novembro de 2005, citado em Environmental News Service.
23. Millennium Ecosystem Assessment, "Ecosystems and Human Well-Being: Synthesis", (Washington, D.C.: Island Press, 1005), http://www.millenniumassessment.org/en/products.aspx.
24. James Kynge, "China Counts Economic Costs as Water Shortages Hamper Growth", *Financial Times*, 26 de março de 2004.
25. Glen Martin, "Salmon Kill Linked to Level of Klamath River's Flow – Reduced for Irrigation –Played a Role in Huge Die-off, U.S. Study Finds", *San Francisco Chronicle*, 19 de novembro de 2003.
26. Monica Araya, "To Tell or Not to Tell? Determinants of Environmental Disclosure and Reporting in Corporate Latin America" (Tese de doutorado, Yale University, 1006), 286-292.
27. GE Infrastructure, "GE Technology Plays Critical Role in Opening of World's Largest Potable Ultrafiltration Plant", 6 de setembro de 2005 (comunicado de imprensa), http://www.gewater.com/pdf/pr/20050906_pr.pdf.
28. Documento interno da Rio Tinto, "Sustaining a Natural Balance; A Practical Guide to Integrating Biodiversity into Rio Tinto's Operational Activities", fornecido por Dave Richards (Rio Tinto).
29. R. Costanza et al., "The Value of The World's Ecosystem Services and Natural Capital", *Nature*, 387 (1997): 253-260.
30. Vide, por exemplo, Edward O. Wilson, *The Future of Life* (Nova York: Alfred A. Knopf, 2002), 99.
31. Jeffrey Kluger, "Why Are These Frogs Croaking?", *Time*, 23 de janeiro de 2006.
32. Consulte www.dgif.state.va.us/zebraimussels/.
33. Wal-Mart "Conservation", vide http://walmartstores.com/GlobalWMStoresWeb/navigate.do?catg=443.
34. Janine Benyus, *Biomimicry* (Nova York: William Morrow and Company, 1997).
35. "'Wetlands'Importance Now Made Clear", *Atlanta Journal-Constitution*, 12 de setembro de 2005, Home Edition, IIA.
36. "Are You Being Served? Environmental Economics", *The Economist*, 23 de abril de 2005.
37. Mark D. Taylor, "How Congress Can Solve the Great Asbestos Bankruptcy Heist", *Mealey's Asbestos Bankruptcy Report*, abril de 2005, 1-10.
38. Natural Resources Defense Council, "Endocrine Disruption: An Overview and Resource List", setembro de 1998, www.nrdc.org/health/effects/bendrep.asp.
39. Dr. Taisen Iguchi (National Institute for Basic Biology, Japão), comunicação pessoal com os autores, 14 de fevereiro de 2006.

40. Jennifer Lee, "California to Ban Chemicals Used as Flame Retardants", *The New York Times*, 10 de agosto de 2003, 14; Renee Sharp e Sonya Lunder, "In the Dust: Toxic Fire Retardants in American Homes", Environmental Working Group, 2004, http://www.ewg.org/reports_content/inthedust/pdf/inthedust_final.pdf.
41. Estudo sobre o mercúrio mencionado na *newsletter* semanal *Net Impact CSR*, n. 100 (www.netimpact.org).
42. Juliet Eilperin, "Excess Mercury Levels Increasing; Survey Shows Fifth of Women of Childbearing Age Are Affected", *Washington Post*, 21 de outubro de 2004, A2.
43. Lisa Roner, "U.S. News: Environment Agency Says DuPont Withheld Teflon's Chemical Danger", *Ethicalcorporation.com*, 13 de julho de 2004. Vide também Michael Janofsky, "DuPont to Pay $16.5 Million for Unreported Risks", *The New York Times*, 15 de dezembro de 2005; e Dawn Rittenhouse, Jayne Seebach, Daniel Taylor (DuPont), comunicação pessoal com os autores, 13 de março de 2006.
44. US EPA, "More Details on Sulfur Dioxide—Based un Data Through 2002", http://www.epa.gov/airtrends/sulfur2.html.
45. Comissão Européia, "Brief Commission Prepares Strategy to Improve Air Quality", 22 de fevereiro de 2005, vide www.eurativ.com/en/health.
46. World Business Council for Sustainable Development, *The Cement Sustainability Initiative Progress Report*, junho de 2005.
47. Larry Dykhuis, Randy Ruster, Kent Gawort (Herman Miller), entrevista ao autor, Zeeland, MI, 4 de maio de 2004.
48. Para ver detalhes sobre as taxas de reciclagem nos Estados Unidos, consulte http://www.epa.gov/epaoswer/non-hw/muncpl/recycle.htmt#Figures. Comparações internacionais foram extraídas do relatório "Recycling Olympics", compilado pela Planet Ark para a Semana Nacional de Reciclagem de 2004, encontrado em http://www.planetark.com/nrw/04RecyclingReport.pdf.
49. Vide Harri Kalimo, *E-Cycling: Linking Trade and Environmental Law in the EC and the U.S.* (Ardsley, NY: Transnational Publishers, 2006).
50. Silicon Valley Toxics Association, "Poison PCs and Toxic TVs: E-waste Tsunami to Roll Across the US: Are We Prepared?", http://www.svtc.org/cleancc/pubs/ppcttv2004execsum.htm. Vide também Kevin Carmody, "U.S. Computer Makers Score Poorly on Toxic-Materials Report", *Austin American-Statesman*, 29 de novembro de 2001.
51. Para saber mais sobre essa tendência regulatória, vide Margaret Walls, "Extended Producer Responsibility and Product Design", Working Paper, Resources for the Future (Washington, D.C., março de 2006).
52. Tapio Takalo, Kirsi Sormunen, Harri Kaiimo (Nokia), entrevista ao autor, Espoo, Finlândia, 3 de setembro de 2004.
53. L. Michael Cacace et al., "The Hot 100", *Fortune*, 5 de setembro de 2005.
54. EPA, EUA, "Regulatory Impact Analysis: Protection of Stratospheric Ozone", 1987.

55. "Global Oceans Conference Finds Progress Slow", *Environmental News Service*, 31 de janeiro de 2006.
56. Australian Institute of Marine Science, *Status of Coral Reefs of the World: 2004*; Volume I, http://www.reefbase.org/References/ref_literature_detail.asp?refID=2303. No Caribe, 80% dos recifes de coral se perderam nos últimos 30 anos; vide Lauren Morello, "Deaths of Corals, Sea Lions Signal Growing Marine Crisis", *Greenwire*, 17 de fevereiro de 2006.
57. Richard Manning, "The Oil We Eat", *Harper's Magazine*, 308 (2004): 3,
58. Vide "Heavy Seas", *Economist.com*, 30 de dezembro de 2003; página do National Center for Policy Analysis, www.DebateCentral.org; http://www.un.org/events/tenstories/story.asp?storyID=800.
59. Cálculo realizado pelos autores com base em dados da Food and Agriculture Organization, (FAO) Nações Unidas, Departamento de Florestas, "Global Forest Resources Assessment 2005; 15 Key Findings", 2006.
60. Sachiko Kuwabara-Yamamoto, "The 'Rio' Environmental Treaties Colloquium", *Pace Environmental Law Review*, 13 (1995): III.
61. Howard French: "China's Growing Deserts are Suffocating Korea", Nova York. *Times*, 14 de abril de 2003; Soh Ji-young, "Worst Ever Yellow Dust Expected This Spring", *Korea Times*, 20 de fevereiro de 2004.

Capítulo 3

1. Para saber mais sobre stakeholders, vide R. K. Mitchell, B. R. Agle e D. J. Wood, "Toward a Theory of Stakeholder Identification and Salience; Denning the Principle of Who and What Really Counts", *Academy of Management Review*, 22:4 (1997): 853-886.
2. Vide Benjamin Cashore, *Governing Through Markets: Forest Certification and the Emergence of Non-state Authority* (New Haven: Yale University Press, 2.004).
3. "Rebuilding Public Trust through Accountability and Responsibility", discurso, Ethical Corporation Magazine Conference, Nova York, 3 de outubro de 2001.
4. Leyla Boulton, "Greens Follow Suit", *The Financial Times*, 30 de dezembro de 1997.
5. Mark Buckley, "Successful Collaboration in Action", apresentação, Ethical Corporation NGO and Business Partnership Conference, Washington, D.C., 25 de maio de 2005.
6. Pat Nathan, Bryant Hilfon (Dell), entrevista ao autor. Round Rock, TX, 16 de outubro de 2004.
7. "Group Claiming Credit for Vail Fires Says the Aim Was to Help Lynx", CNN.com, 22 de outubro de 1998.
8. Paul Tolme, "Blowing in the Wind", *Newsweek*, 13 de março de 2006.
9. Para ver uma classificação dos resorts, consulte www.skiareacitizens.com.

10. Para consultar a mais recente contagem dos signatários, visite http://unfccc.int/files/essential_background/kyoto_protocol/application/pdf/kpstats.pdf.
11. Kathy Mulady, "Seattle Dreams of 'Green' Team: Mayor Urging Other U.S. Cities to Enact Kyoto Protocol", *Seattle Post-Intelligencer Reporter*, fevereiro de 2005.
12. Wayne Balta, "Supply Chain Strategies in the Information Technology Industry", discurso, World Environment Center Conference "Clean Production Strategies in the Supply Chain", Toronto, Canadá, 10 de março de 2006.
13. Robert Percival et al. *Environmental Regulation: Law, Science, and Policy, 4th edition* (Nova York; Aspen Publishers, 2003), 544.
14. Vide Percival et al. *Environmental Regulation*, p. 545. Nos últimos anos, o preço de uma tonelada de dióxido de enxofre aumentou radicalmente, chegando a mais de US$600. Uma das causas é o custo crescente do carvão com baixa emissão de enxofre. Vide Tom Fowler, "Rising Price of Pollution: Cost of Buying Sulfur Dioxide Allowances Rises Sharply", *Houston Chronicle*, 18 de março de 2005, postado em www.chron.com.
15. Nelson Schwartz, "Inside the Head of BP", *Fortune*, 26 d julho de 2004.
16. Vide Ann Johnston e Angeles T. Rodriguez, "Environmental Disclosure: Come Clean in the Green Wave or Face the Heat", *Natural Resources & Environment*, 2006, 3-8.
17. Gregory A. Bibler e Christopher P. Davis, "Disclosing Environmental Liabilities in the Wake of Sarbanes-Oxley", *Metropolitan Corporate Counsel*, abril de 2003.
18. "Australia Planned Coal Station Cancelled Over Greenhouse Concerns", Ethicalcorp.com, 17 de novembro de 2005.
19. Timothy Gardner, "Global Climate Coalition Battles Kyoto Treaty", *Reuters*, 8 de novembro de 2000.
20. No final, a vantagem da Star-Kist sobre a concorrência durou muito pouco. Para ver uma análise detalhada desse estudo de caso, consulte Forest Reinhardt, *Down to Earth* (Boston: Harvard Business School Press, 2000), 31-44.
21. Melanie Warner, "Wal-Mart Eyes Organic Foods", *The New York Times*, 12 de maio de 2006, AI.
22. Vide United Nations Industrial Development Organization (Org.), *Sustainable Supply Chains: The Global Compact Case Studies Series*, 2005, http://www.unido.org/doc/42222.
23. "Boise Cascade to End Its Purchase of Wood Products from Endangered Forests", *Wall Street Journal*, 15 de setembro de 2003.
24. Jeremy Caplan, "Paper War: Environmentalists Take on Victoria's Secret for Mailing More Than 1 Million Catalogs a Day", *Time*, 12 de dezembro de 2005.
25. Vide Landon Thomas, "A Path to a Seat on the Board? Try the Fairway", *The New York Times*, 11 de março de 2006, A1.
26. "Keynote II", discurso na Business for Social Responsibility Conference, Nova York, 10 de novembro de 2004.

27. Paul Nussbaum, "Increasingly, Evangelists Are Embracing Environmentalism", *Knight Ridder Newspapers*, 25 de maio de 2005.
28. Vide www.christiansandclimate.org, para saber mais sobre a campanha.
29. Dave McLaughlin (Chiquita), conversa com o autor, 6 de julho de 2004.
30. A história do túnel para desvio da água baseia-se em relato de Dan Gagnier (Alcan), entrevista ao autor, Vancouver, Canadá, 31 de março de 2004; Simon Laddychuk, Paola Kisrler (Alcan), conversa com o autor, 13 de junho de 2004; e "Alcan Suing BC Government Over Cancelled Power Project (Kemano Completion Project on the Nechako River)", *Canadian Press Newswire*, 22 de janeiro de 1997.
31. A teoria clássica da evolução das necessidades humanas é a "Hierarquia de Maslow". Para saber mais sobre o papel dessa teoria na sustentabilidade, consulte Pieter Winsemius e Ulrich Guntram, *A Thousand Shades of Green* (Londres: Earthscan, 2002.), 4-11.
32. David B. Montgomery e Catherine A. Ramus, Research Paper No. 1805, "Corporate Social Responsibility Reputation Effects on MBA Job Choice", maio de 2003.
33. Steve Ramsey (GE), entrevista ao autor, 13 de janeiro de 2005.
34. Anne Mulcahy, "Keynote IV", discurso na Business for Social Responsibility Conference, Nova York, novembro de 2004.
35. Para saber como a comunidade de investimento afeta a sustentabilidade, consulte S. Schmidheiny, F. J. Zorraquin e o World Business Council for Sustainable Development, *Financing Change: The Financial Community, Eco-Efficiency, and Sustainable Development* (Cambridge, MA: MIT Press, 1996).
36. Embora exista muita controvérsia com relação ao fato de os investimentos em responsabilidade social se saírem melhor ou pior do que o mercado como um todo, a Innovest, entidade de Nova York que elabora um ranking da sustentabilidade corporativa, defende veementemente que as empresas que gerenciam bem os problemas ambientais gerenciam melhor todos os problemas – simplesmente são empresas mais bem administradas. A excelência ambiental torna-se outro indicador que os investidores podem usar para identificar empresas com potencial de desempenho superior.
37. "Merrill Lynch, World Resources Institute Analyze Climate Change Investment Opportunities", SocialFunds.com, http://www.greenbiz.com/news/news_third.cfm?NewsID=;28304.
38. Sarah Ryle, "That's Not Sir to You", *The Guardian*, 24 de fevereiro de 2002.
39. "Investors at UN Talk About Climate Change". *Associated Press*, 11 de maio de 2005.
40. Alex Kaplun, "Calif. Treasurer to Call for Investment in Enviro-friendly Companies", *Greenwire*, 3 de fevereiro de 2004.
41. Vide http://www.cdproiect.net.

42. Christopher Rowland, "Greening of the Boardroom: Socially Conscious Investors Get Results on Global Warming", *Boston Globe* on-line, 31 de março de 2005, www.boston.com.news.
43. Dean Calbreath, "Changes in Climate Pose Greatest Challenge for Insurers, Say Experts from Around World", *San Diego Union Tribune*, 23 de abril de 2004.
44. James Reynolds, "Urgent Action Is Called for Now, Says Blair in Dire Global Warning", *The Scotsman*, 15 de setembro de 2004.
45. As despesas com desastres naturais nos anos de 2004 e 2005 foram extraídas de "Natural Disasters Made 2005 Costliest for Insurance Industry: Munich Re", Agence France-Presse, 29 de dezembro de 2005.
46. Vide Benjamin C. Esty, "The Equator Principles: An Industry Approach to Managing Environmental and Social Risks", Harvard Business School Case Study N9-205-11, 2005.
47. André Abadie, entrevista ao autor. Nova York, NY, 2 de junho de 2005.
48. "J.P. Morgan Adopts 'Green' Lending Policies", *Wall Street Journal*, 25 de abril de 2005, B1.
49. Associated Press, "Citigroup Adopts Environmental Policy", www.nytimes.com, 22 de janeiro de 2004.

PARTE II

Capítulo 4

1. Paul Tebo, Dawn Rittenhouse e Ed Mongan (DuPont), entrevista ao autor, Wilmington, DE, 5 de março de 2004.
2. John Caffall, Terry Maloney e Julia Bussey (AMD), em conversa com o autor, 27 de maio de 2004, e correspondência com o autor, 17 de fevereiro de 2006.
3. Terry Kellogg (Timberland), em conversa com o autor, 3 de dezembro de 2003, 25 de março de 2005 e 8 de abril de 2005.
4. "IBM Cuts CO_2 Emissions by More Than in Million Tons, Saving US$115 Million", *Greenbiz.com*, 30 de setembro de 2005.
5. Jo Ann Steinmetz, "SJ Headquarters Use of Environmental Tech Also Cut Costs", *San Jose Mercury News*, 17 de janeiro de 2006.
6. A história do programa 3P e a discussão em "What's Wrong with Abatement" vêm de Kathy Reed, Keith Miller (3M), entrevista com o autor, Minneapolis, MN, 14 de maio de 2004; e Thomas Zosel, "Pollution Prevention", *Vital Speeches of the Day*, 65:8 (1º de fevereiro de 1999): 243.
7. Kathy Reed (3M), em entrevista com o autor, Minneapolis, MN, 24 de maio de 2004. Vide também "Pollution Prevention", p. 107, economias de 2,2 bilhões de libras de poluentes.
8. Vide http://solutions.3M.com, para conhecer estimativas da 3M das reduções totais.
9. Jim Omland (3M), entrevista ao autor, Minneapolis, MN, 24 de maio de 2004.

10. Michael Porter e Claas Van der Linde, "Green and Competitive: Ending the Stalemate", *Harvard Business Review*, 73 (1995); 120-134.
11. O campo de ecologia industrial é discutido detalhadamente em T. E. Graedel e B. R. Aitenby, *Industrial Ecology*, segunda edição. (Upper Saddle River, NJ: Prentice-Hall, 2,003). Vide também R. Lifset e T. E. Graedel, "Industrial Ecology: Goals and Definitions", in *Handbook of Industrial Ecology*, organizado por R. Ayres e L. Ayres (Cheltenham, Reino Unido: Edward Elgar, 2002,), e D. Alien, "Using Wastes as Raw Materials: Opportunities to Create an Industrial Ecology", *Hazardous Waste and Hazardous Materials*, 10, n. 3: 273-277.
12. Para saber mais sobre a troca de subprodutos, vide EPA, documento 534K94003, "Review of Industrial Waste Exchanges", National Environmental Publications Information System, 1994, http://nepis.epa.gov/pubtitle.htm; vide também Daniel C. Esty, "Environmental Protection in the Information Age", *NYU Law Review*, 79:1 (2004): 115-2.11.
13. Nicholas Varchaver, "How to Kick the Oil Habit", *Fortune*, 13 de agosto de 2004.
14. Larry Rogero (Kinko's), em conversa com o autor, 25 de novembro de 2003 e 12 de dezembro 2003.
15. Albin Kaelin (Rohner), em entrevista com o autor, Heerbrugg, Suíça, 25 de agosto de 2004.
16. Reed, entrevista.
17. Ray Anderson (Interface), entrevista ao autor. New Haven, CT, 6 de março de 2005.
18. A história da reação da DuPont ao Toxic Release Inventory e os esforços para a redução de resíduos advêm de Paul Tebo et al., entrevista.
19. Dan Gagnier (Alcan), entrevista ao autor, Vancouver, Canadá, 31 de março de 2004; vide também correspondência com o autor, 25 de fevereiro de 2005.
20. Paul Murray (Herman Miller), entrevista ao autor, 4 de maio de 2004.
21. Para saber detalhes sobre os efeitos do tolueno e outras substâncias sobre a saúde, vide http:/atsdr.cdc.gov/HEC/CSEM/toluene/physiologic_effects.html.
22. Terry Kellogg (Timberland), em conversa com o autor, 3 de dezembro de 2003, 15 de março de 2005 e 8 de abril de 2005; e Betsy Blaisdell (Timberland), em conversa com o autor, 6 de março de 2006.
23. "DuPont Technology to Receive U.S. EPA's Clean Air Excellence Award; Innovative SuperSolids(TM) Coatings Technology Reduces Emissions by More Than 15 Percent for Automotive Finishes", *PR Newswire*, 6 de março de 2003.
24. Thomas Ivarsson (IKEA), entrevista ao autor, Almhult, Suécia, 14 de agosto de 2005. Informações adicionais sobre o sofá KLIPPAN podem ser encontradas no relatório da IKEA, "Social and Environmental Responsibility", 2005, p. 27.
25. Dick Hunter (Dell), entrevista ao autor. Farmer, TX, 16 de dezembro de 2004.
26. Consulte http://solutions.3M.com, para ver detalhes.

27. Jim Fitzgerald, "Kellogg to Drop Mercury-battery Toys after Spider-Man Promotion", *Associated Press*, em http://www.maineenvironment.org/toxics/spidey_AP-story.htm, 16 de julho de 2004.
28. As informações sobre a "gestão antecipatória de problemas" do McDonald's e a não-utilização das baterias de mercúrio pela empresa foram fornecidas por Bob Langert (McDonald's), em entrevista ao autor, Oak Brook, IL, 18 de julho 2004. Para saber detalhes da escala, observe que o McDonald's gasta duas vezes mais em brindes do que em refrigerantes (segundo versão inicial do Relatório Complementar ao Relatório de Responsabilidade Corporativa do McDonald's, 2004).
29. "Oprah Accused of Whipping Up Anti-Beef Lynch Mob", CNN.com, 21 de janeiro de 1998, http:///www.cnn.com/US/9801/21/oprah.beef/.
30. "The Shell Global Scenarios to 2025", http://www.shell.com/static/royal-en/downloads/scenarios/exsum_23052005. pdf.
31. IRM, AIRMIC e ALARM, "A Risk Management Standard", Institute of Risk Management, 2002.
32. Else Krueck (McDonald's), em conversa com o autor, 28 de julho de 2004.
33. David Long, "Green List", apresentação na conferência anual Business for Social Responsibility, Washington, D.C., 3 de novembro de 2005; em correspondência com o autor, 7 de março de 2006.
34. Ham Kalimo (Nokia), em correspondência com o autor, 27 de fevereiro de 2006.
35. Jeff Immelt, evento de lançamento do *ecomagination*, Washington, D.C., 9 de maio de 2005.
36. "Toshiba, Electrolux to Form Tie-Up", *Daily Yomiuri*, 25 de maio de 1999.
37. Veja o programa japonês Top Runner em http://www.eccj.or.jp/top_runner/index_contents_e.html.
38. Darcy Frey, "How Green Is BP?", *The New York Times*, 8 de dezembro de 2002.
39. Kalimo, correspondência.
40. Forest Reinhardt, "Champion International Corp.: Timber, Trade, and the Northern Spotted Owl", Harvard Business School Case 792017, 1991.
41. A história dos CFCs na DuPont foi contada inúmeras vezes, mas talvez o relato mais claro tenha sido o do professor da Harvard Business School, em duas obras em particular; Richard H. K. Victor e Forest Reinhardt, "DuPont Freon Products Division", Harvard Business School Case 389111, 1989, e Forest Reinhardt, *Down to Earth* (Boston; Harvard Business School Press, 2000), 61-65.

Capítulo 5

1. Jeff Immelt, evento de lançamento do programa "ecomagination", Washington, D.C., 9 de maio de 2005.
2. Fiona Harvey, "General Electric Bolsters 'Green' Revenues", *Financial Times*, 17 de maio de 2006.

3. Laurent Belsie, "Companies That Cut Pollution for Profit", *Christian Science Monitor*, 22 de abril de 2002, postado em http://www.csmonitor.com/2002/0422/p16so1-wmcr.html.
4. Karen Spaeder, "Turn Environmental Problems Into Opportunities", entrepreneur.com, reproduzido em www.msnbc.com, 17 de março de 2006.
5. Matt Stansberry, "Server Specs: Dept. of 'Green' Computing", SearchDataCenter.com, 3 de outubro de 2005.
6. A Dell não é a única (nem a primeira) fabricante de computadores ou produtos eletrônicos a ter um programa desse tipo. A IBM, por exemplo, vem trabalhando com os clientes para resolver problemas relacionados ao fim do ciclo de vida útil de seus produtos desde 1991.
7. Tod Arbogasc (Dell), em conversa com o autor, 30 de março de 2005.
8. Paul Tebo, Dawn Rittenhouse e Ed Mongan (DuPont), em entrevista ao Wiimington, DE, 5 de março de 2004; e conversa com o autor, 3 de junho de 2004.
9. Kathy Reed, Keith Miller (3M), entrevista ao autor, Minneapolis, MN, 24 de maio de 2004.
10. Bob Langert (McDonald's), entrevista ao autor, Oak Brook, IL, 28 de julho de 2004.
11. Kathy Reed, Keith Miller, Jim Omland (3M), entrevista ao autor, Minneapolis, MN, 24 de maio de 2004.
12. Mark Weintraub (Shell), entrevista ao autor. Haia, Holanda, 20 de outubro de 2004.
13. Reed et al., entrevista.
14. Maria Emilia Correa, em conversa com o autor, 1º de junho de 2004.
15. Weintraub, entrevista.
16. A Antron era da DuPont; hoje é parte das Koch Industries. Dados sobre o aumento nas vendas extraído de "2003 DuPont Sustainable Growth Excellence Awards", documento interno fornecido por Dawn Rittenhouse (DuPont).
17. "Timberland Introduces New Packaging Initiative", 27 de janeiro de 2005, http://greenbiz.com/news/news_third.cfm?NewsID=30215.
18. James Saizman, "Informing the Green Consumer: The Debate Over the Use and Abuse of Environmental Labels", *Journal of Industrial Ecology* 1:2 (1997): 11-21.
19. Vide site do MSC (www.msc.org) e FSC (www.fscus.org).
20. Ray Anderson (Interface), entrevista ao autor, New Haven, CT, 6 de março de 2005.
21. Os detalhes dos bastidores do desenvolvimento do Toyota Prius foram extraídos de Jeffrey Liker, *The Toyota Way* (Nova York: McGraw-Hill, 2004).
22. Credita-se o conceito de inovação do valor aos professores do INSEAD Chan Kim e Renee Mauborgne; vide "Value Innovation: The Strategic Logic of High Growth", *Harvard Business Review*, janeiro-fevereiro de 1997, 103-112.

23. Vide Chan Kim e Renee Mauborgne, *Blue Ocean Strategy: How to Create Uncontested Market Space and Make the Competition Irrelevant* (Boston: Harvard Business School Press, 2005).
24. Vide Paul Hawken, Amory Lovins e L. Hunter Lovins, *Natural Capitalism: Creating the Next Industrial Revolution* (Boston: Back Bay Books, 1999).
25. Anderson, entrevista.
26. "Beyond Petroleum or Beyond Preposterous?", *CorpWatch*, 14 de dezembro de 2136, http://www.corpwatch.org/article.php?id=219.
27. Chris Mottershead (BP), em entrevista com o autor, Londres, Inglaterra, 21 de outubro de 2004.
28. Mottershead, entrevista.
29. Darcy Frey, "How Green is BP?", *The New York Times*, 8 de dezembro de 2002.
30. Vide "Britain's Most Admired Companies 2005", *Management Today*, 2 de dezembro de 2005, 41; e "Most Admired League Table 2004: The Measures of Success", *Management Today*, 2 de dezembro de 2004.
31. A *Fortune* pediu à Landor, consultoria em marcas que durante quarto anos avaliou marcas com o programa BrandAsset Valuator, que lhe fornecesse uma seleção de marcas cuja força no mercado tenha aumentado. Outra empresa, a BrandEconomics, atribuiu um valor ao valor econômico ganho. A análise completa pode ser encontrada em Al Ehrbar, "Breakaway Brands", *Fortune*, 31 de outubro de 2005, 153-170.
32. Mottershead, entrevista.
33. Michael Jay Polonsky e Philip J. Rosenberger III, "Reevaluating Green Marketing: A Strategic Approach", *Business Horizons*, 44 (2001): 21-31.
34. Lorraine Bolsinger, "The Story Behind GE's Ecomagination", discurso, Business for Social Responsibility Annual Conference, Washington, D.C., 4 de novembro de 2005.
35. As informações sobre os critérios para os produtos do programa *ecomagination* foram obtidas no discurso de Bolsinger, na entrevista de Joe Malcoun (GreenOrder) ao autor, 31 de outubro de 2005; Andrew Shapiro (GreenOrder), em conversa com o autor, 5 de março de 2006, e correspondência com Peter O'Toole (GE), 28 de fevereiro de 2005.
36. Para ver todos os anúncios da campanha *ecomagination*, visite http://www.ge.com/en/company/companyinfo/advertising/eco_ads.htm.
37. Jeroen Bordewijk (Unilever), entrevista ao autor, Roterdã, Países Baixos, 19 de outubro de 2004; Chris Pomfret (Unilever), conversas com o autor, 19 de outubro de 2004 e 1º de novembro de 2004; Dierk Peters (Unilever), conversa com o autor, 2 de novembro de 2004.
38. Joel Makower, "Nike Things Considered", http://makower.typepad.com/joel_makower/2005/o3/nike_things_con.html.
39. Richard Wells, correspondência com o autor, 23 de fevereiro de 2006.

40. Joan Harrison, "Acquiring the Socially Conscious Company", *Mergers and Acquisitions*, junho de 2000.
41. Vide carta de abertura de Jeffrey Immelt e Steve Ramsey (Vice-Presidente de Programas de Meio Ambiente) na GE, "Being Responsible: GE 2004 Environmental, Health, and Safety Report", p. 3. http://www.ge.com.

Capítulo 6

1. Mark Beech, "The Originals", *Sports Illustrated* 93, n. 5 (2000): 94-95.
2. Rick Paulson (Intel), entrevista ao autor. Chandler, AZ, 28 de janeiro de 2004.
3. A história dos cenários da Shell é descrita em Peter Schwartz, *The Art of the Long View* (Nova York: Doubleday, 1991).
4. Kate Sosnowchik e Joseph Fiksel, "Awakening a Sustainability Giant", Green@Work (2004), 14.
5. Kathy Reed, Keith Miller, Gregory Anderson, Valerie Young (3M), entrevista ao autor, Minneapolis, MN, 24 de maio de 2004.
6. Vide Marc Epstein, *Measuring Corporate Environmental Performance: Best Practices for Costing and Managing an Effective Environmental Strategy* (Nova York: McGraw-Hill, 1995).
7. Reed et al., entrevista.
8. Glenn Prickett (Conservation International), em conversa com o autor, 25 de outubro de 2004.
9. Gudmond Vollbrecht (IKEA), em entrevista ao autor, Gelterkindern, Suíça, 17 de agosto de 2004.
10. "HP Expands Planet Partners Program", Green@Work (maio/junho de 2004), 10; vide também www.hp.com.
11. Maria Emilia Correa (GrupoNueva), em conversas com o autor, 1º de junho de 2004 e 3 de junho de 2004; para saber mais sobre o GrupoNueva, consulte também Monica Araya, "To Tell or Not to Tell? Determinants of Environmental Disclosure and Reporting in Corporate Latin America", (Tese de doutorado, Yale University, 1006), 175-184.
12. Vide Gene Kranz, *Failure Is Not an Option. Mission Control from Mercury to Apollo 13 and Beyond* (Nova York: Simon & Schuster, 2000). Para ver detalhes básicos da história do Apollo 13, visite http://en.wikipedia.org/wiki/Apollo.i3#Problem e o relato de Jim Lovell, em http://history.nasa.gov/SP-350/ch-13-1.html.
13. Paul Tebo, Dawn Rittenhouse e Ed Mongan (DuPont), entrevista ao autor, Wilmington, DE, 5 de março de 2004.
14. Dados do Toxics Release Inventory disponíveis em www.rtk.net.
15. Pat Nathan (Dell), entrevista ao autor. Round Rock, TX, 16 de dezembro de 2004; Terry Kellogg (Timberland), conversas com o autor, 3 de dezembro de 2003, 25 de março de 2005 e 8 de abril 2005; Larry Rogero (Kinko's), conversas com o autor, 25 de novembro de 2003 e 12 de dezembro de 2003.

16. "The Golf Magazine Golf Course Guide", *Golf Magazine*, GolfCourse.com, http://www.golfcourse.com/search/coursedtl_ga.cfm?Psource = GA&courseid= 118.
17. Os cálculos baseados na utilização de água pelos campos de golfe provêm de "War Over Water", *Golf Course News*, 20 de janeiro de 2005, e da lista de campos do Arizona em www.igolf.com/az/index.htm. Para dados sobre as necessidades globais de água, vide http://www.infoforhealth.org/pr/m14/m14chap2_2.shtml e A. Marcoux, *Population and Water Resources* (Roma: United Nations Food and Agriculture Organization, setembro de 1994), 4-33.
18. Paulson, entrevista.
19. Paulson, entrevista.
20. Joan Magretta, "Growth Through Sustainability (entrevista com o CEO da Monsanto, Robert Shapiro)", *Harvard Business Review* 75:1 (1997); 78-88.
21. Bob Kay (IKEA), entrevista ao autor, Paramus, NJ, 20 de janeiro de 2005.
22. Herman Miller, "Journey Toward Sustainability", http://www.hermanmiller.com/CDA/SSA/Category/0,1564,a10-c605,00.html.
23. Carly Fiorina, "Opening Keynote", Discurso, Business for Social Responsibility Conference, Los Angeles, CA, 12 de novembro de 2003.
24. Herman Miller, "The Environment: A Better World Together", http://www.hermanmillcr.com/CD A/SSA/Category/0,15 64,a10-c382,00.html.

Capítulo 7

1. Para saber mais sobre o conceito de rastro de carbono, consulte Mathis Wackernagel e William Rees, *Our Ecological Footprint: Reducing Human Impact on the Earth* (Gabriola Island, BC; New Society Publishers, 1996).
2. É interessante observar que a BP está trabalhando para popularizar o termo por meio de uma série de anúncios que discutem o conceito de rastro de carbono.
3. Se o foco da análise do ciclo de vida fosse o banco em si, e não o produto, seria necessário realizar uma análise bastante diferente, centrada não nos problemas que surgem nas agências, mas sim nas emissões geradas a jusante pelos beneficiários dos financiamentos. Esse fato impulsiona o compromisso dos principais bancos com os Princípios do Equador e com a análise dos efeitos ambientais gerados pelos empréstimos concedidos pelo banco.
4. Hoje, existem softwares para análise do ciclo de vida que podem ser bastante úteis; visite nosso site, www.eco-advantage.com, para obter outras informações.
5. A Natural Step desenvolveu uma linguagem altamente específica para as condições de seu sistema, que veremos a seguir: "Na sociedade sustentável, a natureza não está sujeita a (1)... concentração de substâncias extraídas da crosta terrestre, como cádmio e CO_2 fóssil, sistematicamente crescentes... (2)... concentrações de substâncias produzidas pela sociedade, como CFCs e outras que causam perturbações no sistema endócrino, (3)... degradação por meios físicos (por exemplo, desmatamento e pesca predatória) e as pessoas não estão sujeitas a condições que sistematicamente

(4) minem sua capacidade de suprir suas necessidades (por exemplo, resultantes do abuso do poder político e econômico)." Para saber mais sobre a Natural Step, consulte Brian Nattrass e Mary Altomare, *The Natural Step for Business* (Gabriola Island, BC: New Society Publishers, 1999).

6. Karl-Henrik Robert, conversa com o autor, 16 de novembro de 2004.
7. Para obter outras informações sobre a avaliação do desempenho, vide Marc J-Epstein, J.F. Manzoni, organizadores, *Performance Measurement and Management Control: Superior Organizational Performance* (Nova York: Elsevier Science Ltd., 2004); vide também Daniel C. Esty, "Why Measurement Matters", in *Environmental Performance Measurement: The Global 2001-2002 Report* (Daniel C. Esty e Peter Cornelius, org.), Nova York: Oxford University Press (2002).
8. O balanced scorecard é uma ferramenta de gestão estratégica desenvolvida por Robert S. Kaplan e David P. Norton, da Harvard Business School; vide *The Balanced Scorecard: Translating Strategy into Action* (Cambridge: HBS Press, 1996).
9. "The World's Biggest Drinks Firm Tries to Fend Off Its Green Critics", Economist.com, 6 de outubro de 2005.
10. Gabe Wing e Scott Charon (Herman Miller), entrevista ao autor, Zeeland, MI, 3 de maio de 2004. O sistema de pontuação usado baseou-se em uma análise da McDonough/Braungart (MDBC).
11. Don Brown (Dell), entrevista ao autor. Farmer, TX, 16 de dezembro de 2004.
12. O valor agregado do acionista é praticamente idêntico a outra métrica bastante utilizada, o valor econômico agregado. É definido como "uma medida de desempenho do valor da empresa para seus acionistas. O valor econômico agregado equivale ao lucro operacional líquido pós-impostos (NOPAT), subtraído do custo do capital (encargos do capital) utilizado para gerar esse lucro. Vide http://www.investopedia.com/terms/s/shareholdervalueadded.asp.
13. Paul Tebo, Dawn Rittenhouse e Ed Mongan (DuPont), em entrevista ao autor, Wilmingron, DE, 5 de março de 2004.
14. "2006 Environmental Performance Index", Yale Center for Environmental Law and Policy (2006), disponível em www.yale.edu/epi.
15. Consulte Aseem Prakash, "A New-Institutionalist Perspective on ISO14000 and Responsible Care", *Business Strategy and the Environment* 8 (1999): 322-335.
16. Vide www.wbcsd.org and www.gemi-org.
17. Vide www.europa.eu.int/comm/environment/emas/index_en.htm.
18. MSNBC News service, 27 de janeiro de 2006, vide http://msnbc.rnsn.com/id/11059801/%23storycontinued; a ExxonMobil gastou US$3 bilhões em acordos estaduais e federais. Continua apelando ao julgamento que a condenou por prejudicar os pescadores, que hoje acumulam juros da ordem de US$9 bilhões.
19. Wayne Balta, "Supply Chain Strategies in the Information Technology Industry", discurso, World Environment Center Conference: "Clean Production Strategies in the Supply Chain", Toronto, Canadá, 10 de março de 2006.

20. Colleen Conner, Jack Campbell, Mark Stoler, Stephen Ramsey (GE), em entrevista ao autor, Fairfield, CT, 13 de janeiro de 2005.
21. Por exemplo, vide Jem Bendell, org., *Terms for Endearment*, (Sheffield, Reino Unido: Greenleaf Publishing, 2000). Vide eco-advantage.com para obter informações e exemplos dos tipos de parcerias que aqui abordamos.
22. A discussão da parceria entre Chiquita e Rainforest Alliance para a produção de banana baseia-se em Dave McLaughlin (Chiquita), conversas com o autor, 6 de julho de 2004 e 23 de julho de 2004; e Chris Wille (Rainforest Alliance), conversa com o autor, 3 de agosto de 2004. Consulte também o livro, muito útil, de Gary Taylor e Patricia J. Scharlin, *Smart Alliance: How a Global Corporation and Environmental Activists Transformed a Tarnished Brand* (New Haven: Yale University Press, 2004), vide o Apêndice C para o exemplo de um relatório de desempenho ambiental.
23. Glenn Prickett, "Strange Bedfellows: Can Partnerships between Corporations and Non-Governmental Organizations Save the Environment?" Apresentação em seminário na New America Foundation, 20 de novembro de 2002.
24. Tensie Whelan (Rainforest Alliance), "Chiquita's Cost/Productivity: Are Corporate Responsibility Programs an Added Cost?" Documento de apresentação, correspondência com o autor, 22 de fevereiro de 2006.
25. O cultivo orgânico de bananas na América Central é impossível devido a um fungo que requer herbicidas químicos.
26. Dave McLaughlin (Chiquita), conversa com o autor, 6 de julho de 2004.
27. As informações sobre as parcerias com o McDonald's vêm de Bob Langert, Bruce Feinberg, Samantha Srurhahn (McDonald's), Kenneth Krause (Perseco), entrevista ao autor, Oak Brook, IL, 28 de julho de 2004; Phylis Antonacci (OSI Group, grande fornecedor de carne ao McDonald's), conversa com o autor, 28 de julho de 2004; e "McDonald's Socially Responsible Food Supply Initiative Progress Update", julho de 2004, documento interno.
28. Dan Gagnier (Alcan), entrevista ao autor, Vancouver, Canadá, 31 de março de 2004.
29. Tim Mohin, Rick Paulson, Dave Oiney (Intel), entrevista ao autor, 28 de janeiro de 2004; vide também http://www.epa.gov/ProjectXL.
30. Harri Kalimo (Nokia), correspondência com o autor, 27 de fevereiro de 2006; vide também http://europa.eu.int/comrr/environment/ipp/home.htm.
31. Mark Weintraub (Shell), entrevistas ao autor, Haia, Holanda, 12 de março de 2004 e 20 de outubro de 2004; vide também "Crude Realities: Mining the Future, the Dark Magic of Oil Sands", *Fortune*, 3 de outubro de 2005.
32. John Elkington e Shelly Fennell, "Partners for Sustainability", in *Terms for Endearment*, org. Jem Bendell (Sheffield, Reino Unido: Greenleaf Publishing, 2000).

Capítulo 8

1. Vide, em particular, William McDonough e Michael Braungart, *Cradle to Cradle* (Nova York: North Point Press, 2002).
2. A história do Climatex vem de Albin Kaelin (Rohner), entrevista ao autor, Heerbrugg, Suíça, 25 de agosto de 2004, e de "The Story of E", documento que descreve o tecido e sua história, fornecido por Rohner.
3. Daniel C. Esty e Michael E. Porter, "Industrial Ecology and Competitiveness; Strategic Implications for the Firm", *Journal of Industrial Ecology* 2:1 (19518): 38.
4. Esty e Porter, "Industrial Ecology"; 37.
5. Kris Manos, Kent Gawart, Paul Murray (Herman Miller}, entrevista ao autor, Zeeland, MI, 4 de maio de 2004.
6. Esty e Porter, "Industrial Ecology", 38.
7. Vide Marian R. Chertow, "Industrial Symbiosis: Literature and Taxonomy", *Annual Review of Energy and the Environment* 25 (2001): 313-337.
8. Mais informações sobre o U.S. Green Building Council e o programa de certificação LEED pode ser encontrado em www.usgbc.org. Novas leis estão exigindo que os edifícios cumpram os padrões LEED; vide "USGBC, Engineering Groups Partner on Baseline Green Building Standard", *Greenbiz.com*, 16 de fevereiro de 2006.
9. Len Pilon (Herman Miller), entrevista ao autor, Zeeland, MI, 3 de maio de 2004.
10. Para saber mais sobre cadeias de suprimento, vide United Nations Industrial Development Organization (org.), *Sustainable Supply Chains: The Global Compact Case Studies Series*, 2005, http://www.unido.org/doc/42222.
11. Wayne Balta, "Supply Chain Strategies in the Information Technology Industry", discurso, World Environment Center Conference "Clean Production Strategies in the Supply Chain", Toronto, Canadá, 10 de março de 2006, e correspondência com o autor, 13 de março de 2006.
12. Os detalhes sobre o programa IWAY da IKEA vêm de Thomas Bergmark, Dan Brannstrom (IKEA), entrevista ao autor, Helsingborg, Suécia, 23 de agosto de 2004; Olle Blidholm (IKEA), entrevista ao autor, Copenhagen, Dinamarca, 13 de agosto de 2004; Gudmond Vollbrecht (IKEA), entrevista ao autor, Gelterkinden, Suíça, 27 de agosto de 2004. Alguns detalhes foram extraídos também de "IWAY Evaluation Checklist", edição 2.1, documento interno fornecido por Thomas Bergmark.
13. Olle Blidholm (IKEA), entrevista ao autor, 25 de agosto de 2004. Vide também "Social and Environmental Responsibility Summary Report, 2004", p. 15, da IKEA.

Capítulo 9

1. Paul Tebo, Dawn Rittenhouse e Ed Mongan (DuPont), entrevista ao autor, Wilmington, 5 de março de 2004. Vide também "Crude-laden Double-hulled

Tanker Survives Gash without a Spill", *Oil and Gas Journal*, 24 de novembro de 1997, 44.

2. Jathon Sapsford, "Toyota Adds to Executive Ranks as It Ramps up Research Efforts", *Wall Street Journal*, 27 de junho de 2005.
3. "Environmental Report", Unilever, 2003.
4. Michael Porter, "America's Green Strategy", *Scientific American* 264 (1991): 168. Vide também Michael Porter e Claas Van der Linde, "Green and Competitive: Ending the Stalemate", *Harvard Business Review* 73 (1995): 120-134.
5. Kris Manos (Herman Miller), entrevista ao autor, New Haven, CT, 30 de novembro de 2004.
6. Dan Gagnier (Alcan), entrevista ao autor, Vancouver, Canadá, 31 de março de 2004.
7. Tebu, entrevista.
8. Rick Lawrence (Alcan), em conversa com o autor, 31 de agosto de 2004.
9. Rittenhouse, entrevista.
10. Tebo, entrevista.
11. Kathy Reed e Keith Miller (3M), entrevista ao autor, Minneapolis, MN, 24 de maio de 2004.
12. Thomas Bergmark, (IKEA), entrevista ao autor, Helsingborg, Suécia, 23 de agosto de 2004.
13. Jim Omland (3M), entrevista ao autor, Minneapolis, MN, 24 de maio de 2004.
14. Bob Langert (McDonad's), entrevista ao autor, 18 de julho de 2004.
15. Peter Davies, Chris Mottershead (BP), entrevista ao autor, Londres, Inglaterra, 11 de março de 2004.
16. Terry Kellogg (Timberland), conversas com o autor, 3 de dezembro de 2003, 25 de março de 2005 e 8 de abril de 2005.
17. Kellogg, conversas.
18. Paul Murray (Herman Miller), entrevista ao autor, 4 de maio de 2004.
19. Peter Davies, Chris Nicholson e Chris Mottershead (BP), entrevista ao autor, Londres, Inglaterra, 11 de março de 2004.
20. Garth Edward, entrevista ao autor, Londres, Inglaterra, 12 de março de 2004.
21. Chris Mottershead, entrevista ao autor, Londres, Inglaterra, 11 de março de 2004.
22. Albin Kaelin (Rohner), entrevista ao autor, Heerbrugg, Suíça, 25 de agosto de 2004.
23. Jerry Akers (Herman Miller), entrevista ao autor, Zeeland, MI, 4 de maio de 2004.
24. Erin White e Jeffrey Ball, "A Green Perk Offered for Green Car: Hyperion Gives Employees $5,000 to Purchase Vehicle", *Wall Street Journal*, 19 de novembro de 2004, 84.
25. Todos os detalhes sobre o EQAT vêm de Kris Manos, Kent Gawart, Paul Murray e Brian Walker (Herman Miller), entrevista ao autor, Zeeland, Ml, 4 de maio de 2004.

26. Shaye Hokinson, Reed Content Rich Weigand e Phil Trowbridge (AMD), conversa com o autor, 14 de março de 2004; Craig Garcia (AMD), entrevista ao autor, 14 de maio de 2004.
27. Kellogg, conversa.
28. Stephen Rainsey e Mark Stoler (GE), entrevista ao autor, Fairfield, CT, 13 de janeiro de 2005.
29. Nicole Schneider (IKEA), entrevista ao autor, Copenhagen, Dinamarca, 25 de agosto de 2004.
30. Sessões de brainstorming mencionadas em Jeffrey Liker, *The Toyota Way* (Nova York: McGraw-Hill, 2004); vide também Charles O. Holliday, Jr., Stephan Schmidheiny e Philip Watts, *Walking the Talk: The Business Case for Sustainable Development* (Sheffield, Reino Unido; GreenLeaf, 2002).
31. Kris Manos, Kent Gawart e Paul Murray (Herman Miller), entrevista ao autor, Zeeland, MI, 4 de maio de 2004.
32. Phil Berry, entrevista ao autor, Toronto, Canadá, 10 de março de 2006.
33. Reed, entrevista.
34. Dick Hunter (Dell), entrevista ao autor, Farmer, TX, 16 de outubro de 2004.
35. Bergmark, entrevista.
36. Ben Packard e Kevin Carothers (Starbucks), em conversa com o autor, 24 de outubro de 2004, e correspondência com o autor, 22 de abril de 2005.
37. Bill Nelson e Rick Renner (3M), conversas com o autor, 9 de junho de 2004.
38. Para saber mais sobre relatórios e divulgação de dados, vide SustainAbility, United Nations Environment Programme, and Standard & Poor's Risk and Opportunity: Best Practice in Non-financial Reporting, em www.ssustainability.com/insight/reporting-article.asp?id=128; Allen White, "New Wine, New Bottles: The Rise of Non-Financial Reporting", *A Business Brief by Business for Social Responsibility*, 20 de junho de 2005, em www.bsr.org/Meta/200506_BSR_Allen-White_Essay.pdf; e Global Reporting Initiative, Sustainability Reporting Guidelines of 2002, em www.globalreporting.org/guidelines/2002/contents.asp.
39. A Northeast Utilities publicou um relatório ambiental intitulado "Connecticut Utility Pleads Guilty", *WaterTech online*, 30 de setembro de 1999 www.waternet.com/News.asp?mode=4&N_ID=12648. A alegação de culpa levou a multas e penalidades da ordem de US$10 milhões.
40. Para saber mais sobre os esforços da GRI, vide www.globalreporting.org. Postamos alguns exemplos de relatórios corporativos premiados em www.eco-advantage.com.
41. Ray Anderson (Interface), entrevista ao autor, New Haven, CT, 6 de março de 2005.
42. Gary Pfeiffer, discurso, reunião anual do Conference Board sobre Negócios e Sustentabilidade, Nova York, NY, 10 de junho de 2004.
43. Mark Weintraub e Lex Hoist (Shell), entrevista ao autor. Haia, Holanda, 20 de outubro de 2004.

44. Maria Emilia Correa, em conversa com o autor, 1º de junho de 2004.
45. Dan Gagnier (Alcan), entrevista ao autor, Vancouver, Canadá, 31 de março de 2004; Simon Laddychuk e Paola Kistler (Alcan), em conversa com o autor, 23 de junho de 2004.
46. Kaolin, entrevista.
47. Elysa Hammond, entrevista ao autor, Nova Rochelle, NY, 10 de dezembro de 2004; ver também correspondência com o autor, 1º de março de 2006.
48. Ladctychuk e Kistler, entrevista.

PARTE IV

Capítulo 10

1. A história da planta de Rouge River foi contada em vários lugares. Vide www.ford.com para obter detalhes; vide também "Ford Transforms Old Facility into Enviro Friendly Plant", *Greenwire*, 4 de abril de 2004.
2. Vide "Wal-Mart Pledges One Acre for Every Acre Developed", comunicado de imprensa, 12 de abril de 2005, em http://www.walmartfacts.com/docs/april2005_acres_for_america.pdf.
3. Dierk Peters, conversa com o autor, 2 de novembro de 2004.
4. Bloomberg News, "Toyota Says It Plans Eventually To Offer an All-Hybrid Fleet", 14 de setembro de 2005.
5. Ben Packard e Kevin Carothers (Starbucks), em conversa com o autor, 24 de outubro de 2004; vide também Sue Mecklenburg, entrevista ao autor, 22 de abril de 2005.
6. Entrevista ao autor, Londres, Inglaterra, 21 de outubro de 2004; também correspondência com o autor, 13 de fevereiro de 2006.
7. Em termos técnicos, o "potencial de aquecimento global" dos OFCs é altíssimo.
8. Bloomberg News, "Fuji Photo Wins Dispute Over Cameras", *The New York Times*, 3 de agosto de 2004.
9. Lew Scarpace, Tim Mohin, Terry McManus e Randy Helgeson (Intel), entrevista ao autor, Chandler, AZ, 28 de janeiro de 2004; e Mohin, entrevista ao autor, Washington, D.C., 3 de novembro de 2005. Vide também John Harland e Tini Mohin, "Designing for the environment Turns Intel Fabs Green", *Technology@Intel*, novembro de 2005.
10. Larry Rogero (Kinko's), em conversas com o autor, 25 de novembro de 2003 e 12 de dezembro de 2003.
11. Larry Rogero (Kinko's), em conversa com o autor, 31 de março de 2005.
12. Kris Manos (Herman Miller), entrevista ao autor, New Haven, CT, 30 de novembro de 2004; também Mark Schurman (Herman Miller), correspondência com o autor, 28 de fevereiro de 2006.
13. Bob Langert, Else Krucck (McDonald's) e Ken Krause (Perseco), entrevista ao autor. Oak Brook, IL, 28 de julho de 2004.

14. Charles O. Holliday Jr., Stephan Schmidheiny e Philip Watts, *Walking the Talk: The Business Case for Sustainable Development* (Sheffield, Reino Unido: Greenleaf, 2002), 139; discutido em Monica Araya, "To Tell or Not to Tell? Determinants of Environmental Disclosure and Reporting in Corporate Latin America" (Tese de doutorado, Yale University, 2006), 276.
15. Dave Richards (Rio Tinto), conversa com o autor, 5 de janeiro de 2005. Vide também D. G. Richards, "Integrating Mineral Development and Biodiversity Conservation into Regional Land-Use Planning", *Landscape Ecology and Wildlife Habitat Evaluation: Critical Information for Ideological Risk Assessment, Land-Use Management Activities, and Biodiversity Enhancement Practices*, organizado por L. A. Kapustka, H., Galbraith, M., Luxon e G. R. Bidddinger (West Conshohocken, PA: ASTM International, 2004), ASTM STP 1458.
16. Sue Mecklenburg (Starbucks), entrevista ao autor, 17 de março de 2005.
17. Terry Kellogg (Timberland), conversas como o autor, 3 de dezembro de 2003, 25 de março de 2005 e 8 de abril de 2005.
18. Desde então, a Shell investiu US$49 milhões em mudanças nos processos e, nos últimos anos, reduziu em 50% as emissões de dióxido de enxofre da refinaria.
19. "TotalFinaElf: 'We Have Learnt by Experience'", *Weekly Petroleum Argus*, 17 de maio de 2002, também "Damage Limitation", *Weekly Petroleum Argus*, 17 de maio de 2002.

Capítulo 11

1. Forest Reinhardt, "DuPont Freon Products Division", Harvard Business School Case 389111, 1989.
2. Forest Reinhardt, "Champion International Corp.: Timber, Trade, and the Northern Spotted Owl", Harvard Business School Case 79:1017, 1991.
3. Tom Murray (Environmental Defense), conversa com o autor, 3 de maio de 2004; também Tom Murray, "Copy This! Reducing the Environmental Impacts of Copy Paper Use", documento de apresentação, 19 de novembro de 2003, fornecido ao autor.
4. Jeroen Bordewijk (Unilever), entrevista ao autor, Roterda, Holanda, 19 de outubro de 2004; Chris Pomfret (Unilever), conversas com o autor, 19 de outubro de 2004 e 1º de novembro de 2004.
5. Dave Richards (Rio Tinto), conversa com o autor, 5 de janeiro de 2005.
6. Pat Nathan (Dell), entrevista ao autor, Round Rock, TX, 16 de outubro de 2004; Tod Arbogast (Dell), correspondência com o autor, 24 de fevereiro de 2006.
7. Goran Brohammer (IKEA), entrevista ao autor, Almhult, Suécia, 24 de agosto de 2004.
8. A questão do papel dos stakeholders na teoria da empresa é assunto de pesquisas acadêmicas há vários anos. Muitos pesquisadores citam o livro a seguir como ponto de partida para o raciocínio vigente sobre o assunto; R. E. Freeman, *Stra-*

tegic Management: A Stakeholder Approach (Boston: Pitman, 1984). Baseamo-nos particularmente em duas análises que apresentam as melhores práticas e estruturas conceituais para priorizar stakeholders: Ronald K. Mitchell, Bradley R. Agle e Donna J. Wood, "Toward a Theory of Stakeholder Identification and Salience: Defining the Principle of Who and What Really Counts", *Academy of Management Review*, outubro de 1997, 22, 4; e Jem Sendeli, "Talking for Change? Reflections on Effective Stakeholder Dialogue", *New Academy of Business*, 20 de outubro de 2000.

9. Mitchell et al., "Toward a Theory of Stakeholder Identification and Salience".
10. Para saber mais sobre essa matriz, vide G. Savage, T. Nix, C. Whitehead e J. Blair, "Strategies for Assessing and Managing Organizational Stakeholders", *The Executive* 5, 1991, n. 2, 61-75.

Capítulo 12

1. Michael Porter, *Vantagem Competitiva: criando e sustentando um desempenho superior* (Rio de Janeiro; Campus Elsevier, 1990).
2. Vide Howard Gardner, "The Synthesizing Leader", em "The HBR List; Breakthrough Ideas for 2006", *Harvard Business Review*, fevereiro de 2006.
3. Adam Asron e Burt Helm, "The Race Against Climate Change", *BusinessWeek*, 12 de dezembro de 2005.
4. "Home Depot Pushes Contractor to Use Environment-Friendly Product", *Greenwire* de GreenBiz.com, 7 de junho de 2003.
5. Andre Abadie, entrevista ao autor, Nova York, 2 de junho de 2005.
6. Aston e Helm, "The Race Against Climate Change", p. 66.
7. Paul Tebo, Dawn Rittenhouse e Ed Mongan (DuPont), entrevista ao autor, Wilmington, DE, 5 de março de 2004. Essa linha de negócios hoje faz parte da Invista, de propriedade das Koch Industries,
8. Alex Heard (Intel), em conversa com o autor, 29 de janeiro de 2004.
9. Chris Mottershead (BP), entrevista ao autor, Londres, Inglaterra, 21 de outubro de 2004.
10. Mark Stanland (Bay West), conversas com o autor, 8 de setembro de 2004 e 3 de abril de 2006, Arthur Weissman (Green Seal), conversa com o autor, 18 de maio de 2004.
11. Travis Engen, discurso, Globe 2004, Vancouver, BC, Canadá, 31 de março de 2004; Dan Gagnier (Alcan), entrevista ao autor, Vancouver, Canadá, 31 de março de 2004, Simon Laddychuk e Paola Kistler (Alcan), conversa como autor, 23 de junho de 2004.
12. Unmesh Kher, "Getting Smart at Being Good… Are Companies Better Off for It?" *TIME Inside Business*, *TIME Magazine*, janeiro de 2006, A7.

Índice

Observação: Os números das páginas em itálico referem-se a textos de elementos gráficos.

Ótica Ambiental

2011

CREA

- 231 x 6 = 1386,00

- recad - 50,00

CPF 400,00

1800,00

3.636,00

Definir ESTRATÉGIA claramente!

Muitas empresas não têm suas estratégias bem definidas!!!

↳ Como resolver? Como inserir a estratégia ambiental se elas não têm nem estratégia alguma?

Sistema CTcP,
impressão e acabamento
executados no parque gráfico da
Editora Santuário
www.editorasantuario.com.br - Aparecida-SP